新编新型摩托车故障快查快修

唐庆荣 陈 群 **主编**

金盾出版社

内 容 简 介

本书主要介绍新型摩托车各系统日常保养项目、常见故障现象及快查快修方法。并以分类检索的形式介绍故障快速诊断程序，让读者快速准确地判断出故障所在部件或部位、损坏形式，以图表的方式介绍相应的快速排除方法。图文并茂，逻辑关系清晰，适用于摩托车修理人员及广大摩托车爱好者。

图书在版编目(CIP)数据

新编新型摩托车故障快查快修/唐庆荣,陈群主编. —北京：金盾出版社,2015.1

ISBN 978-7-5082-9738-5

Ⅰ.①新… Ⅱ.①唐… ②陈… Ⅲ.摩托车—故障修复 Ⅳ.①U483.07

中国版本图书馆 CIP 数据核字(2014)第 237041 号

金盾出版社出版、总发行
北京太平路5号(地铁万寿路站往南)
邮政编码：100036 电话：68214039 83219215
传真：68276683 网址：www.jdcbs.cn
封面印刷：北京精美彩色印刷有限公司
正文印刷：北京万友印刷有限公司
装订：北京万友印刷有限公司
各地新华书店经销
开本：705×1000 1/16 印张：20 字数：344千字
2015年1月第1版第1次印刷
印数：1～4 000册 定价：56.00元

(凡购买金盾出版社的图书，如有缺页、倒页、脱页者，本社发行部负责调换)

前　言

《新型摩托车故障快查快修》初版于 2005 年 8 月，内容实用，通俗易懂，因而得到广大读者的肯定和欢迎，至今已重印多次，发行近 4 万册。随着科学技术的发展，在摩托车上应用了许多新技术、新装置、新结构，原版内容已不能满足当今摩托车维修人员的需要。基于此，我们对《新型摩托车故障快查快修》进行内容更新，增加了达到国Ⅱ、国Ⅲ排放标准的摩托车、三轮摩托车维修技术及最新的维修方法等内容。

本书主要介绍新型摩托车各系统零部件以及常见故障的快查快修方法，从新型摩托车各个系统每个零部件入手，以表格的形式阐述每个零部件的日常保养项目、常见的损坏形式、零部件损坏后表现出的故障现象及相应的修理方法，重点介绍快速判断故障及快速修理的方法。特点是以分类检索的形式介绍新型摩托车各系统常见故障快速诊断程序，让读者快速准确地判断出故障所在部件或部位，掌握相应的故障快速排除方法。

本书由唐庆荣、陈群主编，陈铭、钱朝燊、陈进、陈大启、王剑、谢必辉、张武、许晖、林森、唐子茗、林玲、林康辉、吴益平、唐庆淞、张伟、黄江林、谢玲玲、陈希、刘明辉、林东、陈小燕、罗峰、孙杰明参加了本书的编写及绘图工作。由于我们水平有限，书中难免有不妥之处，敬请读者批评指正。

编　者

目 录

第一章 摩托车操纵与制动系统的快查快修 ………………… 1

第一节 操纵系统的快查快修 ……………………………… 1
第二节 制动系统的快查快修 ……………………………… 7
第三节 摩托车操纵与制动系统故障快速检修 …………… 18
一、制动握把回位不良 …………………………………… 18
二、制动踏板回位不良 …………………………………… 19
三、离合器握把回位不良 ………………………………… 20
四、转向把转向不灵活 …………………………………… 21
五、转向把晃动或抖动 …………………………………… 22
六、液压式制动器制动系统漏液 ………………………… 24
七、鼓式制动器失灵 ……………………………………… 25
八、液压盘式制动器失灵 ………………………………… 26
九、制动蹄块或制动摩擦片不能回位 …………………… 30

第二章 摩托车行车系统的快查快修 ………………………… 33

第一节 车架的快查快修 …………………………………… 33
第二节 车架附属机构的快查快修 ………………………… 33
第三节 悬挂装置的快查快修 ……………………………… 33
第四节 车轮与轮胎的快查快修 …………………………… 41
第五节 摩托车行车系统故障快速检修 …………………… 45
一、伸缩管式前悬挂装置故障 …………………………… 45
二、杠杆式前悬挂装置故障 ……………………………… 47
三、车轮转动不灵活 ……………………………………… 47
四、车轮左右摆动 ………………………………………… 49
五、行驶跑偏 ……………………………………………… 50
六、行驶中后轮甩动 ……………………………………… 53

第三章　摩托车发动机的快查快修 …… 55

第一节　机体的快查快修 …… 55
第二节　曲柄连杆机构的快查快修 …… 73
第三节　配气机构的快查快修 …… 88
第四节　燃油供给系统的快查快修 …… 105
第五节　进排气系统的快查快修 …… 116
第六节　润滑系统的快查快修 …… 119
第七节　冷却系统的快查快修 …… 126
第八节　点火系统的快查快修 …… 131
第九节　摩托车发动机故障快速检修 …… 141

一、机体外部漏气 …… 141

二、气缸压缩压力过低 …… 143

三、活塞环的漏气声响 …… 145

四、活塞环敲击声响 …… 147

五、敲缸声 …… 147

六、活塞销敲击声响 …… 149

七、连杆头轴承敲击声响 …… 150

八、曲轴轴承异常响声 …… 151

九、气门敲击声 …… 151

十、气门漏气 …… 152

十一、时规链条传动异常声响 …… 154

十二、燃油开关无汽油流出 …… 155

十三、化油器不进油 …… 156

十四、化油器溢油 …… 157

十五、二冲程发动机机油泵不泵油或泵油过少 …… 158

十六、四冲程发动机机油泵不泵油或泵油过少 …… 160

十七、水冷系统冷却性差 …… 161

十八、火花塞火弱或无火 …… 163

十九、火花塞断火 …… 165

二十、点火不正时 …… 166

二十一、发动机起动困难或不能起动 …… 167

二十二、发动机过热 ……………………………… 168
二十三、发动机动力不足 …………………………… 177
二十四、发动机怠速不良 …………………………… 181
二十五、发动机自动熄火 …………………………… 184
二十六、发动机燃油超耗 …………………………… 185
二十七、四冲程发动机排气消声器尾管冒蓝白色浓烟 … 188
二十八、四冲程发动机排气消声器尾管冒黑烟 ……… 190
二十九、排气消声器"放炮" ………………………… 192

第四章 摩托车传动系统的快查快修 …………… 194
第一节 起动装置的快查快修 ……………………… 194
第二节 离合器的快查快修 ………………………… 199
第三节 变速器的快查快修 ………………………… 205
第四节 后传动装置的快查快修 …………………… 213
第五节 摩托车传动系统故障快速检修 …………… 225
一、起动蹬杆打滑 …………………………………… 225
二、起动蹬杆不能回位 ……………………………… 225
三、起动离合器打滑 ………………………………… 227
四、起动离合器起动异响 …………………………… 229
五、手操纵湿式多片离合器打滑 …………………… 230
六、平衡块式自动离心湿式多片离合器打滑 ……… 232
七、自动离心式蹄块离合器打滑 …………………… 233
八、手操纵湿式多片离合器分离不彻底 …………… 234
九、自动离心式离合器分离不彻底 ………………… 237
十、变速器换挡困难 ………………………………… 238
十一、变速器自动脱挡 ……………………………… 240
十二、变速器运转有异响 …………………………… 240
十三、传动链条自动脱落 …………………………… 242
十四、传动链条传动异响 …………………………… 244
十五、齿轮箱内齿轮传动异响 ……………………… 244
十六、传动轴传动异响 ……………………………… 246
十七、后桥漏油 ……………………………………… 247

十八、后桥过热 ··· 249
十九、后桥异响 ··· 251

第五章 摩托车电气系统及仪表的快查快修 ············· 253
第一节 电源系统的快查快修 ································ 253
第二节 电起动控制系统的快查快修 ······················ 261
第三节 照明系统的快查快修 ································ 263
第四节 信号系统的快查快修 ································ 264
第五节 仪表的快查快修 ······································ 267
第六节 摩托车电气系统及仪表故障快速检修 ·········· 272
一、磁电机不发电 ··· 272
二、磁电机输出电压过低 ································ 272
三、蓄电池电解液消耗过快 ···························· 274
四、电源系统不充电 ······································ 275
五、电源系统充电不足 ··································· 276
六、起动电机转动无力 ··································· 276
七、起动电机不转动 ······································ 280
八、照明灯不亮 ··· 282
九、照明灯灯光暗淡 ······································ 284
十、照明灯灯泡易烧毁 ··································· 286
十一、转向灯不亮 ··· 288
十二、转向灯闪烁频率不正常 ························· 289
十三、转向灯亮而不闪烁 ································ 290
十四、制动灯不亮 ··· 292
十五、制动灯常亮 ··· 292
十六、电喇叭不响 ··· 293
十七、空挡指示灯不亮 ··································· 295
十八、挡位指示灯个别不亮 ···························· 296
十九、挡位指示灯全不亮 ································ 297
二十、机械式车速里程表指示不准 ··················· 298
二十一、机械式车速里程表指针摆动 ··············· 299
二十二、机械式车速里程表指针不动 ··············· 299
二十三、机械式发动机转速表指针摆动 ············ 301
二十四、机械式发动机转速表指针不动 ············ 303

二十五、电子式发动机转速表指针不动…………………… 304
二十六、燃油表指示不准………………………………… 305
二十七、燃油表指针不动………………………………… 306
二十八、水温表指示不准………………………………… 306
二十九、水温表指针不动………………………………… 308

第一章 摩托车操纵与制动系统的快查快修

第一节 操纵系统的快查快修

操纵系统的日常保养及快查快修方法见表1-1。

表1-1 操纵系统的日常保养及快查快修方法

日常保养项目	检查部件	常见的损坏形式	表现出故障现象	修理方法
定期清洗润滑操纵钢索及按规定要求调整油门转把、制动握把、后制动踏板、离合器握把的自由行程	油门操纵钢索	钢丝绳折断	发动机无法加速	更换油门操纵钢索
		钢丝绳在钢索外套中拉动不灵活	油门转把转动费力或回位不良	清洗润滑或更换操纵钢索
	油门转把	转把与把座配合过紧	油门转把转动费力或回位不良	重新安装或更换转把
	制动操纵钢索	钢丝绳折断	制动器失灵	更换制动操纵钢索
		钢丝绳在钢索外套中拉动不灵活	制动握把或制动踏板回位不良或操纵费力	清洗润滑或更换制动操纵钢索
	制动握把	握把与把座配合过紧	制动握把回位不良或操纵费力	更换握把
		握把螺栓孔过度磨损	握把螺栓孔松旷	更换握把
	制动踏板	回位弹簧弹力不足或折断	制动踏板回位不良	更换回位弹簧
		其的轴孔与销轴活动部位锈蚀或被异物卡住	制动踏板回位不良	清洗润滑轴孔
	离合器操纵钢索	钢丝绳折断	离合器分离不彻底或不能分离	更换离合器操纵钢索
		钢丝绳在钢索外套中拉动不灵活	离合器握把回位不良或操纵费力	清洗润滑或更换操纵钢索

续表 1-1

日常保养项目	检查部件	常见的损坏形式	表现出故障现象	修理方法
定期清洗润滑操纵钢索及按规定要求调整油门转把、制动握把、后制动踏板、离合器握把的自由行程	离合器握把	握把与把座配合过紧	离合器握把回位不良或操纵费力	更换握把
		握把螺栓孔过度磨损	握把螺栓孔过度磨损	更换握把
	转向把	弯曲变形	转向把弯曲变形,行驶跑偏	校正或更换转向把
		转向把紧固螺栓松动	转向把松动,行驶中转向把晃动或抖动	拧紧螺栓
	转向柱	转向柱弯曲变形	转向把转向不灵活	校正或更换转向柱
		钢珠座圈滚道过度磨损、麻坑、压痕、裂痕、损伤	转向把转向不灵活或晃动或抖动	成套地更换钢珠座圈
		钢珠磨损、变形、损伤	转向把转向不灵活或晃动或抖动	更换所有钢珠
		钢珠座圈上的调整螺母拧得过紧	转向把转向不灵活	松开上联板转向柱螺栓或螺母,用扳手调整转向柱调整螺母,直至转向把左右转动灵活,且转向柱与车架立管之间无轴向窜动的感觉为止

1. 操纵钢索的清洗润滑

操纵钢索的清洗润滑方法有以下几种:

(1)浸泡润滑方法:首先卸下操纵钢索,将其浸泡在金属洗涤剂或煤油中5～10min,并在油中来回拉动钢丝绳,以清洗出钢索外套内的脏物。然后将操纵钢索浸入煤油与机油按1∶1配制的混合油中5min,并在油中来回拉动钢丝绳,使混合油充分渗入钢索外套内,达到润滑的目的。最后取出操纵钢索,并擦净钢索外面的混合油。

(2)滴注润滑方法:如图1-1所示,用透明塑料胶带缠绕在操纵钢索外套端部形成管状,固定住钢索外套,并尽可能使操纵钢索垂直于地面。然后用机油枪

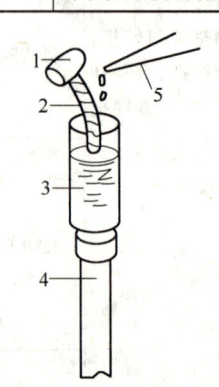

图 1-1 滴注润滑
1. 拉头 2. 钢丝绳 3. 透明塑料胶带 4. 钢索外套 5. 机油枪

向管内注满机油,让其自由地向钢索外套内泄漏,直至钢索下端有油滴出,同时拉动钢丝绳,感到钢丝绳在外套中来回拉动灵活即可。

(3)注射器润滑方法:首先选用一套医用注射器,不要选择过大针头,要伸得进钢丝绳与钢索外套端部之间间隙为宜。然后将钢索外套固定并尽可能使钢索垂直于地面,再将煤油与机油按1:1配制的混合油吸入注射器筒内,把针头伸进钢丝绳与钢索外套端部的间隙,而后慢慢压进注射器推杆,使混合油注入,直至钢索下端有油滴出,同时拉动钢丝绳,感到钢丝绳在外套中来回拉动灵活即可。

2. 油门转把自由行程的调整

(1)如图1-2a所示,拧松油门操纵钢索上的锁紧螺母,顺时针或逆时针方向转动调整螺管,直至油门转把自由行程为2~6mm为止;然后保持调整螺管位置不变,拧紧锁紧螺母。

(2)若经上述步骤调整后不能满足要求,就应调整化油器上的调整螺管(图1-2b)。调整时,先拉开防尘套,转动调整螺管,直至油门转把自由行程为2~6mm为止;然后拉下防尘套,将调整螺管套住。

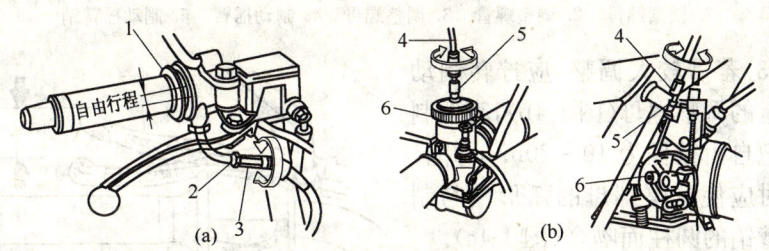

图1-2 调整油门转把自由行程
1. 油门转把 2. 锁紧螺母 3. 调整螺管 4. 油门操纵钢索 5. 调整螺管 6. 化油器

3. 盘式制动器前制动握把自由行程的调整

如图1-3所示,拧松前制动握把上的锁紧螺母,拧转调整螺钉,直至前制动握把自由行程为2~5mm;然后保持调整螺钉位置不变,拧紧锁紧螺母,并反复紧握握把几次,检查松开握把后前轮是否转动灵活。

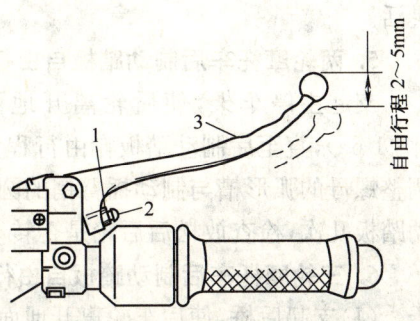

图1-3 调整前制动握把自由行程
1. 锁紧螺母 2. 调整螺钉 3. 前制动握把

4. 鼓式制动器制动握把自由行程的调整

(1)调整制动握把自由行程时,应先检查制动握把的径向移动,若径向移动过大,导致制动握把自由行程过大,应先更换磨损件后调整自由行程。调整时,应先用手扳动制动摇臂,制动凸轮上指示牌上的箭头对准或已超过准制动鼓盖上的"▽"标记,这多为制动蹄块摩擦片过度磨损,应先更换制动蹄块后再调整制动握把自由行程。

(2)若需微调,可拉出制动握把上的防尘套,拧松调整螺管上的锁紧螺母,拧转调整螺管(图1-4a),直至制动握把自由行程为10～20mm(图1-5);然后保持调整螺管位置不变,拧紧锁紧螺母。

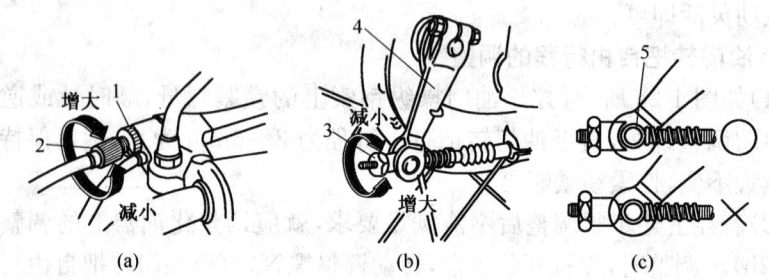

图1-4 调整制动握把自由行程
1.锁紧螺母 2.调整螺管 3.调整螺母 4.制动摇臂 5.制动摇臂销

(3)若需较大调整,应拧转制动摇臂上的调整螺母(图1-4b),直至制动握把自由行程为10～20mm,并且调整时应使调整螺母的弧形槽与制动摇臂销的圆柱面吻合(图1-4c)。

(4)调整完毕后,反复紧握握把几次,检查松开握把后车轮是否转动灵活。

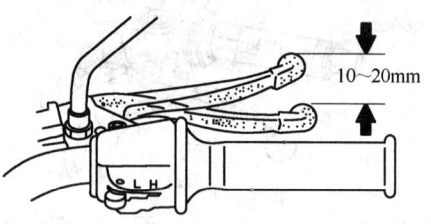

图1-5 前制动握把自由行程

5. 两轮摩托车后制动踏板自由行程的调整

支起主停车架,使后轮离开地面,拧转后制动拉杆尾部的调整螺母(图1-6a),直至后制动踏板自由行程为20～30mm(图1-6b),且调整时应使调整螺母的弧形槽与制动摇臂销的圆柱面吻合(图1-4c);然后反复踩下后制动踏板几次,检查放松后后轮是否转动灵活。

6. 三轮摩托车后制动踏板自由行程的调整

(1)支起后桥,使后车轮离开地面。

(2)若需微调,可拧转与制动踏板连接拉杆尾部的调整螺母,直至后制动踏板自由行程为20～30mm(图1-6),然后反复踩下后制动踏板几次,放松制动踏板后两侧的后车轮应能灵活转动。

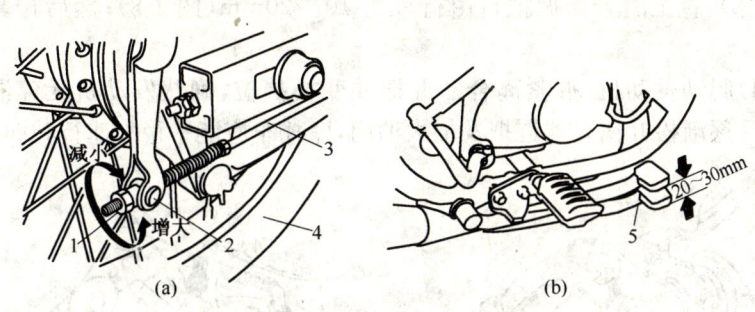

图 1-6 调整后制动踏板自由行程
1. 调整螺母 2. 制动摇臂销 3. 后制动杠杆 4. 后轮 5. 后制动踏板

(3) 若需较大调整,拧松后车轮两侧后制动拉杆上的锁紧螺母,同步拧转后制动拉杆上的调整螺母,直至后制动踏板自由行程为 20～30mm (图 1-6),且调整时应使调整螺母的弧形槽与摇臂销的圆柱面吻合(图 1-4c);然后反复踩下后制动踏板几次,检查放松后两侧的后车轮应能灵活转动。

(4) 左右后制动器调整完毕后,应进行路试检查,将摩托车开到宽阔平坦的场地上,在高速直线行驶情况下,握紧离合器握把使离合器分离后,用后制动器进行紧急制动,然后观察两后车轮在路面上的滑移印痕。若两边印痕都成直线,互相平行,且长度基本相等,说明两侧后制动器制动力均衡一致。若两条印痕的长度误差超过 0.2m,则应进行重新调整。可将轮胎印痕短的一侧制动拉杆上的调整螺母旋紧几圈,或将轮胎印痕长的一侧制动拉杆上的调整螺母放松几圈,直至调整到制动后的左右轮胎印痕长度基本一致,再拧紧锁紧螺母。若经过反复调整仍达不预期效果时,则应检查后制动器内部各零部件是否能正常工作。

7. 离合器握把自由行程的调整

(1) 调整离合器握把自由行程时,应先检查离合器握把的径向移动,若径向移动过大,导致离合器握把自由行程过大,应先更换磨损件后调整自由行程。

(2) 若需微调,可拉出离合器握把上的防尘套,拧松调整螺管上的锁紧螺母,拧转调整螺管(图 1-7a),直至离合器握把自由行程为 10～20mm (图 1-8)。调整时应注意调整螺管拧出螺纹部分不得超过 8mm,否则会损伤螺纹;调整螺管的开口槽应朝下,并与锁紧螺母的开口槽错开,以免水进入钢索外套内引起钢丝绳生锈。最后拧紧锁紧螺母。

(3) 若需较大调整,可拧松离合器操纵钢索上的锁紧螺母,拧转调整螺母

(图 1-7b),直至离合器握把自由行程为 10～20mm(图 1-8);然后拧紧锁紧螺母。

(4)起动发动机,握紧离合器握把并变换挡位,确认发动机无停滞及空转;然后逐渐松开离合器握把及加大油门,摩托车应能平稳加速行驶即可。

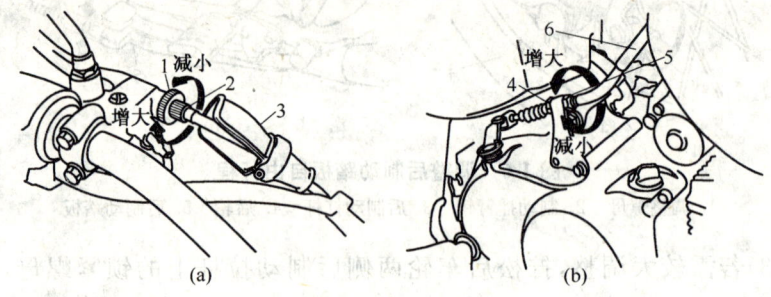

图 1-7 调整离合器握把自由行程

1. 锁紧螺母 2. 调整螺管 3. 防尘套 4. 锁紧螺母 5. 调整螺母 6. 离合器操纵钢索

8. 转向柱钢珠座圈的更换

(1)用专用的冲杆将车架立管上的上、下钢珠外座圈拆下(图 1-9a),然后用专用工具将新的上、下钢珠外座圈压入车架立管内(图 1-9b)。

(2)用扁凿将转向柱上的下钢珠内座圈冲出(图 1-10a),装上下钢珠内座圈,用专用套筒将下钢珠内座圈完全压入(图 1-10b)。

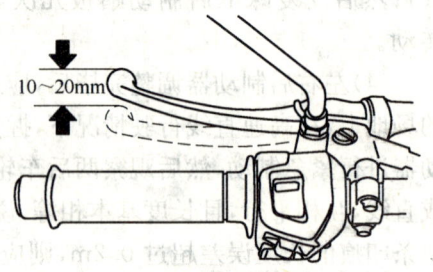

图 1-8 离合器握把自由行程

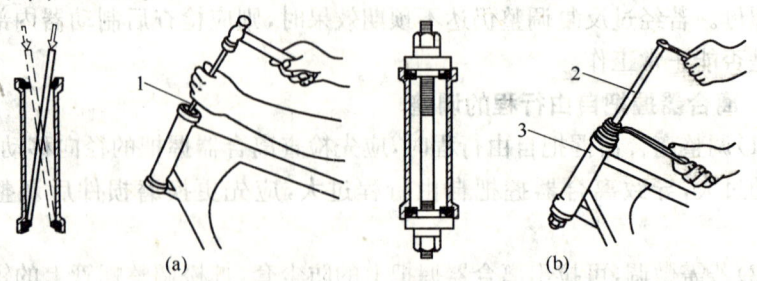

图 1-9 拆装车架立管上的上、下钢珠外座圈

1. 冲杆 2. 专用工具 3. 车架立管

(3)在车架立管上的上、下钢珠外座圈涂抹足够的锂基润滑脂(图 1-11),然后装入钢珠,装上转向柱,放上钢珠内座圈并拧转直至转向柱左右转动灵活,且转向柱与车架立管之间无轴向窜动的感觉为止,即可按照拆卸相反步

骤进行安装。

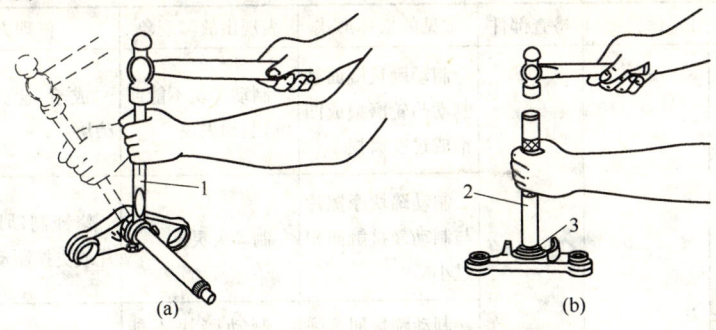

图 1-10　拆装转向柱上的下钢珠内座圈
1. 扁凿　2. 专用套筒　3. 下钢珠内座圈

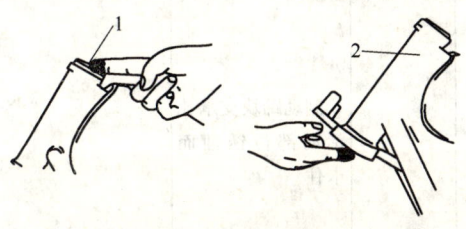

图 1-11　涂抹润滑脂
1. 润滑脂　2. 车架立管

第二节　制动系统的快查快修

制动系统的日常保养及快查快修方法见表1-2。

表1-2　制动系统的日常保养及快查快修方法

类型	日常保养项目	检查部件	常见的损坏形式	表现出故障现象	修理方法
机械鼓式制动器		制动鼓	制动鼓内径过度磨损或失圆	制动失灵,制动异响	更换制动鼓
			表面磨损不均或裂纹	制动异响	更换制动鼓
		制动蹄块	制动蹄块摩擦片表面沾有油污	制动失灵	清除油污
			制动蹄块摩擦片脱落或过度磨损	制动失灵,制动异响	成套地更换制动蹄块
			制动蹄块摩擦片表面太光滑或凹凸不平	制动异响	锉刀或粗砂纸修整摩擦片表面

续表 1-2

类型	日常保养项目	检查部件	常见的损坏形式	表现出故障现象	修理方法
机械鼓式制动器		制动蹄块	制动蹄块端面被制动凸轮磨损成凹槽或过度磨损	制动蹄块不能回位,制动失灵	成套地更换制动蹄块
			制动蹄块摩擦片与制动鼓接触面积过小	制动失灵	修锉制动蹄块摩擦片或更换制动蹄块
			制动蹄块回位弹簧弹力不足或折断	制动蹄块不能回位	更换回位弹簧
			制动蹄块支承孔活动部位锈蚀而卡住	制动蹄块不能回位,制动失灵	清除制动蹄块支承孔及支承轴上的异物,用细砂纸将支承孔及轴活动部分的锈蚀清除干净并抛光,然后用煤油将支承孔及轴清洗干净并晾干,在活动部分涂上少量的润滑脂装入即可
		制动凸轮轴	制动凸轮轴活动部分锈蚀或沾有异物		清洗润滑制动凸轮轴
			制动凸轮圆弧面(即控制制动蹄块张开的型面)过度磨损		更换制动凸轮轴
			制动摇臂回位弹簧折断或弹力不足	制动摇臂回位不良	更换回位弹簧
液压盘式制动器	定期检查制动主泵储液箱内的制动液液面及更换制动液	制动主泵	储液箱制动液不足	制动失灵	补充制动液
			制动液变质或明显被污	制动液变质或明显被污,制动失灵	更换制动液
			制动主泵油缸缸壁表面有损伤或划伤	制动失灵	更换制动主泵

续表 1-2

类型	日常保养项目	检查部件	常见的损坏形式	表现出故障现象	修理方法
液压盘式制动器	定期检查制动主泵储液箱内的制动液液面及更换制动液	制动主泵	制动主泵油缸过度磨损	制动失灵	更换制动主泵
			制动主泵油缸处出现龟裂或裂缝	制动主泵漏液,制动失灵	更换制动主泵
			主泵活塞表面损伤或过度磨损	制动失灵	更换主泵活塞
			主泵活塞上的皮碗有损伤、龟裂或老化	制动主泵漏液,制动失灵	更换皮碗
			活塞卡死	制动失灵	修理或更换制动主泵
		制动油管	制动油管老化、龟裂或破裂	制动油管漏液,制动失灵	更换制动油管
			制动油管接头处密封垫圈损伤、老化	制动油管漏液	更换密封垫圈
			制动油管堵塞	制动失灵,制动摩擦片不能回位	清洗疏通或更换制动油管
			油管内混入空气	制动失灵	对制动系统油路进行排气
		制动钳	制动钳活塞表面损伤或过度磨损	制动失灵	更换制动钳活塞
			制动钳活塞上的密封圈龟裂、损伤或老化	制动钳漏液,制动失灵	更换密封圈
			制动钳油缸缸壁表面有损伤或划伤	制动失灵	更换制动钳
			制动钳油缸过度磨损	制动失灵	更换制动钳
			制动钳体出现龟裂或裂缝	制动钳漏液,制动失灵	更换制动钳

续表 1-2

类型	日常保养项目	检查部件	常见的损坏形式	表现出故障现象	修理方法
液压盘式制动器	定期检查制动主泵储液箱内的制动液液面及更换制动液	制动钳	导向销与制动钳体轴向滑动不灵活	制动摩擦片不能回位	清洗润滑
			活塞卡死		修理或更换制动钳
		制动摩擦片	制动摩擦片过度磨损(即摩擦片厚度小于使用极限值0.8mm)	制动失灵	成套地更换制动摩擦片
			制动摩擦片沾有异物	制动异响	清除制动摩擦片上的异物
		制动盘	制动盘过度磨损或磨损不平	制动异响,制动失灵	更换制动盘
			制动盘扭曲变形		更换制动盘
液压鼓式制动器	定期检查制动主泵储液箱内的制动液液面及更换制动液	制动主泵	其常见的损坏形式、表现出故障现象及修理方法与液压盘式制动器相同		
		制动油管	其常见的损坏形式、表现出故障现象及修理方法与液压盘式制动器相同		
		制动轮缸	轮缸缸体出现龟裂或裂缝	制动轮缸漏液,制动失灵	更换制动轮缸
			活塞上的皮碗损伤、龟裂或老化		更换皮碗
			活塞表面有锈蚀卡死	制动失灵,制动蹄块不能回位	清除锈蚀物或更换制动轮缸
			活塞过度磨损或拉伤	制动失灵	更换制动轮缸
		制动鼓	其常见的损坏形式、表现出故障现象及修理方法与机械鼓式制动器相同		
		制动蹄块	其常见的损坏形式、表现出故障现象及修理方法与机械鼓式制动器相同		

1. 制动主泵储液箱内制动液液面的检查

制动液液面的检查方法:将摩托车停在平坦的地面上,用主停车架将摩托车支起,使制动主泵储液箱处于水平状态,检查储液箱内的制动液液面。

第一章 摩托车操纵与制动系统的快查快修

若制动液液面接近或低于储液箱的下限线（LOWER）时（图1-12），应拧下储液箱盖上的螺钉，取下储液箱盖、膜片板、膜片，将推荐的制动液补充至上限线（UPPER）。同时补充制动液时应注意以下事项：

（1）制动摩擦片过度磨损也会导致制动液液面过低，应先更换制动摩擦片后检查制动液液面。

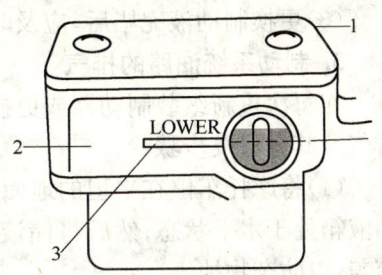

图1-12 检查储液箱内的制动液液面
1. 储液箱盖 2. 储液箱 3. 下限线（LOWER）

（2）选用同一牌号的制动液，不同牌号的制动液不能混合使用，以防止化学反应。

（3）不能混入水和杂质，不能使用陈旧的、使用过的或未密封的容器中取出的制动液。

（4）由于制动液会腐蚀油漆表面、塑料及橡胶零件，因此应注意不要让制动液沾到它们上面，若沾上应立即用水冲洗。

2. 制动液的更换

制动液的更换方法及步骤：

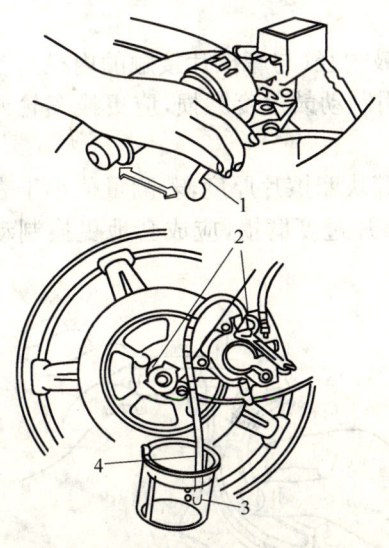

图1-13 更换制动液
1. 制动握把 2. 放气螺栓 3. 容器 4. 透明塑料软管

（1）将摩托车停在平坦的地面上，用主停车架将摩托车支起，使制动主泵储液箱处于水平状态。拧下储液箱盖上的螺钉，取下储液箱盖、膜片、膜片板，吸出或倒出储液箱内的制动液；然后将推荐的新制动液倒入储液箱内，将透明塑料软管套在制动钳（或制动轮缸）的放气螺栓上，软管的另一端放入预置容器内（图1-13）。

（2）拧松制动钳（或制动轮缸）的放气螺栓1/2圈，捏放制动握把或脚踏制动踏板若干次，直至前制动钳（或制动轮缸）的放气螺栓完全流出新的制动液为止，拧紧放气螺栓。在这操作过程中，应随时注意储液箱内的制动液液量，并及时进行补充。对三轮摩托车，应从距制动主泵最远的制动轮缸进行放液，顺序是由远到近。

(3)更换制动液完毕后,应及时对制动系统油路进行排气。

3. 制动系统油路的排气

在每次重新组装制动器或更换制动液后,都必须进行制动系统油路中的排气。其方法及步骤:

(1)将摩托车停在平坦的地面上,用主停车架将摩托车支起,使制动主泵储液箱处于水平状态;然后将储液箱内的制动液补充至上限线,并盖好储液箱盖,以防杂物掉入。

(2)将透明塑料软管套在制动钳(或制动轮缸)的放气螺栓上,软管的另一端放入预置的容器内;然后缓慢地捏放制动握把或踏放制动踏板若干次后,捏紧制动握把或踏紧制动踏板同时拧松制动钳(或制动轮缸)的放气螺栓1/2圈,并将制动握把捏到底或将制动踏板踏到底,使带有气泡的制动液顺着软管流出(图1-13);再拧紧制动钳(或制动轮缸)的放气螺栓,放开制动握把或制动踏板。对三轮摩托车,应从距制动主泵最远的制动轮缸进行油路排气,顺序是由远到近。

(3)隔数秒后,重复(2)操作,直至从放气螺栓流出的制动液中不再带有气泡为止;然后拧紧放气螺栓,盖上放气螺栓帽。

(4)将储液箱内的制动液补充至上限线,然后装上膜片、膜片板及储液箱盖,拧紧储液箱盖上的螺钉即可。

4. 鼓式制动器的检修

如图1-14所示,用游标卡尺测量制动鼓内径(与摩擦片接触的内径),若测量值大于表1-3中的使用极限值,则说明制动鼓过度磨损,应更换车轮或轮毂。

如图1-15所示,用游标卡尺测量制动蹄块摩擦片厚度,若测量值小于表1-3中的使用极限值,则说明制动蹄块摩擦片过度磨损,应成套地更换制动蹄块。

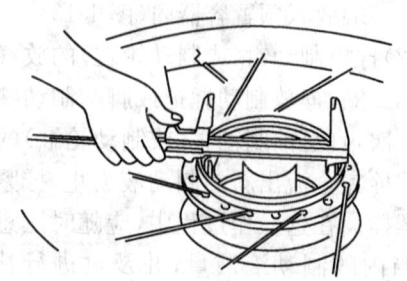 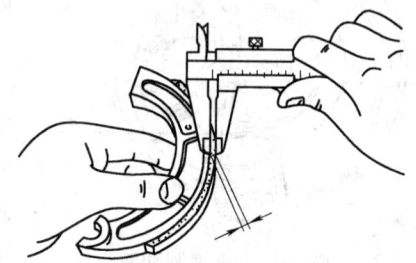

图1-14 测量制动鼓内径　　图1-15 测量制动蹄块摩擦片厚度

制动蹄块摩擦片与制动鼓接触面积的检修方法:在制动鼓内表面上涂抹

一层薄薄的红丹粉,将制动鼓盖和车轮轮毂装在同一轮轴上,用手压住制动摇臂,使制动蹄块张开与制动鼓内表面接触且又能相对转动,旋转一圈后取下制动鼓盖,根据摩擦片上着色情况来判定其接触面积。若接触面积小于75%,则用锉刀修锉其高点,并边修锉边检查,直至接触面积达到75%以上为止。

制动凸轮轴的清洗润滑方法:从制动鼓盖上拆下制动摇臂及制动凸轮轴,清除制动凸轮轴上的异物,用细砂纸将制动凸轮轴活动部分的锈蚀清除干净并抛光,然后用煤油将制动凸轮轴及其安装孔清洗干净并晾干,在制动凸轮轴活动部分涂上少量的润滑脂装入即可。

表 1-3 鼓式制动器检查数据　　　　　　　　(mm)

车型	制动鼓内径		制动蹄块摩擦片厚度	
	标准值	极限值	标准值	极限值
嘉陵 JH70	109.8~110.2	111.0	3.9~4.0	2.0
嘉陵 JH90		111.0		2.0
大阳 DY100	109.8~110.2	111.0	4.0~4.3	2.0
五羊本田 WH100T-G		111.0(前) 131.0(后)	4.0	2.0
五羊本田 WH100-2	110.0~110.2	111.0		2.0
新大洲本田 SDH100-41/43	110.0~110.2	111.0		2.0
金城铃木 SJ110		110.7		1.5
建设 JS110-3	110.0	111.0	4.0	2.0
五羊本田 WH110T-3	130.0~130.2	131.0		2.0
五羊本田 WH110T-A	130.0~130.2	131.0		2.0
嘉陵 JH125	130.0	131.0	3.9~4.1	2.0
嘉陵本田 JH125F	130.0	131.0	4.0	2.0
幸福 XF125A6	110.0	111.0	4.0~4.3	2.0
轻骑铃木 GS125		130.7		1.5
五羊本田 WY125A/C	130.0	131.0	3.9~4.1	2.0
五羊本田 WY125-S	110.0	111.0		2.0
五羊本田 WH125-3	110.0	111.0		2.0
五羊本田 WH125T	130.0	131.0	4.0	2.0
五羊本田 WH125T-2	110.0	111.0		2.0
五羊本田 WH125T-5	130.0	131.0		2.0
五羊本田 WH125T-6	130.0~130.2	131.0		2.0

续表 1-3

车型	制动鼓内径		制动蹄块摩擦片厚度	
	标准值	极限值	标准值	极限值
五羊本田 WH125-7/8	130.0~130.2	131.0		2.0
五羊本田 WH125-12	130.0~130.2	131.0		2.0
新大洲本田 SDH125-7D	130.0(前) 110.0(后)	131.0 111.0		2.0
新大洲本田 SDH125-51	130.0~130.2	131.0		2.0
新大洲本田 SDH125T-27	130.0~130.2	131.0		2.0
长春铃木 GS125R		130.7		1.5
金城铃木 GX125		130.7		1.5
本田 CG125M	130.0(前) 110.0(后)	131.0 111.0	4.0	2.0
豪爵铃木 GN125		130.7		1.5
豪爵铃木 HJ125T		120.7		1.5
建设雅马哈天剑 JYM125	130.0	131.0	4.0	2.0
本田 CB125T	130.0~130.3	131.0	4.0	2.0
铃木 GS125E/ES/R		130.7		1.5
铃木 GF125		130.7		1.5
铃木 UC125		130.7		1.5
雅马哈 SRZ125	130.0	131.0	4.0	2.0
新大洲本田 SDH150-15	130.0~130.3	131.0		2.0
建设雅马哈 SR150	150.0(前) 160.0(后)	151.0 161.0	4.0	2.0
建设雅马哈劲豹 SRZ150	130.0	131.0	4.0	2.0
建设雅马哈劲飚 SRV200	130.0	131.0	4.0	2.0
建设雅马哈劲龙 JYM250	130.0	131.0	4.0	2.0

5. 液压盘式制动器的检修

拆下制动主泵并分解,将制动主泵及主泵活塞清洗干净。如图 1-16 所示,用内径百分表测量主泵油缸内径,若测量值大于表 1-4 中的使用极限值,则说明主泵油缸过度磨损,应更换制动主泵。如图 1-17 所示,用千分尺测量主泵活塞外径,若测量值小于表 1-4 中的使用极限值,则说明主泵活塞过度磨损,应更换主泵活塞。

拆下制动钳并分解,将制动钳、制动钳活塞等清洗干净。如图1-18所示,用千分尺测量制动钳活塞外径,若测量值小于表1-4中的使用极限值,则说明制动钳活塞过度磨损,应更换制动钳活塞。如图1-19所示,用内径百分表测量油缸内径,若测量值大于表1-4中的使用极限值,则说明制动钳油缸过度磨损,应更换制动钳。

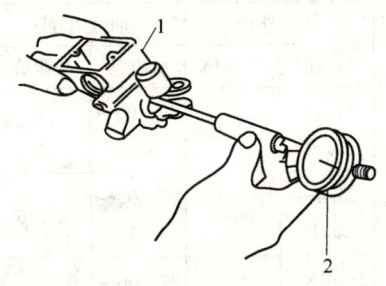
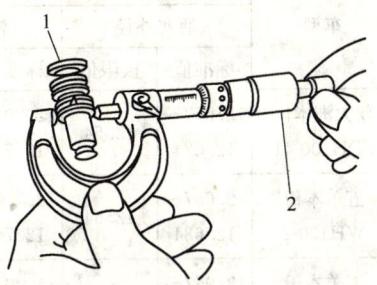

图1-16 测量制动主泵油缸内径
1. 制动主泵 2. 内径百分表

图1-17 测量制动主泵活塞外径
1. 主泵活塞 2. 千分尺

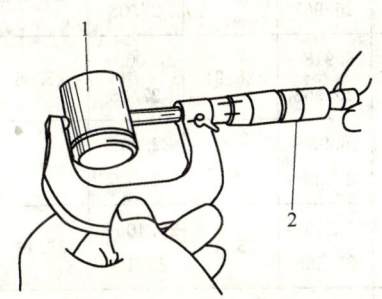
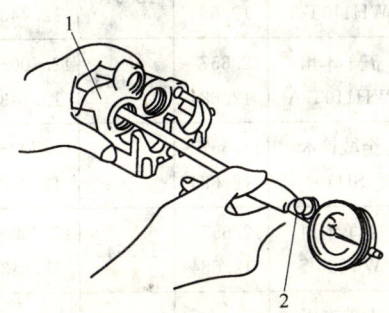

图1-18 测量制动钳活塞外径
1. 制动钳活塞 2. 千分尺

图1-19 测量制动钳油缸内径
1. 制动钳 2. 内径百分表

如图1-20所示,用千分尺测量制动盘厚度,若测量值小于表1-5中的使用极限值,则说明制动盘过度磨损,应更换制动盘。如图1-21所示,用百分

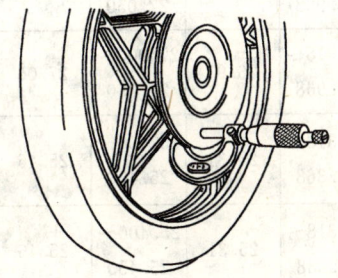
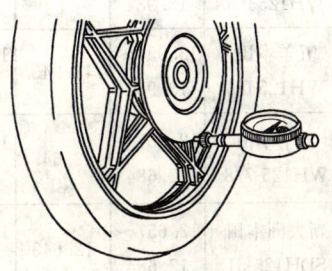

图1-20 测量制动盘厚度

图1-21 测量制动盘端面跳动值

表测量制动盘端面跳动值,若测量值大于表 1-5 中的使用极限值,则说明制动盘扭曲变形,应更换制动盘。更换时应注意制动盘的旋转方向的箭头标记应朝向车轮前进旋转方向。

表 1-4 制动主泵和制动钳的检查数据 (mm)

车型	制动主泵				制动钳			
	活塞外径		油缸内径		活塞外径		油缸内径	
	标准值	极限值	标准值	极限值	标准值	极限值	标准值	极限值
新大洲本田 SDH100-41	12.657~12.684	12.64	12.700~12.743	12.76	25.4~25.45	25.31	25.400~25.450	25.46
五羊本田 WH100-2	12.657~12.684	12.64	12.700~12.743	12.76	25.4~25.45	25.31	25.400~25.450	25.46
五羊本田 WH100T-G	13.957~13.984	13.945	14.000~14.043	14.055	26.918~26.968	26.91	27.000~27.050	27.06
五羊本田 WH110T-3	12.657~12.684	12.645	12.700~12.743	12.755	26.918~26.968	26.91	27.000~27.05	27.06
五羊本田 WH110T-A	12.657~12.684	12.645	12.700~12.743	12.755	26.918~26.968	26.91	27.000~27.05	27.06
金城铃木 SJ110	12.657~12.684		12.700~12.743		26.93~26.95		27.00~27.05	
五羊本田 WY125-S	12.657~12.684	12.645	12.700~12.743	12.755	25.318~25.368	25.31	25.400~25.450	25.46
五羊本田 WH125T		13.95		14.055		25.32		25.45
五羊本田 WH125T-2	12.657~12.684	12.645	12.700~12.743	12.755	25.318~25.368	25.31	25.400~25.450	25.46
五羊本田 WH125T-5	13.957~13.984	13.945	14.000~14.043	14.055	26.918~26.968	26.91	27.000~27.050	27.06
五羊本田 WH125T-6	13.957~13.984	13.945	14.000~14.043	14.055	26.918~26.968	26.91	27.000~27.050	27.06
五羊本田 WH125-7/8	12.657~12.684	12.645	12.700~12.743	12.755	25.318~25.368	25.31	25.400~25.450	25.46
新大洲本田 SDH125-51	12.657~12.684	12.645	12.700~12.743	12.755	25.318~25.368	25.31	25.400~25.450	25.46

续表 1-4

车型	制动主泵				制动钳			
	活塞外径		油缸内径		活塞外径		油缸内径	
	标准值	极限值	标准值	极限值	标准值	极限值	标准值	极限值
新大洲本田 SDH125T-27	13.957~13.984	13.945	14.000~14.043	14.055	26.918~26.968	26.91	27.000~27.050	27.06
嘉陵本田 JH125F	12.657~12.684	12.645	12.700~12.743	12.755	25.335~25.368	25.31	25.400~25.450	25.46
轻骑铃木 GS125	12.657~12.684		12.700~12.743		33.884~33.934		33.960~34.036	
轻骑铃木 QS125T	10.957~10.984		11.000~11.043		30.15~30.20		30.23~30.306	
金城铃木 GX125	2.657~12.684		12.700~12.743		33.885~33.91		33.960~33.999	
豪爵铃木 GN125	12.657~12.684		12.700~12.743		33.884~33.934		33.960~34.036	
豪爵铃木 HJ125T	10.957~10.984		11.000~11.043		30.15~30.20		30.23~30.306	
长春铃木 GS125R	12.657~12.684		12.700~12.743		33.884~33.934		33.960~34.036	
本田 CB125T	13.957~13.984	13.95	14.000~14.043	14.05	30.165~30.198	30.14	30.230~30.280	30.29
铃木 GS125E/ES/R	12.657~12.684		12.700~12.743		33.884~33.934		33.960~34.036	
铃木 GF125	12.657~12.684		12.700~12.743		26.9~26.95		27.00~27.05	
五羊本田 WH150-2	12.657~12.684	12.645	12.700~12.743	12.755	25.318~25.368	25.31	25.400~25.450	25.46
新大洲本田 SDH150-15	12.657~12.684	12.645	12.700~12.743	12.755	25.318~25.368	25.31	25.400~25.450	25.46

表 1-5 制动盘的检查数据 (mm)

车型	制动盘厚度		制动盘端面跳动值	
	标准值	极限值	标准值	极限值
新大洲本田 SDH100-41	4.0±0.2	3.0		0.3

续表 1-5

车型	制动盘厚度		制动盘端面跳动值	
	标准值	极限值	标准值	极限值
五羊本田 WH100T-G	3.3~3.9	3.0		0.2
五羊本田 WH110T-3	3.3~3.7	3.0		0.2
五羊本田 WH110T-A	3.3~3.7	3.0		0.1
金城铃木 SJ110	4.0±0.2	3.0		0.3
五羊本田 WY125-S	4.0	3.5		0.3
五羊本田 WH125T		3.0		0.3
五羊本田 WH125T-2	3.3~3.7	3.0		0.2
五羊本田 WH125T-5	3.3~3.7	3.0		0.1
五羊本田 WH125T-6	3.3~3.7	3.0		0.1
五羊本田 WH125-7/8	3.8~4.2	3.5		0.1
嘉陵本田 JH125F		3.5		
豪爵铃木 GN125	4.0±0.2	3.0		0.3
豪爵铃木 HJ125T	4.0±0.2	3.5		0.3
轻骑铃木 GS125	4.0±0.2	3.0		0.3
轻骑铃木 QS125T	4.0±0.2	3.5		0.3
长春铃木 GS125R	4.0±0.2	3.0		0.3
金城铃木 GX125	3.8~4.2	3.0		0.3
建设雅马哈天剑 JYM125	4.0	3.5		
本田 CB125T	4.8~5.2	4.0		0.1
雅马哈 SRZ125	4.0	3.5		
铃木 GS125E/ES/R	4.0±0.2	3.0		0.3
铃木 GF125	4.0±0.2	3.0		0.3
五羊本田 WH150-2	3.8~4.2	3.5		0.3
新大洲本田 SDH150-15	3.8~4.2	3.5		0.1
建设雅马哈劲豹 SRZ150	4.0	3.5		0.15
建设雅马哈劲飚 SRV200	4.0	3.5		0.15
建设雅马哈劲龙 JYM250	4.0	3.5		0.15

第三节 摩托车操纵与制动系统故障快速检修

一、制动握把回位不良

制动后放开制动握把时,制动握把回不到位。

1. 故障原因

(1) 制动操纵钢索的钢丝绳在钢索外套中拉动不灵活。

(2) 制动摇臂回位弹簧折断或弹力不足。

(3) 制动凸轮轴活动部位锈蚀或被异物卡住,导致制动凸轮轴转动不灵活。

2. 故障诊断

制动握把回位不良的故障诊断程序如图1-22所示。

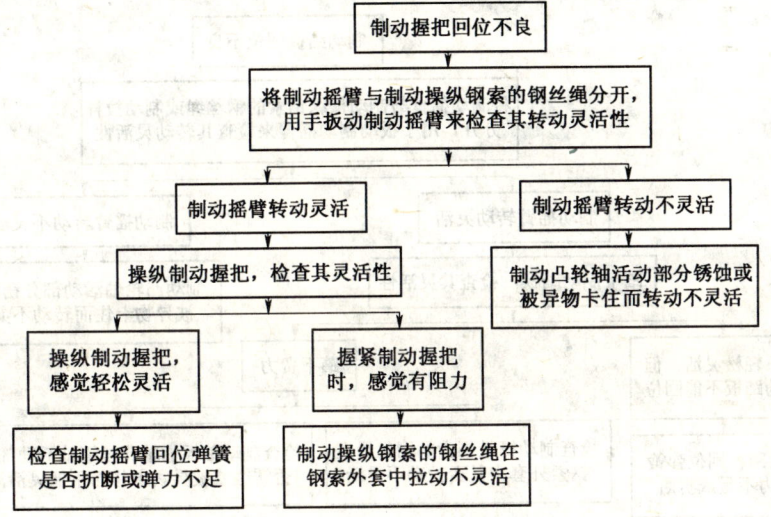

图1-22 制动握把回位不良的故障诊断程序

3. 故障排除

制动握把回位不良的故障排除方法见表1-6。

表1-6 制动握把回位不良的故障排除方法

检查部位或部件	损 坏 形 式	修 理 方 法
制动操纵钢索	钢丝绳在钢索外套中拉动不灵活	清洗润滑或更换制动操纵钢索
制动摇臂回位弹簧	折断或弹力不足	更换回位弹簧
制动凸轮	制动凸轮活动部位锈蚀或被异物卡住	清洗润滑制动凸轮

二、制动踏板回位不良

制动后放开制动踏板时,制动踏板回不到位。

1. 故障原因

(1) 制动踏板回位弹簧折断或弹簧不足。

(2) 制动踏板的轴孔与销轴活动部位锈蚀或被异物卡住,使制动踏板不能灵活活动。

(3) 制动操纵钢索的钢丝绳在钢索外套中拉动不灵活。

(4) 制动摇臂回位弹簧折断或弹力不足。

(5) 制动凸轮轴活动部位锈蚀或被异物卡住,导致制动凸轮轴转动不灵活。

2. 故障诊断

制动踏板回位不良故障诊断程序如图 1-23 所示。

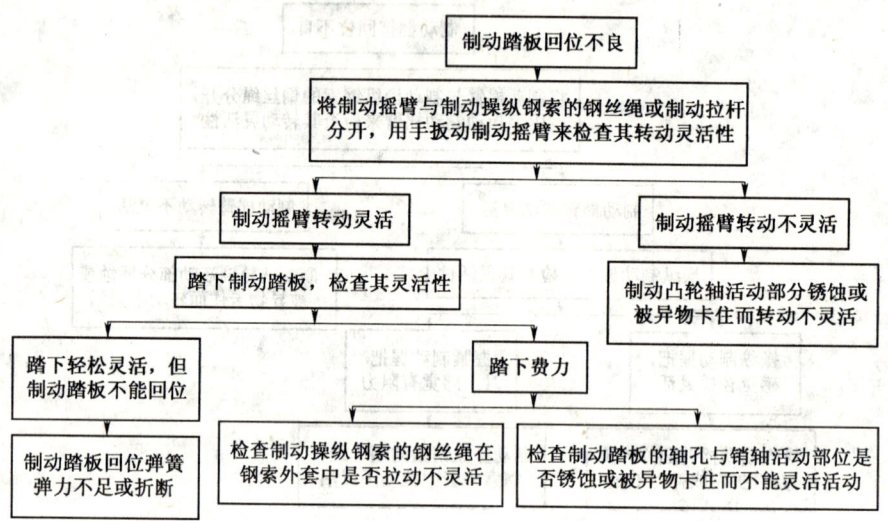

图 1-23　制动踏板回位不良的故障诊断程序

3. 故障排除

制动踏板回位不良的故障排除方法见表 1-7。

表 1-7　制动踏板回位不良的故障排除方法

检查部位或部件	损坏形式	修理方法
制动踏板	回位弹簧弹力不足或折断	更换回位弹簧
	其的轴孔与销轴活动部位锈蚀或被异物卡住	清洗润滑轴孔
制动操纵钢索	钢丝绳在钢索外套中拉动不灵活	清洗润滑或更换制动操纵钢索
制动摇臂	其回位弹簧折断或弹力不足	更换回位弹簧
制动凸轮轴	制动凸轮轴活动部位锈蚀或被异物卡住	清洗润滑制动凸轮轴

三、离合器握把回位不良

握紧后放开离合器握把时,离合器握把回不到位。

1. 故障原因

(1) 离合器操纵钢索的钢丝绳在钢索外套中拉动不灵活。

(2) 离合器摇臂回位弹簧折断或弹力不足。

2. 故障诊断

离合器握把回位不良的故障诊断程序如图 1-24 所示。

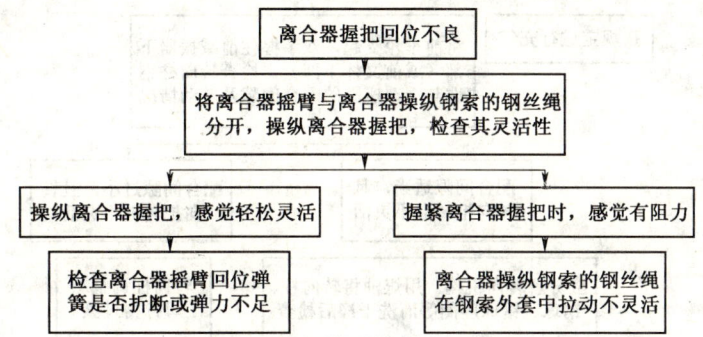

图 1-24　离合器握把回位不良的故障诊断程序

3. 故障排除

离合器握把回位不良的故障排除方法见表 1-8。

表 1-8　离合器握把回位不良的故障排除方法

检查部位或部件	损坏形式	修理方法
离合器操纵钢索	钢丝绳在钢索外套中拉动不灵活	清洗润滑或更换离合器操纵钢索
离合器摇臂	其回位弹簧折断或弹力不足	更换回位弹簧

四、转向把转向不灵活

摩托车在行驶过程中,转向把转向时驾驶人双手感到费力或时紧时松。

1. 故障原因

(1) 前轮胎气压不足。前轮胎气压不足,转向时轮胎与地面的摩擦力较大,因而转向时双手感到费力。

(2) 转向柱调整螺母拧得过紧。转向柱调整螺母拧得过紧,使转向柱钢珠与钢珠座圈的配合间隙过小,导致转向时双手感到费力,转向不灵活,并且会加快钢珠和钢珠座圈的磨损。

(3) 转向柱钢珠、钢珠座圈过度磨损或损伤。

(4) 转向柱弯曲变形。

2. 故障诊断

转向把转向不灵活的故障诊断程序如图 1-25 所示。

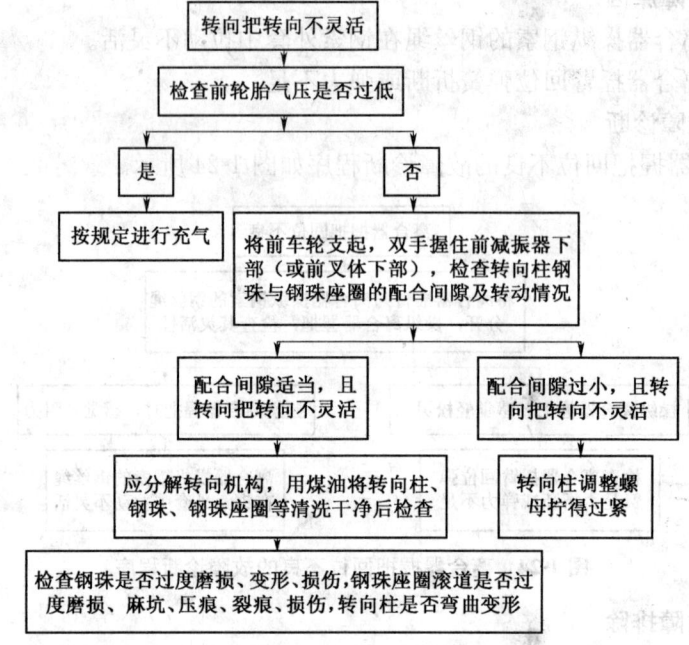

图 1-25 转向把转向不灵活的故障诊断程序

3. 故障排除

转向把转向不灵活的故障排除方法见表 1-9。

表 1-9 转向把转向不灵活的故障排除方法

检查部位或部件	损坏形式	修理方法
前轮胎	气压不足	按规定进行充气
转向柱	调整螺母拧得过紧	松开上联板转向柱螺栓或螺母,用锁紧扳手调整转向柱调整螺母,直至转向把左右转动灵活,且转向柱与车架立管之间无轴向窜动的感觉为止
	弯曲变形	矫正或更换转向柱
钢珠	过度磨损、变形、损伤	更换所有钢珠
钢珠座圈	座圈滚道过度磨损、麻坑、压痕、裂痕、损伤	成套地更换钢珠座圈

五、转向把晃动或抖动

摩托车在行驶过程中,转向把稳定性差,即使在平坦的道路上行驶,转向把也会出现左右晃动或上下抖动。

1. 故障原因

(1) 前轮胎气压过高或过低或严重变形。
(2) 前车轮轮辋失圆或扭曲变形。
(3) 前车轮左右摆动。
(4) 转向柱钢珠与钢珠座圈的配合间隙过大。
(5) 钢珠座圈与车架立管配合间隙过大。
(6) 转向柱钢珠、钢珠座圈过度磨损或损伤。
(7) 前减振器减振性差或失去减振作用。

2. 故障诊断

转向把晃动或抖动的故障诊断程序如图 1-26 所示。

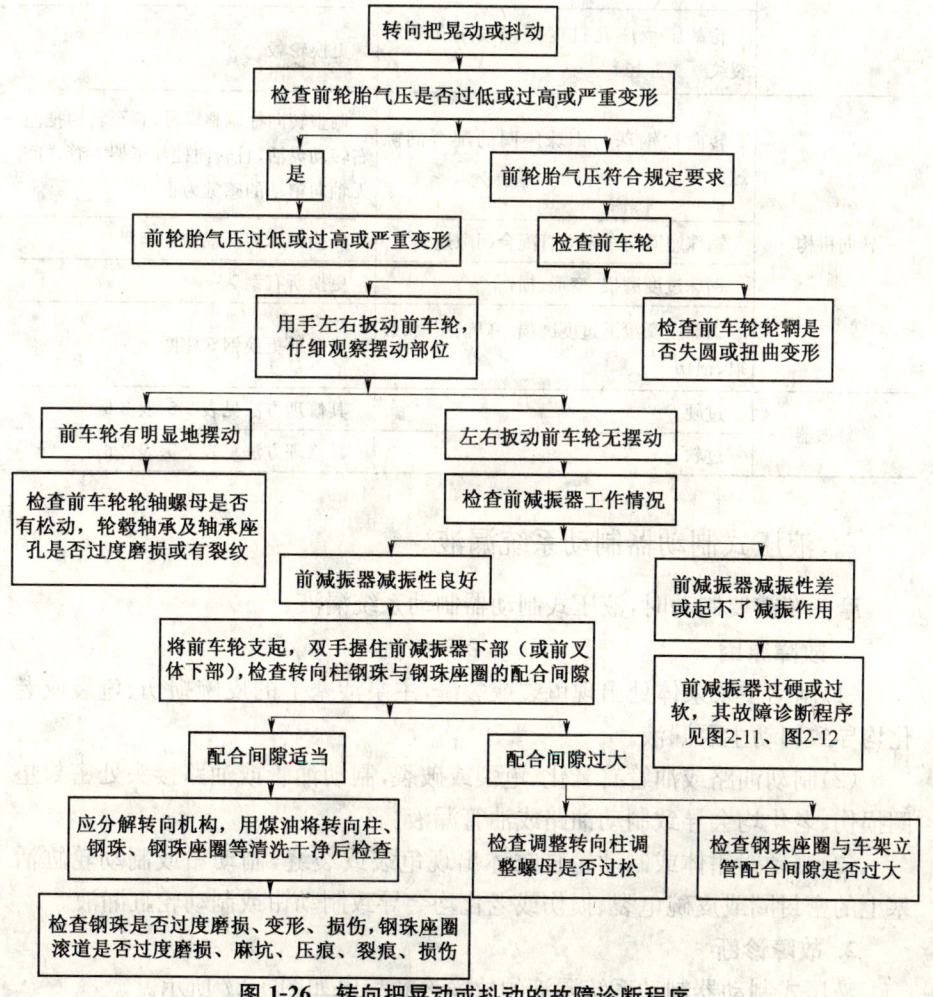

图 1-26　转向把晃动或抖动的故障诊断程序

3. 故障排除

转向把晃动或抖动的故障排除方法见表1-10。

表1-10 转向把晃动或抖动的故障排除方法

检查部位或部件	损坏形式	修理方法
前车轮	前轮胎气压过低	按规定进行充气
	前轮胎气压过高	从轮胎气门嘴放气至规定气压
	前轮胎严重变形	更换轮胎
	前车轮轮辋失圆或扭曲变形	矫正或更换前车轮轮辋
	前车轮轮轴螺母松动	按规定扭矩拧紧螺母
	轮毂轴承过度磨损或损坏	更换轴承
	轮毂轴承座孔过度磨损或座孔处有裂纹	更换轮毂
转向机构	转向柱钢珠与钢珠座圈的配合间隙过大	调整转向柱调整螺母,直至转向把左右转动灵活,且转向柱与车架立管之间无轴向窜动的感觉为止
	钢珠座圈与车架立管配合间隙过大	更换钢珠座圈或修理车架
	钢珠过度磨损、变形、损伤	更换所有钢珠
	钢珠座圈滚道过度磨损、麻坑、压痕、裂痕、损伤	成套地更换钢珠座圈
前减振器	过硬	其修理方法见表2-5、表2-6
	过软	其修理方法见表2-5、表2-6

六、液压式制动器制动系统漏液

摩托车需要制动时,液压式制动器制动系统漏液。

1. 故障原因

(1)制动主泵泵体处出现龟裂或裂缝,主泵活塞上的皮碗损伤、龟裂或老化均导致制动主泵漏液。

(2)制动油路或油管有老化、龟裂或破裂,制动油管或油路接头处密封垫圈损伤、老化均会导致制动油路或油管漏液。

(3)制动钳钳体或制动轮缸缸体出现龟裂或裂缝,制动钳或制动轮缸活塞上的密封圈或皮碗龟裂、损伤或老化均会导致制动钳或制动轮缸漏液。

2. 故障诊断

液压式制动器制动系统漏液的故障诊断程序如图1-27所示。

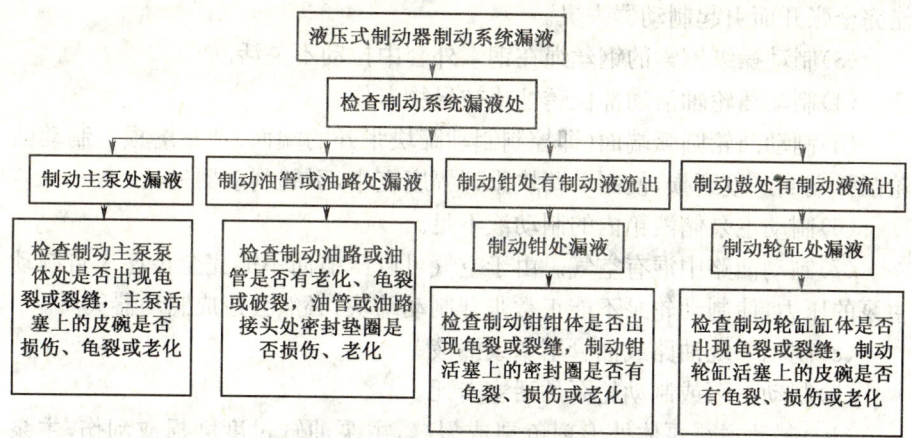

图 1-27 液压式制动器制动系统漏液的故障诊断程序

3. 故障排除

液压式制动器制动系统漏液的故障排除方法见表 1-11。

表 1-11 液压式制动器制动系统漏液的故障排除方法

检查部位或部件	损坏形式	修理方法
制动主泵	泵体处出现龟裂或裂缝	更换制动主泵
	主泵活塞上的皮碗损伤、龟裂或老化	更换皮碗
制动油路或油管	制动油管老化、龟裂或破裂	更换制动油管
	制动油管或油路接头处密封垫圈损伤、老化	更换密封垫圈
制动钳	钳体出现龟裂或裂缝	更换制动钳
	活塞上的密封圈有龟裂、损伤或老化	更换密封圈
制动轮缸	缸体出现龟裂或裂缝	更换制动轮缸
	活塞上的皮碗有损伤、龟裂或老化	更换皮碗

七、鼓式制动器失灵

摩托车在行驶中需制动时,踩下后制动踏板或握紧制动握把,车轮仍在地面滚动,不能很快停住或减速。

1. 故障原因

(1)制动握把或制动踏板的自由行程过大。制动握把或制动踏板的自由行程过大,制动时制动凸轮旋转角度不够大,制动蹄块不能完全张开而引起制动器失灵。

(2)制动握把的螺栓孔或固定螺栓过度磨损,操纵制动握把会有径向移动,使制动握把自由行程过大,制动时制动凸轮旋转角度不够大,制动蹄块不能完全张开而引起制动器失灵。

(3)制动操纵钢索的钢丝绳在钢索外套中拉动不灵活。

(4)制动凸轮轴活动部位锈蚀或被异物卡住。

(5)制动凸轮圆弧端面(即控制制动蹄块张开的端面)严重磨损。制动凸轮圆弧端面严重磨损,使制动蹄块张开幅度变小,引起制动器失灵。

(6)制动主泵储液箱内的制动液不足。

(7)制动油路中混有空气。由于空气可以压缩而不能完全传递来自制动主泵的压力,使制动轮泵不能正常张开制动蹄块,必然会造成制动器失灵。

(8)制动系统油路或油管堵塞或漏液。

(9)制动主泵或制动轮泵的活塞卡死。

(10)制动主泵泵体处出现龟裂或裂缝,主泵油缸过度磨损或刮伤,主泵活塞上的皮碗或皮圈损伤、龟裂或老化、发胀均导致制动主泵漏液。

(11)制动轮缸缸体出现龟裂或裂缝,制动轮缸的活塞过度磨损或拉伤,活塞上的皮碗损伤、龟裂或老化、发胀均导致制动轮缸漏液。

(12)制动蹄块摩擦片表面沾有油污。制动蹄块摩擦片表面沾有油污,会导致摩擦片与制动鼓的内表面摩擦系数大大降低,造成摩擦片与制动鼓内表面接触时打滑。

(13)制动蹄块支承孔活动部位锈蚀而卡住,导致制动蹄块不能完全张开而引起制动器失灵。

(14)制动蹄块摩擦片脱落或过度磨损。

(15)制动蹄块端面(即与制动凸轮的接触端面)磨损成凹槽或严重磨损,会导致制动蹄块张开幅度变小,引起制动器失灵。

(16)制动蹄块摩擦片与制动鼓接触面积过小。

(17)制动鼓内径过度磨损或失圆。

2. 故障诊断

鼓式制动器失灵的故障诊断程序如图1-28、图1-29所示。

3. 故障排除

鼓式制动器失灵的故障排除方法见表1-12。

八、液压盘式制动器失灵

摩托车在行驶中需制动时,踩下后制动踏板或握紧制动握把,车轮仍在地面滚动,不能很快停住。

1. 故障原因

(1)储液箱内的制动液不足。

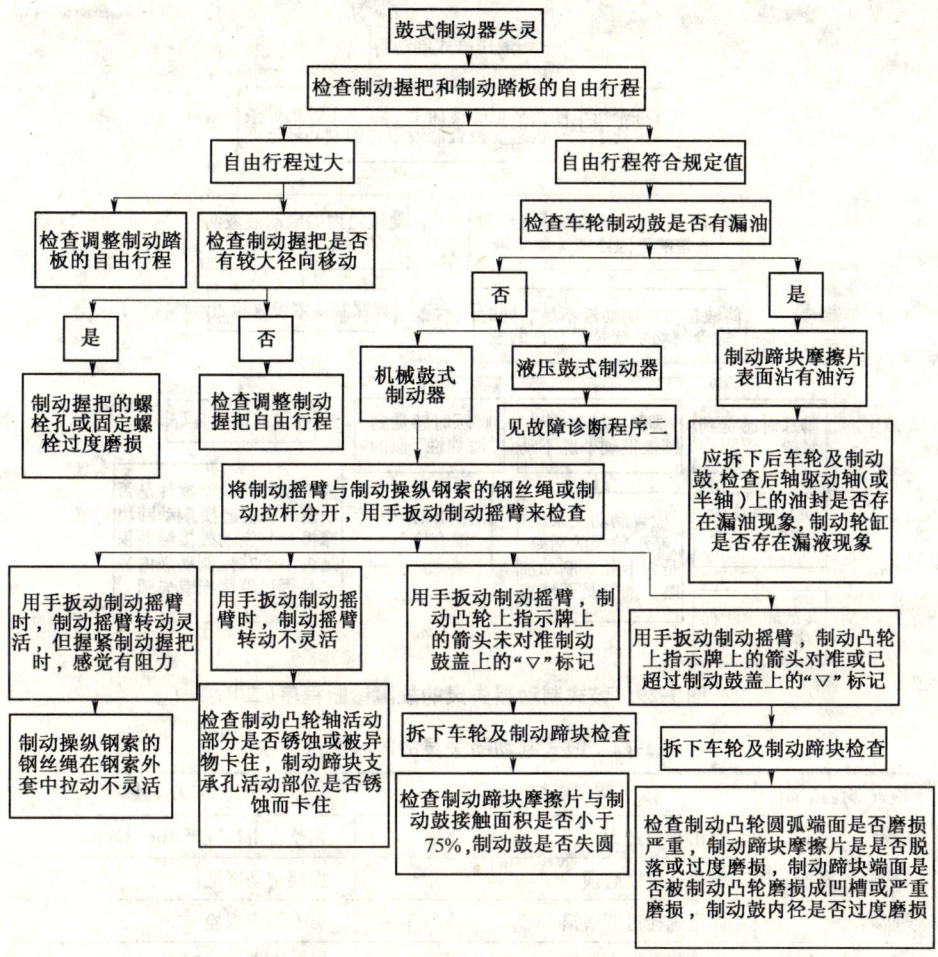

图 1-28 鼓式制动器失灵的故障诊断程序(一)

(2)制动系统内油路中混有空气。由于空气可以压缩而不能完全传递来自制动主泵的压力,必然会造成制动器失灵。

(3)制动系统油路堵塞或漏油。

(4)制动主泵或制动钳的活塞卡死。

(5)制动摩擦片严重磨损或表面沾有油污。

(6)制动盘磨损减薄或表面磨损不平或沾有油污。

2. 故障诊断

液压盘式制动器失灵的故障诊断程序如图 1-30 所示。

3. 故障排除

液压盘式制动器失灵的故障排除方法见表 1-13。

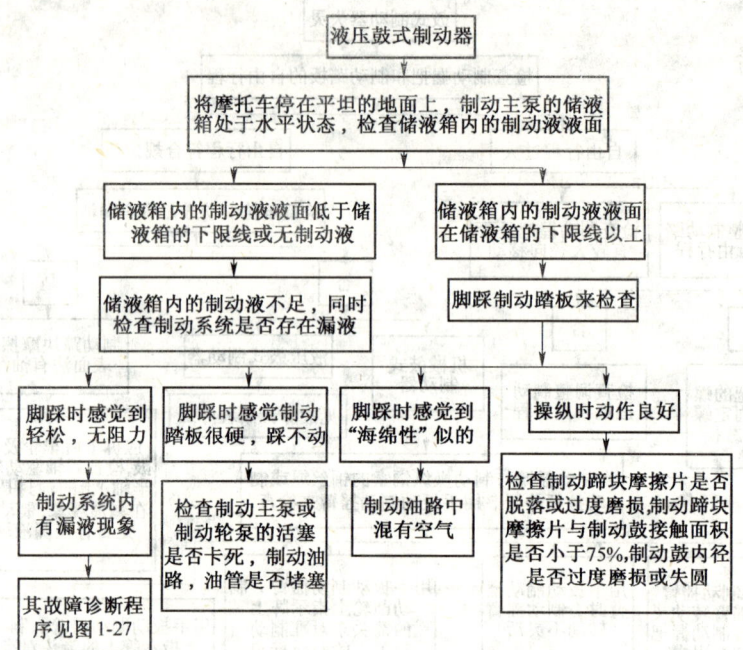

图 1-29 鼓式制动器失灵的故障诊断程序（二）

表 1-12 鼓式制动器失灵的故障排除方法

检查部位或部件	损坏形式	修理方法
制动握把	自由行程过大	调整自由行程至 10～20mm
	螺栓孔过度磨损	更换制动握把
	固定螺栓过度磨损	更换固定螺栓
制动踏板	自由行程过大	调整自由行程到 20～30mm
制动操纵钢索	钢丝绳在钢索外套中拉动不灵活	清洗润滑或更换制动操纵钢索
制动凸轮轴	制动凸轮轴活动部位锈蚀或被异物卡住	清洗润滑制动凸轮轴
	制动凸轮圆弧端面严重磨损	更换制动凸轮轴
制动蹄块	制动蹄块摩擦片表面沾有油污	清除油污
	制动蹄块摩擦片脱落或过度磨损	成套地更换制动蹄块
	制动蹄块端面磨损成凹槽或严重磨损	成套地更换制动蹄块
	制动蹄块支承孔活动部位锈蚀而卡住	清除锈蚀物后润滑支承孔及轴
	制动蹄块摩擦片与制动鼓接触面积小于 75%	用锉刀修锉摩擦片高点，并边修锉边检查，直至接触面积达到 75% 以上为止

续表 1-12

检查部位或部件	损坏形式	修理方法
制动鼓	制动鼓内径过度磨损或失圆	更换轮毂
后车轮	驱动轴（或半轴）上的油封漏油	更换油封
制动主泵	储液箱内的制动液不足	补充储液箱内的制动液
	活塞卡死	修理或更换制动主泵
制动油路或油管	堵塞	清洗疏通油路或油管
制动轮泵	活塞卡死	修理或更换制动轮泵
制动系统	系统内有漏液	其修理方法见表 1-11
	制动油路中混有空气	对制动油路的进行排气

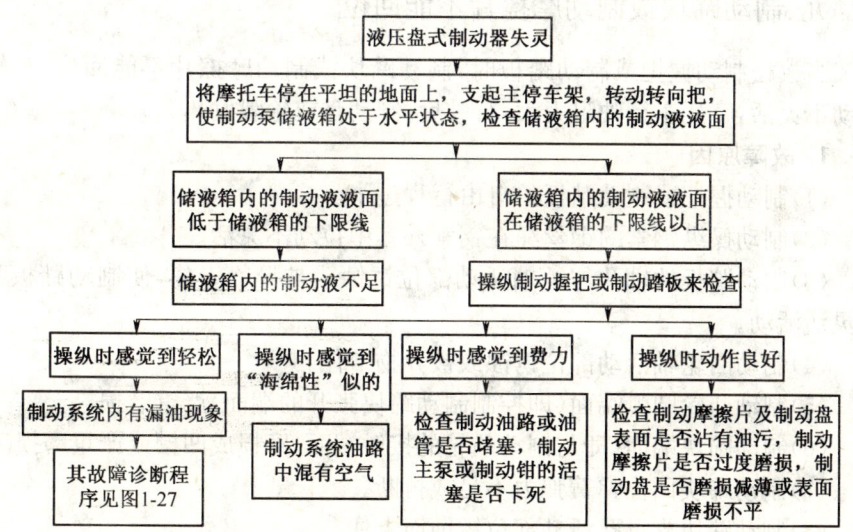

图 1-30　液压盘式制动器失灵的故障诊断程序

表 1-13　液压盘式制动器失灵的故障排除方法

检查部位或部件	损坏形式	修理方法
储液箱	箱内的制动液液面低于储液箱的下限线	补充箱内的制动液
制动系统	制动油路中混有空气	对制动系统油路进行排气
	制动油路或油管堵塞	清洗疏通油路或油管
	系统内有漏液	其修理方法见表 1-11
制动主泵	活塞卡死	修理或更换制动主泵

续表 1-13

检查部位或部件	损 坏 形 式	修 理 方 法
制动钳	活塞卡死	修理或更换制动钳
制动摩擦片	表面沾有油污	清除干净
	摩擦片已磨损到极限值标记或其厚度小于 0.8mm	成套地更换制动摩擦片
制动盘	表面沾有油污	清除干净
	磨损减薄	更换制动盘
	表面磨损不平	更换制动盘

九、制动蹄块或制动摩擦片不能回位

当放松制动握把或制动踏板时,制动蹄块或制动摩擦片不能回位,车轮转动不灵活,摩托车行驶阻力大,行驶后,制动盘或轮毂发热。

1. 故障原因

(1)制动握把或制动踏板的自由行程过小。

(2)制动操纵钢索的钢丝绳在钢索外套中拉动不灵活。

(3)制动踏板的轴孔与销轴活动部位锈蚀或被异物卡住,使制动踏板不能灵活活动。

(4)制动凸轮轴活动部位锈蚀或被异物卡住。

(5)制动凸轮圆弧端面(即控制制动蹄块张开的端面)严重磨损。

(6)制动蹄块端面(即与制动凸轮的接触端面)磨损成凹槽或严重磨损。

(7)制动蹄块回位弹簧弹力不足或折断。

(8)制动蹄块支承孔活动部位锈蚀而卡住。

(9)制动系统油路或油管堵塞。

(10)制动主泵活塞回位弹簧弹力不足或折断。

(11)制动轮泵的活塞卡死。

(12)制动钳体与导向销轴向移动不灵活。

(13)制动钳上的活塞外表面锈蚀而回位不良或卡死。

2. 故障诊断

制动蹄块或制动摩擦片不能回位的故障诊断程序如图 1-31、图 1-32 所示。

3. 故障排除

制动蹄块或制动摩擦片不能回位的故障排除方法见表 1-14。

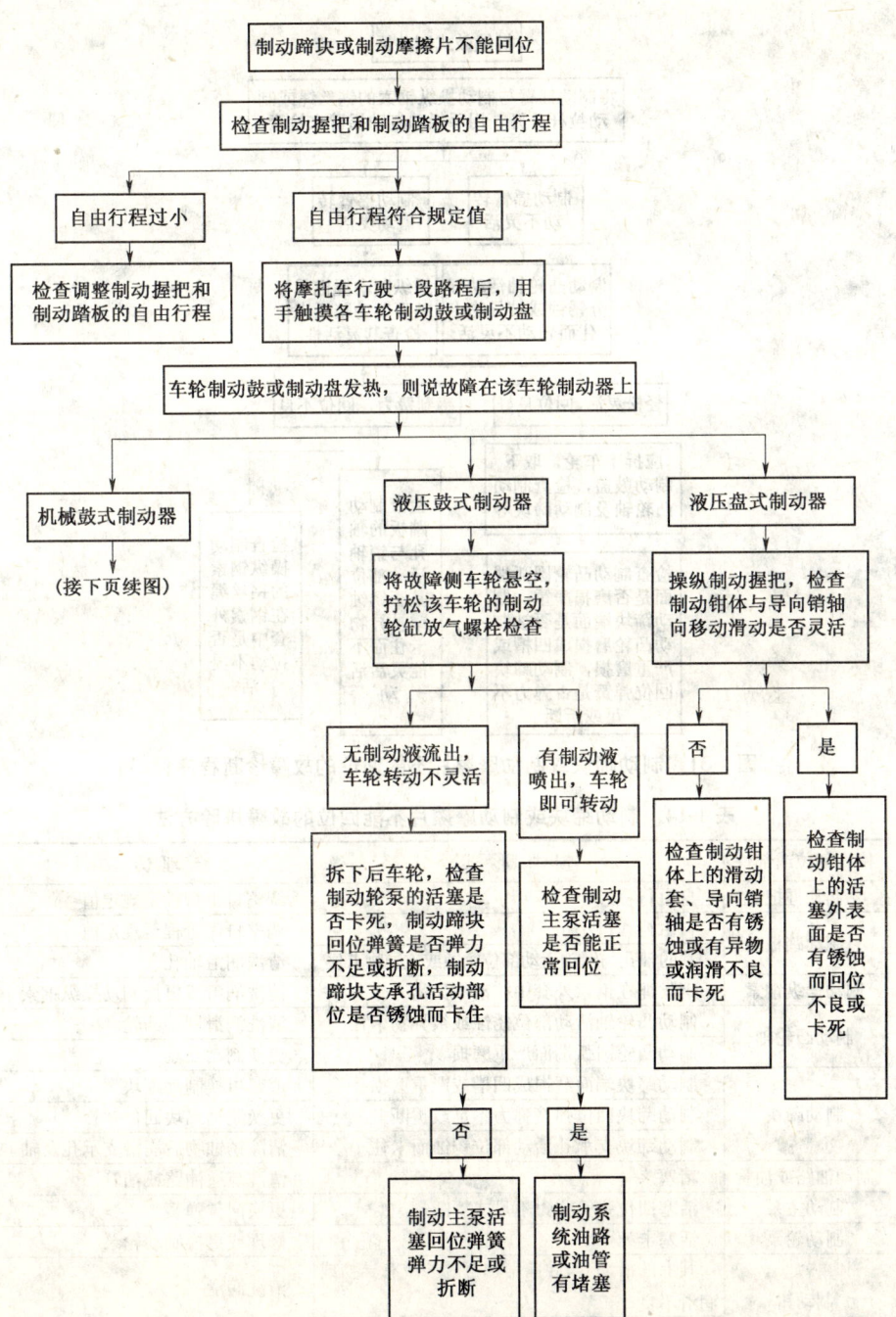

图 1-31 制动蹄块或制动摩擦片不能回位的故障诊断程序

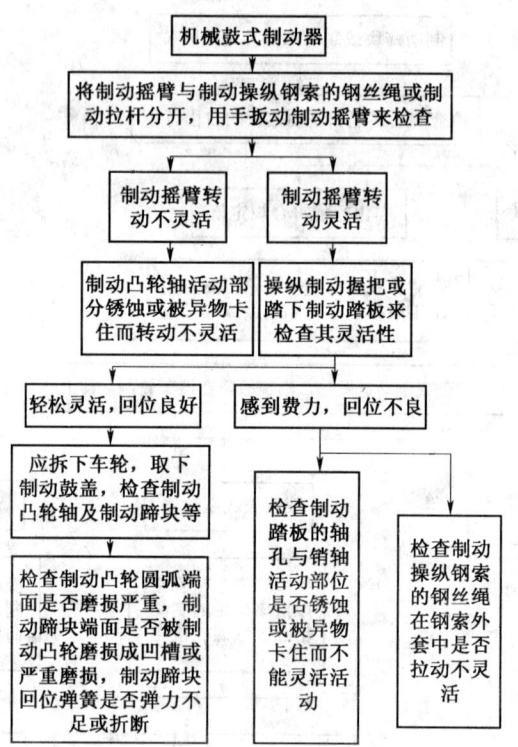

图1-31 制动蹄块或制动摩擦片不能回位的故障诊断程序(续)

表1-14 制动蹄块或制动摩擦片不能回位的故障排除方法

检查部位或部件	损坏形式	修理方法
制动握把	自由行程过小	调整自由行程至规定值
制动踏板	自由行程过小	调整自由行程至规定值
	其的轴孔与销轴活动部位锈蚀或被异物卡住	清洗润滑轴孔
制动操纵钢索	钢丝绳在钢索外套中拉动不灵活	清洗润滑或更换制动操纵钢索
制动凸轮轴	制动凸轮轴活动部位锈蚀或被异物卡住	清洗润滑制动凸轮
	制动凸轮圆弧端面严重磨损	更换制动凸轮
制动蹄块	制动蹄块端面磨损成凹槽或严重磨损	成套更换制动蹄块
	制动蹄块回位弹簧弹力不足或折断	更换制动蹄块回位弹簧
	制动蹄块支承孔活动部位锈蚀而卡住	清除锈蚀物后润滑支承孔及轴
制动油路或油管	堵塞	清洗疏通油路或油管
制动主泵	活塞回位弹簧弹力不足或折断	更换回位弹簧
制动轮泵	活塞卡死	修理或更换制动轮泵
制动钳	其上的滑动套、导向销轴有锈蚀或有异物或润滑不良	清洗润滑
	活塞外表面有锈蚀	清除锈蚀物

第二章 摩托车行车系统的快查快修

第一节 车架的快查快修

车架的快查快修方法见表2-1。

表 2-1 车架的快查快修方法

检查部位	常见的损坏形式	表现出故障现象	修理方法
车架	有脱焊、裂纹或断裂	车架有脱焊、裂纹或断裂	焊补或更换车架
	车架变形	行驶跑偏	校正或更换车架

在正常使用的情况下,车架一般不会出现大的故障。但有时遇到意外的碰撞或长期在崎岖不平的道路上行驶,车架某些焊接部位可能出现脱焊或裂纹现象,或某部位可能出现断裂、被撞变形现象。若发现某焊接部位出现脱焊或裂纹,应及时采用电焊或气焊予以加固;若发现车架某部位出现崩漆,这就暗示了车架弯曲、扭曲或正在断裂中,应仔细检查。检查若发现车架管弯曲的,应先用中等程度的乙炔火焰加热弯曲部位,加热区要大一些,校直时用力要均匀、柔和,不要用锤击,直至弯曲的部位恢复原来形状为止;检查若发现车架管断裂的,应及时采用电焊或气焊予以加固;对无法修复的车架应予更换。

第二节 车架附属机构的快查快修

车架附属机构主要包括停车架、脚踏杆、车身盖、挡泥板、座垫、货架等。在正常使用的情况下,车架附属机构一般不会出现大故障。但有时遇到意外的碰撞,使车架附属机构损坏,应及时予以修理或更换。

第三节 悬挂装置的快查快修

悬挂装置的日常保养及快查快修方法见表2-2。

表 2-2 悬挂装置的日常保养及快查快修方法

类型	日常保养项目	检查部件	常见的损坏形式	表现出故障现象	修理方法
伸缩管式前悬挂装置	定期更换前减振器内前叉油	前减振器	前减振筒筒体有裂纹	前减振器漏油	更换前减振筒
			油封刃口破损或磨损或老化		更换油封
			减振柱工作行程表面碰伤或划伤		修理或更换前减振柱
			减振柱工作行程表面镀铬层局部过度磨损露出金属部分		更换减振柱
			减振柱弯曲变形	前减振器过硬,行驶跑偏	校正或更换减振柱
			减振弹簧弹力不足或折断	前减振器过软	更换减振弹簧
			减振弹簧折断或发生塑性变形	前减振器减振时有撞击声响	更换减振弹簧
			减振器内前叉油油量加注过多	前减振器过硬	倒出减振器内前叉油,并按规定量加注前叉油
			减振器内前叉油油量过少	前减振器过软或减振时有撞击声响	倒出减振器内前叉油,并按规定量加注前叉油
			减振器内前叉油黏度过高	前减振器过硬	更换前叉油,并按规定加注前叉油
			减振器内前叉油黏度过低	前减振器过软	更换前叉油,并按规定加注前叉油
			减振器内油路堵塞	前减振器过硬	清洗疏通油路
			活塞杆过度磨损或损坏	前减振器过软或减振性差	更换活塞杆
			活塞杆上的活塞环过度磨损或损坏	前减振器过软或减振性差	更换活塞环

续表 2-2

类型	日常保养项目	检查部件	常见的损坏形式	表现出故障现象	修理方法
杠杆式前悬挂装置	定期清洗润滑前杠杆上的各个衬套孔	前叉体	弯曲变形	行驶跑偏	校正或更换前叉体
		前杠杆	衬套孔或衬套或轴套润滑不良	前减振器减振时有异响	清洗润滑
			衬套孔或衬套或轴套生锈		清洗或润滑
			衬套孔过度磨损或损坏	前减振器过硬或减振时有异响	更换前杠杆
			衬套或轴套过度磨损或损坏		更换衬套或轴套
		前减振器	阻尼器上的活塞杆弯曲变形严重或折断	前减振器过硬	更换前减振器
			阻尼器漏油	前减振器过软	更换前减振器
			减振弹簧折断或弹力不足	前减振器过软或减振时有异响	更换前减振器
摇臂式后悬挂装置	定期清洗润滑后摇臂上的各个衬套孔及调整后减振器弹簧调整器	后摇臂	后摇臂轴上紧固螺母松动	后摇臂侧向间隙过大，行驶中后轮甩动	拧紧紧固螺母
			后摇臂轴与衬套接合处润滑不良或锈蚀卡死，导致后摇臂上下活动不灵活	后减振器过硬，后减振器减振时有异响	清除润滑后摇臂轴
			后摇臂轴过度磨损或损坏	后摇臂侧向间隙过大，行驶中后轮甩动	更换后摇臂轴
			变形	行驶跑偏	校正或更换后摇臂
			裂纹、断裂	行驶中后轮甩动	更换或焊补后摇臂
			衬套过度磨损或损坏	后摇臂侧向间隙过大，行驶中后轮甩动，后减振器减振时有异响	更换衬套
			衬套孔过度磨损或损坏		更换后摇臂

续表 2-2

类型	日常保养项目	检查部件	常见的损坏形式	表现出故障现象	修理方法
摇臂式后悬挂装置	定期清洗润滑后摇臂上的各个衬套孔及调整后减振器弹簧调整器	后减振器	阻尼器漏油	后减振器过软	更换后减振器
			阻尼器上的活塞杆弯曲变形或折断	后减振器过硬,行驶中后轮甩动	更换后减振器
			减振弹簧折断或弹力不足	后减振器过软,后减振器减振时有异响	更换后减振器
钢板弹簧式后悬挂装置	定期检查钢板弹簧的中心螺栓、U形螺栓上的螺母紧固情况	钢板弹簧	折断	钢板弹簧过软,行驶中减振时钢板弹簧有异响	更换钢板
			U形螺栓、螺母松动或松脱或折断	钢板弹簧窜动或位移	拧紧螺母或更换U形螺栓
			钢板的中心螺栓折断		更换螺栓
			钢板弹性减弱或拱度变小	钢板弹簧过软	更换钢板
			钢板吊耳的衬套、销轴生锈或润滑不良	行驶中减振时钢板弹簧有异响	清洗润滑
			钢板吊耳、衬套、弹簧销过度磨损或损坏	行驶中减振时钢板弹簧有异响	更换损坏件
		后减振器	阻尼器漏油严重	后减振器过软	更换后减振器
			阻尼器上的活塞杆弯曲变形严重或折断	后减振器过硬	更换后减振器
			减振弹簧折断或弹力不足	后减振器过软,后减振器减振时有异响	更换后减振器

1. 伸缩管式前悬挂装置的检修

下面主要介绍弹簧-液压阻尼式前减振器的检修,其检修方法及步骤:

(1)将摩托车停在平坦地面上,支起主停车架,在发动机曲轴箱底部垫上一块木塞,将前车轮顶起离开地面,依次拆下前制动钳、前轮、前挡泥板等;然后拆下下联板前减振器夹紧螺栓(或上联板连接螺栓及下联板夹紧螺栓),向下拉出前减振器。

(2)在虎钳口上垫上布,夹住前减振柱,拆下前减振柱上端口螺塞(图2-1),取出前减振弹簧等,将前减振柱倒过来并伸缩数次,使其里面的前叉油流出,让油沥干(图2-2);然后用虎钳夹住前减振筒(要在虎钳口上垫上布,且不要夹得过紧,以防夹坏前减振筒),将T形手柄和前减振器活塞杆夹具组合成一体,从前减振柱上端口插入,直至活塞杆夹具顶住活塞杆,使其不能转动,用内六角扳手拆下前减振筒底部的活塞杆紧固螺栓(图2-3),即可从前减振筒内抽出前减振柱、活塞杆、缓冲弹簧等零件(没有T形手柄时,拆卸前减振筒底部的活塞杆紧固螺栓会空转,拆不下来,则可以先临时性地装上前减振弹簧,装上前减振柱上端口螺塞并拧紧后再进行拆卸);最后拆下前减振筒上端口上的防尘油封及其内的挡圈,用专用工具或旋具沿圆周慢慢撬出油封(图2-4),并注意不要损伤前减振筒内表面。

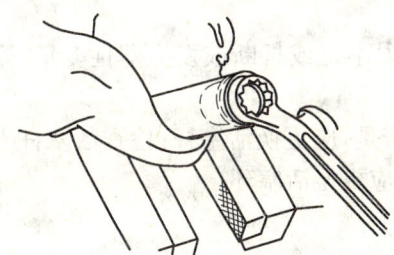

图2-1 拧下前减振柱上端口螺塞

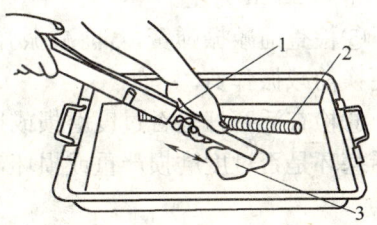

图2-2 倒出前减振器内的前叉油
1. 前减振器 2. 前减振弹簧 3. 前叉油

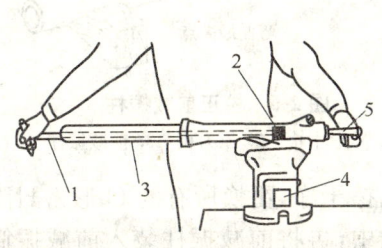

图2-3 分解前减振器
1. T形手柄 2. 活塞杆夹具 3. 前减振柱 4. 虎钳 5. 内六角扳手

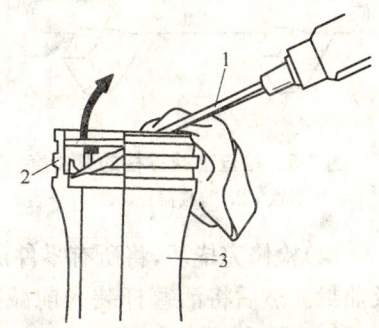

图2-4 取出前减振筒上的油封
1. 旋具 2. 油封 3. 前减振筒

(3)前减振器分解完毕后,将所有零部件清洗干净,做以下检查:
①检查前减振筒,若筒体有裂纹,则应更换前减振筒。

②检查前减振筒上端口油封刃口是否过度磨损或破损或老化,若有,则应更换油封。

③检查前减振柱工作行程表面,若表面有较轻微碰伤或划伤,可用油石轻轻地擦去毛刺,即可继续使用;若表面有严重碰伤或划伤,应更换前减振柱;若表面镀铬层局部过度磨损露出金属部分,应更换前减振柱。

④检查前减振柱的弯曲度,其方法:如图2-5所示,将前减振柱置于两块等高V形铁上,用百分表测量其弯曲度,然后转动前减振柱一圈,读出百分表指针的偏摆值,指针的偏摆最大值的1/2为前减振柱的弯曲度。若弯曲度大于使用极限值0.2mm,应用压力机校正或更换前减振柱。用压力机校正方法:如图2-6所示,在前减振柱弯曲部位的两端各垫上V形木块,弯曲凸点处朝上,在压力机头部垫上一块V形木块,顶在弯曲突点处,然后慢慢加压校直,不要校正过量,以免引起反向弯曲,应边校直边校测,直至前减振柱弯曲度小于0.2mm为止。

⑤检查前减振弹簧,若前减振弹簧弹力不足或折断或发生塑性变形,则应更换前减振弹簧。

⑥检查活塞杆是否过度磨损或损坏,若是,应更换活塞杆;检查活塞杆上的活塞环是否过度磨损严重或损坏,若有,应更换活塞环。

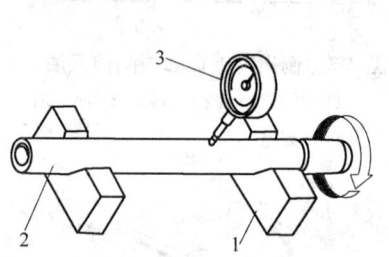

图2-5 检查前减振柱的弯曲度
1. V形铁 2. 前减振柱 3. 百分表

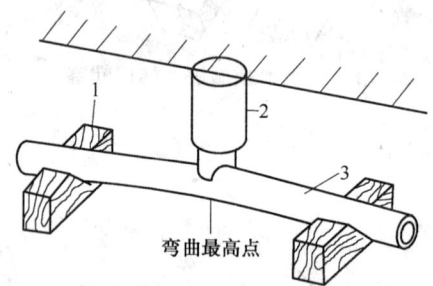

图2-6 校正前减振柱
1. V形木块 2. 压力机 3. 前减振柱

(4)检修完毕后,将所有零件清洗干净、擦干净,更换所有的O形密封圈及油封。然后将活塞杆装入前减振柱内孔中,再将前减振柱装入前减振筒内,把T形手柄和活塞杆夹具组合一体从前减振柱上端口插入,直至夹具顶住活塞杆,使其不能转动;然后在活塞杆紧固螺栓螺纹表面涂抹液态密封胶,装上密封垫圈,用内六角扳手按规定扭矩将紧固螺栓拧紧。

(5)在新的油封主刃口上涂抹少量润滑脂,并在油封外圆及前减振筒上端口(即油封座孔)内壁上涂上机油;接着将油封套在前减振柱上,并注意油封有制造厂标记或标号的一面朝上装入;然后用油封打入工具将油封敲入前减振筒内(图2-7),并敲入到位,露出挡圈槽,再将挡圈装入前减振筒的挡圈槽内,装上防尘油封。

(6)从每支前减振柱上端口注入规定量的前叉油(图2-8,表2-3),并缓慢地上下移动前减振柱,使前叉油布满管内;然后把前减振弹簧外径较小一端朝下或节距小的一端朝下插入前减振柱内,用虎钳夹住前减振柱(要在虎钳口上垫上布,以防止夹伤前减振柱表面),装上并拧紧前减振柱上端口上的螺塞。

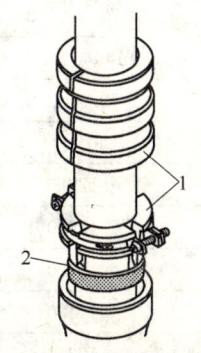

图 2-7 安装油封
1. 油封打入工具 2. 油封

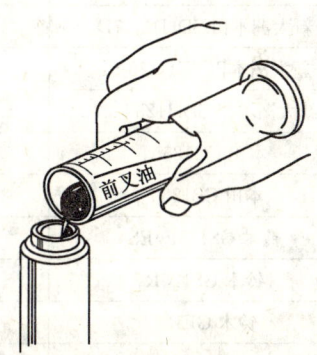

图 2-8 加注前叉油

(7)前减振器组装完毕后,即可按拆卸的相反步骤进行安装。

表2-3 前减振器前叉油牌号及油量

车　型	牌号	油量(ml)
五羊本田 WH100T-G	五羊本田前叉油	79.0±2.0
五羊本田 WH100-2	五羊本田前叉油	64.0±1.0
新大洲本田 SDH100-41	新大洲本田前叉油	62.0
新大洲本田 SDH1100-43	新大洲本田前叉油	64.0±1.0
五羊本田 WH110T-3	五羊本田前叉油	61.0±1.0
五羊本田 WH110T-A	五羊本田前叉油	80.0±1.0
建设 JS110-3		58.5
嘉陵 JH125		160.0
建设雅马哈天剑 JYM125		154.5
轻骑铃木 QS125T	前叉油#15	87.0
轻骑铃木 GS125	前叉油#15	136.0
金城铃木 GX125	前叉油#10	144.0
五羊本田 WY125-S	五羊本田前叉油	66

续表 2-3

车型	牌号	油量(ml)
五羊本田 WH125T-5	五羊本田前叉油	79.0±2.0
五羊本田 WH125T-6	五羊本田前叉油	79.0±2.0
五羊本田 WH125-3	五羊本田前叉油	86.0±1.0
五羊本田 WH125-7	五羊本田前叉油	139.0±2.0
五羊本田 WH125-12	五羊本田前叉油	135.0±2.5
新大洲本田 SDH125-7D	新大洲本田前叉油	73.0±1.0
新大洲本田 SDH125-51	新大洲本田前叉油	140.0±2.0
新大洲本田 SDH125T-27	新大洲本田前叉油	79.0±2.0
本田 CG125M	ATF 优质自动变速箱油	73.0
本田 CB125T		128.0
铃木 GS125E/ES	前叉油#15	136.0
铃木 GS125R	前叉油#15	197.0
铃木 GF125	前叉油#15	144.0
铃木 UC125	前叉油#10	102.0
雅马哈 SRZ125	前叉油 10W	155.0
新大洲本田 SDH150-15	新大洲本田前叉油	141.0±2.0
五羊本田 WH150-2	五羊本田前叉油	148.0±2.5
建设雅马哈 SR150	前叉油 10W	262.0
建设雅马哈劲豹 SRZ150	前叉油 10W	155.0
建设雅马哈劲龙 JYM250		264.0

2. 后减振器弹簧调整器的调整

将摩托车停在平坦地面上,支起主停车架,使后轮离开地面。如图 2-9 所示,用钩形扳手拧转弹簧调整器,以适应不同路面及载重情况的要求,若向顺时针方向拧转弹簧调整器,则减振弹簧变硬;若向逆时针方向拧转弹簧调整器,则减振弹簧变软。图示弹簧调整器为五段调节,位置Ⅰ为最软,适用于平坦路面及轻载;位置Ⅴ为最硬,适用于凹凸不平路面及重载;位置Ⅱ(或Ⅲ)为标准位置。调整时应注意左、右减振器弹簧调整器应调整至同一段位置。

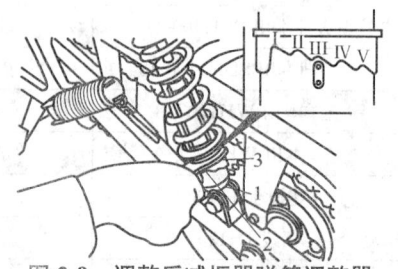

图 2-9 调整后减振器弹簧调整器
1. 后减振器 2. 钩形扳手 3. 弹簧调整器

第四节 车轮与轮胎的快查快修

车轮与轮胎的日常保养及快查快修方法见表2-4。

表2-4 车轮与轮胎的日常保养及快查快修方法

日常保养项目	检查部件	常见的损坏形式	表现出故障现象	修理方法
定期检查轮胎气压及清洗润滑轮毂或半轴上的轴承	前车轮	辐条折断,导致轮辋径向跳动或轴向跳动过大	前车轮左右摆动,转向把抖动或晃动	更换辐条,校正轮辋
		辐条全部松动,导致轮辋左右摆动		调紧辐条,校正轮辋
		轮辋变形		更换或校正车轮
		无内胎轮胎的轮辋在与轮胎胎圈的接触面上有深0.5mm、宽1.0mm以上的缺口、沟槽	前轮胎漏气,转向把抖动或晃动,转向把转向不灵活	更换轮辋或车轮,无新件更换可用加装内胎法
		轮毂轴承润滑不良	前车轮转动不灵活	清洗润滑轴承
		轮毂中间衬套漏装		装上中间衬套
		轮毂中间衬套偏短		更换中间衬套
		轮毂轴承过度磨损或损坏	前车轮转动不灵活,前车轮左右摆动,转向把抖动或晃动	更换轴承
		轮毂轴承座孔过度磨损或座孔处有裂纹,导致轴承座孔与轴承配合产生松动	前车轮左右摆动,转向把抖动或晃动	修理或更换轮毂或车轮
		车轮轮轴螺母松动		按规定扭矩拧紧螺母
		轮胎刺破或破裂	前轮胎漏气,转向把抖动或晃动,转向把转向不灵活	修补或更换轮胎
		轮胎严重变形	转向把抖动或晃动	更换轮胎
	后车轮	辐条折断,导致轮辋径向跳动或轴向跳动过大	后车轮左右摆动,行驶中后轮甩动	更换辐条,校正轮辋

续表 2-4

日常保养项目	检查部件	常见的损坏形式	表现出故障现象	修理方法
定期检查轮胎气压及清洗润滑轮毂或半轴上的轴承	后车轮	辐条全部松动,导致轮辋左右摆动	后车轮左右摆动,行驶中后轮甩动	调紧辐条,校正轮辋
		轮辋变形	后车轮左右摆动,行驶中后轮甩动	更换或校正车轮
		无内胎轮胎的轮辋在与轮胎胎圈的接触面上有深 0.5mm,宽 1.0mm 以上的缺口、沟槽	后轮胎漏气,行驶中后轮甩动	更换轮辋或车轮,无新件更换可用加装内胎法
		轮毂或半轴上的轴承润滑不良	后车轮转动不灵活	清洗润滑轴承
		轮毂中间衬套漏装		装上中间衬套
		轮毂中间衬套偏短		更换中间衬套
		轮毂或半轴上的轴承过度磨损或损坏	后车轮转动不灵活,后车轮左右摆动,行驶中后轮甩动,后桥漏油	更换轴承
		轮毂或后桥轴承座孔过度磨损或座孔处有裂纹,导致轴承座孔与轴承配合产生松动	后车轮左右摆动,行驶中后轮甩动	修理或更换轮毂或车轮或后桥
		车轮轮轴螺母松动		按规定扭矩拧紧螺母
		轮胎刺破或破裂	后轮胎漏气,行驶中后轮甩动	修补或更换轮胎
		轮胎严重变形	行驶中后轮甩动	更换轮胎

1. 辐条的更换

若发现车轮的辐条折断,则应更换辐条。更换时只需将旧辐条卸下来,在原安装孔中装入同型号的新辐条,拧紧辐条螺母;然后依次均匀地将全部辐条螺母拧紧,拉紧所有的辐条。若需更换辐条螺母,则须拆下轮胎,才能取下旧辐条螺母,换上新辐条螺母并拧紧。若更换的辐条数量较多时,应重新检查和校正轮辋的径向跳动和轴向跳动,其方法:

(1)将摩托车主停车架支起,使车轮离开地面。

(2)如图 2-10 所示,将百分表表头压在轮辋的内圈表面上,慢慢转动车轮,读出百分表上的最大读数与最小读数之差即为轮辋的径向跳动值。若轮辋的径向跳动值大于 2.0mm,则应适当放松百分表上的读数大处的辐条及左右相邻的辐条,拧紧百分表上的读数小处的辐条及左右相邻的辐条。这样,边调整边检查,直至轮辋的径向跳动值符合要求为止。

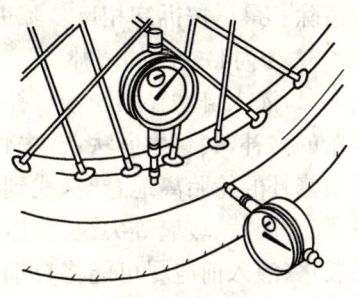

图 2-10 检查轮辋的径向跳动和轴向跳动

(3)如图 2-10 所示,将百分表压在轮辋的外缘侧面上,慢慢转动车轮,读出百分表上的最大读数与最小读数之差即为轮辋的轴向跳动值。若轮辋的轴向跳动值大于 2.0mm,则应适当放松面向百分表一侧读数大处的辐条及相邻左右两边的辐条,拧紧面向百分表对面一侧相应的辐条。这样,边调整边检查,直至轮辋的轴向跳动符合要求为止。

(4)经(2)(3)步骤调整完毕后,还应进行综合检查调整。即用两个百分表同时检查轮辋的径向跳动和轴向跳动。若有某一项不合格时,仍须进行调整校正,直至两项均符合要求为止。

若需更换全部辐条,则应重新编排辐条。其方法:将新的辐条分别插入轮毂的孔眼中,且轮毂同一侧相邻辐条的插入方向相反;然后将一根辐条插入轮辋朝向这边的孔座内,再将位于轮毂同一侧隔一个孔的辐条按相同方向插入轮辋第六个孔座内,并拧上辐条螺母。9 根辐条按相反方向插入第四个孔座内,拧上辐条螺母。一侧的辐条装好后,另一侧的辐条按同样方法进行编排,全部拧上辐条螺母,再逐个用手拧紧。当所有辐条张紧度基本相同时,最后进行轮辋圆度的调整。轮辋圆度经精心调整符合要求后,将露出辐条螺母较长的辐条头锉平,即可装上轮胎,装车使用。

2. 内胎的修补

先将内胎拆下,将内胎充足气浸入水槽中,转动内胎检查内胎的漏气部位。若有连续冒气泡的部位即为漏气部位,应做记号,用布将内胎漏气部位擦干净,用木锉将内胎漏气部位周围锉毛并锉干净,被锉表面积应稍大于冷补胶片。在锉毛处涂抹一层胶水,且涂得均匀,厚薄适宜。待胶水稍干后,撕去冷补胶片的保护层,贴上铺平,用塑料锤子轻轻敲打冷补胶片数次,使冷补胶片与内胎牢牢地粘接在一起。内胎补好后应充 1/4~1/3 标准气压的空气,确认内胎不漏气即可安装使用。内胎修补完毕后,用布擦干净外胎内腔,并检查外胎上有无嵌入或扎进钉子、金属片、玻璃块及其他异物,若有,应予以清除。最后按拆卸相反步骤进行安装。

3. 无内胎轮胎的修补

(1)灌入自动补胎胶水自补。这种方法只适应用于被刺破孔孔径较小的轮胎的修补,其具体方法:首先将摩托车停在平坦的地面上,支起主停车架,使被修补的轮胎离地悬空,找到轮胎的漏气部位,用钳子取下刺入轮胎上的钉子、金属片、玻璃等尖锐物;然后拧下气门芯,从气门嘴灌入适量的自动补胎胶水(灌入前应尽可能将自动补胎胶水摇荡均匀),转动车轮几圈,再装回气门芯,并使刺破孔处朝向地面,以便胶水能自动流入刺破孔;最后给轮胎充气至标准气压,确认刺破孔处无漏气即可使用。

(2)胶带修补。其具体方法:首先找到轮胎的漏气部位,用钳子取下刺入轮胎上的钉子、金属片、玻璃等尖锐物,并做好明显记号;放尽轮胎内的压缩空气,转动车轮,使刺破孔转动水平位置,用清除污垢的专用锥子插入刺破孔中,往复拉动数次,以清除刺破孔内的污垢。将胶条一端剪成一个斜口,胶条穿入锥子前端的孔眼,使孔眼两侧的胶条长度一样,再将穿有胶条的锥子沿破孔处插入,使胶条穿透胎体,且胶带在轮胎外边留下1cm左右,以免充气后滑出。然后将锥子旋转360°后拔出,留下胶条封住漏气口。如果破口比较大可多插几根胶条。最后给轮胎充气至标准气压,用肥皂水检查胶带的周围有无漏气。若无漏气,用锋利的刀片沾水将露出轮胎外部的多余胶带尾部切除即可完成轮胎的修补。

(3)火补法。其具体方法:首先将无内胎轮胎拆下,用木锉或打磨机将轮胎内腔壁的刺破孔周围锉毛并锉干净,被锉表面积应稍大于补胶块的面积。然后用毛刷将高温硫化剂(也叫热补胶水)均匀地涂在锉毛处,剪好适当大小的生胶,将它填补在刺破孔上,如果刺破孔较大,将生胶重叠一下。再将轮胎火补机烫头压在生胶上(如果可能在生胶上垫上一层薄的铝板或铁板),尽量将刺破孔对准加热烫头的中央,拧紧补胎夹丝杆,固定好轮胎,同时使烫头压紧生胶与轮胎。打开轮胎火补机电源开关,旋转定时开关到适当的位置上(如果不需定时,可设定在手动挡位上),这时烫头开始加热。硫化结束时,补胎机自动切断烫头电源。人工关掉电源开关,等轮胎自然降温后拧松补胎夹丝杆,小心取出烫头,卸下轮胎,待轮胎完全冷却后且贴合好不漏气的即可安装使用。在安装无内胎轮胎之前,应将轮辋上的锈迹、污物等清洗干净,并用能溶解橡胶的有机溶剂(如制动清洗油、汽油、稀释剂等)将其清洗干净。给无内胎轮胎充气前,用橡胶榔头敲击胎面,使胎圈与轮辋更加贴合,将车轮直立起,气门嘴位置传到地面上,边向下施压边以1.5倍正常气压进行充气(此时气门芯不必装上),直至轮胎胀大而发出较大声音为止,装上气门芯,给轮胎充气至标准气压,且经检查轮辋与胎圈接合位无漏气即可使用。

(4)加装内胎法。加装内胎规格要比被加装轮胎规格要相当或稍小一些,加装时先用锋利的刀片将原来轮辋上气门嘴切除,然后把内胎理顺装入,用内胎上的气门嘴进行充气至标准气压即可使用。

第五节 摩托车行车系统故障快速检修

一、伸缩管式前悬挂装置故障

伸缩管式前悬挂装置故障常见的故障有:前减振器漏油、前减振器过硬、前减振器过软、前减振器减振时有撞击声响。

前减振器漏油多为减振柱与减振筒配合部位的油封处漏油。

前减振器过硬,是指摩托车行驶过程中,前减振器减振性差,车辆震动厉害。

前减振器过软,是指摩托车行驶过程中,车辆的减动频率或震动幅度过大,会使驾驶人感到不舒服。

前减振器减振时有撞击声响,是指摩托车在不平的道路上行驶时,或紧急制动时,前减振有撞击声。

1. 故障原因

(1)前减振器漏油。引起减振柱与减振筒配合部位的油封处漏油的原因有:油封刃口破损、磨损、老化,均会造成油封失去密封作用而引起漏油;减振柱弯曲变形、减振柱工作行程表面碰伤、划伤,减振柱工作行程表面镀铬层因局部过度磨损露出金属部分,均会导致油封无法封住减振柱而引起漏油。

(2)前减振器过硬,引起此现象的原因有:减振柱弯曲变形、前减振器内前叉油加注过多、前减振器内前叉油黏度过高、前减振器内油路堵塞等。

(3)前减振器过软,引起此现象的原因有:减振弹簧弹力不足、前减振器内前叉油过少、前减振器内前叉油黏度过低等。

(4)前减振器减振时有撞击声响,引起此现象的原因有:减振弹簧弹力不足或折断,减振器会很容易被压缩到底,发出碰撞声响;前减振器内前叉油油量不足,则液压阻尼作用必然减弱,当摩托车向上弹跳时,减振器会迅速伸长到最长位置,会碰出声响。

2. 故障诊断

伸缩管式前悬挂装置故障的诊断程序如图 2-11 所示。

3. 故障排除

伸缩管式前悬挂装置故障的排除方法见表 2-5。

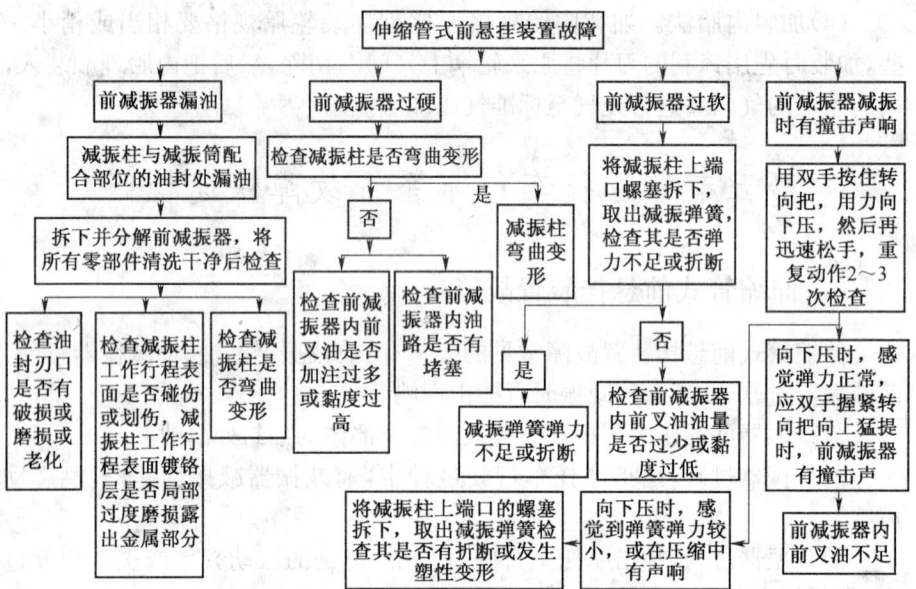

图 2-11 伸缩管式前悬挂装置故障的诊断程序

表 2-5 伸缩管式前悬挂装置故障的排除方法

故障现象	检查部位或部件	损坏形式	修理方法
前减振器漏油	油封	油封刃口破损或磨损或老化	更换油封
	减振柱	减振柱工作行程表面碰伤或划伤	更换减振柱
		减振柱工作行程表面镀铬层局部过度磨损露出金属部分	更换减振柱
		减振柱弯曲变形	校正或更换减振柱
前减振器过硬	减振柱	弯曲变形	校正或更换减振柱
	前减振器	减振器内前叉油加注过多	倒出减振器内前叉油,并按规定量加注前叉油
		减振器内前叉油黏度过高	更换前叉油,并按规定加注前叉油
		减振器内油路堵塞	清洗疏通油路
前减振器过软	减振弹簧	减振弹簧弹力不足或折断	更换减振弹簧
	前减振器	减振器内前叉油过少	按规定量加注前叉油
	前减振器	减振器内前叉油黏度过低	更换前叉油,并按规定加注前叉油

续表 2-5

故障现象	检查部位或部件	损 坏 形 式	修 理 方 法
前减振器减振时有撞击声响	减振弹簧	减振弹簧折断或发生塑性变形	更换减振弹簧
	前减振器	前叉油油量不足	按规定量加注前叉油

二、杠杆式前悬挂装置故障

杠杆式前悬挂装置故障常见的故障有：前减振器过硬、前减振器过软、前减振器减振时异响。

1. 故障原因

(1) 前减振器过硬。引起此现象的原因有：

①杠杆的衬套孔、衬套、轴套生锈或过度磨损或损坏，使杠杆不能灵活上下移动而卡死，导致前减振器过硬。

②前减振器阻尼器上的活塞杆弯曲变形严重或折断，或前减振器阻尼器漏油严重而失去减振性能，均会造成前减振器过硬。

(2) 前减振器过软。引起此现象的原因有：前减振器减振弹簧弹力不足或折断、前减振器阻尼器漏油等。

(3) 前减振器减振时有异响。引起此现象的原因有：

①前减振器减振弹簧折断，使减振器减振时弹簧间碰撞发出声响。

②杠杆的衬套孔、衬套、轴套润滑不良或过度磨损或损坏，导致杠杆随着前减振器上下移动而发出异响。

2. 故障诊断

杠杆式前悬挂装置故障的诊断程序如图 2-12 所示。

3. 故障排除

杠杆式前悬挂装置故障的排除方法见表 2-6。

三、车轮转动不灵活

推动摩托车，感到很费力，阻力很大；将车轮悬空，用手转动车轮，车轮转动不灵活，转动费力。

1. 故障原因

引起车轮转动不灵活的原因有：

(1) 制动蹄块或制动摩擦片不能回位，与制动鼓或制动盘表面接触产生制动力矩，阻滞车轮转动。

(2) 轮毂或半轴上的轴承润滑不良或损坏，使车轮转动不灵活。

(3) 车轮轮毂的中间衬套漏装或偏短，会造成拧紧轮轴上螺母时，轴承内环、滚珠、轴承外环和轮毂都参与传递轴向力,使滚珠不能灵活转动,车轮也就不能灵活转动。

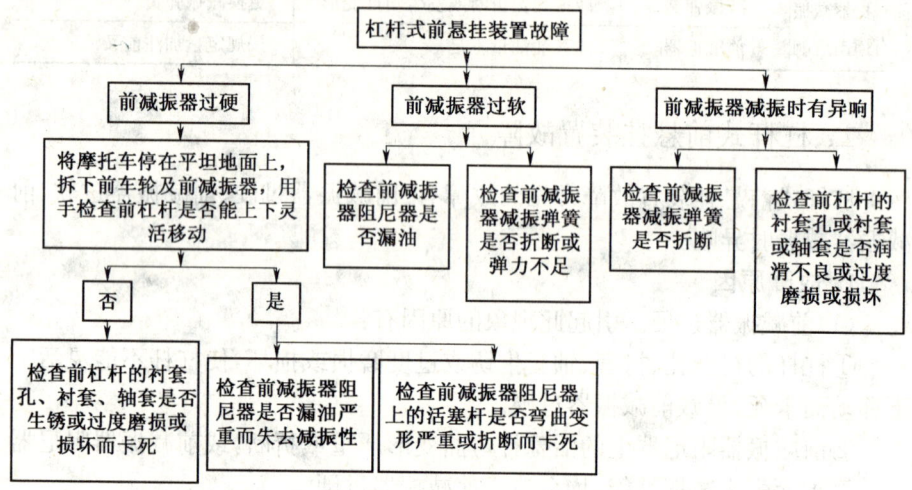

图 2-12　杠杆式前悬挂装置故障的诊断程序

表 2-6　杠杆式前悬挂装置故障的排除方法

故障现象	检查部位或部件	损坏形式	修理方法
前减振器过硬	前杠杆	衬套孔或衬套或轴套生锈	清洗或润滑
		衬套孔过度磨损或损坏	更换前杠杆
		衬套或轴套过度磨损或损坏	更换衬套或轴套
	前减振器	阻尼器上的活塞杆弯曲变形严重或折断	更换前减振器
		阻尼器漏油严重	更换前减振器
前减振器过软	前减振器	阻尼器漏油	更换前减振器
		减振弹簧折断或弹力不足	更换前减振器
前减振器有异响	前减振器	减振弹簧折断	更换前减振器
	前杠杆	衬套孔或衬套或轴套润滑不良	清洗润滑
		衬套孔过度磨损或损坏	更换前杠杆
		衬套或轴套过度磨损或损坏	更换衬套或轴套

2. 故障诊断

车轮转动不灵活的故障诊断程序如图 2-13 所示。

3. 故障排除

车轮转动不灵活的故障排除方法见表 2-7。

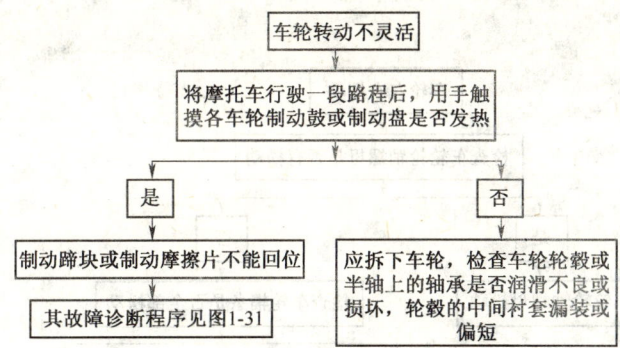

图 2-13 车轮转动不灵活的故障诊断程序

表 2-7 车轮转动不灵活的故障排除方法

检查部位或部件	损坏形式	修理方法
制动蹄块或制动摩擦片	不能回位	修理方法见表 1-14
车轮	轴承润滑不良	清洗润滑
	轴承损坏	更换轴承
	中间衬套漏装	装上中间衬套
	中间衬套偏短	更换中间衬套

四、车轮左右摆动

摩托车行驶过程中,车体会摇摆,失去平衡。将车轮悬空,用手左右扳动车轮,车轮会左右摆动。

1. 故障原因

引起车轮左右摆动的原因有:车轮轮轴螺母松动,车轮辐条全部松动,车轮轮毂或半轴上的轴承过度磨损或损坏,车轮轮毂或后桥轴承座孔过度磨损或损坏。

2. 故障诊断

车轮左右摆动的故障诊断程序如图 2-14 所示。

3. 故障排除

车轮左右摆动的故障排除方法见表 2-8。

表 2-8 车轮左右摆动的故障排除方法

检查部位或部件	损坏形式	修理方法
车轮	车轮轮轴螺母松动	按规定扭矩拧紧螺母
	车轮辐条全部松动	调紧辐条并校正轮辋
	轮毂或半轴上的轴承过度磨损或损坏	更换轴承
	轮毂或后桥轴承座孔过度磨损或损坏	修理或更换轮毂或车轮或后桥

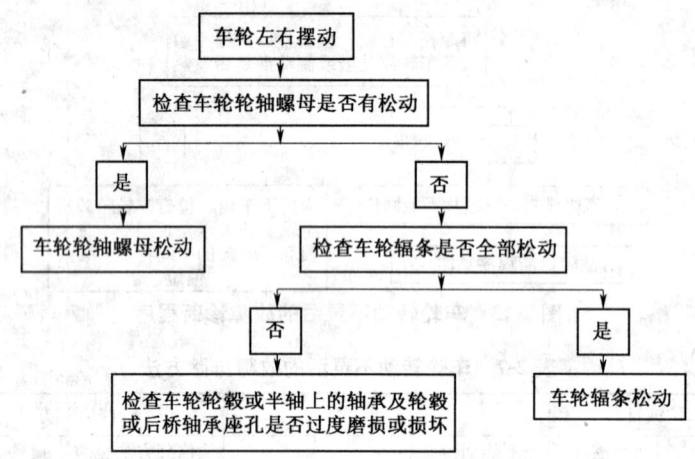

图 2-14 车轮左右摆动的故障诊断程序

五、行驶跑偏

摩托车在行驶过程中,只有驾驶人两手用力不同扶转向把时,才能维持直线行驶,稍一松手车辆就会跑向一方。

1. 故障原因

引起行驶跑偏的原因有:

(1)后车轮一侧轮胎气压过低或一侧车轮转动不灵活,滚动阻力增大,运动半径就减小,车辆行驶会向阻力较大、半径小的一侧偏跑。

(2)转向把转向不灵活,使车辆失去了自行平衡能力。

(3)前后车轮轮辋扭曲变形或辐条全部松动。

(4)前后轮不在同一个平面内。前后轮安装不正、前减振柱或前叉体弯曲变形、前后减振器的左右两侧减振力不平衡、车架或后摇臂弯曲变形,均会造成前后轮不在同一个平面内。

(5)轮毂或半轴上的轴承过度磨损或损坏使车轮左右摆动而偏驶。

(6)三轮摩托车左右后车轮制动力不等或制动力生效时间不一致,导致摩托车向制动力较大或制动作用较早一侧偏驶。

2. 故障诊断

行驶跑偏的故障诊断程序如图 2-15、图 2-16 所示。

3. 故障排除

行驶跑偏的故障排除方法见表 2-9。

第二章 摩托车行车系统的快查快修　　51

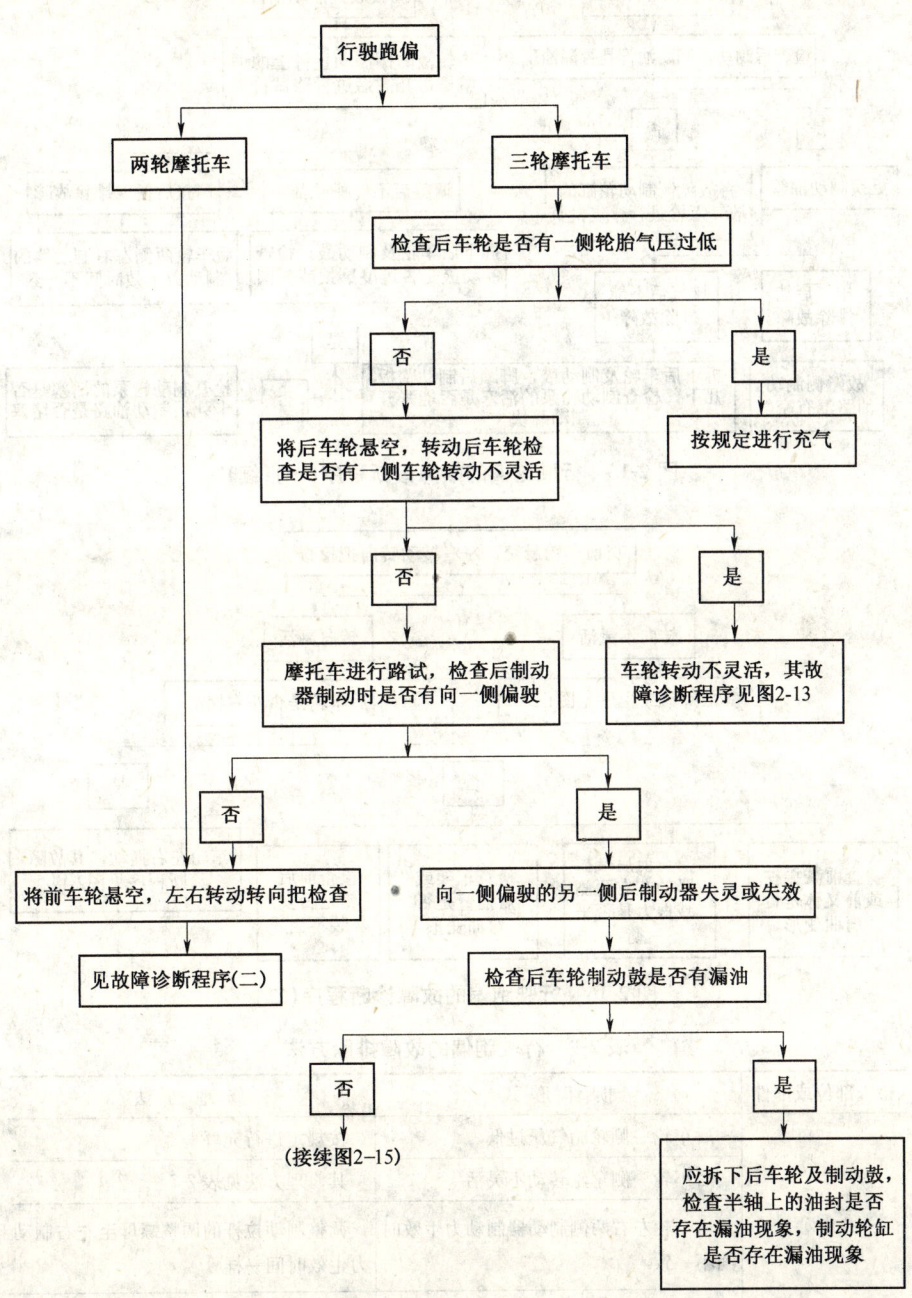

图 2-15　行驶跑偏的故障诊断程序(一)

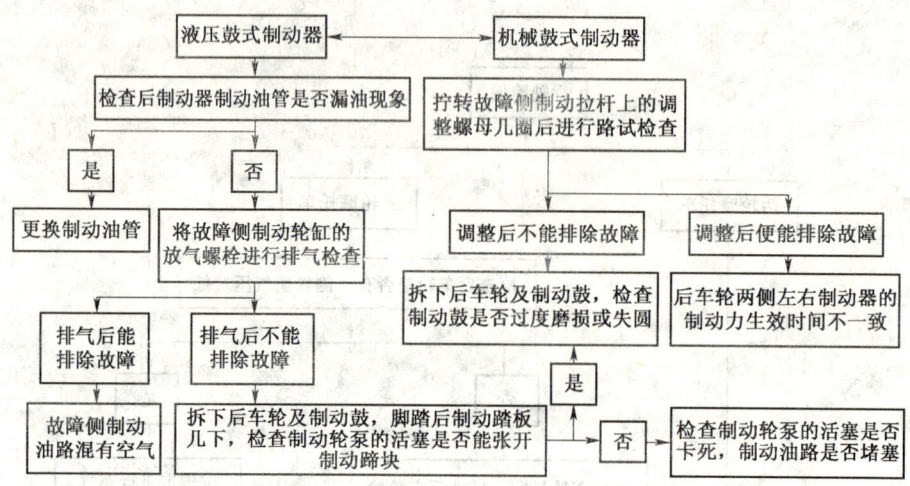

图 2-15 行驶跑偏的故障诊断程序(一)(续)

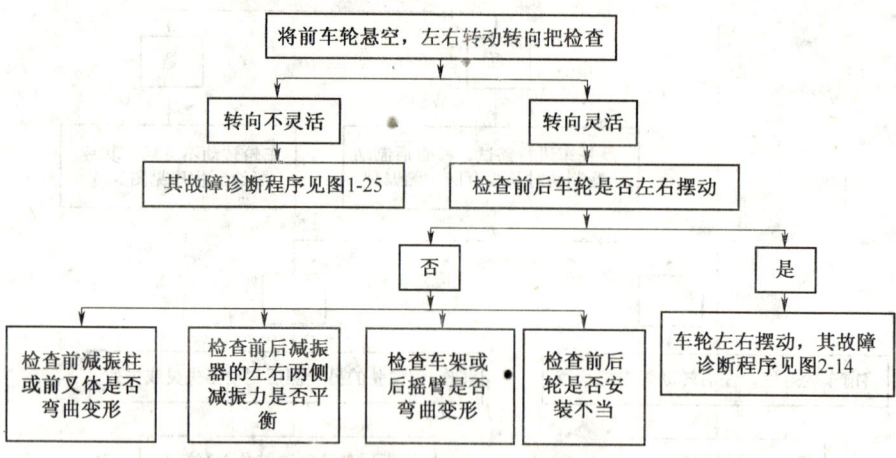

图 2-16 行驶跑偏的故障诊断程序(二)

表 2-9 行驶跑偏的故障排除方法

检查部位或部件	损 坏 形 式	修 理 方 法
前后车轮	后车轮一侧轮胎气压过低	按规定进行充气
	后车轮一侧车轮转动不灵活	其修理方法见表 2-7
	后车轮左右两侧制动器制动力生效时间不一致	调整制动拉杆的调整螺母至左右制动力生效时间一样
	车轮左右摆动	其修理方法见表 2-8
	后车轮半轴上的油封漏油	更换油封

续表 2-9

检查部位或部件	损坏形式	修理方法
前后车轮	制动鼓过度磨损或失圆	更换制动鼓
	安装不当	按规定安装前后轮
转向把	转向不灵活	其修理方法见表 1-9
前后减振器	前减振柱弯曲变形	校正或更换前减振柱
	左右两侧减振力不平衡	修理或更换前后减振器
前叉体	弯曲变形	校正或更换前叉体
车架	弯曲变形	校正或更换车架
后摇臂	弯曲变形	校正或更换后摇臂
制动轮缸	漏油	更换制动轮缸
	活塞卡死	清洗或更换制动轮缸
制动油管	漏油	更换油管
制动油路	混有空气	对制动油路进行排气
	油路堵塞	疏通或更换油管

六、行驶中后轮甩动

摩托车在平坦道路上行驶时，驾驶人感到后轮犹如自由摇摆，失去平衡。

1. 故障原因

引起行驶中后轮甩动的原因有：后轮胎气压过低或严重变形、后车轮左右摆动、后车轮轮辋失圆或扭曲变形、后减振器减振弹簧弹力不足或折断、后减振器阻尼器内减振油不足或阻尼器上的活塞杆折断、后减振器上、下接头的缓冲橡胶衬套损坏、后摇臂侧向间隙过大等。

2. 故障诊断

行驶中后轮甩动的故障诊断程序如图 2-17 所示。

3. 故障排除

行驶中后轮甩动的故障排除方法见表 2-10。

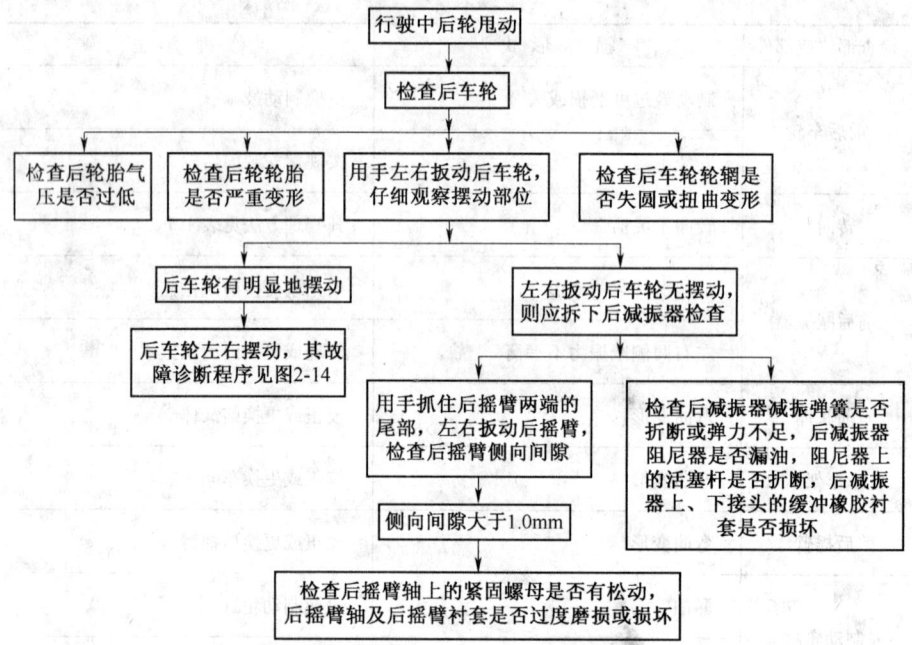

图 2-17 行驶中后轮甩动的故障诊断程序

表 2-10 行驶中后轮甩动的故障排除方法

检查部位或部件	损坏形式	修理方法
后车轮	后轮胎气压过低	按规定进行充气
	后轮胎严重变形	更换轮胎
	后车轮左右摆动	其修理方法见表 2-8
	轮辋失圆或扭曲变形	校正或更换轮辋
后减振器	减振弹簧折断或弹力不足	更换减振弹簧或后减振器
	阻尼器内减振油不足或阻尼器上的活塞杆折断	更换阻尼器或后减振器
	后减振器上、下接头的缓冲橡胶衬套损坏	更换缓冲橡胶衬套
后摇臂轴	其上紧固螺母松动	拧紧紧固螺母
	过度磨损或损坏	更换后摇臂轴
	后摇臂衬套过度磨损或损坏	更换衬套

第三章 摩托车发动机的快查快修

第一节 机体的快查快修

机体的日常保养及快查快修方法见表3-1。

表3-1 机体的日常保养及快查快修方法

日常保养项目	检查部件	常见的损坏形式	表现出故障现象	修理方法
定期清除气缸盖燃烧室内、排气口上及气缸体排气口上的积炭	气缸盖	气缸盖端面变形	气缸盖与气缸体之间漏气	研磨气缸盖端面或更换气缸盖
		气缸盖衬垫冲破或破损		更换衬垫
		气缸盖罩或侧盖衬垫冲破或破损	气缸盖罩或侧盖与气缸盖之间漏油	更换衬垫
		气缸盖压紧螺母或螺栓未拧紧	气缸盖与气缸体之间漏气	按规定扭矩拧紧螺母或螺栓
		气缸盖压紧螺母或螺栓或螺柱螺纹滑牙		更换螺母或螺栓或螺柱
		火花塞螺纹孔损坏,导致火花塞拧不紧而漏气	火花塞处漏气	镶套修复火花塞螺纹孔或更换气缸盖
		燃烧室内积炭过多	发动机过热	清除积炭
		气门座表面积炭过多		清除积炭
		气门座表面有凹点、烧蚀或麻坑、损伤或接触面异常	气门漏气	对轻微者,可用研磨砂对气门座进行研磨修理;对严重者,应用气门座铰刀进行铣削修理
		气门导管过度磨损,导致气门杆与气门导管配合间隙过大	排气消声器尾管冒蓝白色浓烟	更换气门导管

续表 3-1

日常保养项目	检查部件	常见的损坏形式	表现出故障现象	修理方法
定期清除气缸盖燃烧室内、排气口上及气缸体排气口上的积炭	气缸体	气缸体端面变形	气缸盖与气缸体之间漏气、气缸体与曲轴箱体之间漏气	研磨气缸体端面或更换气缸体
		气缸体衬垫冲破或破损		更换衬垫
		气缸过度磨损或失圆	气缸压缩压力过低、活塞环的漏气声响、曲轴箱内机油窜入燃烧室	镗缸修理或更换气缸体
		气缸内壁划伤、拉伤		镗缸修理或更换气缸体
	曲轴箱体	曲轴箱体端面变形	曲轴箱体与气缸体之间漏油或漏气	研磨曲轴箱体端面或更换曲轴箱体
		曲轴箱体衬垫冲破或破损	曲轴箱体间漏油或漏气	更换衬垫
		曲轴箱箱体有裂纹		修补或更换曲轴箱体
		箱体上气缸螺柱螺纹孔滑牙	气缸盖与气缸体之间漏气、气缸体与曲轴箱体之间漏气	修理螺纹孔或更换曲轴箱体
		箱体上气缸螺柱折断		取出曲轴箱上的折断气缸螺柱残端或更换气缸螺柱
		箱体上的油封刃口过度磨损或破损或老化	油封处漏油或漏气	更换油封
		轴上的轴套或轴承过度磨损		更换轴套或轴承
		箱体上的轴与轴套或轴承的接合处过度磨损		更换轴
		箱体上的轴与油封的接触处过度磨损		更换轴
		压紧螺母或螺栓未拧紧	曲轴箱体间漏油或漏气	按规定扭矩拧紧螺母或螺栓
		压紧螺母或螺栓螺纹滑牙		更换螺母或螺栓

续表 3-1

日常保养项目	检查部件	常见的损坏形式	表现出故障现象	修理方法
定期清除气缸盖燃烧室内、排气口上及气缸体排气口上的积炭	曲轴箱盖	箱盖端面变形	接合处漏油	研磨箱盖端面或更换箱盖
		箱盖衬垫冲破或破损		更换衬垫
		箱盖有裂纹	曲轴箱盖漏油	修补或更换箱盖
		压紧螺母或螺栓未拧紧	接合处漏油	按规定扭矩拧紧螺母或螺栓
		压紧螺母或螺栓螺纹滑牙	接合处漏油	更换螺母或螺栓

1. 清除气缸盖燃烧室内及排气口上的积炭

气缸盖燃烧室内积炭过多会引起发动机过热和燃油超耗等故障；排气口积炭多在排气道上，使排气道截面积减小，阻碍排气的流畅，从而降低发动机的动力性，增大油耗。应拆下气缸盖，如图3-1所示，燃烧室内积炭可以用非金属刮刀或不尖锐的金属刮刀清除干净，排气道上的积炭圆形金属刮刀或一字旋具清除干净，然后用洁净的汽油或煤油清洗，用干净的软布擦净。清除积炭时，应注意不要损伤零件表面；装配气缸盖时，应换上新的衬垫，避免衬垫漏气而返工。

2. 清除气缸体排气口上的积炭

二冲程发动机工作时，可燃混合气中的机油与汽油一起参与燃烧，因而易于在排气口及排气道中形成积炭。积炭会使排气口截面积减小，阻碍排气的流畅，从而降低发动机的动力性，增大油耗。应拆下气缸体，如图3-2所

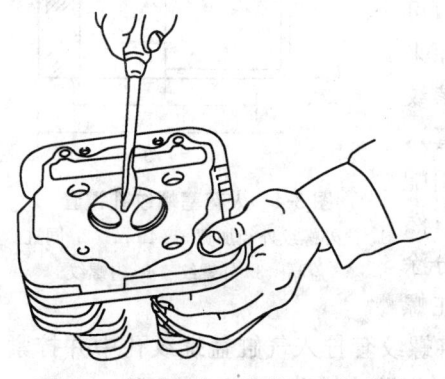

图 3-1 清除气缸盖燃烧室内的积炭

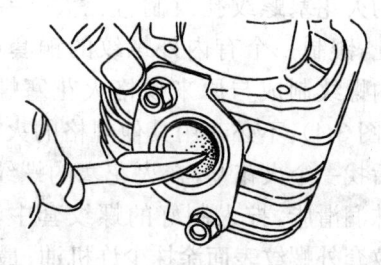

图 3-2 清除气缸体排气口积炭

示,用圆形金属刮刀或一字形旋具将气缸体排气口积炭清除干净,清除时切勿损伤气缸壁表面;然后用汽油或煤油将气缸体清洗干净,并用干净抹布擦净;装配气缸体时,应换上新的衬垫,避免衬垫漏气而返工。

3. 气缸盖及气缸体端面的检修

先将端面附有衬垫等物清除干净,端面朝上,把直尺靠在端面上,用塞尺测量直尺与端面间的间隙,且要多测几个点的间隙(图 3-3a)。若测量值大于使用极限值 0.05mm,则将一张细砂纸平放在平台或玻璃上,再将气缸盖或气缸体放在细砂纸上,用双手压着气缸盖或气缸体沿"8"字形路线进行研磨(图 3-3b)。研磨时手的压力应均匀,要边研磨边测量,直到符合要求为止。磨平后用汽油或煤油将气缸盖或气缸体清洗干净,然后将气缸盖或气缸体放在金相砂纸上磨光。

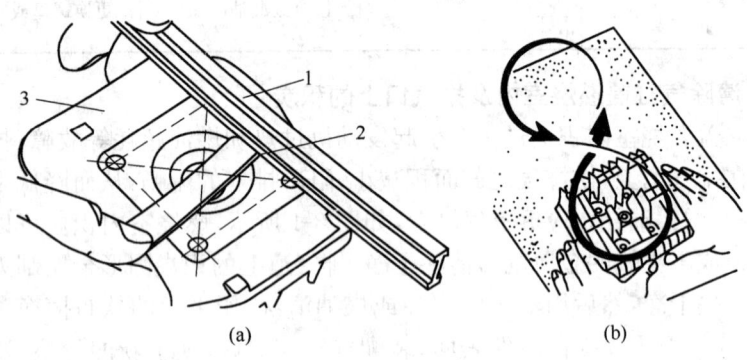

图 3-3 端面变形的检修
1. 直尺 2. 塞尺 3. 气缸盖

4. 火花塞螺纹孔的修理

火花塞螺纹孔的损坏通常是由于安装火花塞时用力过猛或过于频繁拆装或旋入时未对准丝扣而强行旋入引起的,可采用镶套方法进行修复。其方法:在原来的火花塞螺纹孔改制直径大一些的螺纹孔,镶制一个有内外螺纹的铜套(钢套),内螺纹制成与原来规格火花塞螺纹相配(图 3-4),不必改用其他规格的火花塞;然后找一个火花塞,在火花塞的螺纹部分涂抹润滑脂,拧入制好的螺纹套中,并在螺纹套外螺纹表面涂抹少许机油;最后将螺纹套拧入气缸盖螺纹孔中并拧紧,退出火花塞,在螺纹套下端用冲子冲大,以防止松动。

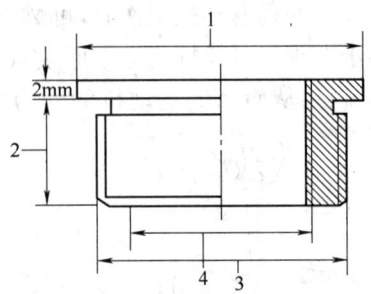

图 3-4 火花塞螺纹孔镶套
1. 比外螺纹外径加宽3~4mm 2. 同缸盖厚 3. 外螺纹 4. 内螺纹

5. 气门座的检查

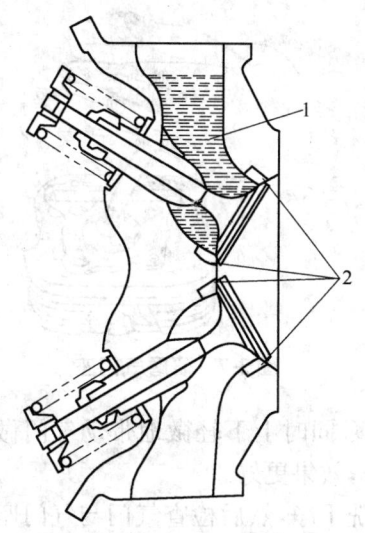

图3-5 检查气门与气门座之间的密封性
1. 煤油 2. 检查有无煤油渗漏

未拆解气缸盖上的气门、气门弹簧时，分别从进气口和排气口注入煤油，保持4～5min,检查煤油是否从气门与气门座工作面的接合处渗漏(图3-5)。若有渗漏,则说明密封性差;反之,则说明密封性良好。

经上述检查,若气门与气门座密封性差,应用气门弹簧压缩器拆解气门弹簧及气门,清除气门及气门座上的积炭并清洗干净,在气门座上均匀地涂抹一层薄薄的红印油,将气门放在气门座上,用气门研磨工具吸住气门头部做轻轻地敲击气门,勿旋转,敲击应准确;然后抽出气门,检查气门工作面上的接触痕迹(图3-6)。若气门工作面上的接触痕迹有间断,则说明气门座上有凹点、烧蚀或麻坑、损伤,对此,对轻微者,可用研磨砂对气门座进行研磨修理;对严重者,应用气门座铰刀进行铣削修理。若气门工作面上的接触痕迹有歪斜,则应检查气门导管与气门杆的配合间隙是否过大以及气门头部是否有歪斜,对异常者,应予以更换。若气门工作面上的接触面过宽、过窄、过高、过低,应用气门座铰刀进行铣削修理。

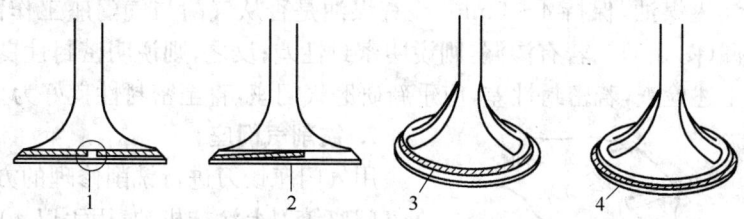

图3-6 检查气门工作面的接触痕迹
1. 接触痕迹有间断 2. 接触痕迹有歪斜 3. 接触面过低 4. 接触面过高

6. 研磨气门座

先将气门及气门座上的积炭清除干净,并用煤油清洗干净。然后将粗研磨砂与干净机油在板上用工具搅拌均匀,再在气门工作面上涂上一薄层调好的粗研磨砂,在气门杆上滴些机油后插入气门导管内,用气门研磨工具吸住气门头部,双手夹住研磨棒做来回搓转气门,同时上下轻微地带动气门做跳跃研磨(图3-7),以保证明气门座工作面各点均能相互研磨。在研磨过程中,应注意不要让研磨砂进入气门杆与气门导管之间。当气门工作面上磨出一条较整齐而无斑痕的接触环圈时,可将粗研磨砂洗去,换用细研磨砂继续研磨。当气门工作面磨出一条均匀灰色无光泽的接触环圈时,再洗去研磨砂,涂上机油继续研磨几分钟即可。

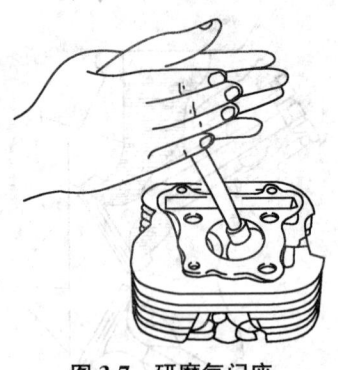

图 3-7 研磨气门座

也可用小手电钻(最好选用转速较低的小手电钻)研磨法,操作方法与用气门研磨工具方法基本相同,就是将气门研磨工具改用小电钻,用一小段橡胶油管插入气门杆,油管另一端用小手钻夹持,便可带动气门转动进行研磨,同时上下轻微地带动气门做跳跃研磨,并稍加点力给气门(即向下拉气门),效果更好。

研磨完毕后,应将气缸盖、气门彻底地清洗干净,然后检查气门与气门座之间的密封性,方法有三种:

(1)在气门工作面上涂上一层薄薄的红印油,将气门装入气门座上贴合转动1/4圈后拔出。若气门座上有一圈不间断的红印油痕迹,则说明密封性良好;反之,说明密封性差。

(2)用铅笔在气门工作面上画上若干线条,放在气门座上并旋转气门1/8～1/4圈后拔出。若气门工作面上的铅笔线条均被切断,则说明密封性良好;反之,说明密封性差。

(3)将气门、气门弹簧、气门弹簧座圈等装在气缸盖上,分别从进气口和排气口注入煤油,保持4～5min,检查煤油是否从气门与气门座工作面的接合处渗漏(图3-5)。若有渗漏,则说明密封性差;反之,则说明密封性良好。

经上述检查,若密封性差,应重新研磨气门座,直至密封性良好为止。

7. 铣削气门座

用气门座铰刀进行铣削修理的方法是:在气门座铰刀上涂抹机油,用手以40～50N的压力向一定方向进行旋转铣削(图3-8),并一边修整一边清除切屑。用45°铰刀铣削气门座工作面上的粗糙或伤痕的部位,直至无伤痕且光滑为止。清除气缸盖上的金属切屑,在气门座工作面上均匀地涂抹一层薄薄的红印油,将气门放在气门座上贴合转动,取出气门观察其工作面上的接触痕迹。

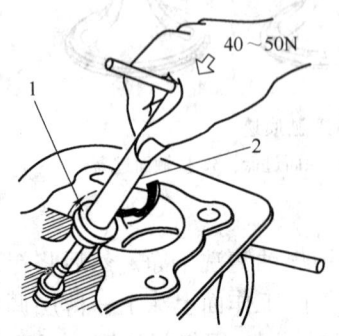

图 3-8 用气门座铰刀铣削气门座

1. 气门座铰刀 2. 铰刀导向杆

若接触痕迹过高,则用58°铰刀将气门座32°上表面(上部环带)的上部削去一部分,以降低气门座工作面(图3-9a);若接触痕迹过低,则用30°铰刀将气门座60°内表面(下部环带)削去一部分,以升高气门座工作面(图3-9b)。最后用45°铰刀精铣气门座工作面,使其达到表3-2中规定的宽度。铣削完毕后,将气门、气门导管、气门座等清洗干净,并对气门座进行研磨,直至气门与气门座之间的密封性良好为止。

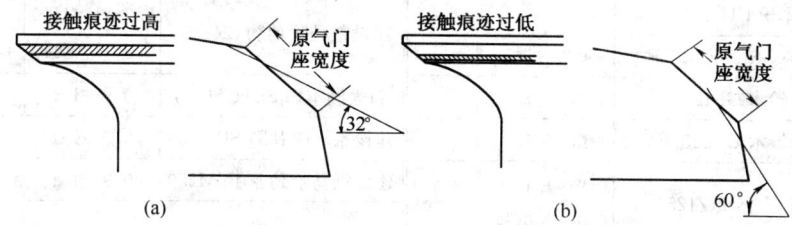

图3-9 检查气门工作面的接触痕迹

表3-2 气门座宽度　　　　　　　　　　　(mm)

车　型	标准值	极限值	车　型	标准值	极限值
嘉陵JH70	1.0	1.6	五羊本田WH125T	1.0	1.6
嘉陵JH90	1.0	1.6	五羊本田WH125T-2	1.0	1.6
宗申ZS100	1.0	1.6	五羊本田WH125-3	1.2～1.5	2.0
大阳DY100	1.0	1.6	五羊本田WH125T-5	1.0	1.6
五羊本田WH100T-G	1.0	1.6	五羊本田WH125T-6	1.0	1.6
五羊本田WH100-2	1.0	1.6	五羊本田WH125-12	0.9～1.1	1.5
新大洲本田DH100-41/43	1.0	1.6	五羊本田WH125-7/8	0.9～1.1	1.5
建设JS110-3	0.9～1.1		新大洲本田SDH125	1.2～1.5	2.0
金城铃木SJ110	1.0		新大洲本田SDH125-7D	0.9～1.1	1.5
宗申ZS110-12	1.15～1.3	1.5	新大洲本田SDH125-51	0.9～1.1	1.5
五羊本田WH110T-3	1.0	1.5	新大洲本田SDH125T-27	1.0	1.6
五羊本田WH110T-A	0.9～1.1	1.5	金城铃木GX125		
嘉陵JH125	1.7	2.0	长春铃木GS125R	0.9～1.1	
嘉陵本田JH125F	1.0	1.5	轻骑铃木QS125T	0.9～1.1	
幸福XF125A6	1.2～1.5	2.0	轻骑铃木GS125	0.9～1.1	
豪爵铃木GN125	0.9～1.1		光阳豪迈125	1.0	1.8
豪爵铃木HJ125T	0.9～1.1		南方雅马哈凌鹰ZY125T	0.9～1.1	1.6
五羊本田WY125A/C	1.2～1.5	2.0	建设雅马哈天剑JYM125	1.2～1.4(进)	
五羊本田WY125-S	1.0	1.6		0.9～1.1(排)	

续表 3-2

车型	标准值	极限值	车型	标准值	极限值
三阳风速 125	1.0	1.6	轻骑铃木 QS150T	0.9~1.1	
本田 CG125M	1.2~1.5	2.0	五羊本田 WH150-2	0.9~1.1	1.5
本田 CB125T	1.1~1.5	1.8	建设雅马哈 SR150	0.9~1.1(进)	
本田 CH125	1.0	1.6		0.9~1.0(排)	
本田 CHA125	1.0	1.6	建设雅马哈劲豹 SRZ150	0.9~1.1(进)	
铃木 GS125E/ES/R	0.9~1.1			0.9~1.0(排)	
铃木 GF125	0.9~1.1		新大洲本田 SDH150-15	0.9~1.1	1.5
铃木 UC125	0.9~1.1		建设雅马哈劲飚 SRV200	0.9~1.1	1.6
雅马哈 SRZ125	0.9~1.1(进)		建设雅马哈劲龙 JYM250	0.9~1.1	1.7
	0.9~1.0(排)				

8. 气门导管的检测与更换

先用气门导管铰刀清除导管中积炭(图 3-10),并注意在铰削过程中不得歪斜铰刀,铰刀伸入或取出时应在铰刀向右旋转的情况下进行,否则会损伤气门导管内表面。然后用内径百分表测量气门导管内径(图 3-11)。若测量值大于表 3-3 中使用极限值,则说明气门导管过度磨损,应更换气门导管。由于气门导管可分为有凸缘和无凸缘两种,因此这两种气门导管的更换方法及步骤也不同,下面将分别介绍:

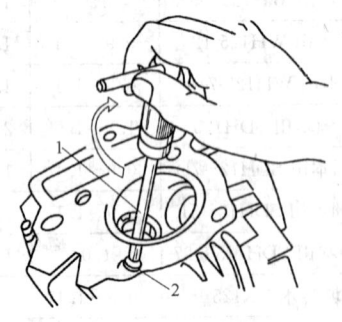

图 3-10 清除气门导管内的积炭
1. 气门导管铰刀 2. 气门导管

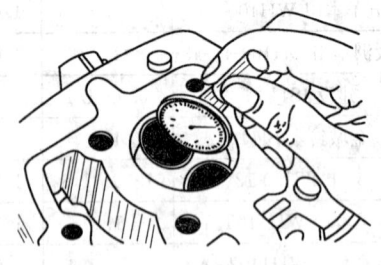

图 3-11 测量气门导管内径
1. 气门导管 2. 内径百分表

(1)有凸缘气门导管的更换方法及步骤:将整个气缸盖放在恒温箱里加热至 100℃~150℃(不得使用焊枪等进行局部加热,否则会引起气缸盖变形)时,取出并支起气缸盖,用气门导管拆装工具将气门导管朝凸轮轴一侧打出(图 3-12a),并注意敲打时不要损伤气缸盖工作平面;然后将新的 O 形密封圈涂上润滑油,安装在新的气门导管上,接着用气门导管拆装工具将新的气门导管从凸轮轴一侧打入(图 3-12b);待气缸盖冷却后,向气门导管内孔里滴些切削油,用气门导管铰刀对气门导管进行修整,以得到合适的气门杆与气门导管配合间隙;最后用汽油或煤油将气缸盖彻底地清洗干净即可安装使用。

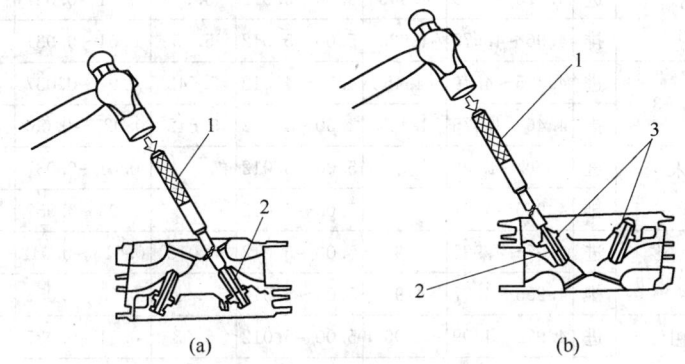

图 3-12 拆装有凸缘气门导管
1. 气门导管拆装工具　2. 气门导管　3. O 形密封圈

表 3-3　气门杆外径、气门导管内径及气门杆与气门导管的配合间隙　　　　　　　　　　(mm)

车型	气门	气门杆外径		气门导管内径		气门杆与气门导管的配合间隙	
		标准值	极限值	标准值	极限值	标准值	极限值
嘉陵 JH70	进	4.97~4.985	4.92	5.00~5.012	5.03	0.015~0.042	0.08
	排	4.955~4.97	4.92	5.00~5.012	5.03	0.03~0.057	0.1
嘉陵 JH90	进	4.97~4.985	4.92	5.00~5.012	5.03	0.015~0.042	0.08
	排	4.955~4.97	4.92	5.00~5.012	5.03	0.03~0.057	0.1
大阳 DY100	进		4.92		5.03		0.08
	排		4.92		5.03		0.1
宗申 ZS100	进	4.97~4.985	4.92	5.00~5.012	5.03	0.015~0.042	0.08
	排	4.955~4.97	4.912	5.00~5.012	5.03	0.03~0.05	0.1
新大洲本田 SDH100-41/43	进	4.97~4.985	4.92	5.00~5.012	5.03	0.015~0.042	0.08
	排	4.955~4.97	4.92	5.00~5.012	5.03	0.03~0.057	0.1
五羊本田 WH100T-G	进	4.975~4.99	4.90	5.00~5.012	5.03	0.01~0.037	0.08
	排	4.955~4.97	4.90	5.00~5.012	5.03	0.03~0.057	0.1
五羊本田 WH100-2	进	4.975~4.99	4.90	5.00~5.012	5.03	0.01~0.037	0.08
	排	4.955~4.97	4.90	5.00~5.012	5.03	0.03~0.057	0.1

续表 3-3

车型	气门	气门杆外径		气门导管内径		气门杆与气门导管的配合间隙	
		标准值	极限值	标准值	极限值	标准值	极限值
建设雅马哈 ZY100T	进	4.975~4.99	4.945	5.00~5.012	5.05	0.01~0.037	0.08
	排	4.96~4.975	4.935	5.00~5.012	5.05	0.01~0.037	0.08
建设 JS110-3	进	4.475~4.49	4.45	4.50~4.512	5.542	0.01~0.037	0.08
	排	4.46~4.475	4.435	4.50~4.512	5.542	0.025~0.052	0.1
金城铃木 SJ110	进	4.95~4.99		5.00~5.012		0.01~0.037	
	排	4.955~4.97		5.00~5.012		0.03~0.057	
宗申 ZS110-12	进	4.97~4.985	4.94	5.00~5.012	5.018	0.015~0.042	0.076
	排	4.955~4.97	4.93	5.00~5.012	5.02	0.03~0.057	0.068
五羊本田 WH110T-3	进	4.975~4.99	4.90	5.00~5.012	5.03	0.01~0.037	0.08
	排	4.955~4.97	4.90	5.00~5.012	5.03	0.03~0.057	0.1
五羊本田 WH110T-A	进	4.975~4.99	4.90	5.00~5.012	5.03	0.01~0.037	0.08
	排	4.955~4.97	4.90	5.00~5.012	5.03	0.03~0.057	0.1
嘉陵 JH125	进	5.45~5.465	5.42	5.475~5.485	5.53	0.01~0.035	0.06
	排	5.43~5.445	5.40	5.475~5.485	5.53	0.03~0.055	0.07
嘉陵 JH125F	进	5.45~5.465	5.42	5.475~5.485	5.50	0.01~0.035	0.08
	排	5.43~5.445	5.40	5.475~5.485	5.50	0.03~0.055	0.1
幸福 XF125A6	进	5.45~5.46	5.42	5.47~5.48	5.54	0.01~0.03	0.12
	排	5.43~5.44	5.40	5.47~5.48	5.54	0.03~0.05	0.14
豪爵铃木 GN125	进	5.475~5.49		5.50~5.512		0.01~0.037	0.35
	排	5.455~5.47		5.50~5.512		0.03~0.057	0.35
豪爵铃木 HJ125T	进	4.975~4.99		5.0~5.012		0.01~0.037	
	排	4.955~4.97		5.0~5.012		0.03~0.057	
轻骑铃木 GS125	进	5.475~5.49		5.50~5.512		0.01~0.037	0.35
	排	5.455~5.47		5.50~5.512		0.03~0.057	0.35
轻骑铃木 QS125T	进	4.975~4.99		5.0~5.012		0.08~0.013	
	排	4.955~4.97		5.0~5.012		0.01~0.037	
长春铃木 GS125R	进	5.475~5.49		5.50~5.512		0.01~0.037	0.35
	排	5.455~5.47		5.50~5.512		0.03~0.057	0.35
五羊本田 WY125A/C	进	5.46	5.42	5.48	5.50	0.03	0.08
	排	5.44	5.40	5.48	5.50	0.05	0.1

续表 3-3

车型	气门	气门杆外径		气门导管内径		气门杆与气门导管的配合间隙	
		标准值	极限值	标准值	极限值	标准值	极限值
五羊本田 WY125-S	进	4.975~4.99	4.965	5.00~5.012	5.03	0.01~0.037	0.065
	排	4.955~4.97	4.945	5.00~5.012	5.03	0.03~0.057	0.085
五羊本田 WH125-3	进	5.45~5.465	5.42	5.475~5.485	5.50	0.01~0.035	0.12
	排	5.43~5.445	5.40	5.475~5.485	5.50	0.03~0.055	0.14
五羊本田 WH125-7/8	进	4.975~4.99	4.92	5.00~5.012	5.04	0.01~0.037	0.07
	排	4.955~4.97	4.90	5.00~5.012	5.04	0.03~0.057	0.09
五羊本田 WH125-12	进	4.975~4.99	4.92	5.00~5.012	5.04	0.01~0.037	0.07
	排	4.955~4.97	4.90	5.00~5.012	5.04	0.03~0.057	0.09
五羊本田 WH125T	进	4.975~4.99	4.90	5.00~5.012	5.03	0.01~0.037	0.08
	排	4.955~4.97	4.90	5.00~5.012	5.03	0.03~0.057	0.1
五羊本田 WH125T-2	进	4.975~4.99	4.90	5.00~5.012	5.03	0.01~0.037	0.08
	排	4.955~4.97	4.90	5.00~5.012	5.03	0.03~0.057	0.1
五羊本田 WH125T-5	进	4.975~4.99	4.90	5.00~5.012	5.03	0.01~0.037	0.08
	排	4.955~4.97	4.90	5.00~5.012	5.03	0.03~0.057	0.1
五羊本田 WH125T-6	进	4.975~4.99	4.90	5.00~5.012	5.03	0.01~0.037	0.08
	排	4.955~4.97	4.90	5.00~5.012	5.03	0.03~0.057	0.1
新大洲本田 SDH125	进	5.45~5.465	5.42	5.475~5.485	5.50	0.01~0.035	0.12
	排	5.43~5.445	5.40	5.475~5.485	5.50	0.03~0.055	0.14
新大洲本田 SDH125-7D	进	4.975~4.99	4.92	5.00~5.012	5.04	0.01~0.037	0.07
	排	4.955~4.97	4.90	5.00~5.012	5.04	0.03~0.057	0.09
新大洲本田 SDH125-51	进	4.975~4.99	4.92	5.00~5.012	5.04	0.01~0.037	0.07
	排	4.955~4.97	4.90	5.00~5.012	5.04	0.03~0.057	0.09
新大洲本田 SDH125T-27	进	4.975~4.99	4.92	5.00~5.012	5.03	0.01~0.037	0.08
	排	4.955~4.97	4.90	5.00~5.012	5.03	0.03~0.057	0.1
金城铃木 GX125	进	5.475~5.49		5.50~5.512		0.01~0.037	0.35
	排	5.455~5.47		5.50~5.512		0.03~0.057	0.35
建设雅马哈 天剑 JYM125	进	4.975~4.99	4.95	5.00~5.012	5.042	0.01~0.037	0.08
	排	4.96~4.975	4.935	5.00~5.012	5.042	0.025~0.052	0.1
南方雅马哈 凌鹰 ZY125T	进	4.475~4.49	4.45	4.50~4.512	4.53	0.01~0.037	0.08
	排	4.46~4.475	4.45	4.50~4.512	4.53	0.025~0.052	0.1

续表 3-3

车型	气门	气门杆外径		气门导管内径		气门杆与气门导管的配合间隙	
		标准值	极限值	标准值	极限值	标准值	极限值
三阳风速 125	进	4.975~4.99	4.90	5.00~5.012	5.03	0.01~0.037	0.08
	排	4.955~4.97	4.90	5.00~5.012	5.03	0.03~0.057	0.1
本田 CG125M	进	5.45~5.46	5.42	5.47~5.48	5.50	0.01~0.03	0.12
	排	5.43~5.44	5.40	5.47~5.48	5.50	0.03~0.05	0.14
本田 CB125T	进	5.45~5.465	5.42	5.475~5.485	5.50	0.01~0.035	0.08
	排	5.43~5.445	5.40	5.475~5.485	5.50	0.03~0.055	0.1
本田 CH125	进	4.975~4.99	4.90	5.00~5.012	5.03	0.01~0.037	0.08
	排	4.955~4.97	4.90	5.00~5.012	5.03	0.03~0.057	0.1
本田 CHA125	进	4.975~4.99	4.90	5.00~5.012	5.03	0.01~0.037	0.08
	排	4.955~4.97	4.90	5.00~5.012	5.03	0.03~0.057	0.1
铃木 GS125E/ES/R	进	5.475~5.49		5.50~5.512		0.01~0.037	0.35
	排	5.455~5.47		5.50~5.512		0.03~0.057	0.35
铃木 GF125	进	5.475~5.49		5.50~5.512		0.01~0.037	0.35
	排	5.455~5.47		5.50~5.512		0.03~0.057	0.35
铃木 UC125	进	5.475~5.49		5.50~5.512		0.01~0.037	0.35
	排	5.455~5.47		5.50~5.512		0.03~0.057	0.35
雅马哈 SRZ125	进	5.975~5.99		6.00~6.012		0.01~0.037	
	排	5.96~5.975		6.00~6.012		0.025~0.052	
新大洲本田 SDH150-15	进	4.975~4.99	4.92	5.00~5.012	5.04	0.01~0.037	0.07
	排	4.955~4.97	4.90	5.00~5.012	5.04	0.03~0.057	0.09
五羊本田 WH150-2	进	4.975~4.99	4.92	5.00~5.012	5.04	0.01~0.037	0.07
	排	4.955~4.97	4.90	5.00~5.012	5.04	0.03~0.057	0.09
建设雅马哈 SR150	进	5.975~5.99		6.00~6.012		0.01~0.037	
	排	5.96~5.975		6.00~6.012		0.025~0.052	
建设雅马哈 劲豹 SRZ150	进	5.975~5.99		6.00~6.012		0.01~0.037	
	排	5.96~5.975		6.00~6.012		0.025~0.052	
轻骑铃木 QS150T	进	4.975~4.99		5.00~5.012		0.01~0.037	
	排	4.955~4.97		5.00~5.012		0.03~0.057	
建设雅马哈 劲飚 SRV200	进	5.975~5.99	5.945	6.00~6.012	6.05	0.01~0.037	0.08
	排	5.96~5.975	5.93	6.00~6.012	6.05	0.025~0.052	0.1

续表 3-3

车型	气门	气门杆外径		气门导管内径		气门杆与气门导管的配合间隙	
		标准值	极限值	标准值	极限值	标准值	极限值
建设雅马哈劲龙 JYM250	进	5.975～5.99	5.95	6.00～6.012	6.04	0.01～0.037	0.08
	排	5.96～5.975	5.935	6.00～6.012	6.04	0.025～0.052	0.1

(2) 无凸缘气门导管的更换方法及步骤：在拆卸气门导管之前，用游标卡尺测量出其露出部分的高度，并做好记录(图 3-13a)；将气缸盖放在恒温箱里加热至 100℃～150℃左右时，取出并支起气缸盖，用气门导管拆装工具将气门导管朝凸轮轴一侧打出(图 3-13b)；然后用气门导管拆装工具将新的气门导管从凸轮轴一侧打入，并边测量气门导管露出部分的高度，边一点点地将新的气门导管打入(图 3-13c)，直至符合规定要求为止；待气缸盖冷却后，向气门导管内孔里滴些切削油，用气门导管铰刀对气门导管进行修整，以得到合适的气门杆与气门导管配合间隙；最后用汽油或煤油将气缸盖彻底地清洗干净即可安装使用。

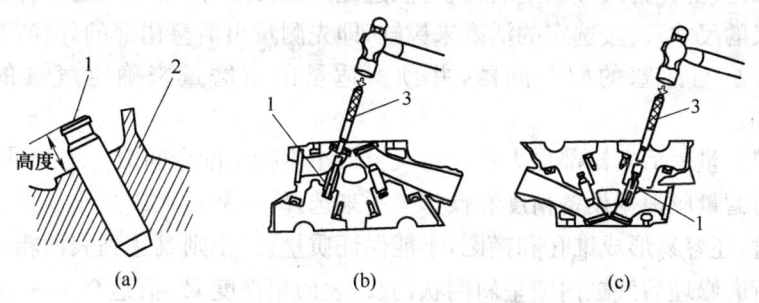

图 3-13 拆装无凸缘气门导管
1. 气门导管　2. 气缸盖　3. 气门导管拆装工具

9. 气缸的检测

发动机在工作过程中，气缸在高温、高压下承受活塞环的往复摩擦，长期工作必然会产生磨损。当磨损量超过一定范围时，气缸会出现窜气，造成气缸压缩压力不足，发动机动力不足，必须及时进行修理，否则将影响发动机的正常工作。

气缸磨损通常用内径百分表进行测定，测定部位应按图 3-14 所示的要求，在气缸活塞销方向(Y—Y 方向)及其垂直方向(X—X 方向)选上、中、下三段的六个点各测量一次气缸内径。测得最大值即是气缸内径值，若气缸内径值大于表 3-4 中的使用极限值，则应对气缸进行镗缸修理或更换气缸。测得最大值减去最小值即是气缸的锥度，X 与 Y 方向的差值即是气缸的椭圆度。气缸的锥度和椭圆度测量时，内径百分表必须与被测量部位保持平行进行测量。气缸锥度和椭圆度标准值小于或等于 0.01mm，若测得值大于使用极限值 0.025mm，应对气缸进行镗缸修理或更换气缸。

10. 镗缸修理

(1)气缸镗缸尺寸一般分为三至六级，它是在气缸内径标准尺寸的基础上，每加大 0.25mm 为一级。即第一级加大 0.25mm，第二级加大 0.50mm，第三级加大 0.75mm，以此类推。

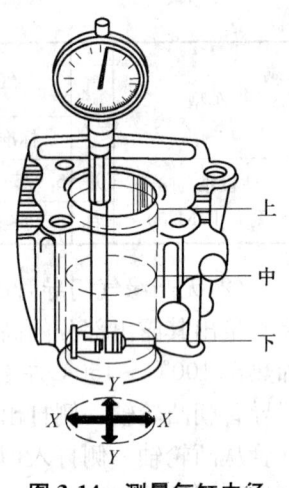

图 3-14 测量气缸内径

(2)用内径百分表测量出气缸磨损后的最大内径，再加上加工余量 0.1～0.15mm（该数值的选择应取决于设备情况和技术条件），然后选取与此数值相应的一级的镗缸尺寸，即镗缸尺寸＝气缸磨损后的最大内径＋加工余量。

(3)气缸镗缸尺寸确定后，就可以选配同级活塞（活塞与气缸一样具有三至六级的尺寸）。按选定的活塞来镗缸，即先测量出活塞裙部的外径，再按规定的气缸与活塞的配合间隙，并预留适量的珩磨量来确定气缸的镗缸量。即：

镗缸量＝活塞裙部最大直径－气缸最小内径＋配合间隙－珩磨量

珩磨量应根据设备精度和操作水平来选择，不能过大或过小。过大则浪费工时，还容易形成锥孔和椭圆，不能保证质量；过小则难达到表面粗糙度要求。珩磨修理后气缸内壁呈斜网状沟纹，表面粗糙度 R_a 值达 0.4～0.8μm。

(4)镗缸量确定后，再根据每次吃刀量的允许限度考虑镗缸次数。一般来说，第一刀进刀量应小些；最后一刀为了保证规定的表面粗糙度，进刀量也应小些。这两次进刀量一般可取 0.05mm 以内，中间几次可大一些，一般以 0.2mm 为限，但不要超过镗缸机规定的进刀量。

(5)气缸镗好后，换用特制倒角镗刀将气缸口镗成宽为 1mm，角度为 30°的倒角，以便于安装活塞。

(6)对二冲程发动机，由于气缸内壁上开有气口，为了防止活塞环与气口边缘发生撞击。对此，在气缸镗好后，用刮刀或小砂轮对气缸内壁上各气口进行刮修、打磨，直至符合如图 3-15 所示要求。然后

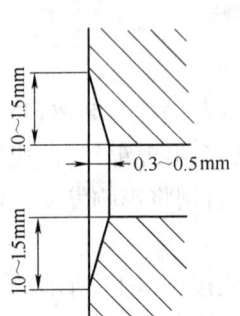

图 3-15 气口边缘的刮修尺寸

将气缸清洗干净,擦净缸壁并在壁面上涂抹一层机油,即可待用。

表 3-4 气缸内径、活塞外径及活塞与气缸的配合间隙　　　(mm)

车型	气缸内径		活塞外径			配合间隙	
	标准值	极限值	标准值	极限值	测量位置	标准值	极限值
光阳豪迈 50	41.000～41.02	41.05	40.955～40.97	40.90	4	0.035～0.05	0.1
嘉陵 JH90	47.005～47.015	47.05	46.975～46.995	46.90	7	0.01～0.045	0.15
建设雅马哈风帆 JYM90T	50.00～50.012	50.1	49.952～49.972		10	0.04～0.045	0.1
大阳 DY100		50.05		49.9	10		0.15
五羊本田 WH100T-G	50.00～50.01(JP	50.1	49.97～49.99	49.9	10	0.01～0.04	0.1
五羊本田 WH100-2	50.005～50.015	50.05	49.98～49.995	49.9	15	0.01～0.035	0.15
新大洲本田 SDH100-41/43	50.005～50.015	50.05	49.98～49.995	49.9	15	0.01～0.035	0.15
建设雅马哈 ZY100T	49.99～49.01		48.99～49.98			0.03～0.04	
建设 JS110-3	49.00～49.018		48.985～49.001		4		
金城铃木 SJ110	53.5～53.515	53.6	53.465～53.48	53.38	11	0.03～0.04	0.12
宗申 ZS110-12	50.000～50.015	50.05	49.975～49.995	49.90	10	0.01～0.045	0.15
五羊本田 WH110T-3	50.000～50.01	50.1	49.97～49.99	49.95	6	0.01～0.04	0.09
五羊本田 WH110T-A	50.000～50.01	50.1	49.97～49.99	49.95	10	0.01～0.04	0.09
嘉陵 JH125	56.50～56.51	56.60	56.47～56.49	56.40	10	0.01～0.04	0.1
嘉陵本田 JH125F	44.00～44.01	44.10	43.97～43.99	43.87	10	0.01～0.04	0.32
幸福 XF125A6	56.50～56.51	56.60	56.45～56.48	56.35	10	0.02～0.06	0.1
豪爵铃木 GN125	57.00～57.015	57.11	56.975～56.99	56.88	12	0.02～0.03	0.12
豪爵铃木 HJ125T	52.0～52.015	52.1	51.965～51.98	51.88	9	0.03～0.04	0.12
轻骑铃木 GS125	57.00～57.015	57.11	56.975～56.99	56.88	12	0.02～0.03	0.12
轻骑铃木 QS125T	52.00～52.015	52.1	51.965～51.98	51.88	7	0.04～0.05	0.12
长春铃木 GS125R	57.00～57.015	57.11	56.975～56.99	56.88	12	0.02～0.03	0.12
五羊本田 WY125A/C	56.5	56.6	56.49	56.35		0.02～0.06	0.2

续表 3-4

车型	气缸内径		活塞外径		测量位置	配合间隙	
	标准值	极限值	标准值	极限值		标准值	极限值
五羊本田 WY125-S	52.405~52.415	52.445	52.37~52.39	52.3	10	0.015~0.045	0.1
五羊本田 WH125-3	56.50~56.512	56.60	56.47~56.49	56.40	10	0.01~0.042	0.1
五羊本田 WH125-7/8	52.40~52.41	52.50	52.37~52.39	52.3	10	0.01~0.04	0.1
五羊本田 WH125-12	52.40~52.41	52.50	52.37~52.39	52.3	8	0.01~0.035	0.1
五羊本田 WH125T	52.40~52.41	52.50	52.37~52.39	52.3	9	0.01~0.04	0.1
五羊本田 WH125T-2	52.40~52.41	52.50	52.37~52.39	52.3	10	0.01~0.04	0.1
五羊本田 WH125T-5	52.40~52.41	52.50	52.37~52.39	52.3	10	0.01~0.04	0.1
五羊本田 WH125T-6	52.40~52.41	52.50	52.37~52.39	52.3	10	0.01~0.04	0.1
新大洲本田 SDH125	56.50~56.51	56.60	56.47~56.49	56.40	10	0.01~0.04	0.1
新大洲本田 SDH125-7D	52.40~52.41	52.50	52.37~52.39	52.3	10	0.01~0.04	0.1
新大洲本田 SDH125-51	52.40~52.41	52.50	52.37~52.39	52.3	10	0.01~0.04	0.1
新大洲本田 SDH125T-27	52.40~52.41	52.50	52.37~52.39	52.3	10	0.01~0.04	0.1
建设雅马哈 天剑JYM125	54.06~54.075		53.997~54.028		4.5	0.02~0.034	
南方雅马哈 凌鹰ZY125T	51.49~51.53	51.58	51.46~51.5		5	0.02~0.04	
金城铃木 GX125	53.500~53.515	53.60	53.465~53.48	53.38	11	0.03~0.04	0.12
光阳豪迈125	52.40~52.41	52.50	52.37~52.39	52.3	9	0.01~0.04	0.1
三阳风速125	52.40~52.41	52.50	52.37~52.395	52.4	10	0.005~0.035	0.1

续表 3-4

车型	气缸内径		活塞外径			配合间隙	
	标准值	极限值	标准值	极限值	测量位置	标准值	极限值
本田 CG125M	56.50～56.51	56.60	56.45～56.48	56.35	7	0.02～0.06	0.1
本田 CB125T	44.00～44.01	44.10	43.97～43.99	43.87	3.5	0.01～0.06	0.1
本田 CH125	52.40～52.41	52.50	52.37～52.39	52.30	10	0.01～0.04	0.1
本田 CHA125	52.40～52.41	52.50	52.37～52.39	52.3	10	0.01～0.04	0.1
铃木 GS125E/ES/R	57.00～57.015	57.11	56.975～56.99	56.88	12	0.02～0.03	0.12
铃木 GX125	57.00～57.015	57.11	56.975～56.99	56.88	12	0.02～0.03	0.12
铃木 UC125	57.00～57.015	57.09	56.955～56.97	56.88	15	0.04～0.05	0.12
雅马哈 SRZ125	56.99～57.03	57.10	56.955～56.995		7	0.025～0.045	0.15
新大洲本田 SDH150-15	57.30～57.31	57.40	57.28～57.295	57.2	10	0.005～0.03	0.09
五羊本田 WH150-2	57.30～57.31	57.40	57.28～57.295	57.2	10	0.005～0.03	0.09
建设雅马哈 SR150	56.99～57.03	57.1	56.955～56.995		7	0.025～0.045	0.15
建设雅马哈 劲豹 SRZ150	56.99～57.03	57.1	56.955～56.995		7	0.025～0.045	0.15
轻骑铃木 QS150T	57.500～57.515	57.59	57.455～57.47	57.38		0.04～0.05	0.12
建设雅马哈 劲飚 SRV200	70.016～70.044	70.01	69.989～70.017			0.02～0.034	0.15
建设雅马哈 劲龙 JYM250	70.016～70.044	70.01	69.989～70.017			0.02～0.034	

11. 曲轴箱体或箱盖裂纹的修补方法

首先将裂纹处及周围的油污清除干净,用氧乙炔焰或碘钨灯加热至油分、湿气的其他污染物从裂纹内渗出,再用清洗剂进行清洗干净。在裂纹处两端分别钻一个小直径的止裂孔,沿裂纹开出 V 形槽,槽不宜太宽(根据零件的结构形状,槽深至裂纹底部最好,对结构不允许者可不开槽);然后用清洗剂将 V 形槽及其周围清洗干净,接着把环氧树脂胶按比例调匀后填平 V 形槽,并在槽的周围涂上一层胶,剪一块大小适宜的脱脂纱布或玻璃丝布,两面涂上胶,稍干后将其准确地贴到裂纹处,待布块粘牢后在其上再涂一层胶。就这样地贴上 2～3 层脱脂纱布或玻璃丝布,且外层布块面积稍大于内层,最后涂上一层胶,待其充分凝固后即可安装使用。

12. 曲轴箱上气缸螺柱的螺纹孔滑牙的修复

曲轴箱上气缸螺柱的螺纹孔滑牙后,可要采用加大螺纹孔的方法进行修理。例如气缸盖、气缸体和曲轴箱是通过 4 根 M6 气缸螺柱连接在一起的。若其中一根螺柱的螺纹孔出现滑牙后,应把原 M6 螺纹孔用 ϕ6.7mm 的钻头进行扩孔,再用 ϕ10mm 的钻头划倒角,然后用 M8 普通螺纹丝锥进行攻丝。攻丝时,丝锥的轴线要垂直于曲轴箱平面,不要歪斜。攻丝完毕后,先用材料为 40Cr 调质处理,硬度为 HRC28～35 或 45 号钢调质处理的钢,来制作螺柱(图 3-16),并将加工好的气缸螺柱拧紧在曲轴箱上,保证与其他 3 根气缸螺柱外露高度相同,同时能将自制气缸螺柱 M8 的螺纹部分全部拧入曲轴箱螺纹孔内,以免装配时阻挡气缸体,使气缸体不能和曲轴箱平面紧密配合而漏气或漏油。此外,除了上修复方法外,也可采用适当地加深气缸螺柱的螺纹孔深度进行修复。

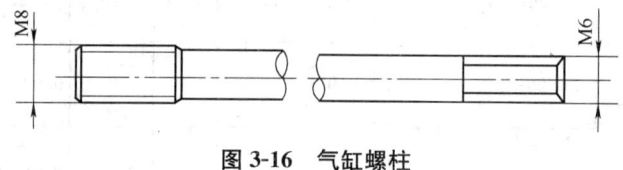

图 3-16　气缸螺柱

13. 巧取曲轴箱上折断螺柱

曲轴箱上螺柱折断后,可根据实际情况采用以下方法取出折断螺柱。

(1)在折断螺柱残端露出螺纹孔平面数毫米时,可在露出部分的平行轴线锉出两个平面或在其端面上开个一字槽,然后用扳手或一字旋具将其拧出。也可焊上一个螺母后拧出。

(2)在折断螺柱残端与螺纹孔面持平,或者还低于螺纹孔平面时,可在折断螺柱残端端面中心打一个样冲眼,并用比折断螺柱螺纹直径小 1.5～2mm 的钻头,按打好的样冲眼将折断螺柱残端钻通;然后用带方柄的锐利的三角形楔锥装入已钻好的孔中(图 3-17),用锤子敲入(用力要适当),牢牢"咬住";最后用扳手套在方柄上,按螺纹拧出方向旋转,即可将折断螺柱残

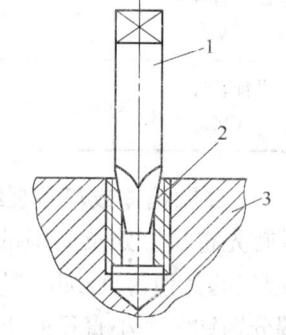

图 3-17　取出折断螺柱残端
1. 三角形楔锥　2. 折断螺柱残端
3. 曲轴箱体

端取出来,且不会损坏箱体上螺纹。

(3)加大螺纹孔。即把原来折断螺柱残端钻出,重新制出加大的螺纹孔,改用自制气缸螺柱。

第二节　曲柄连杆机构的快查快修

曲柄连杆机构的日常保养及快查快修方法见表3-5。

表3-5　曲柄连杆机构的日常保养及快查快修方法

日常保养项目	检查部件	常见的损坏形式	表现出故障现象	修理方法
定期清除活塞顶面及环槽内的积炭	活塞	裙部表面拉伤或划伤	活塞环卡死在环槽、气缸压缩压力过低、活塞环的漏气声响	轻微者则用600～800号细油石或砂纸打磨修复,严重者应更换活塞
		过度磨损	活塞与气缸配合间隙过大、敲缸声	更换活塞
		环槽过度磨损	环槽与活塞环配合间隙过大、活塞环与环槽碰撞声	更换活塞
		活塞销孔过度磨损	活塞销孔与活塞销配合间隙过大、敲缸声、活塞销的敲击声响	更换活塞
	活塞环	折断	气缸压缩压力过低、曲轴箱内机油窜入燃烧室、活塞环的漏气声响	更换活塞环
		过度磨损	活塞环开口间隙过大或侧隙过大,气缸压缩压力过低、曲轴箱内机油窜入燃烧室、活塞环的漏气声响、活塞环与环槽碰撞声	更换活塞环
		弹力不足	气缸压缩压力过低、曲轴箱内机油窜入燃烧室、活塞环的漏气声响	更换活塞环
		环开口位置未错开		按规定安装活塞环
	活塞销	过度磨损	活塞销孔与活塞销配合间隙过大、敲缸声、活塞销的敲击声响	更换活塞销

续表 3-5

日常保养项目	检查部件	常见的损坏形式	表现出故障现象	修理方法
定期清除活塞顶面及环槽内的积炭	曲轴连杆	连杆小头孔过度磨损	连杆小头孔与活塞销配合间隙过大、敲缸声、活塞销的敲击声响	更换连杆或曲轴连杆
		连杆弯曲或扭曲变形	敲缸声	更换连杆或曲轴连杆
		连杆轴向或径向间隙过大	敲缸声、连杆大头轴承敲击声响	更换连杆或连杆大头轴承或曲柄销或曲轴连杆
		曲轴弯曲变形		校正或更换曲轴连杆
		曲轴轴承内座圈的轴向或径向间隙过大或转动不灵活或转动有异响	曲轴转动异响	更换轴承

1. 活塞顶面及环槽内积炭的清除

清除活塞顶面及环槽内积炭,其方法有两种:

(1)机械清除法。活塞顶面积炭可用不尖锐的金属刮刀或非金属刮刀将其刮除干净(图 3-18),并注意不要刮伤或碰伤活塞顶面。活塞环槽内积炭可用小刀刮除(图 3-19),也可用折断的活塞环的断面磨平保持锐边做成刮除工具来刮除,并注意不要刮伤活塞环槽;清除后,将活塞环装在各环槽内并转动它们,确认活塞环能顺利转动,无卡滞现象为宜。

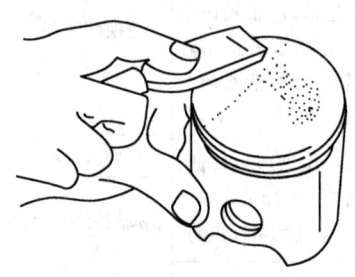

图 3-18 清除活塞顶面积炭

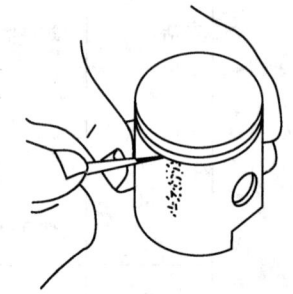

图 3-19 清除活塞环槽内积炭

(2)化学清除法。具体方法按表 3-6 中的配方任选一种,将配方中的溶剂先溶于水,并加热至80℃～90℃,然后将活塞、活塞环放入浸泡,至积炭软化,再用毛刷或布将零件擦拭干净,最后用热水将活塞上的化学溶液冲洗干净,以防腐蚀。

表3-6 化学溶液配方 （g）

配方	品名	苛性钠	碳酸钠	硅酸钠	肥皂	重铬酸钾	水
活塞	配方一		18.5	8.5	10		1000
活塞	配方二		20	8	10	5	1000
活塞	配方三		10		10	5	1000
活塞环	配方一	25	33	1.5	8.5		1000
活塞环	配方二	100				5	1000
活塞环	配方三	25	31	10	8	5	1000

2. 活塞的检测

如图3-20所示,在与活塞销孔呈垂直方向且离活塞裙部底面一定距离处,用外径千分尺测量活塞直径。若测量值小于表3-4中的使用极限值,则说明活塞过度磨损,应更换活塞。更换时,应先测量出新活塞直径及气缸内径,计算出新活塞与气缸的配合间隙。若配合间隙符合标准值,则可换上新活塞;若配合间隙大于使用极限值,则应对气缸进行镗缸修理。

如图3-21所示,用内径百分表测量活塞销孔内径,若测量值大于表3-7中的使用极限值,则说明活塞销孔过度磨损,应更换活塞;如图3-22所示,用外径千分尺在活塞销上、中、下三个位置测量活塞销外径,若测量值小于表3-7中的使用极限值,则说明活塞销过度磨损,应更换活塞销。更换活塞或活塞销时,应使活塞销孔与活塞销配合间隙符合规定值。

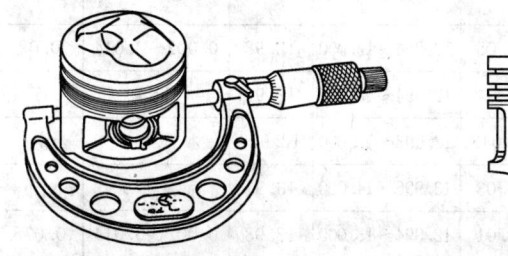 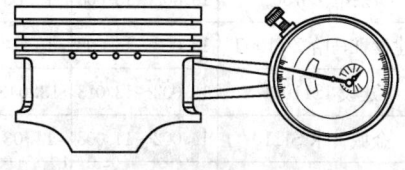

图3-20 测量活塞直径　　　图3-21 测量活塞销孔内径

对双缸发动机在更换活塞时,应注意两个活塞的重量应一致,最大误差不得超过一个活塞总重量的5%,否则将导致发动机工作不稳定,产生振动。装配活塞时应注意活塞顶面有标记一侧的朝向,二冲程发动机活塞顶面标有箭头或"EX"记号应朝向气缸体排气侧，四冲程发动机活塞顶面标有"IN"记号应朝向气缸体进气侧。安装活塞销挡圈时，应在活塞销、销孔、连杆小孔等滴注些机油，在活塞下方放上干净的布，以防止挡圈落入曲轴箱内，并注意挡圈装入活塞的挡圈槽后，应使用挡圈的开口应避开活塞的缺口处。活塞组件装入气缸后，应在气

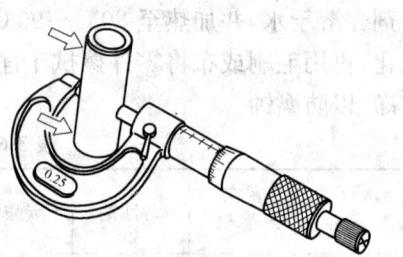

图 3-22 测量活塞销外径

缸壁表面涂抹少许机油，避免起动时拉伤气缸壁。转动曲轴让活塞在气缸内来回移动数次，然后让活塞移至上止点，擦去多余机油。

表 3-7 活塞销孔内径、活塞销外径及活塞销与
活塞销孔的配合间隙　　　　　　　（mm）

车型	活塞销孔内径		活塞销外径		配合间隙	
	标准值	极限值	标准值	极限值	标准值	极限值
光阳豪迈 50	10.002～10.008	10.03	9.994～10.000	9.98	0.002～0.014	0.03
嘉陵 JH70	13.002～13.008	13.05	12.994～13.000	12.98	0.002～0.014	0.075
建设雅马哈凤帆 JYM90T	12.004～12.015		11.996～12.000			
嘉陵 JH90	13.002～13.008	13.05	12.994～13.000	12.98	0.002～0.014	0.075
大阳 DY100		13.055		12.98		0.075
五羊本田 WH100T-G	13.002～13.008	13.04	9.991～9.981	9.971	0.002～0.014	0.02
五羊本田 WH100-2	13.002～13.008	13.055	12.994～13.000	12.98	0.002～0.014	0.02
新大洲本田 SDH100-41/43	13.002～13.008	13.055	12.994～13.000	12.98	0.002～0.014	0.02
宗申 ZS100	13.002～13.008	13.05	12.994～13.000	12.98	0.002～0.014	0.02
建设雅马哈 ZY100T	13.002～13.008	13.04	12.994～13.000	12.96		
建设 JS110-3	13.002～13.013	13.043	12.996～13.000	12.976		
金城铃木 SJ110	14.002～14.008	14.03	13.996～14.000	13.98		
宗申 ZS110-12	13.002～13.008	13.01	12.994～13.000	12.98	0.002～0.014	0.075
五羊本田 WH110T-3	13.002～13.008	13.04	12.994～13.000	12.96	0.002～0.014	0.02
五羊本田 WH110T-A	13.002～13.008	13.04	12.994～13.000	12.96	0.002～0.014	0.02
嘉陵 JH125	15.002～15.008	15.04	14.994～15.000	14.96	0.002～0.014	0.02
嘉陵本田 JH125F	13.002～13.008	13.05	12.994～13.000	12.95	0.002～0.014	0.03

续表 3-7

车型	活塞销孔内径		活塞销外径		配合间隙	
	标准值	极限值	标准值	极限值	标准值	极限值
幸福 XF125A6	15.00～15.01	15.04	14.99～15.00	14.96		
五羊本田 WY125A/C	15.008	15.04	15.000	14.96		
五羊本田 WY125-S	13.002～13.008	13.03	12.994～13.000	12.98	0.002～0.014	0.075
五羊本田 WH125T	15.002～15.008	15.04	14.994～15.000	14.96	0.002～0.014	0.02
五羊本田 WH125T-2	15.002～15.008	15.04	14.994～15.000	14.96	0.002～0.014	0.02
五羊本田 WH125T-5	15.002～15.008	15.04	14.994～15.000	14.96	0.002～0.014	0.02
五羊本田 WH125T-3	15.002～15.008	15.04	14.994～15.000	14.96	0.002～0.014	0.02
五羊本田 WH125T-6	15.002～15.008	15.04	14.994～15.000	14.96	0.002～0.014	0.02
五羊本田 WH125-7/8	13.002～13.008	13.04	12.994～13.000	12.96		
五羊本田 WH125-12	12.002～12.008	12.03	11.994～11.000	11.98	0.002～0.014	0.04
新大洲本田 SDH125	15.002～15.008	15.04	14.994～15.000	14.96	0.002～0.014	0.02
新大洲本田 SDH125-7D	13.002～13.008	13.04	12.994～13.000	12.96	0.002～0.014	0.02
新大洲本田 SDH125-51	13.002～13.008	13.04	12.994～13.000	12.96	0.002～0.014	0.02
新大洲本田 SDH125T-27	15.002～15.008	15.04	14.994～15.000	14.96	0.002～0.014	0.02
轻骑铃木 GS125	14.002～14.008	14.03	13.994～14.002	13.98		
轻骑铃木 QS125T	14.002～14.008	14.03	13.992～14.000	13.98		
豪爵铃木 GN125	14.002～14.008	14.03	13.994～14.002	13.982		
豪爵铃木 HJ125T	14.002～14.008	14.03	13.996～14.000	13.98		
金城铃木 GX125	14.002～14.008	14.03	13.994～14.002	13.98		
长春铃木 GS125R	14.002～14.008	14.03	13.994～14.000	13.98		
南方雅马哈 凌鹰 ZY125T	13.002～13.013	13.045	12.996～13.000	12.976		
建设雅马哈 天剑 JYM125	15.002～15.013		14.991～15.000		0.002～0.022	
光阳豪迈 125	15.002～15.008	15.04	14.994～15.000	14.96	0.002～0.014	0.02
三阳风速 125	15.002～15.008	15.04	14.994～15.000	14.96	0.002～0.014	0.02
本田 CG125M	15.002～15.008	15.04	14.994～15.000	14.96	0.002～0.014	0.02
本田 CB125T	13.002～13.008	13.055	12.994～13.000	12.98	0.002～0.014	0.04

续表 3-7

车型	活塞销孔内径 标准值	极限值	活塞销外径 标准值	极限值	配合间隙 标准值	极限值
本田 CH125	15.002~15.008	15.04	14.994~15.000	14.96	0.002~0.014	0.02
本田 CHA125	15.002~15.008	15.04	14.994~15.000	14.96	0.002~0.014	0.02
铃木 GS125E/ES/R	14.002~14.008	14.03	13.994~14.002	13.98		
铃木 GF125	15.002~15.008	15.03	14.996~15.000	14.98		
铃木 UC125	16.002~16.008	16.03	15.995~16.000	15.985		
雅马哈 SRZ125	15.002~15.013		14.991~15.000			
新大洲本田 SDH150-15	14.002~14.008	14.04	13.994~14.000	13.96	0.002~0.014	0.04
五羊本田 WH150-2	14.002~14.008	14.04	13.994~14.000	13.96	0.002~0.014	0.04
建设雅马哈 SR150	15.002~15.013		14.991~15.000			
建设雅马哈 劲豹 SRZ150	15.002~15.013		14.991~15.000			
轻骑铃木 QS150T	15.002~15.008	15.03	14.996~15.000	14.98		
建设雅马哈 劲飚 SRV200	16.002~16.013	16.043	15.991~16.000	15.97	0.002~0.022	
建设雅马哈 劲龙 JYM250	16.002~16.013	16.043	15.991~16.000	15.97		

3. 活塞环的检测

如图 3-23 所示,将活塞环放入气缸内,用活塞头部将活塞环推入气缸底部附近的磨损最小部位,并使其保持水平状态,用塞尺测量活塞环开口间隙,若测量值大于表 3-8 中的使用极限值,则说明活塞环过度磨损,应更换活塞环。

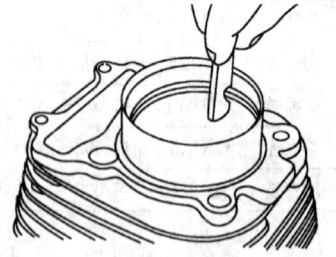

图 3-23 测量活塞环开口间隙

如图 3-24 所示,将活塞环装入活塞环槽内,且活塞环在环槽内能自由转动,应无卡滞现象,用塞尺测量环与环槽之间的间隙(即活塞环侧隙),若测量值大于表 3-8 中的使用极限值,则说明活塞环槽或活塞环过度磨损,应更换活塞环或活塞。

活塞环弹力在使用过程中往往会有所减弱,通常是通过测量活塞环自由端隙的大小来间接地判断活塞环是否减弱。如图 3-25 所示,用游标卡尺测量活塞环自由端隙,若自由端隙小于表 3-8 中的使用极限值,则说明活塞环弹力严重减弱,造成活塞环不能与气缸壁紧密接触而漏气,应更换活塞环。

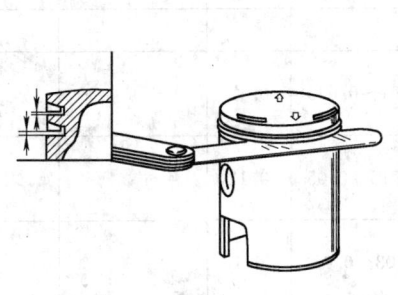
图 3-24　测量活塞环侧隙

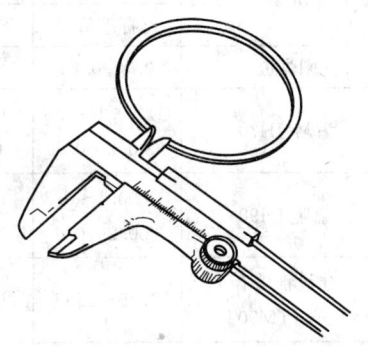
图 3-25　测量活塞环自由端隙

活塞、活塞环检修完毕后,需重新装配活塞环,装配时应以下事项:安装二冲程发动机活塞环时,应先将胀环装入第二道环槽内,活塞环有标记的一面应朝上安装,且环开口的两端应置于其定位销的两侧(图 3-26);第一道环和第二道环不能互相错装,环表面压印有编号的,如"T_1"表示第一道环,"T_2"表示第二道环。安装四冲程发动机活塞环时,活塞环有标记的一面应朝上安装,且装好后活塞环能自由转动;第一道环(顶环)和第二道环(第二环)不能互相错装,一般第一道环经镀铬处理呈白色,第二环未经电镀处理呈黑色,但也有例外;活塞环的开口相距隔开 120°,油环上下刮片的开口应分别与衬环错开 20mm 以上(图 3-27)。

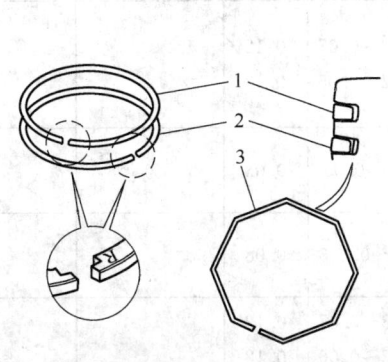
图 3-26　二冲程发动机活塞环的安装
1. 第一道环　2. 第二道环　3. 胀环

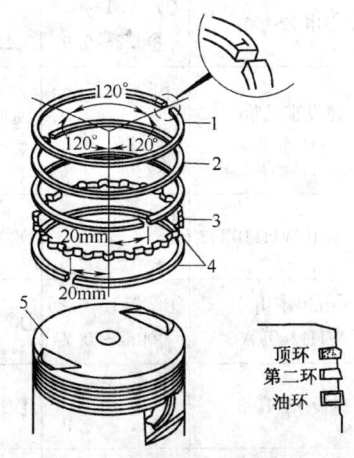
图 3-27　四冲程发动机活塞环的安装
1. 顶环　2. 第二环　3. 衬环　4. 刮片
5. 活塞

表 3-8 活塞环开口间隙、侧隙及自由端隙 (mm)

车型	活塞环开口间隙		活塞环侧隙		活塞环自由端隙	
	标准值	极限值	标准值	极限值	标准值	极限值
光阳豪迈 50	0.1~0.25	0.4				
嘉陵 JH70	①②0.1~0.3 ③0.2~0.9	0.5 1.1	0.01~0.045	0.12		
嘉陵 JH90	①②0.1~0.3 ③0.2~0.9	0.5 1.1	0.015~0.05	0.12		
建设雅马哈风帆 JYM90T	0.15~0.35	0.6	0.03~0.05	0.1		
五羊本田 WH100T-G	①②0.1~0.25 ③0.2~0.7	0.45	0.015~0.045	0.08		
五羊本田 WH100-2	①②0.1~0.25 ③0.2~0.7	0.5 1.1	①②0.015~0.045	①②0.12		
新大洲本田 SDH100-41	①②0.1~0.25 ③0.2~0.7	0.5 1.1	①②0.015~0.05	①②0.12		
新大洲本田 SDH100-43	①②0.1~0.25 ③0.2~0.7	0.5 1.1	①②0.015~0.045	①②0.12		
大阳 DY100		①0.5 ②0.5		0.12		
宗申 ZS100	①②0.1~0.3 ③0.2~0.9	0.5 1.1	①0.015~0.05 ②0.01~0.015	0.12 0.12		
建设雅马哈 ZY100T	①0.15~0.25 ②0.25~0.45 ③0.2~0.8	①0.5 ②0.65	①0.03~0.07 ②0.02~0.06	0.12 0.12		
五羊本田 WH110T-3	①②0.1~0.25 ③0.2~0.7	①②0.45	0.015~0.045	0.08		
五羊本田 WH110T-A	①②0.1~0.25 ③0.2~0.7	①②0.45	0.015~0.045	0.08		
建设 JS110-3	①②0.15~0.3 ③0.3~0.9	①②0.4	①0.03~0.07 ②0.02~0.06	0.12 0.12		
金城铃木 SJ110	①0.1~0.25 ②0.3~0.45	0.5 0.5	①0.18 ②0.15		①约 6.6 ②约 5.2	5.3 4.2
宗申 ZS110-12	①②0.1~0.25	0.5	0.015~0.045	0.1		

续表 3-8

车型	活塞环开口间隙 标准值	极限值	活塞环侧隙 标准值	极限值	活塞环自由端隙 标准值	极限值
嘉陵 JH125	①②0.15~0.35 ③0.01~0.04	0.5 0.1	①0.015~0.05 ②0.015~0.045	0.9 0.9		
嘉陵本田 JH125F	①0.15~0.35 ②0.3~0.45 ③0.2~0.9	0.5 0.5	①②0.015~0.045	0.12		
幸福 XF125A6	①②0.15~0.35	0.6	①0.03~0.05 ②0.02~0.05	0.1 0.1		
豪爵铃木 GN125	①②0.1~0.25	0.7			①0.18 ②0.15	①约7.2 ②约7.5
豪爵铃木 HJ125T	①②0.15~0.3	0.5			①0.18 ②0.15	①约6.0 ②约4.9
轻骑铃木 GS125	①②0.1~0.25	0.7			①0.18 ②0.15	①约7.0 ②约7.5
轻骑铃木 QS125T	①②0.15~0.3	0.5			①0.18 ②0.15	①约6.0 ②约4.9
金城铃木 GX125	①0.1~0.25 ②0.3~0.45	0.5 0.5			①0.18 ②0.15	①约7.0 ②约8.5
长春铃木 GS125R	①②0.1~0.25	0.5		0.18	①约6.0 ②约7.5	
五羊本田 WY125A/C	①②0.2~0.4 ③0.2~0.9	①②0.5	①②0.04~0.08	0.12		
五羊本田 WY125-S	①②0.1~0.3 ③0.2~0.7	①②0.5 ③1.1	①0.03~0.065 ②0.015~0.05	①0.1 ②0.09		
五羊本田 WH125-3	①0.1~0.25 ②0.25~0.4 ③0.2~0.7	①0.5 ②0.58 ③0.86	①②0.005~0.02	0.3		
五羊本田 WH125-7/8	①②0.1~0.25 ③0.2~0.7	①②0.4 ③0.85	①②0.03~0.06	①②0.1		
五羊本田 WH125-12	①②0.1~0.25 ③0.2~0.7	①②0.4 ③0.85	①0.01~0.045 ②0.015~0.05	①②0.09		

豪爵铃木 GN125 极限值列: 5.6 / 6.0
豪爵铃木 HJ125T 极限值列: 4.8 / 3.9
轻骑铃木 GS125 极限值列: 5.6 / 6.0
轻骑铃木 QS125T 极限值列: 4.8
金城铃木 GX125 极限值列: 5.6 / 6.8
长春铃木 GS125R 极限值列: 4.8 / 6.0

续表 3-8

车型	活塞环开口间隙		活塞环侧隙		活塞环自由端隙	
	标准值	极限值	标准值	极限值	标准值	极限值
五羊本田 WH125T	①0.1～0.25 ②0.15～0.3 ③0.2～0.7	①0.45 ②0.5	①②0.015～0.055	0.09		
五羊本田 WH125T-2	①0.1～0.25 ②0.25～0.4 ③0.2～0.6	①0.5 ②0.6	①0.03～0.065 ②0.015～0.05	①②0.09		
五羊本田 WH125T-5	①0.1～0.25 ②0.15～0.3 ③0.2～0.7	①0.5 ②0.6	①②0.015～0.055	①②0.09		
五羊本田 WH125T-6	①0.1～0.25 ②0.15～0.3 ③0.2～0.7	①0.5 ②0.6	①②0.015～0.055	①②0.09		
新大洲本田 SDH125	①②0.05～0.02 ③0.2～0.9	①②0.5	①②0.015～0.045	0.09		
新大洲本田 SDH125-7D	①②0.1～0.25 ③0.2～0.7	①②0.4 ③0.85	①②0.03～0.065	①②0.1		
新大洲本田 SDH125-51	①②0.1～0.25 ③0.2～0.7	①②0.4 ③0.85	①②0.03～0.065	①②0.1		
新大洲本田 SDH125T-27	①0.1～0.25 ②0.15～0.3 ③0.2～0.7	①0.5 ②0.6	①②0.015～0.055	0.09		
建设雅马哈 天剑 JYM125	①0.15～0.3 ②0.3～0.45 ③0.2～0.7	①0.4 ②0.55	①0.035～0.07 ②0.02～0.06	①②0.12		
南方雅马哈 凌鹰 ZY125T	①0.1～0.2 ②0.15～0.3 ③0.2～0.7	①0.3 ②0.4	①0.03～0.07 ②0.02～0.06	0.12 0.12		
光阳豪迈 125	①②0.1～0.25 ③0.2～0.7	①②0.5	①②0.015～0.055	0.09		
三阳风速 125	①0.15～0.3 ②0.25～0.4 ③0.2～0.8	①0.5 ②0.6	①②0.015～0.055	0.09		

续表 3-8

车型	活塞环开口间隙		活塞环侧隙		活塞环自由端隙	
	标准值	极限值	标准值	极限值	标准值	极限值
本田 CG125M	①②0.15~0.35 ③0.2~0.9	①②0.5	①0.015~0.05 ②0.015~0.045	0.09 0.09		
本田 CB125T	①0.1~0.25 ②0.3~0.45 ③0.2~0.7	0.4 0.6 0.9	①②0.015~ 0.045	0.12		
本田 CH125	①0.15~0.3 ②0.25~0.4 ③0.2~0.8	①0.5 ②0.6	①②0.015~ 0.05	0.09		
本田 CHA125	①0.1~0.25 ②0.15~0.3 ③0.2~0.7	①0.45 ②0.5	①②0.015~ 0.055	0.09		
铃木 GS125E/ES	①②0.1~0.25	0.7	①0.02~0.055 ②0.02~0.06	①0.18 ②0.15	①约7.0 ②约7.5	5.6 6.0
铃木 GF125	①②0.2~0.32	0.5		①0.18 ②0.15	①约7.2 ②约5.8	5.8 4.7
铃木 UC125	①②0.2~0.32	0.7		①0.18 ②0.15	①约7.2 ②约5.8	5.8 4.6
雅马哈 SRZ125	①0.15~0.25 ②0.15~0.35 ③0.3~0.9		①0.035~0.07 ②0.02~0.06			
新大洲本田 SDH150-15	①②0.1~0.25 ③0.2~0.7	①②0.4 ③0.85	①②0.03~0.06	①②0.1		
五羊本田 WH150-2	①②0.1~0.25 ③0.2~0.7	①②0.4 ③0.85	①②0.03~0.06	①②0.1		
建设雅马哈 SR150	①0.15~0.25 ②0.15~0.35 ③0.3~0.9		①0.035~0.07 ②0.02~0.06 ③0.06~0.15			
建设雅马哈 劲豹 SRZ150	①0.15~0.25 ②0.15~0.35 ③0.3~0.9		①0.035~0.07 ②0.02~0.06 ③0.06~0.15			

续表 3-8

车型	活塞环开口间隙		活塞环侧隙		活塞环自由端隙	
	标准值	极限值	标准值	极限值	标准值	极限值
轻骑铃木 QS150T	①②0.2~0.32	0.5			①0.18 ②0.15	①约7.2 ②约5.8	5.8 4.6
建设雅马哈 劲飚 SRV200	①②0.15~0.3 ③0.3~0.9	①②0.6	①0.035~0.07 ②0.02~0.06	0.1 0.1		
建设雅马哈 劲龙 JYM250	①②0.15~0.3 ③0.3~0.9	①②0.6	①0.035~0.07 ②0.02~0.06	0.1 0.1		

注：①、②表示第一、二道活塞环，③表示第三道油环。

4. 连杆的检修

如图 3-28 所示，用内径百分表测量连杆小头孔内径，若测量值大于表 3-9 中的使用极限值，则说明连杆小头孔过度磨损，应更换连杆。

如图 3-29 所示，将连杆大头推向一侧，使之紧贴曲柄，在连杆大头另一侧与曲柄之间插入塞尺测量连杆大头轴向间隙，若轴向间隙大于表 3-9 中的使用极限值，则说明连杆大头轴向间隙过大，应分解曲轴连杆，更换连杆或更换曲轴连杆。

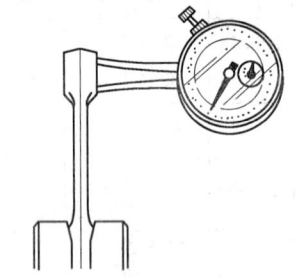

图 3-28 测量连杆小头孔内径

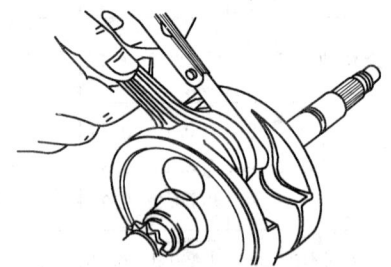

图 3-29 测量连杆大头轴向间隙

表 3-9 连杆小头孔内径、连杆大头轴向间隙和径向间隙 (mm)

车型	连杆小头孔内径		连杆大头轴向间隙		连杆大头径向间隙	
	标准值	极限值	标准值	极限值	标准值	极限值
光阳豪迈 50	14.005~14.015	14.03				
嘉陵 JH70	13.016~13.034	13.06	0.1~0.35	0.6	0~0.012	0.05
嘉陵 JH90	13.016~13.034	13.06	0.1~0.35	0.6	0~0.012	0.05
建设雅马哈 风帆 JYM90T	15.01~15.028	15.08	0.2~0.5		0.014~0.027	

续表 3-9

车型	连杆小头孔内径		连杆大头轴向间隙		连杆大头径向间隙	
	标准值	极限值	标准值	极限值	标准值	极限值
建设雅马哈 ZY100T			0.15~0.45			
五羊本田 WH100T-G	13.01~13.028	13.05	0.1~0.35	0.55	0~0.012	0.04
五羊本田 WH100-2	13.016~13.028	13.1	0.1~0.35	0.6	0~0.008	0.05
新大洲本田 SDH100-41	13.016~13.034	13.10				
新大洲本田 SDH100-43	13.016~13.028	13.10	0.1~0.35	0.6	0~0.008	0.05
大阳 DY100		13.10		0.6		0.05
宗申 ZS100	13.016~13.034	13.06	0.1~0.35	0.6	0.004~0.012	0.06
五羊本田 WH110T-3	13.01~13.028	13.05	0.1~0.35	0.55	0.004~0.016	0.05
五羊本田 WH110T-A	13.01~13.028	13.05	0.1~0.35	0.55	0.004~0.016	0.05
金城铃木 SJ110	14.006~14.014	14.04	0.1~0.45	1.0		
宗申 ZS110-12	13.016~13.027	13.06	0.15~0.20	0.3	0.02~0.031	0.05
嘉陵 JH125	15.01~15.028	15.06	0.1~0.35	0.6	0~0.012	0.05
嘉陵本田 JH125F	13.016~13.034	13.08	0.1~0.4	0.6	0.004~0.012	0.05
幸福 XF125A6	15.011~15.028	15.08	0.05~0.3	0.8	0.01	0.05
豪爵铃木 GN125	14.004~14.012	14.04	0.1~0.45	1.0		
豪爵铃木 HJ125T	14.006~14.014	14.04	0.1~0.45	1.0		
轻骑铃木 QS125T	14.006~14.014	14.04	0.1~0.45	1.0		
金城铃木 GX125	14.004~14.012	14.04		1.0		0.08
长春铃木 GS125R	14.004~14.012	14.04	0.1~0.45	1.0		
五羊本田 WY125A/C	15.01	15.08	0.05~0.3	0.6	0.004~0.008	0.05
五羊本田 WY125-S	13.016~13.034	13.05	0.1~0.35	0.6	0~0.008	0.05
五羊本田 WH125-3	15.01~15.022	15.32	0.05~0.3	0.5	0.008~0.018	0.025
五羊本田 WH125-7/8	13.016~13.034	13.04	0.1~0.35	0.8	0~0.008	0.05
五羊本田 WH125-12	12.01~12.028	12.04	0.1~0.35	0.6	0~0.008	0.05

续表 3-9

车型	连杆小头孔内径 标准值	极限值	连杆大头轴向间隙 标准值	极限值	连杆大头径向间隙 标准值	极限值
五羊本田 WH125T	15.016~15.034	15.06	0.1~0.35	0.55	0~0.008	0.05
五羊本田 WH125T-2	15.016~15.034	15.06	0.1~0.35	0.55	0~0.008	0.05
五羊本田 WH125T-5	15.016~15.034	15.06	0.1~0.35	0.55	0~0.008	0.05
五羊本田 WH125T-6	15.016~15.034	15.06	0.1~0.35	0.55	0~0.008	0.05
新大洲本田 SDH125	15.01~15.028	15.06	0.01~0.034	0.1	0~0.011	0.05
新大洲本田 SDH125-7D	13.016~13.034	13.04	0.1~0.35	0.8	0~0.008	0.05
新大洲本田 SDH125-51	13.016~13.034	13.04	0.1~0.35	0.8	0~0.008	0.05
新大洲本田 SDH125T-27	15.016~15.034	15.06	0.1~0.35	0.55	0~0.008	0.05
南方雅马哈 凌鹰 ZY125T			0.05~0.55	0.6	0~0.008	0.05
建设雅马哈 天剑 JYM125			0.15~0.45	0.8		
光阳豪迈 125	15.016~15.034	15.06	0.1~0.35	0.55	0~0.008	0.05
三阳风速 125	15.016~15.034	15.06	0.15~0.40	0.6	0~0.008	0.05
本田 CG125M	15.01~15.028	15.06	0.05~0.3	0.8	0.02	0.05
本田 CB125T	13.016~13.034	13.08	0.1~0.4	0.6	0.004~0.012	0.05
本田 CH125	15.016~15.034	15.04	0.04~0.15	0.6	0~0.008	0.05
本田 CHA125	15.016~15.034	15.06	0.1~0.35	0.55	0~0.008	0.05
铃木 GS125E/ES/R	14.004~14.012	14.04	0.1~0.45	1.0		
铃木 GF125	15.006~15.014	15.04		1.0	0~0.008	0.08
铃木 UC125	16.006~16.014	16.04	0.1~0.45	1.0		
雅马哈 SRZ125			0.35~0.65	0.8		
新大洲本田 SDH150-15	14.01~14.028	14.06	0.1~0.35	0.8	0~0.008	0.05
五羊本田 WH150-2	14.01~14.028	14.06	0.1~0.35	0.8	0~0.008	0.05
建设雅马哈 SR150			0.35~0.65	0.8		
建设雅马哈 劲豹 SRZ150			0.35~0.65	0.8		

续表 3-9

车型	连杆小头孔内径		连杆大头轴向间隙		连杆大头径向间隙	
	标准值	极限值	标准值	极限值	标准值	极限值
轻骑铃木 QS150T	15.006~15.014	15.04	0.1~0.45	1.0		
建设雅马哈劲飚 SRV200			0.35~0.65	1.0		
建设雅马哈劲龙 JYM250			0.35~0.65	1.0		

如图 3-30 所示，用两块等高 V 形铁将曲轴支承起来，用百分表测量连杆大头在与其轴向呈垂直的 X、Y 两个方向上的径向间隙，若径向间隙大于表 3-9 中的使用极限值，则说明连杆大头径向间隙过大，应更换曲轴连杆；或分解曲轴连杆，检查连杆大头孔、曲柄销、连杆大头轴承的磨损情况及尺寸，对磨损件应予以更换。

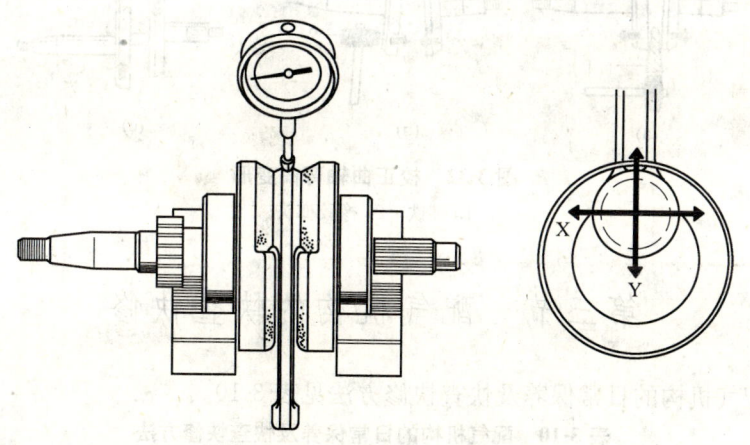

图 3-30　测量连杆大头径向间隙

5. 曲轴的检查

如图 3-31 所示，在平板上用两块等高 V 形铁支承曲轴主轴颈，在图示处装上百分表，转动曲轴一圈，读出百分表指针的最大相对偏摆值即为主轴颈径向跳动值。若径向跳动值大于 0.1mm，则说明曲轴有弯曲变形。对曲轴弯曲变形严重者，则应更换曲轴连杆组合；对曲轴弯曲变形轻者，可采用以下方法予以校正：当主轴颈径向跳动的高点均在曲柄销这个方向时，应按图 3-32a 所示用楔铁将曲柄撑开；当主轴颈径向跳动的高点均在与曲柄销相对的方向上时，应按图 3-32b 所示用橡胶榔头或铜榔头朝箭头所指方向敲击曲柄；当主轴颈径向跳动的高点出现在两侧的不同方向上，且左右曲柄轴线平行但不在同一条直线上时,应按图 3-32c 所示,用橡胶榔头或铜榔头按箭头所指方向敲击曲柄。上述校正方法,在操作过程中应边校正边检测,直至曲轴主轴颈径向跳动值符合规定标准值为止。

在检查曲轴轴承时,先用清洗溶剂将轴承清洗干净,并注入机油加以润滑。然后用手检查轴承内座圈的轴向与径向间隙是否过大;转动轴承,检查轴承转动是否灵活,有无异常噪声。若轴承轴向或径向间隙过大,或转动不灵活,或转动有异常噪声,则应更换轴承。

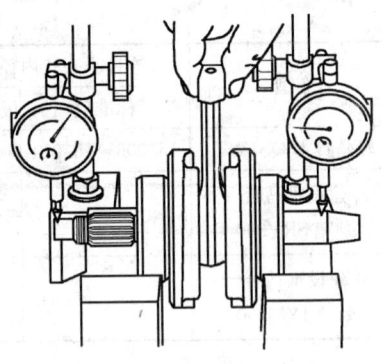

图 3-31 测量主轴颈径向跳动

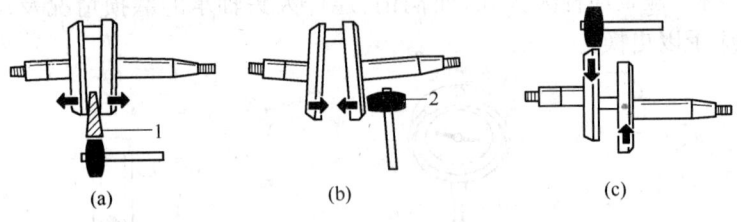

图 3-32 校正曲轴弯曲变形
1. 榫铁 2. 橡胶榔头

第三节 配气机构的快查快修

配气机构的日常保养及快查快修方法见表 3-10。

表 3-10 配气机构的日常保养及快查快修方法

日常保养项目	检查部件	常见的损坏形式	表现出故障现象	修理方法
定期调整气门间隙和时规链条张紧器	簧片阀	簧片变形或断裂	簧片阀漏气	更换簧片或簧片阀
		阀座上的耐油橡胶面沾有杂质		清除耐油橡胶面上的杂质
		阀座上的耐油橡胶层脱落或损伤		更换阀座或簧片阀
		阀座上的橡胶层局部凸起变形		修理或更换阀座

续表 3-10

日常保养项目	检查部件	常见的损坏形式	表现出故障现象	修理方法
定期调整气门间隙和时规链条张紧器	凸轮轴	凸轮摩擦面损伤	气门摇臂传动异响,气门敲击声	更换凸轮轴
		凸轮过度磨损	气门摇臂传动异响,气门敲击声,发动机动力不足	更换凸轮轴
		凸轮轴弯曲变形		更换凸轮轴
		凸轮轴轴颈过度磨损		更换凸轮轴
		凸轮轴上的轴承内座圈的轴向或径向间隙过大或转动不灵活或转动有异常响声	凸轮轴传动异响	更换轴承
		凸轮轴衬套有偏向磨损或过度磨损或损坏		更换磨损件
		凸轮轴轴承或衬套的座孔有偏向磨损或过度磨损或损坏		更换磨损件
		凸轮轴上的起动减压装置单向离合器损坏	气门漏气	更换凸轮轴
	气门	气门杆端部端面使用过久而磨损成凹陷	气门敲击声	更换气门
		气门杆过度磨损,导致气门杆与气门导管配合间隙过大	排气消声器尾管冒蓝白色浓烟	更换气门
		气门杆弯曲变形,导致气门不能完全关闭		更换气门
		气门工作面上积有积炭	气门漏气	清除积炭,并用研磨砂对气门与气门座进行研磨修理
		气门工作面麻坑或过度磨损、烧蚀、损伤,导致气门与气门座不能严密配合		更换气门

续表 3-10

日常保养项目	检查部件	常见的损坏形式	表现出故障现象	修理方法
定期调整气门间隙和时规链条张紧器	气门	气门工作面上的接触面过宽、过窄、过高、过低	气门工作面上接触不良	用气门座铰刀进行铣削修理
		气门油封刃部磨损、老化、损坏,导致气门油封失去密封作用	排气消声器尾管冒蓝白色浓烟	更换油封
	气门弹簧	气门弹簧有裂痕	气门弹簧工作异响	更换气门弹簧
		气门弹簧垂直度差		更换气门弹簧
		气门弹簧折断或弹力不足,导致气门与气门座不能严密配合	气门漏气	更换气门弹簧
	气门摇臂	摇臂工作圆弧面烧蚀或被凸轮刮伤或磨损成凹槽	气门敲击声	更换气门摇臂
		摇臂孔过度磨损导致气门摇臂与摇臂轴配合间隙过大	气门摇臂传动异响	更换气门摇臂
		摇臂轴过度磨损导致气门摇臂与摇臂轴配合间隙过大		更换气门摇臂轴
	上、下摇臂(下置凸轮轴式配气机构)	摇臂与推杆接触的球形凹坑有不规则形状的磨损	摇臂传动异响	更换摇臂
		摇臂孔过度磨损导致气门摇臂与摇臂轴配合间隙过大		更换摇臂
		摇臂轴过度磨损导致气门摇臂与摇臂轴配合间隙过大		更换摇臂轴
		下摇臂轴孔两侧的波形弹垫弹力不足或漏装		更换或装上波形弹垫

续表 3-10

日常保养项目	检查部件	常见的损坏形式	表现出故障现象	修理方法
定期调整气门间隙和时规链条张紧器	上、下摇臂（下置凸轮轴式配气机构）	推杆过度磨损或弯曲	推杆过度磨损或弯曲	更换推杆
	凸轮齿轮（下置凸轮轴式配气机构）	凸轮齿轮轮齿过度磨损	凸轮齿轮传动异响	更换凸轮齿轮
		凸轮摩擦面损伤或过度磨损	摇臂传动异响	更换凸轮齿轮
		凸轮齿轮轴孔过度磨损导致轴孔与轴配合间隙过大	凸轮齿轮传动异响	更换凸轮齿轮
		凸轮齿轮轴过度磨损导致轴孔与轴配合间隙过大		更换凸轮齿轮轴
	时规链条	时规链条拉长或过度磨损	时规链条传动异响	更换时规链条
		配气正时安装不当	配气不正时	按规定安装配气正时
	正时主、从动链轮	轮齿过度磨损或啮合印迹极不均匀磨损或损伤		更换正时主、从动链轮
	张紧轮式时规链条张紧装置	张紧滚轮、油泵驱动链轮轮齿过度磨损或损伤导致时规链条张紧力不足	时规链条传动异响	成套地更换张紧滚轮、油泵驱动链轮、链导向滚轮、时规链条及正时主、从动链轮
		张紧杆单向活门损坏导致时规链条张紧力不足		更换张紧杆
		张紧杆与曲轴箱导程孔的配合间隙过大		更换磨损件
	张紧板式时规链条张紧装置	张紧板、导向板的摩擦面过度磨损，导致时规链条张紧力不足		更换张紧板或导向板
		张紧器张力不足导致时规链张紧力不足		更换张紧器

1. 气门间隙的调整

待发动机冷却至手可触摸的状态时(即在35℃以下),依次拆下气缸盖上的火花塞及气门室盖或气缸盖罩、磁电机盖或磁电机盖上的两个螺塞。用套筒扳手将磁电机飞轮朝逆时针方向转动,使飞轮上的"T"刻线对准磁电机盖的检查孔上的标记(或曲轴箱体上的刻线)(图3-33a),并确定活塞位于压缩行程的上止点位置,此时用塞尺测量调整螺钉与气门杆之间间隙是否符合表3-11中的规定值(图3-33b)。若测量间隙不符合标准值,则需调整。调整时,拧松锁紧螺母及调整螺钉,把厚度为标准值的塞尺插入到调整螺钉与气门杆之间,慢慢转动调整螺钉,使塞尺拉动略感阻力时,保持调整螺钉不动,拧紧锁紧螺母。最后用塞尺对调整过的气门间隙再检测一次,符合规定值即可按拆卸相反步骤进行安装。

表3-11 气门间隙　　　　　　　　　　　　(mm)

车型	进气门间隙	排气门间隙	车型	进气门间隙	排气门间隙
嘉陵JH70	0.05	0.05	五羊本田WY125A/C	0.05	0.05
嘉陵JH90	0.05	0.05	五羊本田WY125-S	0.05±0.02	0.05±0.02
宗申ZS100	0.05	0.05	五羊本田WH125T	0.14±0.02	0.14±0.02
五羊本田WH100T-G	0.14	0.14	五羊本田WH125T-2	0.14	0.14
			五羊本田WH125T-5	0.14	0.14
新大洲本田SDH100-41	0.05±0.02	0.05±0.02	五羊本田WH125T-6	0.14	0.14
			五羊本田WH125-3	0.08±0.02	0.08±0.02
新大洲本田SDH100-43	0.1±0.02	0.1±0.02	五羊本田H125-7/8	0.08±0.02	0.12±0.02
			五羊本田WH125-12	0.1±0.02	0.15±0.02
五羊本田WH100-2	0.1	0.1	新大洲本田SDH125	0.08±0.02	0.08±0.02
			新大洲本田SDH125-7D	0.08±0.02	0.12±0.02
建设雅马哈ZY100T	0.05~0.09	0.13~0.17			
建设JS110-3	0.05~0.08	0.08~0.13	新大洲本田SDH125-51	0.08	0.12
金城铃木SJ110	0.04~0.07	0.04~0.07			
宗申ZS110-12	0.05~0.06	0.08	新大洲本田SDH125T-27	0.14	0.14
五羊本田WH110T-3	0.16±0.02	0.16±0.02			
五羊本田WH110T-A	0.16±0.02	0.25±0.02	豪爵铃木GN125	0.08~0.13	0.08~0.13
嘉陵JH125	0.05±0.02	0.05±0.02	豪爵铃木HJ125T	0.08~0.13	0.08~0.13
嘉陵本田JH125F	0.08	0.08	轻骑铃木QS125T		
幸福XF125A6	0.08	0.08	金城铃木GX125	0.08~0.13	0.13~0.18

续表 3-11

车型	进气门间隙	排气门间隙	车型	进气门间隙	排气门间隙
光阳豪迈 125	0.12	0.12	五羊本田 WH150-2	0.08±0.02	0.12±0.02
建设雅马哈 天剑 JYM125	0.08～0.21	0.1～0.41	新大洲本田 SDH150-15	0.08±0.02	0.12±0.02
南方雅马哈 凌鹰 ZY125T	0.08～0.12	0.13～0.17	建设雅马哈 SR150	0.05～0.09	0.11～0.15
本田 CG125M	0.08	0.08	建设雅马哈 劲豹 SRZ150	0.05～0.09	0.11～0.15
本田 CB125T	0.08	0.08	建设雅马哈 劲飚 SRV200	0.05～0.09	0.11～0.15
本田 CHA125	0.14±0.02	0.14±0.02			
铃木 GS125E/ES/R	0.08～0.13	0.08～0.13	建设雅马哈 劲龙 JYM250	0.05～0.09	0.11～0.15
铃木 GF125	0.1～0.20	0.2～0.3			
雅马哈 SRZ125	0.05～0.09	0.11～0.15			

对特殊结构的发动机，如本田 CH125、嘉陵本田 JL125T-3、春风 CF125T 等摩托车，气门间隙的调整方法：先拆下左后车身盖、气缸盖罩左侧检查螺塞及左曲轴箱盖上的滤气器罩，待发动机冷却至手可触摸的状态时（即在 35℃ 以下），转动驱动滑轮使曲轴转动，使凸轮轴的上止点标记与气缸盖上的标记对齐，确认活塞位于压缩行程的上止点位置，此时松开调节摇臂螺栓，将进排气门的调节摇臂向外侧移到最外侧（图 3-33c）。由于偏心轴的作用使气门间

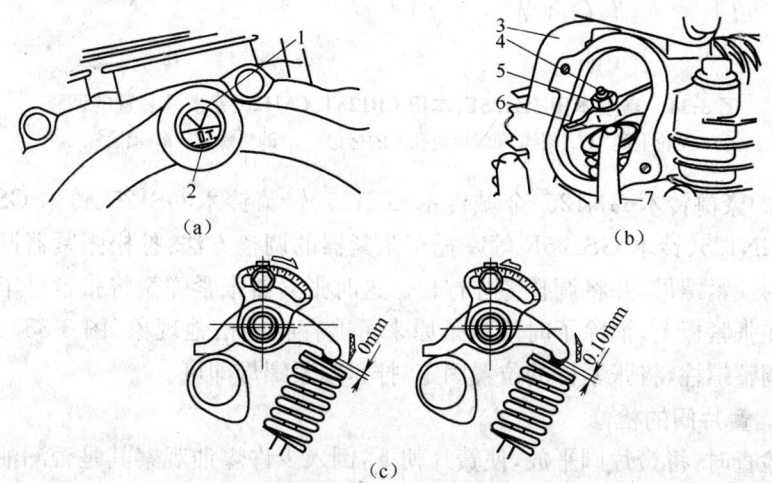

图 3-33 调整气门间隙
1. 检查孔上的标记　2. 飞轮上的"T"刻线　3. 气缸盖　4. 气门间隙调整螺钉
5. 锁紧螺母　6. 气门摇臂　7. 塞尺

隙为0mm,再从这一位置向内侧回位一个刻度,则气门间隙为0.10mm,最后拧紧调节摇臂螺栓,按拆卸相反步骤进行安装即可。

2. 张紧器的调整

时规链条靠张紧器压紧力来消除运动间隙,以确保配气正时。由于发动机长期使用和高速运转,会使时规链条磨损、拉长,张紧力下降,造成时规链条过松,影响配气正时,产生链条噪声。对此,应定期检查调整张紧器。

(1)嘉陵本田 JH125F、嘉陵本田 CB125T、春兰 LC125、本田 CB125T、本田 CM125 等摩托车时规链条张紧装置张紧力的调整方法:首先拆下左前曲轴箱盖上的两个螺塞,朝逆时针方向转动磁电机飞轮,使飞轮上的"TL"刻线对准左前曲轴箱的检查孔上的标记(图 3-34a);然后适当拧松时规链条张紧装置调整螺钉上的锁紧螺母(图 3-34b),这时张紧板安装架在张紧弹簧弹力的作用下向下拉,压弯张紧板,使时规链条进一步被张紧;最后拧紧调整螺钉上的锁紧螺母,装上左前曲轴箱盖上的两个螺塞即可。

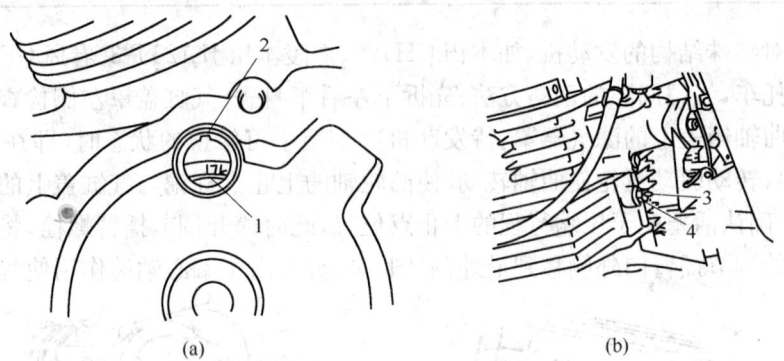

图 3-34 嘉陵本田 JH125F、本田 CB125T、CM125 等张紧装置的调整
1.飞轮上的"TL"刻线 2.检查孔上的标记 3.调整螺钉 4.锁紧螺母

(2)豪爵铃木 GN125、金城铃木 GX125、轻骑铃木 GS125、铃木 GS125、铃木 GN125、铃木 GS125R 等摩托车张紧器的调整方法:拧松张紧器调整螺柱上的锁紧螺母,并将调整螺柱拧松。这时张紧器张紧弹簧将张紧杆牢牢地顶压在张紧板上,消除了时规链条原来可能存在的松弛现象(图 3-35);然后拧紧调整螺柱,将张紧杆的位置固定,拧紧锁紧螺母即可。

3. 簧片阀的检修

检查时,将簧片阀平放,使簧片朝下,倒入少许煤油观察其是否漏油。若有漏油,则说明簧片阀有漏气,应将簧片从阀座上拆下,做以下检查:

检查簧片有无变形、断裂现象,若有,则应更换簧片或簧片阀。

检查阀座上的耐油橡胶面上是否沾有杂质,若有,则会引起簧片关闭不严而漏气,应清除耐油橡胶面上的杂质。

检查阀座上的耐油橡胶层,对橡胶层有局部脱落或损伤形成漏气时,应更换阀座或簧片阀。对耐油橡胶层由于老化而产生的局部凸起变形,使簧片关闭不严造成漏气,则用400号水砂纸将凸起部分修磨平整,并注意不要把橡胶层磨透而造成报废;在橡胶层修磨完毕后,应再进行一次簧片阀漏气的检查。

4. 凸轮轴的检修

如图 3-36 所示,用外径千分尺测量凸轮高度,若测量值小于表 3-12 中的使用极限值,则说明凸轮轴凸轮过度磨损,应更换凸轮轴。

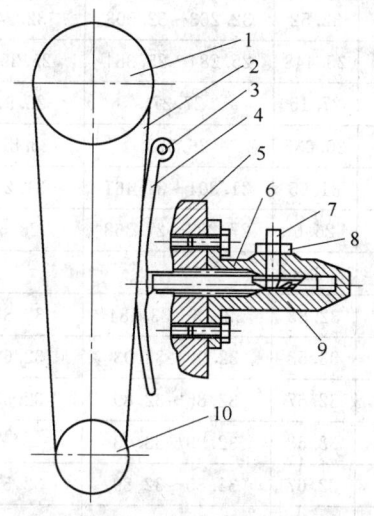
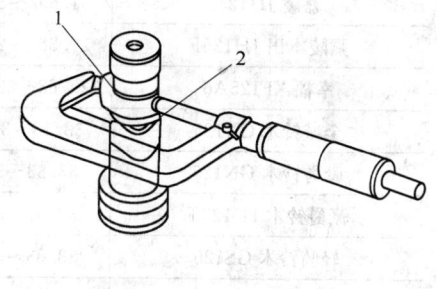

图 3-35 豪爵铃木 GN125、金城铃木 GX125、轻骑铃木 GS125 等张紧器的调整
1. 正时从动链轮 2. 时规链条 3. 销轴 4. 张紧板 5. 气缸体 6. 张紧杆 7. 调整螺柱 8. 锁紧螺母 9. 张紧弹簧 10. 正时主动链

图 3-36 测量凸轮轴凸轮高度
1. 排气凸轮 2. 进气凸轮

表 3-12 凸轮轴凸轮高度 (mm)

车 型	进气凸轮高度		排气凸轮高度	
	标准值	极限值	标准值	极限值
嘉陵 JH70	26.641	26.25	26.408	26.02
嘉陵 JH90	26.641	26.25	26.408	26.02
大阳 DY100		26.26		26.00
建设雅马哈 ZY100T	25.881~25.981	25.781	25.841~25.941	25.741

续表 3-12

车型	进气凸轮高度		排气凸轮高度	
	标准值	极限值	标准值	极限值
新大洲本田 SDH100-41	26.503～26.623	26.26	26.318～26.438	26.00
新大洲本田 SDH100-43	26.003～26.243	26.26	26.815～26.055	26.00
五羊本田 WH100T-G	29.308～29.468	29.283	29.017～29.177	28.997
五羊本田 WH100-2	26.003～26.243	26.26	26.815～26.055	26.00
宗申 ZS100	26.641	26.25	26.408	26.02
五羊本田 WH110T-3	32.4036～32.6436	32.38	32.026～32.266	32.00
五羊本田 WH110T-A	32.542～32.782	32.52	32.263～32.503	32.24
建设 JS110-3	25.478～25.574	25.448	25.284～25.384	25.258
金城铃木 SJ110	27.45	27.15	27.27	26.97
宗申 ZS110-12	26.563	26.035	26.378	25.875
嘉陵 JH125	31.692～31.852	31.65	31.301～31.461	31.25
嘉陵本田 JH125F	27.383～27.543	26.6	27.208～27.368	26.5
幸福 XF125A6	32.768～32.928*	32.628*		
金城铃木 GX125	33.13～33.184	32.83	33.13～33.184	32.83
豪爵铃木 GN125	33.83～33.87	33.53	32.99～33.03	32.69
豪爵铃木 HJ125T	32.97～33.01	32.67	32.85～32.89	32.55
轻骑铃木 GS125	33.83～33.87	33.53	32.99～33.03	32.69
轻骑铃木 QS125T	32.97～33.01	32.67	32.85～32.89	32.55
长春铃木 GS125R	34.04～34.08	33.74	33.46～33.5	33.16
五羊本田 WY125A/C	31.61	30.09	31.45	30.7
五羊本田 WY125-S	32.347～32.447	31.94	32.191～32.291	31.79
五羊本田 WH125-3	32.8～32.9*	32.77*		
五羊本田 WH125-7/8	33.0135～33.2135	33.01	32.9004～32.1004	32.87
五羊本田 WH125-12	31.755～31.995	31.72	31.645～31.885	31.62
五羊本田 WH125T	29.435～29.555	29.39	29.14～29.26	29.1
五羊本田 WH125T-2	25.845～26.085	25.815	25.69～25.93	25.66
五羊本田 WH125T-5	29.375～29.615	29.3	29.08～29.32	29.0
五羊本田 WH125T-6	29.375～29.615	29.3	29.08～29.32	29.0
新大洲本田 SDH125	32.768～32.928*	32.63*		
新大洲本田 SDH125-7D	32.9935～33.2335	32.96	32.8804～32.1204	32.85
新大洲本田 SDH125-51	33.088～33.12	33.01	32.994～33.234	32.87

续表 3-12

车型	进气凸轮高度		排气凸轮高度	
	标准值	极限值	标准值	极限值
新大洲本田 SDH125T-27	29.375~29.615	29.3	29.08~29.32	29.0
建设雅马哈天剑 JYM125	25.881~25.981	25.851	25.841~25.941	25.817
南方雅马哈凌鹰 ZY125T	26.153~26.253	26.138	26.153~26.253	26.103
光阳豪迈 125	25.965	25.57	25.81	25.41
三阳风速 125	30.80~30.92	30.75	30.411~30.531	30.26
本田 CG125M	32.768~32.928*	32.63*		
本田 CB125T	28.146	27.9	27.719	27.5
本田 CH125	30.80~30.92	30.75	30.411~30.531	30.26
本田 CHA125	29.435~29.555	29.39	29.14~29.26	29.1
铃木 GS125E/ES	33.83~33.87	33.53	32.99~33.03	32.69
铃木 GS125R	34.04~34.08	33.74	33.46~33.5	33.16
铃木 GF125	34.96~35.01	34.66	33.26~33.31	32.96
铃木 UC125		32.16		31.62
雅马哈 SRZ125	36.54~36.64		36.58~36.68	
新大洲本田 SDH150-15	32.994~33.234	32.96	32.88~32.12	32.85
五羊本田 WH150-2	32.994~33.234	32.96	32.88~32.12	32.85
建设雅马哈 SR150	36.54~36.64		36.58~36.68	
建设雅马哈劲豹 SRZ150	36.54~36.64		36.58~36.68	
轻骑铃木 QS150T	32.97~33.01	32.67	32.85~32.89	32.55
建设雅马哈劲飚 SRV200	36.52~36.62	36.42	36.564~36.664	36.464
建设雅马哈劲龙 JYM250	36.507~36.607	36.407	36.509~36.609	36.409

注:"*"表示凸轮齿轮的凸轮高度。

　　如图 3-37 所示,在平板上用两块等高 V 形铁支承凸轮轴轴颈,在图示处装上百分表,转动凸轮轴一圈,读出百分表指针的最大相对偏摆值即为凸轮轴径向跳动值。若径向跳动值大于使用极限值 0.1mm,则说明凸轮轴有弯曲变形,应更换凸轮轴。

　　如图 3-38 所示,用外径千分尺测量凸轮轴轴颈外径,若测量值小于使用极限值,则说明凸轮轴轴颈过度磨损,应更换凸轮轴。

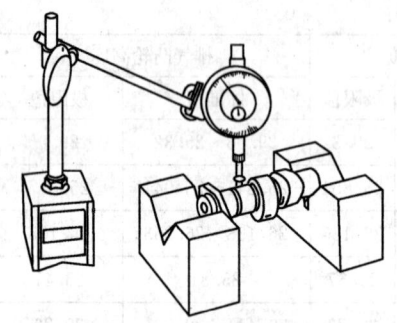
图 3-37 测量凸轮轴径向跳动

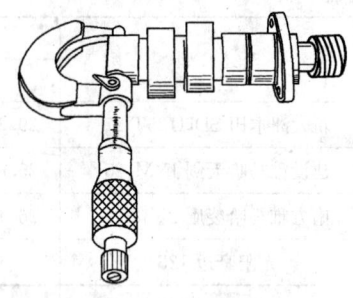
图 3-38 测量凸轮轴轴颈外径

5. 气门的检修

如图 3-39 所示,用外径千分尺测量气门杆(与气门导管的滑动面)的外径,若测量值小于表 3-3 中的使用极限值,则说明气门杆过度磨损,应更换气门。

如图 3-40 所示,检查气门杆的弯曲变形。用两块等高的 V 形铁支承气门杆,把一个百分表表头对准气门工作面,另一个百分表表头对准气门杆中部,通过调整左端的顶尖,来限制气门的轴向移动。然后转动气门一圈,百分表指针摆动值的 1/2,即为气门杆的弯曲度。若气门杆弯曲度大于 0.03mm,或者气门工作面跳动值大于 0.05mm,则应更换气门。

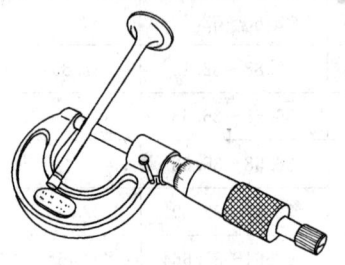
图 3-39 测量气门杆的外径

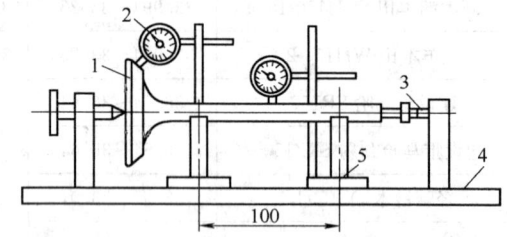
图 3-40 检查气门杆弯曲变形
1. 气门 2. 百分表 3. 顶针 4. 平板 5. V 形铁

6. 气门弹簧的检修

如图 3-41 所示,将气门弹簧放在玻璃平板上,用直角尺测量弹簧的变形量,若测量值大于 1.6mm,则说明气门弹簧垂直度差,应予以更换。

如图 3-42 所示,用游标卡尺测量气门弹簧的自由长度,若测量值小于表 3-13 中的使用极限值,则说明气门弹簧弹力不足,应更换气门弹簧。也可以用新旧气门弹簧对比的方法检查,若旧弹簧比新弹簧短 1mm,说明气门弹簧弹力不足,应更换气门弹簧。

第三章 摩托车发动机的快查快修

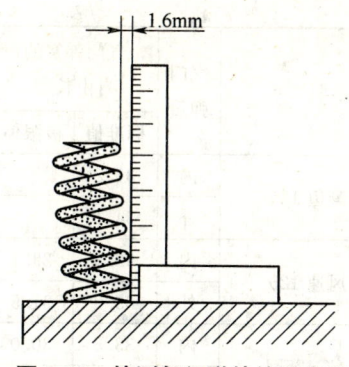

图 3-41 检测气门弹簧的垂直度

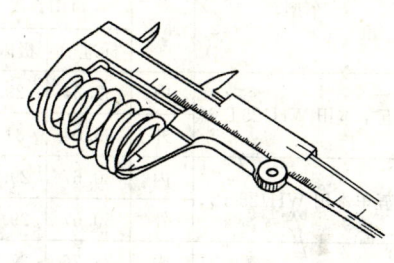

图 3-42 测量气门弹簧的自由长度

表 3-13 气门弹簧的自由长度 （mm）

车型	气门弹簧	气门弹簧的自由长度 标准值	气门弹簧的自由长度 极限值	车型	气门弹簧	气门弹簧的自由长度 标准值	气门弹簧的自由长度 极限值
嘉陵 JH70	内	32.8	31.2	五本田 WH110T-A	内	38.33	37.04
	外	35.5	34.0		外	31.53	30.66
嘉陵 JH90	内	32.8	31.2	嘉陵本田 JH125F	内	29.9	29.0
	外	35.5	34.0		外	36.45	35.3
大阳 DY100	内		30.9	幸福 XF125A6	内	33.5	30.0
	外		34.0		外	40.9	39.8
宗申 ZS100	内	32.8	31.2	南方雅马哈凌鹰 ZY125T	内	31.07	27.5
	外	35.5	34.0		外	31.07	27.5
五羊本田 WH100T-G	内	32.34	29.1	五羊本田 WY125A/C	内	39.4	35.5
	外	35.04	31.5		外	45.5	41.0
新大洲本田 SDH100-41/43	内	32.41	30.9	五羊本田 WY125-S	内	37.62	35.8
	外	35.25	34.0		外	37.62	35.8
五羊本田 WH100-2	内	32.41	30.9	五羊本田 WH125-3	内	33.5	30.0
	外	35.25	34.0		外	40.9	39.8
宗申 ZS110-12	内	32.78	32.1	五羊本田 WH125T	内	32.3	29.1
	外	35.55	35.1		外	35.0	31.5
金城铃木 SJ110	内		29.6	五羊本田 WH125T-2	内	32.41	32.01
	外		29.6		外	35.25	34.85
五本田 WH110T-3	内	29.78	29.11	五羊本田 WH125T-5	内	32.34	29.1
	外	29.78	29.11		外	35.04	31.5

续表 3-13

车型	气门弹簧	气门弹簧的自由长度		车型	气门弹簧	气门弹簧的自由长度	
		标准值	极限值			标准值	极限值
五羊本田 WH125T-6	内	32.34	29.1	光阳豪迈 125	内	31.2	
	外	35.04	31.5		外	34.1	
五羊本田 WH125-12	内	30.67	29.82	三阳风速 125	内	32.3	29.1
	外	30.67	29.82		外	35.0	31.5
五羊本田 WH125-7/8	内	38.76	37.89	本田 CG125M	内	33.5	30.0
	外	35.95	35.14		外	40.9	39.8
嘉陵 JH125	内	39.4	35.5	本田 CB125T	内	29.9	29.0
	外	45.5	41.0		外	36.45	35.3
轻骑铃木 GS125	内		35.1	本田 CH125	内	32.3	29.1
	外		39.8		外	35.0	31.5
金城铃木 GX125	内		35.1	本田 CHA125	内	32.3	29.1
	外		39.9		外	35.0	31.5
豪爵铃木 GN125	内		35.1	铃木 GF125	内		37.2
	外		39.9		外		37.2
豪爵铃木 HJ125T	内		29.7	铃木 GS125E/ES	内		35.1
	外		29.6		外		39.8
长春铃木 GS125R	内		36.4	铃木 GS125R	内		36.4
	外		39.5		外		39.5
轻骑铃木 QS125T	内		29.7	雅马哈 SRZ125	内		35.5
	外		29.6		外		37.2
建设雅马哈天剑 JYM125	内	39.62		新大洲本田 SDH150-15	内	38.76	37.89
	外	39.62			外	35.95	35.14
新大洲本田 SDH125	内	33.5	30.0	建设雅马哈 SR150	内	36.17	
	外	40.9	39.8		外	36.63	
新大洲本田 SDH125-7D	内	38.76	37.89	建设雅马哈 劲豹 SRZ150	内	36.17	
	外	35.95	35.14		外	36.63	
新大洲本田 SDH125-51	内	38.76	37.89	五羊本田 WH150-2	内	38.76	37.89
	外	35.95	35.14		外	35.95	35.14
新大洲本田 SDH125T-27	内	32.34	29.1	轻骑铃木 QS150T	内		29.7
	外	35.04	31.5		外		29.6

续表3-13

车型	气门弹簧	气门弹簧的自由长度		车型	气门弹簧	气门弹簧的自由长度	
		标准值	极限值			标准值	极限值
建设雅马哈劲飚 SRV200	内	36.93	35.08	建设雅马哈劲龙 JYM250	内	36.93	35.1
	外	38.1	36.195		外	38.1	36.2

7. 气门摇臂、气门摇臂轴的检修

如图3-43所示,用内径百分表测量摇臂孔内径,若测量值大于表3-14中的使用极限值,则气门摇臂孔过度磨损,应更换气门摇臂。用外径千分尺测量气门摇臂轴滑动部分的外径,若测量值小于表3-14中的使用极限值,则说明气门摇臂轴过度磨损,应更换摇臂轴。

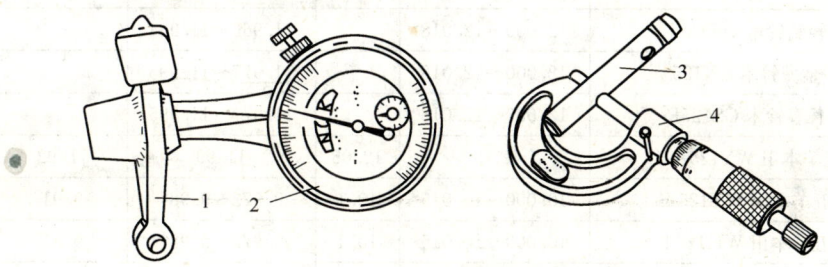

图3-43 检查气门摇臂、气门摇臂轴
1. 气门摇臂 2. 内径百分表 3. 气门摇臂轴 4. 外径千分尺

表3-14 气门摇臂孔内径及气门摇臂轴外径　　　　(mm)

车型	气门摇臂孔内径		气门摇臂轴外径	
	标准值	极限值	标准值	极限值
嘉陵JH70	10.000~10.005	10.1	9.978~9.987	9.91
嘉陵JH90	10.000~10.005	10.1	9.978~9.987	9.91
大阳DY100		10.1		9.91
建设雅马哈ZY100T	10.000~10.015	10.03	9.981~9.991	9.95
五羊本田WH100T-G	10.000~10.015	10.1	9.972~9.987	9.91
五羊本田WH100-2	10.200~10.26	10.1	9.972~9.987	9.91
新大洲本田SDH100-41	10.000~10.015	10.1	9.978~9.987	9.91
新大洲本田SDH100-43	10.200~10.26	10.1	9.972~9.987	9.91
宗申ZS100	10.000~10.005	10.1	9.978~9.987	9.91
建设JS110-3	10.000~10.015	10.03	9.981~9.991	9.95

续表 3-14

车型	气门摇臂孔内径		气门摇臂轴外径	
	标准值	极限值	标准值	极限值
金城铃木 SJ110	10.003~10.018		9.981~9.99	
五羊本田 WH110T-3	10.000~10.015	10.04	9.972~9.987	9.91
五羊本田 WH110T-A	10.000~10.015	10.04	9.972~9.987	9.91
嘉陵 JH125	12.00~12.018	12.05	11.977~11.995	11.93
嘉陵本田 JH125F	10.000~10.015	10.1	9.972~9.987	9.17
幸福 XF125A6	12.00~12.02	12.05	11.97~11.99	11.95
豪爵铃木 HJ125T	12.000~12.018		11.966~11.984	
豪爵铃木 GN125	12.000~12.018		11.977~11.995	
轻骑铃木 GS125	12.000~12.018		11.977~11.995	
轻骑铃木 QS125T	12.000~12.018		11.966~11.984	
金城铃木 GX125	12.000~12.018		11.977~11.995	
长春铃木 GS125R	12.000~12.018		11.977~11.995	
五羊本田 WY125A/C	12.02	12.05	11.99	11.92
五羊本田 WY125-S	10.000~10.015	10.1	9.972~9.987	9.91
五羊本田 WH125T	10.000~10.015	10.1	9.972~9.987	9.91
五羊本田 WH125T-2	10.000~10.015	10.1	9.972~9.987	9.91
五羊本田 WH125T-5	10.000~10.015	10.1	9.972~9.987	9.91
五羊本田 WH125T-6	10.000~10.015	10.1	9.972~9.987	9.91
五羊本田 WH125-3		12.03		11.93
五羊本田 WH125-7/8	10.000~10.015	10.1	9.972~9.987	9.91
五羊本田 WH125-12	10.000~10.015	10.1	9.972~9.987	9.91
新大洲本田 SDH125-7D	10.000~10.015	10.1	9.972~9.987	9.91
新大洲本田 SDH125-51	10.000~10.015	10.1	9.972~9.987	9.91
新大洲本田 SDH125T-27	10.000~10.015	10.1	9.972~9.987	9.91
南方雅马哈凌鹰 ZY125T	9.99~10.025	10.04	9.981~9.991	9.95
建设雅马哈天剑 JYM125	10.000~10.015	10.03	9.981~9.991	9.95
光阳豪迈 125	10.000~10.015	10.1	9.972~9.987	9.91
三阳风速 125	12.000~12.018	12.1	11.966~11.984	11.91
本田 CG125M	12.000~12.018	12.05	11.972~11.987	11.95
本田 CB125T	10.000~10.015	10.1	9.972~9.987	9.17
本田 CH125	12.000~12.018	12.1	11.966~11.984	11.91

续表 3-14

车型	气门摇臂孔内径		气门摇臂轴外径	
	标准值	极限值	标准值	极限值
本田 CHA125	10.000~10.015	10.1	9.972~9.987	9.91
铃木 GS125E/ES/R	12.000~12.018		11.977~11.995	
铃木 GF125	22.012~22.025		21.959~21.98	
雅马哈 SRZ125	12.000~12.018		11.981~11.991	
新大洲本田 SDH150-15	10.000~10.015	10.1	9.972~9.987	9.91
五羊本田 WH150-2	10.000~10.015	10.1	9.972~9.987	9.91
建设雅马哈 SR150	12.000~12.018		11.981~11.991	
建设雅马哈劲豹 SRZ150	12.000~12.018		11.981~11.991	
轻骑铃木 QS150T	12.000~12.018		11.966~11.984	
建设雅马哈劲飚 SRV200	12.000~12.018	12.036	11.981~11.991	11.961
建设雅马哈劲龙 JYM250	12.000~12.018	12.036	11.981~11.991	11.95

8. 配气机构配气正时的安装

(1)单缸机型的单顶置凸轮轴式配气机构配气正时的安装方法:将磁电机飞轮上的"T"刻线对准曲轴箱上的刻线(或曲轴箱盖的检查孔上的标记),同时也使正时从动链轮上的标记"O"或短刻线对准气缸盖上的标记(或从动链轮上的两个短刻线与凸轮轴轴承座孔的剖分面重合)时(图3-44),方可将时规链条装入正时从动链轮上,并对齐凸轮轴和正时从动链轮上的螺纹孔,用螺栓将正时从动链轮固定,即可保证配气正时。

(2)单缸机型的下置凸轮轴式配气机构配气正时的安装方法(以CG款发动机为例加以说明):如图3-45所示,只要使凸轮齿轮与曲轴上的正时主动齿轮的标记对准即可。

(3)双缸并列单顶置凸轮轴式配气机构的安装方法(下面以嘉陵本田JH125F、嘉陵本田CB125T、春兰LC125、本田CB125T、本田CM125等摩托车为例加以说明):将磁电机飞轮上的"TL"刻线对准左曲轴箱盖的检查孔上的标记(图3-46a),同时也使正时从动链轮上的两个短刻线与凸轮轴轴承座孔的剖分面重合时(图3-46b),方可将时规链条装入正时从动链轮上,然后把正时从动链轮安装在凸轮轴的凸缘上,并对准凸轮轴和正时从动链轮上的螺纹孔,用螺栓将正时从动链轮固定,即可保证配气正时。

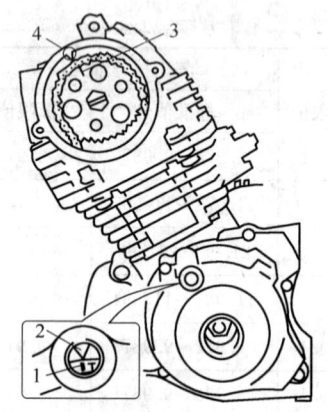 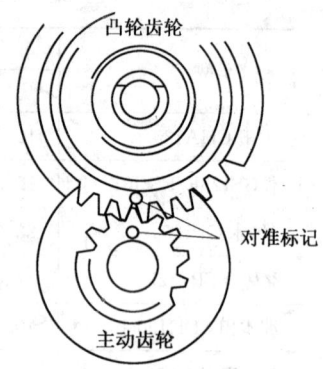

图 3-44　单缸机型的单顶置凸轮轴式配气机构配气正时的安装

1. 飞轮上的"T"刻线　2. 检查孔上的标记　3. 正时从动链轮上的短刻线　4. 气缸盖上的标记

图 3-45　CG 款发动机的配气机构配气正时的安装

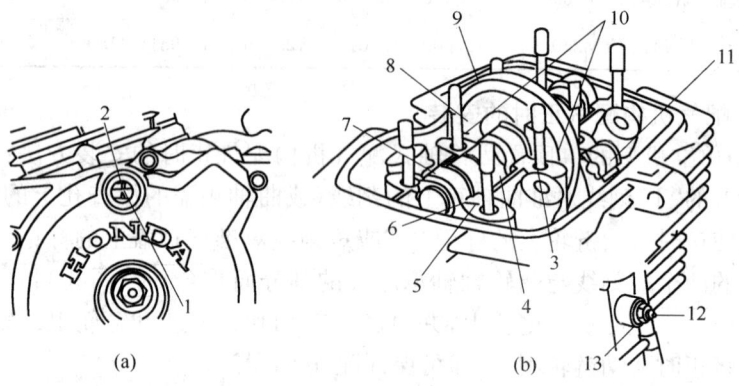

图 3-46　嘉陵本田 JH125F、本田 CB125T 等配气机构的安装

1. 飞轮上的"TL"刻线　2. 检查孔上的标记　3. 螺栓　4. 凸轮轴　5. 槽　6. 定位销　7. 凸轮轴衬套　8. 正时从动链轮　9. 时规链条　10. 正时刻线　11. 时规链条张紧器　12. 调整螺钉　13. 锁紧螺母

9. 正时主、从动链轮的检修

检查主、从动链轮轮齿,若发现链轮轮齿齿形磨损后尺寸大于 1/2 齿时(图 3-47),则说明链轮过度磨损,应更换链轮。

10. 推杆的检修

检查推杆是否有弯曲,若推杆有弯曲,则应校正或更换推杆;测量推杆长度,若测

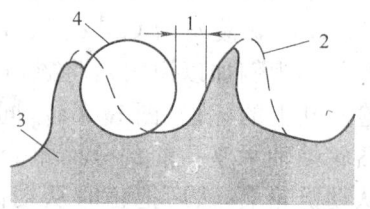

图 3-47　检查链轮磨损情况

1. 磨损后尺寸　2. 正常齿　3. 链轮　4. 链条滚子

量值小于使用极限值(幸福 XF125A6、五羊本田 WH125-3、新大洲本田 SDH125、本田 CG125M 等摩托车推杆长度的使用极限值为141.0mm),则说明推杆过度磨损,应更换推杆。

11. 张紧杆的检修

检查张紧杆单向活门是否损坏,其方法:将张紧杆拆下并清洗干净,把张紧杆装有单向活门的一端放进嘴里用力吹。若吹得通,则说明单向活门已损坏,应更换张紧杆;反之,则说明单向活门正常。

第四节 燃油供给系统的快查快修

燃油供给系统的日常保养及快查快修方法见表3-15。

表3-15 燃油供给系统的日常保养及快查快修方法

日常保养项目	检查部件	常见的损坏形式	表现出故障现象	修理方法
定期清洗燃油箱、燃油开关、化油器,检查调整化油器怠速	燃油箱	油箱盖通气孔堵塞	燃油开关无汽油流出	清洗疏通油箱盖通气孔
		燃油箱通气孔或通气管堵塞		清洗疏通燃油箱通气孔或更换油管
		箱体锈穿导致燃油箱漏油	燃油箱漏油、燃油超耗	修补或更换燃油箱
	燃油开关	滤油管过脏或堵塞	燃油开关无汽油流出或供油不畅	清洗疏通滤油管
		开关体内部堵塞或损坏		清洗或更换燃油开关
		自动燃油开关的负压管堵塞或破裂	燃油开关无汽油流出	更换负压管
		燃油滤清器过脏或堵塞	燃油开关无汽油流出或供油不畅	更换燃油滤清器
		输油管堵塞		疏通或更换输油管
		输油管破损	输油管漏油、燃油超耗	更换输油管
	汽油泵	汽油泵负压管堵塞或破损	汽油泵无汽油流出	更换负压管
		汽油泵内部损坏	汽油泵供油不畅	修理或更换汽油泵

续表 3-15

日常保养项目	检查部件	常见的损坏形式	表现出故障现象	修理方法
定期清洗燃油箱、燃油开关、化油器，检查调整化油器怠速	汽油泵	燃油滤清器过脏或堵塞	汽油泵无汽油流出	更换燃油滤清器
		输油管堵塞		疏通或更换输油管
		输油管破损	输油管漏油、燃油超耗	更换输油管
	化油器	柱塞底部过度磨损	发动机怠速过高	更换柱塞
		节气门轴过度磨损		更换化油器
		化油器本体节气门轴孔过度磨损		更换化油器
		节气门与轴铆接处有松动		修理或更换化油器
		真空柱塞阀上的真空膜片有破裂或龟裂	可燃混合气过稀，发动机加速性差	更换真空柱塞阀
		油针调整不当	可燃混合气过稀或过浓	调整油针
		油针过度磨损	可燃混合气过浓、燃油超耗	更换油针
		内部堵塞	可燃混合气过稀或过浓	清洗疏通化油器
		主量孔过大	可燃混合气过浓、燃油超耗	修理或更换主量孔
		浮子高度过低导致浮子室油位过高	化油器溢油、可燃混合气过浓、燃油超耗	更换或调整浮子高度
		浮子高度过高导致浮子室油位过低	化油器不进油、可燃混合气过稀、加速时化油器回火、燃油超耗	更换或调整浮子高度
		浮子破裂导致浮子内进入汽油而变重导致浮子室油位过高	化油器溢油、可燃混合气过浓、燃油超耗	修补或修理浮子
		浮子变形导致浮子室油位过高		修理或更换浮子

续表 3-15

日常保养项目	检查部件	常见的损坏形式	表现出故障现象	修理方法
定期清洗燃油箱、燃油开关、化油器，检查调整化油器怠速	化油器	浮子针阀的锥面上有台阶状磨损或损伤导致浮子针阀与针阀座关闭不严	化油器溢油、可燃混合气过浓、燃油超耗	更换浮子针阀
		空气截断阀膜片有破裂或穿孔	空气截断阀工作不良	更换膜片
		空气截断阀单向阀关闭不严或卡死		修理或更换单向阀
		热敏电阻阻风阀已损坏，在冷机起动时起动阀阀针不能打开起动喷管，导致冷机时化油器无法向气缸提供加浓可燃混合气	发动机起动困难	更换热敏电阻阻风阀
		热敏电阻阻风阀已烧坏或损坏，在热机时起动阀阀针不能关闭起动喷管，仍向气缸提供加浓可燃混合气	可燃混合气过浓、燃油超耗	更换热敏电阻阻风阀
		热敏电阻阻风阀供电不良，发动机工作时热敏电阻阻风阀无法工作导致起动阀阀针不能关闭起动喷管，仍向气缸提供加浓可燃混合气		检查接通供电线路
		加速泵膜片有裂损或穿孔	加速泵不喷油或喷油过少	更换膜片
		加速泵膜片弹簧过软或折断		更换弹簧
		加速泵进油道、出油道堵塞		清洗疏通油道
		加速泵进油阀、出油阀关闭不严或卡死		修理或更换油阀

续表 3-15

日常保养项目	检查部件	常见的损坏形式	表现出故障现象	修理方法
定期清洗燃油箱、燃油开关、化油器,检查调整化油器怠速	化油器	化油器加热器烧坏	化油器加热器不加热	更换化油器加热器
		温控开关工作不良		更换温控开关

1. 燃油箱的清洗

放干燃油箱内汽油,从车架上卸下燃油箱,倒入少量汽油,用双手抱着燃油箱做晃动冲洗。若燃油箱内壁有生锈,可装入少量钢球或铁砂反复晃动冲击多次,然后用汽油冲洗干净即可。

2. 燃油开关的清洗

燃油开关使用一段时间后,燃油开关上部的滤油管会因汽油中的沉淀物过多或滤油杯中沉淀的脏物过多从而影响正常供油。因此,应对燃油开关进行定期清洗,其清洗方法:放干燃油箱内汽油,从燃油箱上卸下燃油开关,拧下滤油杯,倒出滤油杯内脏物并用抹布擦拭干净;接着取下滤清器,将其浸在汽油中用毛刷刷洗干净,切不要用棉纱擦拭,以免造成化油器堵塞;然后取下滤油管,用压缩空气清除滤油管上的沉淀物,用汽油洗去燃油开关本体上的沉淀物。清洗完毕后,对燃油开关上的密封垫圈、O 形密封圈有损坏的,应更换新件,之后按卸相反步骤进行安装。

3. 化油器的清洗

分解化油器,用汽油清洗化油器各零件(真空柱塞阀及空气截断阀上的真空膜片不能沾汽油,否则膜片会变形损坏),对零件上汽油结胶可用酒精或丙酮、二甲苯等清洗;主量孔、主喷管、怠速量孔等小孔若有异物堵塞,将其置于汽油中浸泡清洗干净,用压缩空气吹净或化油器清洗剂冲净,或持医用针筒套上合适孔径的耐油橡胶管吸取汽油对准量孔高压推射,直到量孔堵塞物完全清出为止;最后用压缩空气或化油器清洗剂将化油器本体上各个孔道疏通吹净,即可组装使用。柱塞式节气门化油器安装节气门时应注意节气门切口处一定要朝向空气滤清器壳体一侧装入,若装反时,节气门不能完全地降下到位,导致起动时发动机"飞车",容易引起事故。

4. 化油器怠速的调整

首先将摩托车主停车架支起,起动发动机,待发动机充分预热后,按顺时针方向拧转节气门调整螺钉,使发动机转速略有升高;然后把怠速空气调整螺钉按顺时针方向轻轻拧到底后,再迅速退回到标准旋转圈数(表3-16);最后拧转节气门调整螺钉,使发动机怠速转速调到规定值。

通常经上述调整即可,但若经试车后发现发动机怠速不良、加速性差等现象,则应做如下调整:把怠速空气调整螺钉由标准值慢慢地左右拧转,寻找发动机稳定转速为最高的位置,再拧转节气门调整螺钉,使发动机怠速转速调到规定值,并能持续稳定地运转即可。

表3-16 化油器调整数据

车　型	怠速转速(r/min)	怠速空气调整螺钉标准退回圈数	浮子高度(mm)
嘉陵 JH70	1500	$1\frac{5}{8}$	20.0
建设雅马哈风帆 JYM90T	1800	$1\frac{3}{4}$	15.0～17.0
建设雅马哈 ZY100T	1600±100		6.5～7.5(燃油液位)
新大洲本田 SDH100-41	1500±100	$1\frac{3}{8}$	18.2
新大洲本田 SDH100-43	1400±100	$1\frac{3}{8}$	18.2
五羊本田 WH100T-G	2000±100	$2\frac{3}{8}$	13.0
五羊本田 WH100-2	1400±100	$2\frac{5}{16}$	18.2
建设 JS110-3	1500±100		16.0
金城铃木 SJ110	1500±50	$1\frac{5}{8}$	16.0±1.0
嘉陵 JH125	1400	$1\frac{3}{4}$	14.5±0.5
嘉陵本田 JH125F	1400±100	$1\frac{3}{4}$	14.0
幸福 XF125A6	1200	$1\frac{1}{2}$	18.5
豪爵铃木 GN125	1450±50	2.0	21.4±1.0
豪爵铃木 HJ125T	1600±100	$2\frac{5}{8}$	21.4±1.0
轻骑铃木 GS125	1450±50	$1\frac{3}{4}$	21.4±1.0
轻骑铃木 QS125T	1600±100	$1\frac{1}{2}$	14.0±1.0
金城铃木 GX125	1500±100	2.0	17.1±0.5

续表 3-16

车型	急速转速(r/min)	急速空气调整螺钉标准退回圈数	浮子高度(mm)
长春铃木 GS125R	1450±50	2.0	21.4±1.0
五羊本田 WY125A/C	1400	$1\frac{1}{8}$	14.0±1.0
五羊本田 WY125-S	1400±100	$1\frac{7}{8}$	10.7
五羊本田 WH125-3	1400±100	$1\sim\frac{7}{8}$	14.0
五羊本田 WH125-7/8	1400±100	1.0	13.0
五羊本田 WH125-12	1400±100	$1\frac{3}{4}$	10.7
五羊本田 WH125T	1600±100	$1\frac{3}{4}$	18.5
五羊本田 WH125T-2	1700±100	$1\frac{1}{2}$	18.5
五羊本田 WH125T-5	1700±100	2	18.5
五羊本田 WH125T-6	1700±100	2	18.5
新大洲本田 SDH125	1400±100	$1\frac{1}{2}$	14.0
新大洲本田 SDH125-7D	1400±100	$\frac{1}{2}$	14.0
新大洲本田 SDH125-51	1400±100	2	13.0
新大洲本田 WH125T-27	1700±100	2	18.5
建设雅马哈天剑 JYM125	1400±100		7.1±0.05(燃油液位)
光阳豪迈 125	1700±100	$3\frac{1}{8}±\frac{3}{4}$	18.5
本田 CG125M	1400±100	$1\frac{1}{2}$	14.5
本田 CB125T	1300	$2\frac{1}{2}$	18.5
本田 CH125	1500±100	2.0	18.5±1.0
本田 CHA125	1600±100	$1\frac{3}{4}$	18.5
铃木 GS125E/ES	1450±50	$\frac{3}{4}$	24.5±1.0
铃木 GS125R	1450±50	2.0	21.4±1.0
铃木 GF125	1500±100	$\frac{7}{8}$	21.4±0.5

续表 3-16

车 型	怠速转速(r/min)	怠速空气调整螺钉标准退回圈数	浮子高度(mm)
铃木 UC125	1600±50	$2\frac{1}{2}$	7.0±0.5
雅马哈 SRZ125	1450~1550	$3\frac{1}{2}$	3.5~4.5(燃油液位)
五羊本田 WH150-2	1400±100	$2\frac{3}{8}$	13.0
新大洲本田 WH150-15	1400±100	$2\frac{3}{8}$	13.0
建设雅马哈 SR150	1400~1500	3.0	21.0~22.0
建设雅马哈劲豹 SRZ150	1400~1500	$2\frac{1}{2}$	21.0~22.0
轻骑铃木 QS150T	1600±100	$1\frac{3}{8}$	21.4±1.0
建设雅马哈劲飚 SRV200	1400~1500	2.0	4.5~5.5(燃油液位)
建设雅马哈劲龙 JYM250	1400~1500	2.0	4.5~5.5(燃油液位)

5. 化油器的同步调整

化油器的同步调整是在两个以上的化油器分解之后再组装时,为了协调各化油器节气门的开度而进行的调整。调整之前,将变速器置于空挡位置,支起主停车架,拆下燃油箱,用长的油管连接燃油开关与化油器,并将燃油箱放在比化油器高的位置上;对采用负压式自动燃油开关的车型,应从进气管上拆下负压管,用嘴吸(负压管)气,此时用夹钳住负压管,再用塞子塞住进气管上的负压管口,使燃油箱内汽油能流向化油器。然后起动发动机,运转数分钟,待发动机充分预热后熄火,拧下进气管上的负压测量螺钉,把负压表连接到各缸进气管上。接好后即可按以下步骤进行调整:

(1)起动发动机,调整怠速转速,使其调到规定值。

(2)以基准化油器进气负压为基准(不调整),用旋具边拧转同步调整螺钉,边将其他化油器的负压和基准化油器的负压之差调整到规定值以下(基准化油器、同步调整螺钉位置、规定负压差见随车维修手册)。然后将油门转把快速转动数次,确认调整已很稳定即可。

(3)对所有的化油器均按(1)(2)步骤进行调整,把所有的化油器的负压差调整到规定值以下。

(4)将油门转把快速转动数次后,再次检查怠速转速和同调负压差。

6. 锈穿燃油箱的修补

由于汽油中含有水分和腐蚀物质,会逐渐地将燃油箱内壁锈蚀。这样,燃油箱经日久使用后可能会造成锈穿而漏油。燃油箱锈穿应根据不同情况,采用锡焊或粘接方法将其修复;对无法修复的,应更换燃油箱。

锡焊修补方法:找出准确的漏油部位,并做好记号,从车架上卸下燃油箱,放干燃油箱内的汽油,用5%的碱水溶液冲洗几次,再用热水冲洗干净后晾干。然后用刮刀或专用工具把锈穿孔周围的油漆、铁锈、油污等清除干净,用砂布将锈穿孔处打磨出光亮的金属光泽后,涂上氯化锌溶剂或焊锡膏,并打开油箱盖。用电烙铁上锡焊接,直至锈穿孔不漏油为止。再用砂布将焊接处打磨平且光滑,喷上原颜色的油漆,晾干后即可装车使用。

粘接修补方法:找出准确的漏油部位,并做好记号,从车架上卸下燃油箱,放干燃油箱内的汽油并晾干。用刮刀或专用工具把锈穿孔周围的油漆、铁锈、油污等清除干净,用丙酮或酒精将锈穿孔周围的表面清洗干净并晾干。将环氧树脂和聚酰胺按1∶1的比例搅拌均匀,并均匀地将其涂在锈穿孔周围上。剪一块比锈穿孔沿周边宽出5mm的脱脂纱布或玻璃丝布,并两面涂上胶,稍干后将其准确地贴到锈穿处。待布块粘牢后在其上再涂上一层胶。待胶充分凝固后,用砂布将修补处打磨平且光滑,喷上原颜色的油漆,晾干后即可装车使用。

7. 负压式自动燃油开关的检修

检查时,先拔下化油器上的输油管及进气管上的负压管,用嘴吸(负压管)气,使燃油开关内真空膜片上产生负压(图3-48)。若输油管有汽油流出,而一旦停止吸气,就无汽油流出,则说明自动燃油开关工作正常;若吸气时输油管无汽油流出,则应做以下检查:

检查负压管有无堵塞或破裂,若有,则应更换负压管。

拆下自动燃油开关,检查滤油管有无过脏或堵塞,若有,则应用压缩空气清除滤油管上的沉淀物,用汽油洗去燃油开关本体上的沉淀物。

若上述两者均正常,则说明自动燃油开关内部有堵塞或损坏,应更换自动燃油开关。

8. 化油器油针的调整

化油器油针的调整是利用油针上端开出的几个(一般五个)调整槽进行调整。一般情况下挡圈卡在油针的中间调整槽上,若发现发动机油耗较大,混合气过浓,则降低挡圈在油针上的槽数,即将挡圈往上槽卡进(图3-49);若发现混合气过稀,则提高挡圈在油针上的槽数,即将挡圈往下槽卡进(图3-49)。

9. 化油器浮子的检修

化油器浮子高度的调整方法:首先拆下化油器浮子室,将化油器本体与浮子一起倒置(此时不要让浮子销滑出来),让浮子因自重而自由的下降。当

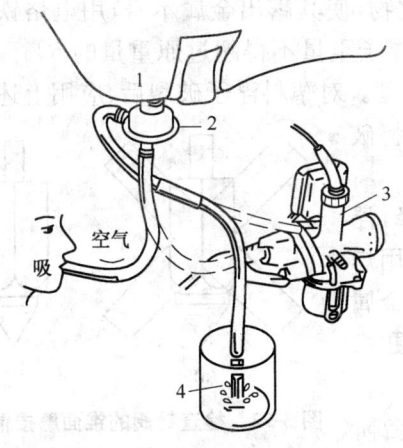
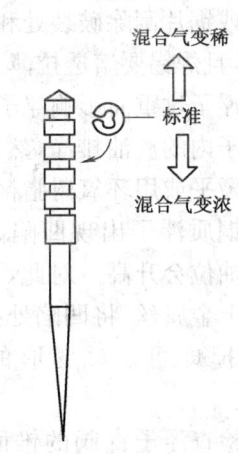

图 3-48 检查自动燃油开关工作情况
1. 燃油箱 2. 自动燃油开关 3. 化油器 4. 汽油

图 3-49 化油器油针的调整

浮子臂的顶针阀舌片正好接触浮子针阀端部时,用游标卡尺测量浮子室接合面至浮子底部的距离(即浮子高度,图 3-50)。若测量值与表 3-16 中的规定值不符,则应弯曲浮子臂的顶针阀舌片(对金属浮子臂的浮子)方法来调整浮子高度(图 3-51);对全塑料的浮子,一般是不可弯曲浮子臂的顶针阀舌片。但是,全塑料的浮子高度若小于规定值,会导致浮子室油面过高,甚至溢油时,应在浮子臂的顶针阀舌片上套进铝箔套;也可在顶针阀舌片的支承面上涂环氧树脂胶面加厚;还可用电烙铁辐射热使顶针阀舌片软化、略弯,从而增高浮子高度,降低浮子室油面。对无法修复的浮子,应更换浮子。

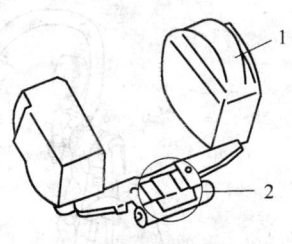

图 3-50 测量化油器浮子高度
1. 浮子 2. 游标卡尺 3. 浮子高度

图 3-51 调整浮子高度
1. 浮子 2. 浮子臂

化油器浮子破裂的维修方法:将浮子浸入 60℃～80℃ 热水中,若有气泡冒出,则说明气泡冒出处即为浮子破裂处,从而会导致汽油能进入浮子内,加重浮子而引起浮子室油位过高。对此,应在浮子破裂处的对面钻一个小孔,倒出浮子内的汽油。若仍倒不出,可用压缩空气吹出浮子内的汽油。然后用刮刀或锯片刮除破裂处和小孔的氧化物,使其露出金属本身,用电烙铁将其焊封,且焊锡要熔透拉薄。修焊后的浮子重量不得超过原重量的5%～6%,以免浮子过重而影响浮子室油位的高度。对塑料浮子破裂后,应用上述方法将浮子内的汽油排净,然后用电烙铁将破裂处烫平或用环氧树脂粘补。

铜质浮子出现凹陷,其浮力下降,浮子室油位会升高。对此,可在凹陷处用焊锡焊上金属丝,将凹陷处拉平后再将金属丝去掉即可。对变形的浮子,应更换浮子。

检查浮子针阀的锥面上是否有台阶状磨损或损伤(图 3-52)。若有,则更换浮子针阀。

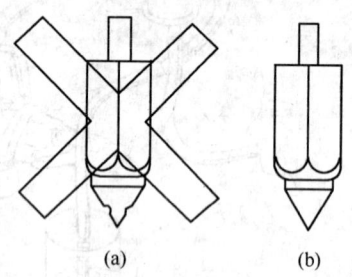

图 3-52　检查针阀的锥面磨损情况
(a)过度磨损　(b)正常

10. 空气截断阀的检修

检查时,从空气截断阀上拆下真空管与通气管。如图 3-53 所示,将真空泵接于空气截断阀的真空管连接器上,将压力泵接于空气截断阀的通气管连接器上。操作真空泵,向空气截断阀施加负压,负压为 53.3～61.3kPa。若有负压时,通气管内无空气流动,而无负压时,有空气流动,则说明空气截断阀工作正常;否则,说明空气截断阀工作不良,应将空气截断阀分解,检查膜片有无破裂或穿孔,若有,应予以更换;检查单向阀是否关闭不严或卡死,若是,应予以排除。

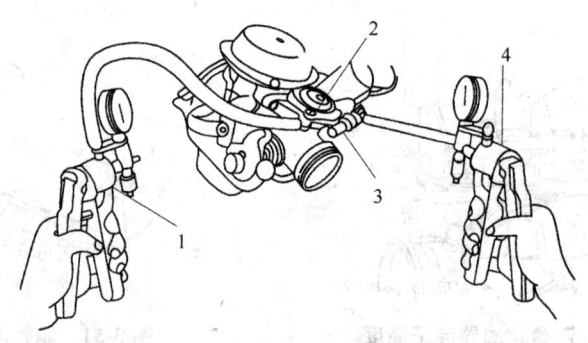

图 3-53　检查空气截断阀的工作情况
1. 压力泵　2. 空气截断阀　3. 盖　4. 真空泵

11. 热敏电阻阻风阀的检修

拆下化油器,待热敏电阻阻风阀充分变冷(即发动机熄火 30min)后,把塑料管插入化油器起动空气孔内,然后用嘴吹气,应吹得通(图 3-54)。若吹

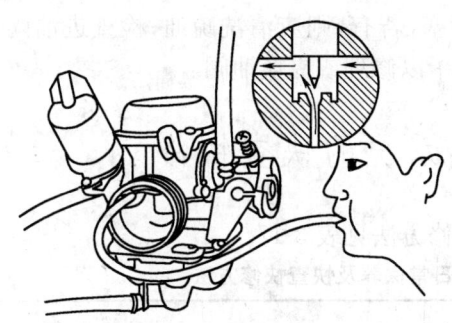

图 3-54 检查热敏电阻阻风阀冷态时的工作情况

不通,则说明热敏电阻阻风阀已损坏,冷机时热敏电阻阻风阀的起动阀阀针不能打开起动喷管,无法向气缸提供加浓可燃混合气,应更换热敏电阻阻风阀。将热敏电阻阻风阀的两根导线分别接于蓄电池的正负极上,等待大约 5min 后,取下化油器热敏电阻阻风阀上的护盖,用手指触摸热敏电阻阻风阀外壳体顶部,检查其温度情况。若感觉不到热敏电阻阻风阀外壳体顶部有温热,热敏电阻阻风阀内的起动阀不能向下移动关闭起动喷管口及起动空气孔,仍向气缸提供加浓可燃混合气,造成发动机油耗大,排气消声器尾管冒黑烟,应用欧姆表测量热敏电阻阻风阀两根导线间的电阻(图 3-55),测量值为无穷大时,则说明热敏电阻阻风阀已烧坏;若感觉热敏电阻阻风阀外壳体顶部有温热,再将塑料管插入化油器起动空气孔内,然后用嘴吹气,应吹不通(图 3-56)。若能够轻易吹通,则说明热敏电阻阻风阀已损坏,热机时热敏电阻阻风阀起动阀阀针仍打开起动喷管,仍向气缸提供加浓可燃混合气,应更换热敏电阻阻风阀。

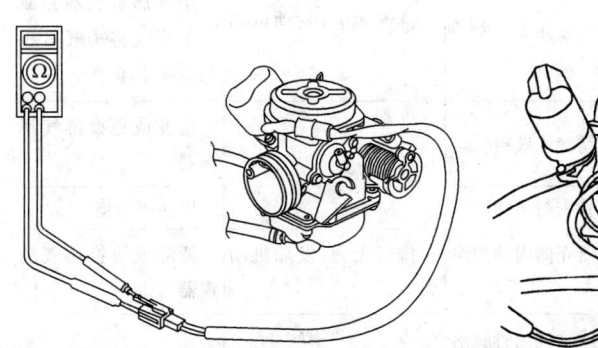

图 3-55 检测热敏电阻阻风阀

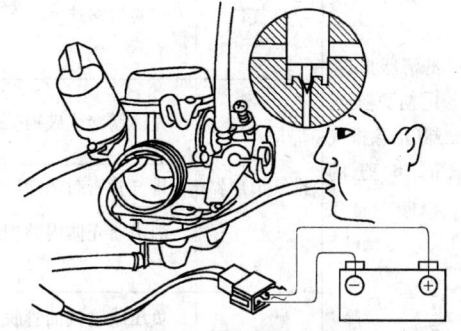

图 3-56 用蓄电池检查热敏电阻阻风阀工作情况

12. 加速泵的检修

拆下化油器,快速推下加速泵泵杆(此时化油器浮子室内应有一定量的油),检查泵孔嘴是否有汽油喷出。若有,则说明加速泵工作正常;若无汽油或极少汽油喷出,则说明加速泵有故障,应分解加速泵,检查加速泵膜片,若膜片有裂损或穿孔,则应予以更换;检查膜片弹簧,若弹簧过软或折断,则应予以更换；检查进油道、出油道有无堵塞，若有，则应清洗疏通；检查进油阀、出油阀是否关闭不严或卡死，若是，应予以修理或更换油阀。

第五节　进排气系统的快查快修

进排气系统的日常保养及快查快修方法见表 3-17。

表 3-17　进排气系统的日常保养及快查快修方法

日常保养项目	检查部件	常见的损坏形式	表现出故障现象	修理方法
定期清洗或更换空气滤清器滤芯、定期更换炭罐、清除排气消声器的积炭	空气滤清器	壳体或盖破损	进气声大	修补或更换壳体或盖
		连接管脱落或断裂		接上或更换连接管
		滤芯过脏	可燃混合气过浓，燃油超耗	清洗或更换滤芯
	进气管	进气管有开裂	进气管漏气	更换进气管
		密封圈老化失效		更换密封圈
		与进气管相连油管脱落或破裂		相连上或更换油管
	排气口	积炭过多堵塞	排气无力，发动机动力不足	用圆形金属刮刀或一字旋具将排气口积炭清除干净
	排气消声器	壳体锈穿或破损	排气声大	修补或更换排气消声器
		排气管密封垫冲破		更换密封垫
		消声器壳体内的积炭过多	排气无力，发动机动力不足	清除或更换排气消声器
	二次补气装置	负压或输气油管脱落或破损	加速后收回油门时排气消声器放炮	接上或更换油管
		空气控制阀工作不良		更换空气控制阀
	燃油蒸发排放控制系统	倾倒阀倾倒时不能关闭	摩托车倾倒时油箱会漏油	更换倾倒阀
		倾倒阀内部堵塞	燃油开关无汽油流出	
		炭罐工作失效	燃油蒸发排放控制系统排放不良	更换炭罐

续表 3-17

日常保养项目	检查部件	常见的损坏形式	表现出故障现象	修理方法
定期清洗或更换空气滤清器滤芯、定期更换炭罐、清除排气消声器的积炭	燃油蒸发排放控制系统	炭罐内部或进气口堵塞	燃油开关无汽油流出	更换炭罐
		炭罐相连的负压或脱附油管脱落或破损	发动机怠速不良,进气管漏气	相连上或更换油管

1. 泡沫塑料湿式空气滤清器的清洗

拆下滤清器盖,取下滤芯。将滤芯浸入不燃性清洗剂或煤油中轻轻捏洗,以清除滤芯中的灰尘和异物(图 3-57a)。不能在汽油、酸性、碱性及有机挥发油等中清洗泡沫塑料滤芯,这些洗涤油会造成滤芯的老化或粘结剂失效。清洗同时应检查滤芯有无断裂或龟裂的现象,若有,应予以更换。用手掌挤出滤芯中的清洗剂(图 3-57b),但不能用双手拧绞滤芯,以免损坏滤芯。将洗净的滤芯浸入干净的机油中(图 3-57c),再用手挤出滤芯中多余的机油,使其稍带一些机油(图 3-57d)。用干净抹布将滤清器壳体的内腔擦净。对滤清器壳体或盖有破裂现象,应予以修补或更换。最后按拆卸相反步骤进行安装。

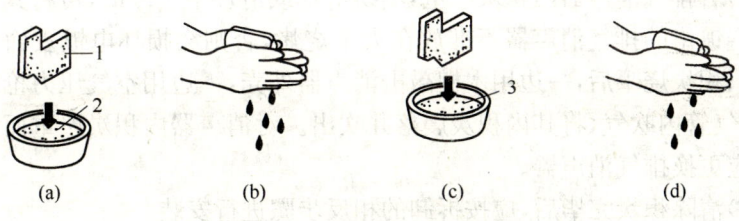

图 3-57 清洗泡沫塑料滤芯
1. 滤芯 2. 不燃性清洗剂或煤油 3. 机油

2. 纸质干式空气滤清器的清洁

拆下滤清器盖,取下滤芯。用敲打振动的方法抖出大部分灰尘。用毛刷刷去滤芯外表面的灰尘,然后用压缩空气从里向外吹去滤芯上的灰尘和异物(图 3-58)。对滤芯有破裂现象或滤芯中含有

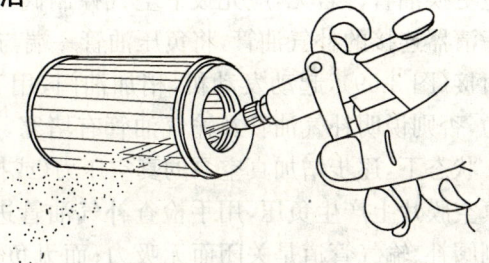

图 3-58 清洁纸质滤芯

油分造成清除不干净的,应予以更换。在新配件紧缺时,可按以下方法进行修复:

(1)清洗法。将纸质滤芯放在汽油浸泡 5~6min,用软毛刷去滤芯上的油污和异物,再将滤芯在汽油中来回摆动清洗,并经更换多次汽油清洗滤芯,直到滤芯清洗干净为止。然后将滤芯放在通风处让其自然晾干,便可装配使用。

(2)改制法。将原损坏或无法清除干净的滤芯去掉,保留原滤芯的金属网或支架,用市面上的泡沫塑料剪成所改制滤芯实际需要的长度和宽度。板式滤芯一层泡沫塑料,圆筒形的绕一圈后用细线固定住即可装配使用。

然后用干净抹布将滤清器壳体的内腔擦净。对滤清器壳体或盖有破裂现象,应予以修补或更换。最后按拆卸相反步骤进行安装。

3. 排气消声器积炭的清除

(1)拆下排气消声器,并分开排气管和消声器(对于可拆卸者)。用旋具拧下消声器尾部的螺钉,取下消声器芯;然后将排气管、消声器壳体、消声器芯放入煤油或金属清洗剂溶液中浸泡 5~10min;用钢丝刷刷除排气管内、消声器壳体内、消声器芯内外表面的积炭(对钢丝刷伸不进的地方,应用清洗剂反复冲洗)。洗净后用压缩空气将其吹干或自然晾干即可。也可用旋具或链条将排气管、消声器壳体内的积炭清除干净,并倒出积炭。

(2)若排气消声器内积炭严重,不易清理或清理不干净的,可将其放在火中烧烤(镀铬的排气消声器不准放在火中烧烤,否则会损坏电镀表面),待油污烧净、积炭烧干后,一边用木槌敲击消声器外壳,一边用空气压力枪对排气口向排气管内吹气,将其内积炭震落并吹出。对消声器内积炭严重而无法清除的,应更换排气消声器。

(3)清除积炭完毕后,应按拆卸的相反步骤进行安装。

4. 二次补气装置的检修

检查时,先检查与空气控制阀相连接的油管是否有堵塞或破裂,若有,则应更换油管。若无,应先拔下空气控制阀与进气管连接的负压油管,与空气滤清器连接的补气油管,将负压油管一端与真空泵(也可用大号医用注射器)对接(图 3-59),起动发动机,稍加油门,用手检查补气油管进气口时应有吸力,否则说明补气油管及输气油管有堵塞,应予以疏通或更换。在发动机工作状态下,逐步增加真空泵的真空压力(或抽拉注射器活塞)使空气控制阀内真空膜片上产生负压,用手检查补气油管进气口吸力。若有负压时,空气控制阀补、输气管道是关闭而无吸力;而无负压时,空气控制阀补、输气管道是相通而吸力的,则说明空气控制阀工作正常;否则,说明空气控制阀工作不良,应将空气控制阀分解,检查膜片有无破裂或穿孔,若有,应予以更换。

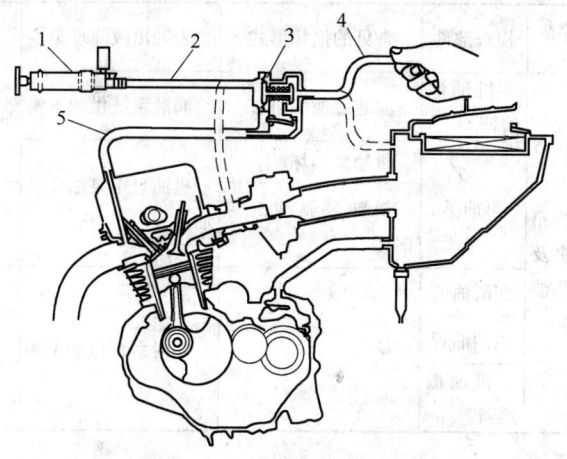

图 3-59 空气控制阀的检修
1. 真空泵 2. 负压油管 3. 空气控制阀 4. 补气油管 5. 输气油管

第六节 润滑系统的快查快修

润滑系统的日常保养及快查快修方法见表 3-18。

表 3-18 润滑系统的日常保养及快查快修方法

类型	日常保养项目	检查部件	常见的损坏形式	表现出故障现象	修理方法
二冲程发动机润滑系统	定期检查调整机油泵及更换变速箱内机油	机油箱	箱体破裂	机油箱漏油	修补或更换机油箱
			输油管堵塞	润滑系统供油不畅	清洗疏通或更换输油管
			输油管破损	输油管漏油	更换输油管
			机油滤清器过脏而堵塞	润滑系统供油不畅	清洗或更换机油滤清器
		机油泵	机油泵内混入空气	机油泵泵油量过少或不泵油	对机油泵进行放气
			机油泵内堵塞或损坏		更换机油泵
			机油泵驱动机构损坏		更换损坏件

续表 3-18

类型	日常保养项目	检查部件	常见的损坏形式	表现出故障现象	修理方法
四冲程发动机润滑系统	定期更换曲轴箱内机油及清洗机油滤清器	机油滤清器	滤芯或滤网过脏	润滑系统供油不畅	清洗或更换滤芯、滤网
		机油泵	机油泵损坏	机油泵不泵油或泵油过少	更换机油泵
			机油泵驱动机构损坏		更换损坏件
		润滑油道	堵塞	润滑系统供油不畅	清洗疏通油道
		机油油管			更换机油油管
		机油散热器			更换机油散热器

1. 二冲程发动机机油泵的调整

对二冲程发动机分离润滑中的机油泵需进行适量调整，以确保机油泵泵油量的准确合理。若对机油泵不予以正确调整，则会导致机油泵泵油量过小而加快机件的磨损，或泵油量过大而积炭增加。机油泵的调整方法：在油门转把转至全开位置时，检查机油泵控制杆上的指示标记是否与机油泵泵体上的标记对齐（误差在1mm范围内为正常，图3-60）。若标记对不齐，则应拧松油泵操纵钢索上的锁紧螺母，调整调整螺母，直至标记对齐为止，拧紧锁紧螺母即可。

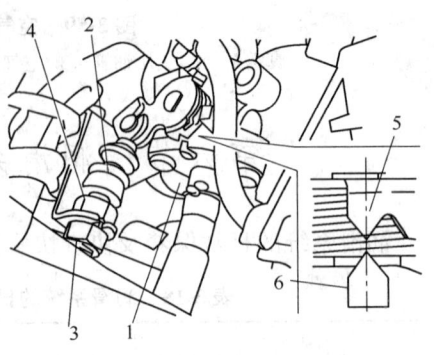

图 3-60　调整油泵操纵钢索
1. 机油泵　2. 油泵操纵钢索　3. 调整螺母
4. 锁紧螺母　5. 控制杆上的指示标记
6. 泵体上的标记

2. 二冲程发动机变速箱内机油的更换

首先将摩托车停在平坦的地面上，支起主停车架，起动发动机运转2～3min后熄火，把一个容器放在放油孔的下方，拧下加油口盖及变速箱下部的放油螺栓，让箱内的机油全部放出；然后旋上并拧紧放油螺栓，拆下机油油面检查螺栓，从加油口注入推荐的机油，直至机油从油面检查螺栓孔流出为止（图3-61），装上并拧紧油面检查螺栓及加油口盖。加注变速箱内机油时不能将不同牌号、不同黏度的机油混合使用，由于不牌号的机油的化学成分、配方各有差异，混加在一起后会引起化学反应，导致氧化变质，润滑效果变差，造成发动机过热，加速机件的磨损。加注变速箱内机油油位不得超过上刻线，

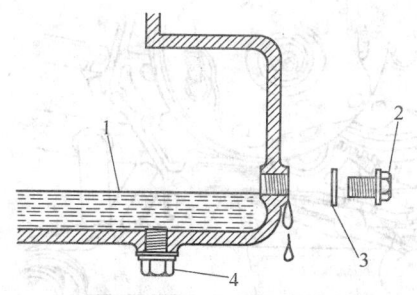

图 3-61 更换变速箱内机油
1. 机油 2. 油面检查螺栓 3. 垫圈
4. 放油螺栓

机油加注过多,使曲轴箱内的冷却空间变小,使曲轴运转阻力加大,导致发动机过热,同时也使曲轴箱箱体上的油封易漏油。

3. 四冲程发动机曲轴箱内机油的更换

将摩托车停在平坦的地面上,起动发动机运转 2~3min 后熄火,在曲轴箱的放油孔下方放一个容器,拧下放油螺栓和油标尺,让曲轴箱内的机油全部放出;然后旋上并拧紧放油螺栓,从加油口注入规定量的推荐机油,并拧上油标尺。起动发动机运转 2~3min 后熄火,拧下油标尺并擦净其上面的残留机油,插入曲轴箱内(不要拧进螺纹),再取出油标尺检查机油油位,油位在油标尺的上刻线与下刻线之间为正常(图 3-62a);对设有油位观察窗的车型,可通过观察窗目测机油油位,油位在箱盖上所标的上刻线与下刻线之间为正常(图 3-62b)。若油位已接近或低于下刻线,则应补充机油,但油位不得超过上刻线,机油加注过多,一会机油从气缸与活塞间隙中窜入燃烧室参与燃烧,使燃烧室内积炭增多;二会使曲轴箱内的冷却空间变小,使曲轴运转阻力加大,导致发动机过热,同时也使曲轴箱箱体上的油封易漏油。加注曲轴箱内机油时不能将不同牌号、不同黏度的机油混合使用,由于不牌号的机油的化学成分、配方各有差异,混加在一起后会引起化学反应,导致氧化变质,润滑效果变差,造成发动机过热,加速机件的磨损。

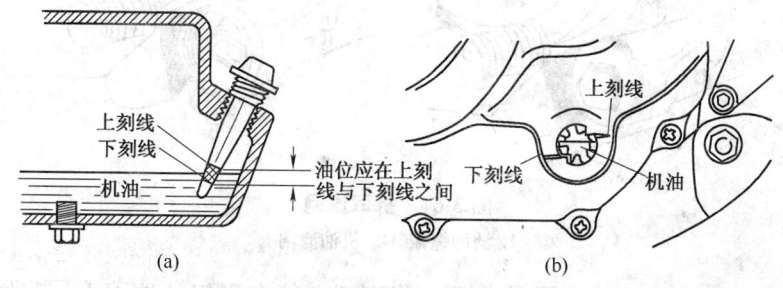

图 3-62 检查曲轴箱内机油油位

4. 机油滤清器的清洗

机油滤清器常见的有滤网式、离心式、滤纸式,其清洗方法有所不同,下面分别介绍。

(1)机油滤网的清洗。机油滤网有片形和筒形两种。

片形机油滤网的清洗方法:将摩托车停在平坦的地面上并支起主停车架,起动发动机运转2~3min后熄火,在右曲轴箱底部的放油孔下方放一个容器,拧下右曲轴箱盖上的加油标尺及曲轴箱底部的放油螺栓,让箱内的机油全部放出。依次拆下起动蹬杆、离合器操纵钢索、右曲轴箱盖。然后用尖嘴钳夹出机

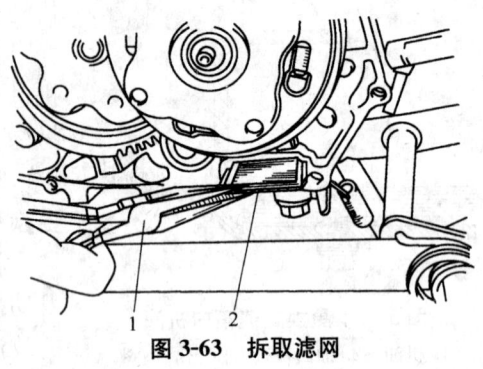

图 3-63 拆取滤网
1. 尖嘴钳 2. 机油滤网

油滤网(图 3-63),将机油滤网放入汽油或煤油里进行清洗,清洗后用压缩空气将滤网吹干净;滤网室中的污物用汽油或煤油清洗干净,并用布擦拭,但不准用压缩空气吹净,以免造成油路堵塞。清洗完毕后,按拆卸相反步骤进行安装,并从加油口注入规定量的推荐机油。

筒形机油滤网清洗方法:将摩托车停在平坦的地面上,起动发动机运转2~3min后熄火,在左曲轴箱底部的放油孔下方放一个容器,拧下右曲轴箱盖上的油标尺及左曲轴箱底部的滤网螺盖,让箱内的机油全部放出,取出机油滤网(图 3-64),将机油滤网放入煤油里进行清洗,清洗后用压缩空气将滤网吹干净。清洗完毕后,按拆卸相反步骤进行安装,从加油口注入规定量的推荐机油,并拧上油标尺。

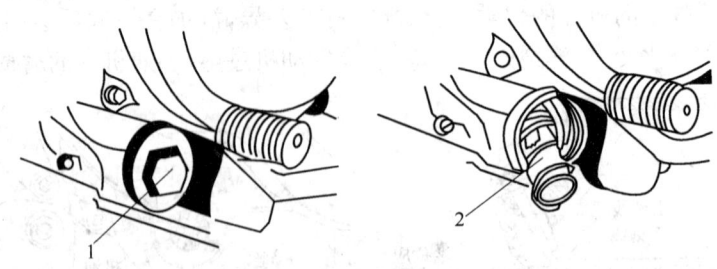

图 3-64 拆取滤网
1. 滤网螺盖 2. 机油滤网

(2)离心式机油滤清器的清洗。将摩托车停在平坦的地面上,起动发动机运转2~3min后熄火,在放油孔的下方放上一个容器,拧下右曲轴箱盖上的油标尺及曲轴箱底部的放油螺栓,放净曲轴箱内的机油。拆下右曲轴箱盖及转子盖,用不起毛的干净抹布擦净转子内腔壁上的沉积物(图 3-65);然后按拆卸相反步骤进行安装,并从加油口注入规定量的推荐机油,并拧上油标尺。

(3)滤纸式机油滤清器的更换。首先拆下放油螺栓及油标尺,放净曲轴箱内的机油;然后拆下滤清器盖上的固定螺母,取下滤清器盖及滤芯,装上新的滤芯(图3-66),按拆卸相反步骤进行安装,并从加油口注入规定量的推荐机油,并拧上油标尺。

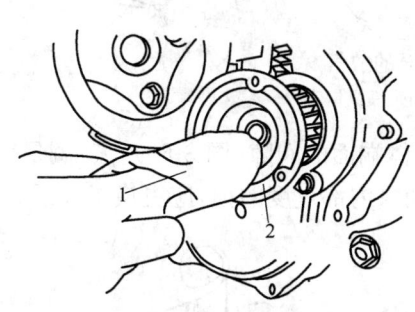

图3-65 清洗机油滤清器转子
1. 不起毛的干净抹布 2. 机油滤清器转子

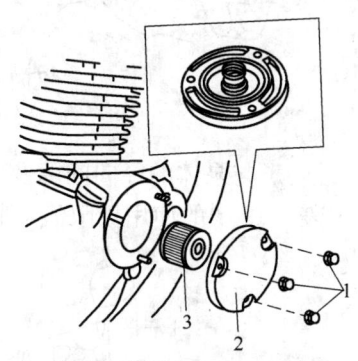

图3-66 滤纸式机油滤清器的更换
1. 螺母 2. 滤清器盖 3. 滤芯

5. 机油箱机油滤清器的清洗

首先松开安装在机油箱下部的机油管管夹,从机油箱上拆下机油滤清器接头,从机油箱上取下机油滤清器;然后将机油滤清器放入煤油里进行清洗,清洗后用压缩空气将机油滤清器吹干净(图3-67);最后按拆卸相反步骤进行安装,并对机油泵进行放气。

6. 机油泵的放气

在机油泵检修后或机油箱内机油用完后再加注机油或拔下进油管后均会使机油泵内混入

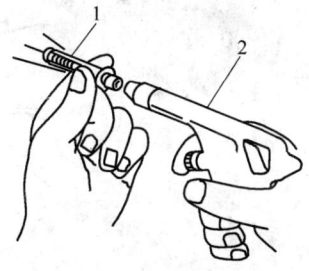

图3-67 清洗机油滤清器
1. 机油滤清器 2. 空气喷枪

空气,造成机油泵不能正常地向发动机输送机油而有损于发动机。对此应及时地对机油泵进行放气,其方法:首先补充机油箱机油,从机油泵上拆下进油管,放净进油管内的空气后再将其接在机油泵上;然后起动发动机,使其处于急速运转状态,卸下机油泵上的放气螺钉,单独将油泵操纵钢索完全拉出数分钟(图3-68),使机油流出,直到流出的机油中无气泡时,松开油泵操纵钢索,将放气螺钉连同密封垫一同拧紧。

7. 机油泵的检修

首先拆下并分解机油泵,用清洁的汽油将其清洗干净,再将内转子、外转子及传动轴正确地装配在泵体上;然后用塞尺检测内转子与外转子的径向间

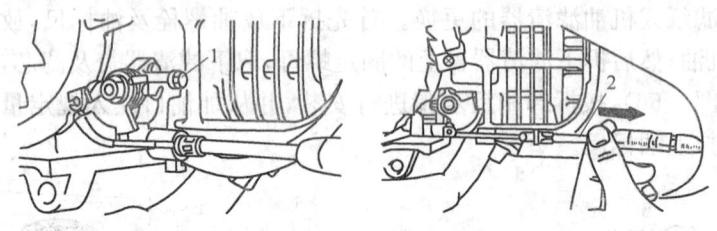

图 3-68 机油泵的放气
1. 放气螺钉 2. 油泵操纵钢索

隙、外转子与泵体的径向间隙及转子与泵体端面的间隙(图 3-69)。若测量值大于表 3-19 中的使用极限值,则说明机油泵内部过度磨损,应更换机油泵。

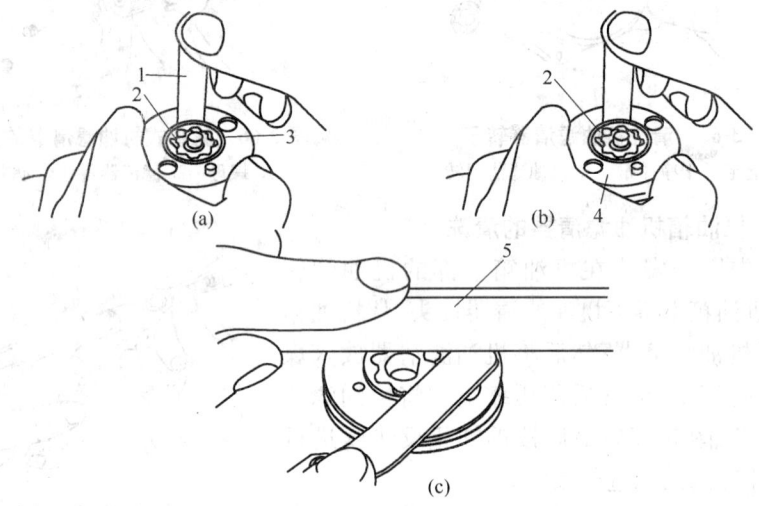

图 3-69 检测机油泵
(a)内外转子的径向间隙 (b)外转子与泵体的径向间隙 (c)转子与泵体端面的间隙
1. 塞尺 2. 油泵内转子 3. 油泵外转子 4. 油泵体 5. 直尺

表 3-19 转子式机油泵的检查数据　　　　　　　　　(mm)

车　型	内外转子的径向间隙		外转子与泵体的径向间隙		转子与泵体端面的间隙	
	标准值	极限值	标准值	极限值	标准值	极限值
嘉陵 JH70	0.15	0.20	0.02～0.07	0.12	0.1～0.15	0.20
大阳 DY100		0.20		0.12		0.27
五羊本田 WH100T-G	0.15	0.20	0.15～0.21	0.25	0.05～0.10	0.12
五羊本田 WH100-2	0.15	0.20	0.15～0.21	0.35	0.05～0.10	0.12

第三章 摩托车发动机的快查快修

续表 3-19

车　　型	内外转子的径向间隙		外转子与泵体的径向间隙		转子与泵体端面的间隙	
	标准值	极限值	标准值	极限值	标准值	极限值
宗申 ZS100	0.15	0.20	0.1～0.15	0.20	0.02～0.07	0.12
新大洲本田 SDH100-41	0.1～0.15	0.20	0.1～0.15	0.20	0.02～0.07	0.15
新大洲本田 SDH100-43	0.1～0.15	0.20	0.15～0.21	0.35	0.03～0.09	0.15
建设 JS110-3	0.15	0.20			0.06～0.1	0.15
五羊本田 WH110T-3	0.15	0.20	0.15～0.21	0.35	0.05～0.10	0.12
五羊本田 WH110T-A	0.15	0.20	0.15～0.21	0.35	0.05～0.10	0.12
嘉陵 JH125	0.15～0.20	0.25	0.3～0.36	0.4	0.15	0.20
嘉陵本田 JH125F	0.15	0.20	0.15～0.18	0.25	0.01～0.07	0.12
幸福 XF125A6	0.15	0.20	0.15～0.20	0.25	0.15	0.20
五羊本田 WY125A/C	0.1	0.2	0.15～0.20	0.25	0.04～0.06	0.1
五羊本田 WY125-S		0.20	0.15～0.21	0.26	0.05～0.1	0.15
五羊本田 WH125T	0.15	0.20	0.15～0.21	0.25	0.05～0.1	0.12
五羊本田 WH125T-2	0.15	0.20	0.15～0.21	0.25	0.05～0.1	0.12
五羊本田 WH125T-5	0.15	0.20	0.15～0.21	0.25	0.05～0.1	0.12
五羊本田 WH125T-6	0.15	0.20	0.15～0.21	0.25	0.05～0.1	0.12
五羊本田 WH125-3	0.15	0.20	0.30～0.36	0.40	0.15～0.20	0.25
五羊本田 WH125-7/8	0.15	0.20	0.18～0.24	0.28	0.05～0.1	0.12
五羊本田 WH125-12	0.15	0.20	0.15～0.21	0.25	0.03～0.09	0.15
新大洲本田 SDH125-7D	0.15	0.20	0.15～0.21	0.25	0.05～0.1	0.12
新大洲本田 SDH125-51	0.15	0.20	0.15～0.21	0.35	0.05～0.1	0.12
新大洲本田 SDH125T-27	0.15	0.20	0.15～0.21	0.25	0.05～0.1	0.12
建设雅马哈天剑 JYM125	0.15	0.23	0.06～0.1	0.14	0.06～0.1	0.14
南方雅马哈凌鹰 ZY125T	0.15	0.20	0.06～0.10	0.15	0.06～0.10	0.15
光阳豪迈 125		0.12		0.12	0.05～0.10	0.20
三阳风速 125	0.15	0.20	0.15～0.20	0.25	0.04～0.09	0.12
本田 CG125M	0.15	0.20	0.30～0.36	0.40	0.15～0.20	0.25
本田 CB125T	0.15	0.20	0.15～0.18	0.25	0.01～0.07	0.12
本田 CH125	0.15	0.20	0.15～0.20	0.25	0.04～0.09	0.12
本田 CHA125	0.15	0.20	0.15～0.21	0.25	0.05～0.10	0.12
雅马哈 SRZ125	0.15				0.04～0.09	

续表 3-19

车型	内外转子的径向间隙		外转子与泵体的径向间隙		转子与泵体端面的间隙	
	标准值	极限值	标准值	极限值	标准值	极限值
五羊本田 WH150-2	0.15	0.20	0.18～0.24	0.28	0.05～0.11	0.12
新大洲本田 SDH150-15	0.15	0.20	0.18～0.24	0.28	0.05～0.11	0.12
建设雅马哈 SR150	0.15				0.04～0.09	
建设雅马哈劲豹 SRZ150	0.15				0.04～0.09	
建设雅马哈劲飚 SRV200	0.15	0.23	0.04～0.09	0.14		
建设雅马哈劲龙 JYM250	0.15	0.20	0.04～0.09	0.15	0.03～0.09	0.15

第七节 冷却系统的快查快修

冷却系统的日常保养及快查快修方法见表 3-20。

表 3-20 冷却系统的日常保养及快查快修方法

类型	日常保养项目	检查部件	常见的损坏形式	表现出故障现象	修理方法
风冷系统	定期清除气缸盖及气缸体上的散热片油污或泥沙等	气缸盖及气缸体上的散热片	散热片沾有油污或泥沙过多	发动机过热	清除油污或泥沙
		冷却风扇	风叶损坏		更换冷却风扇
油冷系统	定期清除机油散热器散热片上的泥沙或灰尘等	输油管	破裂	输油管漏油	更换输油管
			堵塞	润滑系统供油不畅，发动机过热	疏通或更换输油管
		机油散热器	散热片压坏或扭曲过多	发动机过热	用小棒针等将散热片矫正或更换机油散热器
			散热芯管会渗漏	机油散热器会漏油	焊补散热芯管或更换机油散热器
			散热器内部有堵塞	润滑系统供油不畅，发动机过热	疏通或更换散热器

续表 3-20

类型	日常保养项目	检查部件	常见的损坏形式	表现出故障现象	修理方法
水冷系统	定期检查补充、检查更换系统内冷却液，清除散热器散热片上的泥沙或灰尘等	水管	破损	水管漏水	更换水管
			堵塞		疏通或更换水管
		散热器	散热片压坏或扭曲过多导致散热片散热不良	水冷系统冷却性差，发动机过热	用小棒针等将散热片矫正或更换散热器
			散热芯管会渗漏	散热器漏水	焊补散热芯管或更换散热器
			散热器内冷却液水量过少或根本没有	发动机过热	加注冷却液
			散热器内部有堵塞	水冷系统冷却性差，发动机过热	疏通或更换散热器
			散热器盖工作不良		更换散热器盖
		恒温器	恒温器工作不良		更换恒温器
		水泵	水泵工作不良		更换水泵
		电动风扇	冷却风扇损坏		更换冷却风扇
			风扇电机内部损坏	冷却风扇电机不转或转数过慢，水冷系统冷却性差，发动机过热	修理或更换风扇电机
			热敏开关工作失常或损坏	冷却风扇电机不转或转数过慢或常转，水冷系统冷却性差，发动机过热	更换热敏开关
沸腾式水冷系统	定期检查补充、检查更换系统内冷却液	副水箱	箱体锈穿或破损	副水箱漏水	焊补或更换副水箱
			箱内冷却液水量过少或根本没有	发动机过热	加注冷却液
		主水箱	漏水		按实际情况更换损坏件
		水管	破损	水管漏水	更换水管
		水泵	水泵工作不良	发动机过热	更换水泵

1. 清洁散热片

对自然风冷系统,应经常清洗发动机气缸盖及气缸体上的散热片上的油污或泥沙,以保证散热片能有效地将热量传去。清洗时,等发动机已充分冷却后,用木片刮去散热片上堆积的油污或泥沙,但不要用金属工具,以免刮伤其表面;然后用洗涤剂进行清洗,并用清水冲洗干净。

对水冷或油冷系统,应经常清洗散热器散热片的泥沙或灰尘。清洁时,等散热器已充分冷却后,用高压水和压缩空气将散热片上的泥沙或灰尘清除干净。若散热器上有 1/3 以上的散热片压坏、扭曲,则用小棒针等将散热片矫正(图 3-70)。

图 3-70 矫正散热片

2. 冷却液的选用与更换

冷却液是一种特制的防锈抗冻液体,是在纯净水(或蒸馏水)中加入一定比例的防冻剂。冷却液按防冻剂成分不同可分为酒精型、甘油型、乙二醇型。酒精型冷却液价格便宜,流动性好,配制工艺简单,但沸点低、蒸发损失大、易燃,酒精蒸发后,防冻液成分改变,冰点升高等缺点,现已逐渐被淘汰。甘油型冷却液沸点高、不易挥发、不易燃、无毒性、腐蚀性小,但降低冰点的效果差、价格高,配制时用量大等缺点,因此这种防冻剂用户使用少。乙二醇防冻剂是用乙二醇与少量抗泡沫、防腐蚀等综合添加剂配制而成的,易溶于水,不易挥发、沸点高、泡沫低、黏温性能好、防腐、防垢,可以任意配制各种冰点的冷却液,目前乙二醇型冷却液是水冷发动机所使用的及市面销售的冷却液最常用的。配制冷却液时须按照防冻剂使用说明中的规定比例来配制,应比当地最低气温还低5℃左右的情况来混合防冻剂。现在市面上有配合好的直接使用的冷却液(也叫防冻液),这类冷却液是在工厂按纯净水(或蒸馏水)与防冻剂一定比例调配好的成品,并在其包装壳上注明适宜在某种环境温度下使用。

冷却液的更换方法:

(1)将摩托车停在平坦的地面上,待散热器内冷却液已充分变冷后,方可拆下散热器盖,以免冷却液会急剧地沸腾溅出伤人。

(2)把储液箱内的冷却液排尽,拆下水泵处的放水螺栓,让系统内的冷却液放净,然后装上放水螺栓并拧紧。

(3)冷却系内若有水垢,将 10L 水加入 750g 烧碱和 150g 煤油配制成清洗剂,起动发动机至正常工作温度下熄火,立即放净冷却液,将清洗剂加入冷却系中,以清洗剂作为冷却液中速运转 10min 左右,待清洗剂加热后熄火静置 10h 左右,再起动发动机以中速运转 15min 左右熄火放出清洗剂,再加入纯净水以中速运转一段时间后放掉,纯净水清洗两次左右,直到放出的水里没有脏物就行了。若水垢很多,可以按上述过程重复进行。

(4)配制冷却液,将新的冷却液注入储液箱内,直至液面达到箱体上所标的 UPPER 与 LOWER 位置之间为止(图 3-71);然后从散热器注水口慢慢注入新的冷却液,直至液面达到注水口的口沿为止(图 3-72)。

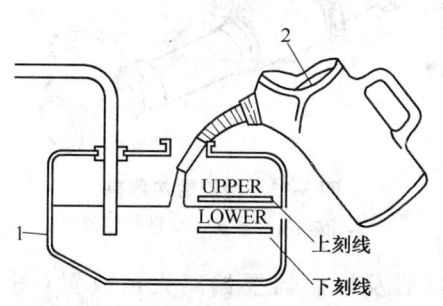　　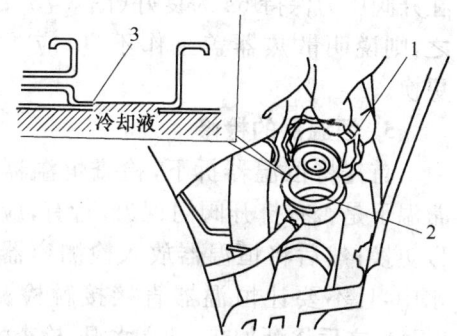

图 3-71　加注储液箱冷却液　　　　图 3-72　加注系统内冷却液
1. 储液箱　2. 冷却液　　　　　1. 散热器盖　2. 散热器注水口　3. 注水口口沿

(5)注入冷却液后,起动发动机,使其在急速运转几分钟,让冷却液循环以排出冷却系统内的空气,直到注入口处不再冒气泡为止,熄火发动机;然后加注冷却液直至液面达到注水口的口沿为止,装好散热器盖即可。

(6)在冷却液的使用过程中,应注意以下的方面:

①尽量使用同一品牌的防冻液。不同品牌的防冻液其生产配方会有所差异,如果混合使用,多种添加剂之间很可能会发生化学反应,造成添加剂失效,失去防冻、防垢、防锈、防腐、防蚀的功能。

②冷却液的有效期多为 2 年(个别产品会长一些),添加时应确认该产品在有效期之内。

③必须定期更换,一般为 2 年或每行驶 4 万 km 更换一次。

④乙二醇型冷却液不使用时,必须保存在专用的密封容器内,置于阴凉干燥处,切不可打开,以防吸水后溢出。

⑤乙二醇型冷却液不得沾到橡胶制品或油漆表面上,更不能沾到皮肤、眼睛、衣服上。当沾到皮肤、衣服上时,需用肥皂和流水冲洗;当沾到眼睛上时,应用大量的清水清洗并接受医生治疗。日常应注意冷却液的保管,严禁

儿童接近。

3. 储液箱冷却液液面检查

检查时,首先将摩托车停在平坦的地面上,支起主停车架,然后检查储液箱内冷却液液面是否在箱体上所标的 UPPER 与 LOWER 位置之间(图 3-71),若液面已接近或低于下刻线,则应补充冷却液至上刻线。

4. 散热器盖的检修

检查时,待散热器内的冷却液已充分变冷后,拆下散热器盖,在盖的密封垫圈表面上涂抹一些水,安装在散热器盖检测器上,用手泵加压,若散热器盖能在开阀压力保持 6s 为良好(图 3-73);反之,则说明散热器盖工作不良,应予以更换。

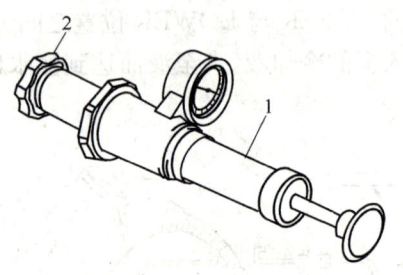

图 3-73 检测散热器盖
1. 散热器检测器 2. 散热器盖

5. 恒温器的检修

首先将恒温器拆下,检查恒温器在常温下是否有打开阀门现象,若有,应予以更换;然后将恒温器放入检测容器的水中,且不要让恒温器直接接触检测容器及恒温器要偏离火苗放置(图 3-74),之后逐渐加热,升高水温,检查恒温器的开始开阀的温度、阀门全开的温度、阀门全开的升程是否符合规定要求(表 3-21),同时注意测量阀门全开的升程时,应在阀门全开温度保持 5min 后再进行测量。若测量结果不符合规定要求,则说明恒温器工作不良,应予以更换。

表 3-21 恒温器检查数据

车型	开始开阀温度(℃)	阀门全开温度(℃)	阀门全开程度量(mm)
一般车型	71±1.5	82±2	3.5~4.5
五羊本田 WH110T-A	74.5~77.5	85	3.5
三阳风速 125	70~80	80	3.5~4.5
本田 CH125	71±1.5	80	3.5~4.5
铃木 UC125	约 75	约 90	3

6. 热敏开关的检修

检查时,将热敏开关拆下,放入检测容器的水中,且不要将热敏开关直接接触检测容器,然后逐渐加热,升高水温,接通欧姆表检测(图 3-75)。若水温超过 98℃±4℃(少数车型为 88℃±4℃)以上时仍不导通,则说明热敏开关工作失常或损坏,应更换热敏开关。

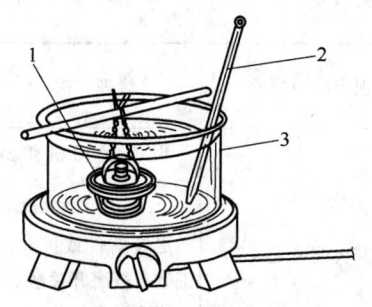
图 3-74 检测恒温器
1. 恒温器 2. 温度计 3. 容器

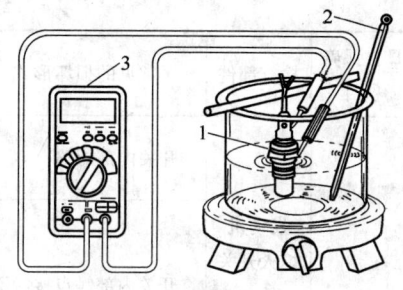
图 3-75 检测热敏开关
1. 热敏开关 2. 温度计 3. 欧姆表

第八节 点火系统的快查快修

点火系统的日常保养及快查快修方法见表 3-22。

表 3-22 点火系统的日常保养及快查快修方法

日常保养项目	检查部件	常见的损坏形式	表现出故障现象	修理方法
定期检查调整火花塞电极间隙以及清除火花塞电极间积炭或油污	火花塞	火花塞电极间炭连	火花塞无火	清除电极间积炭
		火花塞电极间积炭或油污过多	火花塞火弱或断火	清除电极间积炭或油污
		火花塞绝缘体开裂或破损		换上同型号火花塞
		火花塞未拧紧而松动	火花塞处漏气	拧紧火花塞
		损坏引起火花塞体漏气		换上同型号火花塞
	火花塞帽	火花塞帽断路或绝缘外壳漏电	火花塞火弱或无火	更换火花塞帽
		内部断路或电阻过大		更换火花塞帽
	点火线圈	线圈短路或绝缘外壳破裂或老化漏电		更换点火线圈
		高压线破裂或老化漏电		更换点火线圈
		线圈断路	火花塞无火	更换点火线圈
	点火开关	开关内部短路		更换点火开关
		开关内部触点接触不良	火花塞火弱或无火	更换新件或拆开用细砂布打磨开关触点,以清除触点氧化物,使触点接触良好

续表 3-22

日常保养项目	检查部件	常见的损坏形式	表现出故障现象	修理方法
定期检查调整火花塞电极间隙以及清除火花塞电极间积炭或油污	发动机熄火开关	开关内部短路	火花塞火弱或无火	更换发动机熄火开关
		开关内部触点接触不良		更换新件或拆开用细砂布打磨开关触点,以清除触点氧化物,使触点接触良好
	点火装置	内部损坏	火花塞火弱或无火、点火不正时	更换点火装置
	系统内线路	系统内线路断路或短路或接触不良	火花塞火弱或无火	接通或更换导线
	磁电机	点火电源线圈短路	火花塞火弱或无火	更换点火电源线圈
		点火电源线圈断路	火花塞无火	更换点火电源线圈
		触发线圈短路	火花塞火弱或无火	更换触发线圈
		触发线圈断路	火花塞无火	更换触发线圈
		线圈输出导线有断路或接触不良	火花塞火弱或无火	重新连接或焊接好导线
		飞轮磁铁失磁或磁力减弱		更换飞轮
		线圈紧固螺钉松动	点火不正时	拧紧线圈紧固螺钉
	蓄电池	电量不足或无电	火花塞火弱或无火	补充充电或更换蓄电池

1. 调整火花塞电极间隙

火花塞电极间隙一般用塞尺进行测量。若火花塞电极间隙与标准值 0.6～0.8mm 不符,则可轻轻扳动侧电极进行调整。调整时应注意用力要轻缓,不可过猛,以免造成侧电极断裂或脱落。

2. 清除火花塞积炭或油污

将火花塞放在汽油或煤油中浸泡,用非金属刮刀刮除火花塞绝缘体裙部周围的积炭、油污(图 3-76),然后用干净软布将其

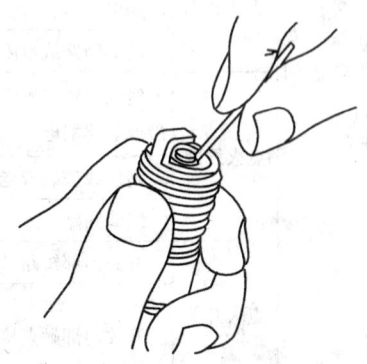

图 3-76 清除火花塞积炭、油污

擦干、晾干。严禁采用高温烧烤方法清除火花塞积炭或油污,以免损伤火花塞。在清洗火花塞过程中,应留意检查火花塞绝缘体有无开裂或破损,绝缘体与壳体之间有无松动,侧电极的焊接处有无开裂。若有,则应予以更换。

3. 点火线圈的检修

拆下点火线圈,如图 3-77 所示,用欧姆表测量初级绕组和次级绕组的电阻。若测得电阻值与表 3-23 中的规定值不符,则说明点火线圈内部断路或短路,应更换点火线圈。

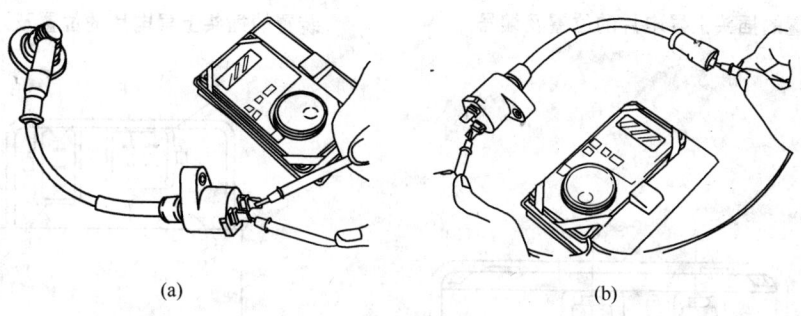

图 3-77 检测点火线圈

(a)检测初级绕组 (b)检测次级绕组

4. 点火装置的检修

将点火装置从车上拆下,用替换法或点火装置检测器进行检查(图 3-78),若检测发现点火装置有故障,应予以更换。或用欧姆表测量点火装置的插接器中各导电片间的电阻(图 3-79~图 3-83),若测量值与规定值有明显差异(表 3-24~表 3-30),则说明点火装置有故障,应予以更换。

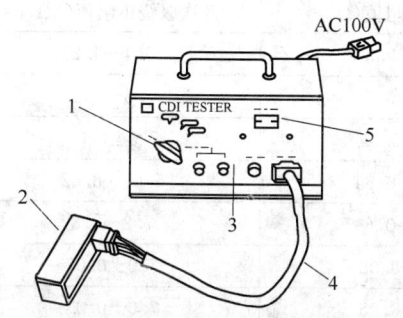

图 3-78 用点火装置检测器检测点火装置
1. 操作开关 2. 点火装置 3. 检测器
4. 导线 5. 跳火观察窗

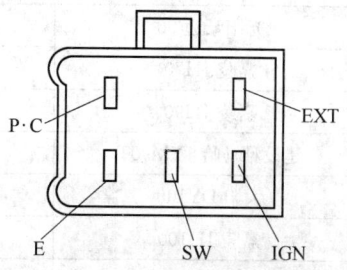

图 3-79 嘉陵 JH70/90CDI
点火装置的插头上
导电片的位置及编号

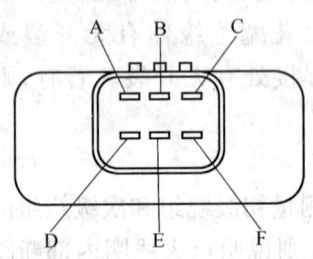

图 3-80 金城铃木 SJ110 CDI 点火装置的插头上导电片的位置及编号

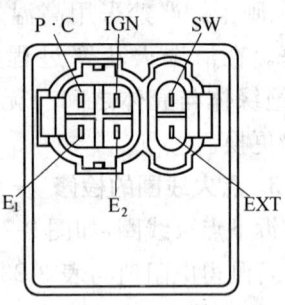

图 3-81 幸福 XF125A6 CDI 点火装置的插头上导电片的位置及编号

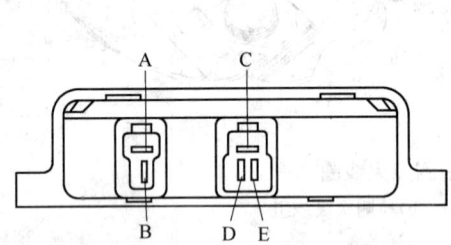

图 3-82 豪爵铃木 GN125、铃木 GN125、铃木 GS125E/ES 晶体管式点火装置的插头上导电片的位置及编号

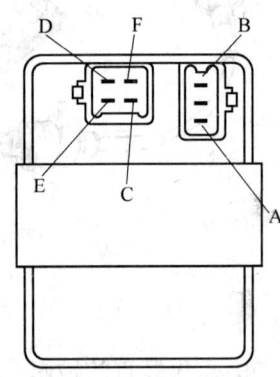

图 3-83 轻骑铃木 QS150T 点火装置的插头上导电片的位置及编号

表 3-23 点火线圈初级绕组和次级绕组的阻值

车 型	初级绕组阻值(Ω)	次级绕组阻值(kΩ)
光阳豪迈 50	0.2~0.3	3.4~4.2
嘉陵 JH70	0.5~0.7	7.5~9.1
嘉陵 JH90	0.5±0.05	7.0±0.07
建设雅马哈 JYM90T	0.56~0.84	5.68~8.52
大阳 DY100	0.5~0.6	7.2~8.8
嘉陵 JH100	0.5±0.05	7.0±0.07
宗申 ZS100	0.5±0.05	7.0±0.07
建设雅马哈 ZY100T	0.184~0.276	6.23~9.48
金城铃木 SJ110	0.1~0.2	14~18 *
嘉陵 JH125	0.2~0.8	8~15

续表 3-23

车 型	初级绕组阻值(Ω)	次级绕组阻值(kΩ)
嘉陵本田 JH125F	0.19～0.23	6.65～9.45
轻骑铃木 QS125T	0.2～1.5	10～20*
豪爵铃木 GN125	2～5	15～25*
金城铃木 GX125	0.1～1.5	12～20*
五羊本田 WH125T	0.1～0.3	2.7～3.5
五羊本田 WY125A	0.1～0.3	5.0～7.0
五羊本田 WY125C	0.19～0.23	2.8～3.42
建设雅马哈天剑 JYM125	0.3±0.03	8.6±0.92
南方雅马哈凌鹰 ZY125T	0.56～0.84	5.7～8.5
光阳豪迈 125	0.1～1.0	3～5
三阳风速 125	0.17±10%	3.6±10%
本田 CG125M	0.19～0.23	2.8～3.4
本田 CB125T	0.19～0.23	2.8～3.4
本田 CH125	0.1～0.3	3.6～4.6
本田 CHA125	0.1～0.3	2.7～3.5
铃木 GS125E/ES	0.5～1.5	15～25*
铃木 GS125R	0～2	14～20*
雅马哈 SRZ125	0.56～0.84	5.68～8.52
轻骑铃木 QS150T	0.09～0.13	11～18
建设雅马哈 SR150	0.56～0.84	5.68～8.52
建设雅马哈劲豹 SRZ150	0.56～0.84	5.68～8.52
建设雅马哈劲飚 SRV200	0.32～0.48	5.68～8.52
建设雅马哈劲龙 JYM250	0.56～0.84	5.7～8.5

注:"*"表示带火花塞帽测量。

表 3-24 嘉陵 JH70/90 CDI 点火装置检查数据　　　　(kΩ)

欧姆表+ 欧姆表−	SW(黑/白)	EXT(黑/红)	P·C(绿/白)	E(绿/白)	IGN(黑/黄)
SW(黑/白)		∞	∞	∞	∞
EXT(黑/红)	0.1～10		∞	∞	∞
P·C(绿/白)	0.5～20	0.5～200		0.1～50	∞
E(绿/白)	0.2～30	0.1～10	∞		∞
IGN(黑/黄)	∞	∞	∞	∞	

表 3-25　金城铃木 SJ110 CDI 点火装置检查数据　　(kΩ)

欧姆表＋ 欧姆表−	A	B	C	D	E	F
A		∞	32～48	∞	24～36	32～48
B	∞		∞	∞	∞	∞
C	∞	∞		∞	2～3.5	5～8
D	∞	∞	∞		∞	∞
E	∞	∞	2～4	∞		2～4
F	∞	∞	5～8	∞	2～4	

表 3-26　幸福 XF125A6 CDI 点火装置检查数据　　(kΩ)

欧姆表＋ 欧姆表−	SW	EXT	IGN	P・C	E_1、E_2
SW		∞	∞	∞	∞
EXT	7.6		∞	55	∞
IGN	∞	∞		∞	∞
P・C	56	47	∞		40
E_1、E_2	26	8	∞	23	

表 3-27　光阳豪迈 125 CDI 点火装置检查数据　　(kΩ)

欧姆表＋ 欧姆表−	SW(黑/白)	EXT(黑/红)	P・C(蓝/黄)	E(绿或绿/白)	IGN(黑/黄)
SW(黑/白)		100～∞	50～∞	100～∞	∞
EXT(黑/红)	0.5～50		100～∞	∞	∞
P・C(蓝/黄)	10～1000	10～1000		1～100	∞
E(绿或绿/白)	0.5～50	0.5～50	1～10		∞
IGN(黑/黄)	∞	∞	∞	∞	

表 3-28　豪爵铃木 GN125、铃木 GN125、铃木 GS125E/ES 晶体管式点火装置检查数据　　(kΩ)

欧姆表＋ 欧姆表−	A	B	C	D	E
A		2～4	6～9	2～4	6～9
B	2～4		2～4	接通	2～4

续表 3-28

欧姆表＋ / 欧姆表−	A	B	C	D	E
C	8～11	4～7		约 4～7	11～14
D	2～4	接通	2～4		2～4
E	断开	断开	断开	断开	

表 3-29　长春铃木 GS125R、铃木 GS125R CDI 点火装置检查数据　（kΩ）

欧姆表＋ / 欧姆表−	绿	蓝	橙	黑/白	白/蓝
绿		2.8	∞	2.8	35
蓝	3		∞	0	32
橙	9～12	4～7		4～7	50
黑/白	3	0	∞		32
白/蓝	7.2	3	∞	3	

表 3-30　轻骑铃木 QS150T 点火装置检查数据　（kΩ）

欧姆表＋ / 欧姆表−	A	B	C	D	E	F
A		1～6	30～100	∞	30～100	30～100
B	∞		∞	∞	∞	∞
C	1～6	5～20		∞	接近 0	1～6
D	5～20	15～20	1～6		1～6	3～10
E	1～6	5～20	接近 0	∞		1～6
F	3～10	10～30	1～6	∞	1～6	

5. 点火电源线圈及触发线圈的检修

首先脱开磁电机导线与整车电缆的插接器，用欧姆表检测磁电机点火电源线圈及触发线圈输出导线端之间的电阻是否符合表 3-31 中的规定值。若测量值明显小于规定值，则说明被测线圈有短路，应予以更换；若测量值明显大于规定值，则说明被测线圈输出导线接触不良，应予以检查排除；若测量值无穷大，则说明被测线圈或其输出导线有断路，应予以检查排除。

表 3-31 磁电机点火电源线圈及触发线圈的阻值 (Ω)

车型	带触发线圈式发动机				不带触发线圈式发动机	
	测试点	点火电源线圈阻值	测试点	触发线圈阻值	测试点	点火/触发线圈阻值
光阳豪迈 50	黑/红-绿	500～900	蓝/黄-绿	50～200		
嘉陵 JH70	黑/红-绿	320～400	蓝/白-绿	100～150		
嘉陵 JH90	黑/红-绿	400～800	蓝/白-绿	125±15		
建设雅马哈风帆 JYM90T	黑/红-黑	640～960	白/红-黑	400～600		
嘉陵 JH100	黑/红-绿	400～800	蓝/白-绿	125±15		
大阳 DY100	黑/红-绿	100～400	蓝/黄-绿	50～170		
金城铃木 SJ110					蓝/黄-绿/白	180～280
嘉陵 JH125	黑/红-绿	232±20%	蓝/白-绿/白	540±5%		
嘉陵本田 JH125F	黑/红-绿	50～180	绿/白-蓝/黄	50～170		
嘉陵本田 JH125-10H	黑/红-绿	100～500	蓝/黄-绿/白	180～300		
幸福 XF125A6	黑/红-绿	186～278	蓝/白-绿	96～144		
豪爵铃木 GN125			黑/蓝-绿	90～120		
金城铃木 GX125			绿/白-黄/蓝	120～250		
轻骑铃木 QS125T			棕-白	80～130		
长春铃木 GS125R			蓝-绿	180～280		
五羊本田 WY125C	黑/红-绿	480～520	蓝/黄-绿	250～280		
五羊本田 WH125-3	黑/红-绿	100～400	蓝/黄-绿	180～280		
五羊本田 WH125T			蓝/黄-绿	50～200		
光阳豪迈 125	黑/红-绿	300～1000	蓝/黄-绿	40～300		
三阳风速 125	黑/红-绿	230±10%	绿/白-蓝/黄	120±10%		
本田 CH125	黑/红-绿	50～350	绿/白-蓝/黄	50～170		
本田 CHA125			蓝/黄-绿	50～200		
本田 CG125M	黑/红-绿	300～700	蓝/黄-地	180～280		
本田 CB125T	黑/红-绿	50～180	(左)绿/白-黄/白 (右)绿/白-蓝/黄	50～170		
铃木 GS125E/ES			蓝-绿	90～120		
铃木 GS125R			蓝-绿	180～280		
铃木 GF125			黄/蓝-绿/白	120～250		
铃木 UC125			黄/蓝-黑/白	148～220		

续表 3-31

车型	带触发线圈式发动机				不带触发线圈式发动机	
	测试点	点火电源线圈阻值	测试点	触发线圈阻值	测试点	点火/触发线圈阻值
建设雅马哈 SR150	黄-绿	720~1080	红-白	304~456		
建设雅马哈劲豹 SRZ150	黄-绿	788~1032	红-白	248~372		
轻骑铃木 QS150T			棕-白	157~235		
建设雅马哈劲飚 SRV200	棕-绿	720~1080	红-白	248~372		
建设雅马哈劲龙 JYM250	黑/红-绿/白	688~1032	白-红-白/蓝	248~372		

6. 蓄电池的充电

(1) 开放式或干荷式铅酸蓄电池的充电方法及步骤：

① 对新的蓄电池在使用前，应先取下注液孔盖，将电解液加注到蓄电池的各单体电池内，使各单体电池内的电解液液面均在蓄电池壳体上所标的下限线与上限线之间，并静置 2h，使电解液充分渗透到极板的孔隙中去。静置后，对电解液液面下降较多的，应补充电解液，然后进行初次充电。

② 对蓄电池在使用过程中，一旦发现蓄电池充电不足，则应从车架上拆下蓄电池，用 60℃~80℃ 的热水冲洗蓄电池接线柱上的黄绿色或白色糊状物（即化学腐蚀物），用钢丝刷等将糊状物完全除去；然后检查各单体电池内的电解液液面，若液面低于下限线，则应取下注液孔盖，补充蒸馏水；最后进行补充充电。

③ 如图 3-84 所示，取下蓄电池的注液孔盖，将充电机的正负极分别与蓄电池的正负极相连接。然后将充电机的电压调至与蓄电池电压一致，打开电源，调节充电机的充电电流：对新的蓄电池进行初次充电，应采用蓄电池额定容量 1/15 的充电电流进行充电；对使用过的蓄电池进行补充充电，应采用蓄电池额定容量 1/10 的充电电流进行充电。当 6V 蓄电池端电压升高到 6.9~7.2V，12V 蓄电池端电压升高到 13.8~14.5V 时，转入第二阶段进行充电。

④ 第二阶段的充电电流为第一阶段的充电电流的 1/2。当 6V 蓄电池端电压升高到 7.8~8.1V，12V 蓄电池端电压升高到 14.5~14.8V 时，并且在 2~3h 内不再升高，电解液中冒出大量均匀细密的气泡时，用密度计测量各单体电池内电解液密度。若电解液密度偏低时，则应加注密度较高的电解液进行调节；若电解液密度偏高时，则应加注蒸馏水进行调节，直至各单体电池

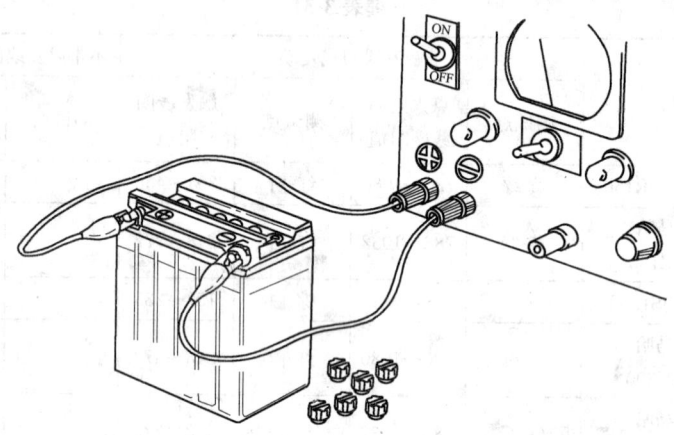

图 3-84 开放式或干荷式铅酸蓄电池的充电

内电解液密度调节到 $1.27\sim1.29\text{g/cm}^3$(液温为 20℃)为止。然后继续充电 $1\sim2\text{h}$,使调节电解液密度达到要求。最后切断电源,盖牢注液孔盖,用水冲洗去蓄电池壳体表面的电解液,用布擦干待用。

⑤充电过程中应经常测量蓄电池电解液的温度,当温度超过 45℃时,应适当减小充电电流进行充电,以降低温度;充电过程应尽可能保证连续进行,不要长时间中断。

(2)密封式铅酸蓄电池的充电方法及步骤:

①对新的蓄电池在使用前,用电压表测量蓄电池端电压,若在 12.5V 以上,无须对蓄电池充电即可待用;若在 12.5V 以下,应需对蓄电池进行初次充电,充电电流及充电时间应按蓄电池上标注说明(或其使用说明书)进行充电。

②对蓄电池在使用过程中,一旦发现蓄电池充电不足,则应从车架上拆下蓄电池,对蓄电池进行补充充电,充电电流及充电时间应按蓄电池上标注说明(或其使用说明书)进行充电。但有时也要根据蓄电池的放电状态(即由蓄电池的端电压高低)来确定充电时间,见表 3-32。

表 3-32 密封式铅酸蓄电池充电时间

测得蓄电池端电压(V)	充电时间(h)
12.8 以上	无需充电
11.5~12.7	5~10
11.5 以下	15~20

③在蓄电池充电时不要将蓄电池上的注液孔盖取下,更不能强行撬开注液孔盖补充电解液或蒸馏水;在紧急时刻时进行快速充电时(一般情况下,应尽可能避免快速充电,因快速充电既会缩短蓄电池寿命又会损坏蓄电池),须严格遵照蓄电池上标注的最大充电电流和充电时间进行充电;充电过程中应

经常测量蓄电池电解液的温度,当温度超过 45℃时,应适当减小充电电流进行充电,以降低温度;充电过程应尽可能保证连续进行,不要长时间中断。

第九节 摩托车发动机故障快速检修

一、机体外部漏气

机体外部漏气常见有:火花塞处漏气、气缸体接合处漏气、箱体处漏气。

1. 故障原因

机体外部漏气多为机体压紧螺栓或螺母松动、机体端面变形、衬垫冲破或破损、油封刃口过度磨损或破损或老化引起的。

2. 故障诊断

机体外部漏气的故障诊断程序如图 3-85、图 3-86 所示。

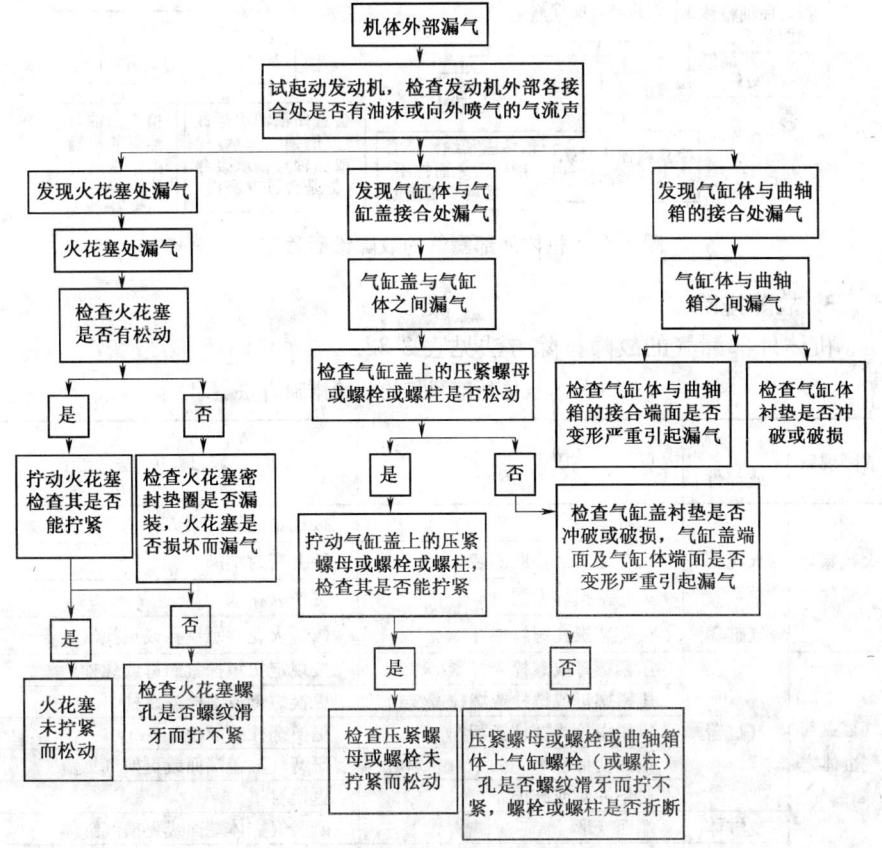

图 3-85 机体外部漏气的故障诊断程序(一)

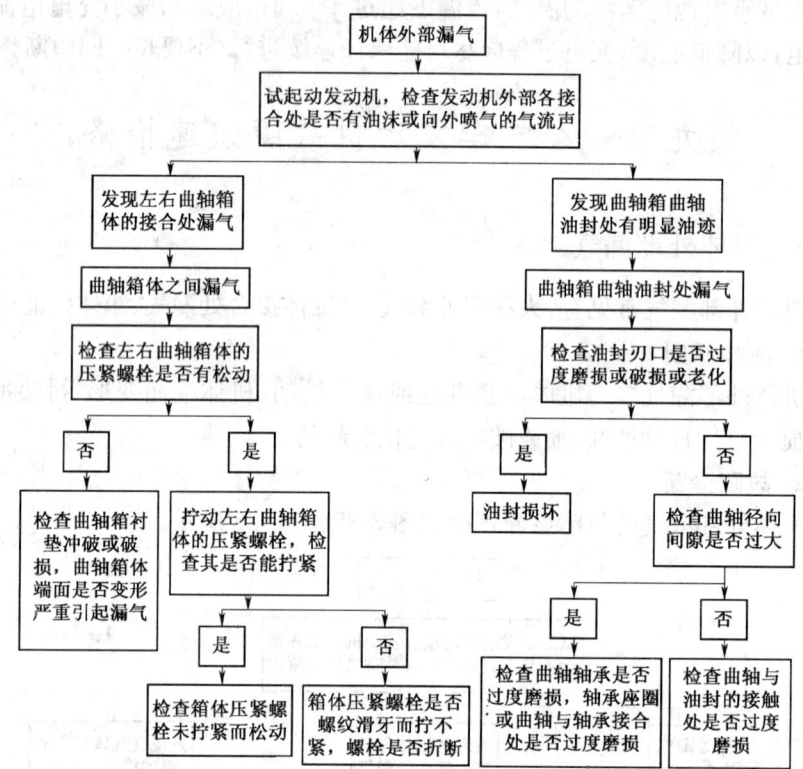

图 3-86 机体外部漏气的故障诊断程序（二）

3. 故障排除

机体外部漏气的故障排除方法见表 3-33。

表 3-33 机体外部漏气的故障排除方法

故障现象	检查部位或部件	损坏形式	修理方法
火花塞处漏气	火花塞	未拧紧	按规定扭矩拧紧火花塞
		火花塞密封垫圈漏装	装上密封垫圈
		火花塞损坏而漏气	更换火花塞
	气缸盖	火花塞螺孔螺纹滑牙	修理火花塞螺孔或更换气缸盖
气缸盖与气缸体之间漏气	气缸盖	压紧螺母或螺栓未拧紧	按规定扭矩拧紧螺母或螺栓
		压紧螺母或螺栓或螺柱螺纹滑牙	更换螺母或螺栓或螺柱
		压紧螺栓或螺柱折断	更换螺栓或螺柱
		端面变形	研磨气缸盖端面或更换气缸盖
		衬垫冲破或破损	更换衬垫
	气缸体	端面变形	研磨气缸体端面或更换气缸体
	曲轴箱体	箱体上气缸螺栓（或螺柱）孔螺纹滑牙	修理或更换箱体

续表 3-33

故障现象	检查部位或部件	损坏形式	修理方法
气缸体与曲轴箱之间漏气	气缸体	端面变形	研磨气缸体端面或更换气缸体
		衬垫冲破或破损	更换衬垫
	曲轴箱体	与气缸体的接合端面变形	研磨曲轴箱体端面或更换曲轴箱体
曲轴箱体之间漏气	曲轴箱体	箱体压紧螺栓未拧紧	按规定扭矩拧紧螺栓
		箱体压紧螺栓螺纹滑牙	更换螺栓
		箱体压紧螺栓折断	更换螺栓
		衬垫冲破或破损	更换衬垫
		端面变形	研磨曲轴箱体端面或更换曲轴箱体
曲轴箱曲轴油封处漏气	曲轴油封	油封刃口过度磨损或破损或老化	更换油封
	曲轴轴承	曲轴轴承过度磨损	更换曲轴轴承
	曲轴箱体	轴承座圈过度磨损	更换曲轴箱体
	曲轴连杆	曲轴与轴承接合处过度磨损	更换曲轴连杆总成
		曲轴与油封的接触处过度磨损	更换曲轴连杆总成

二、气缸压缩压力过低

拆下火花塞,用手指堵住火花塞螺纹孔,然后按下起动按钮或急速踩下起动蹬杆,若手指感到有很猛的气体向外冲,同时发出"噗噗"的响声,则说明气缸压缩压力基本正常;否则说明气缸压缩压力过低。

1. 故障原因

引起气缸压缩压力过低的原因有:
(1)机体外部漏气。
(2)配气正时不对。它会使活塞的往复运动与气门的开关动作不协调,导致发动机不能正常地进行进气和排气,造成气缸压缩压力过低。
(3)气门漏气。
(4)活塞环卡死、折断、弹力不足、过度磨损。
(5)气缸内壁有过度划伤、拉伤、过度磨损或失圆。

2. 故障诊断

气缸压缩压力过低的故障诊断程序如图 3-87 所示。

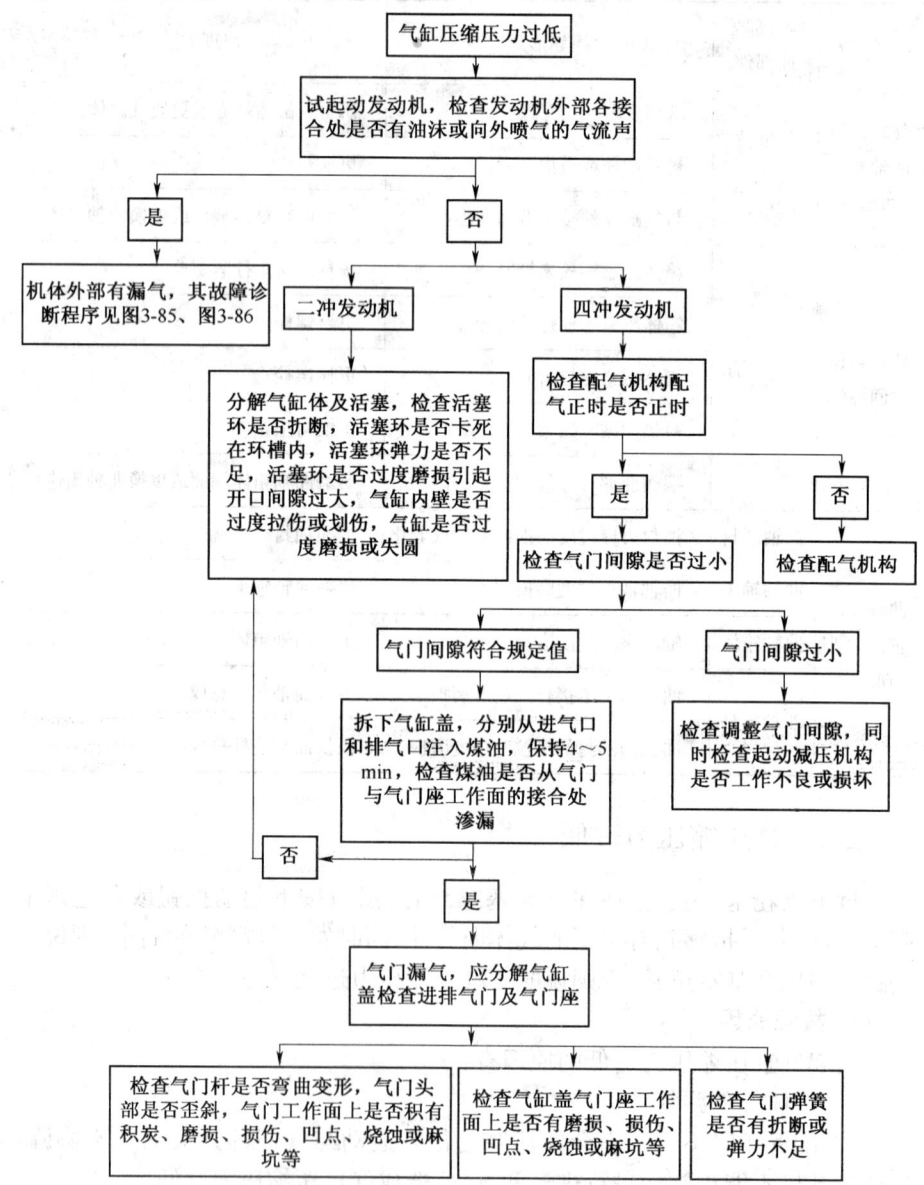

图 3-87 气缸压缩压力过低的故障诊断程序

3. 故障排除

气缸压缩压力过低的故障排除方法见表 3-34。

表 3-34 气缸压缩压力过低的故障排除方法

检查部位或部件	损坏形式	修理方法
机体	外部有漏气	其修理方法见表 3-34
活塞环	折断或弹力不足或过度磨损	更换活塞环
	卡死在环槽内	清除积炭
气缸体	气缸过度磨损或失圆	镗缸或更换气缸
	气缸内壁过度划伤、拉伤	镗缸或更换气缸
配气机构	配气不正时	重新安装配气正时
气门	气门间隙过小	调整气门间隙至规定值
	气门杆弯曲变形	更换气门杆
	气门头部歪斜	更换气门
	气门工作面上积有积炭	清除积炭,并用研磨砂对气门与气门座进行研磨修理
	气门工作面上有磨损或有损伤或有凹点或有烧蚀或有麻坑	更换气门或用研磨砂对气门与气门座进行研磨修理
气门座	气门座工作面上积有积炭	清除积炭,并用研磨砂对气门座进行研磨修理
	气门座工作面上有磨损或有损伤或有凹点或有烧蚀或有麻坑	轻微者用研磨砂对气门与气门座进行研磨修理,严重者应用气门座铰刀对气门座进行铣削修理
气门弹簧	折断或弹力不足	更换气门弹簧

三、活塞环的漏气声响

在气缸内有一种空洞的"呵、呵"声或"吱、吱"声,严重时有较明显的"噗、噗"的声响。

1. 故障原因

引起活塞环的漏气声响的原因有:

(1)活塞表面拉伤或划伤严重,或活塞环或活塞环槽内积有积炭过多,导致活塞环卡死在环槽内,会使活塞环失去弹力,造成活塞环不能与气缸内壁紧密接触而漏气。

(2)活塞环弹力不足,使活塞环不能与气缸内壁紧密接触而漏气。

(3)活塞环折断或开口位置未错开。

(4)活塞环过度磨损引起开口间隙过大。

(5)气缸内径过度磨损或失圆、气缸内壁拉伤或划伤。

2. 故障诊断

活塞环漏气声响的故障诊断程序如图 3-88 所示。

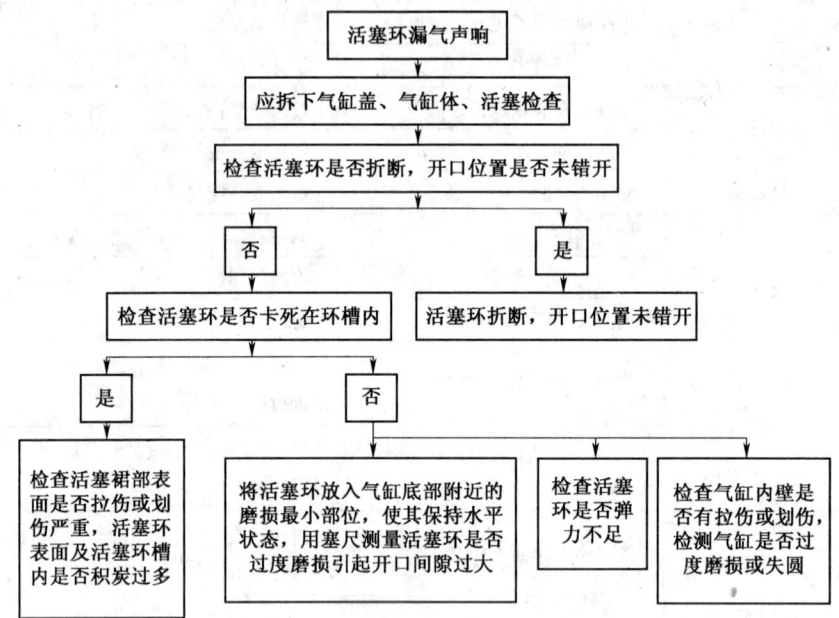

图 3-88　活塞环漏气声响的故障诊断程序

3. 故障排除

活塞环漏气声响的故障排除方法见表 3-35。

表 3-35　活塞环漏气声响的故障排除方法

检查部位或部件	损坏形式	修理方法
活塞环	环折断	更换活塞环
	环开口位置未错开	按规定安装活塞环
	环表面积有积炭过多	清除积炭
	环过度磨损	更换活塞环
	环弹力不足	更换活塞环
活塞	裙部表面拉伤或划伤严重	用细油石或砂纸打磨修复或更换活塞
	环槽内积有积炭过多	清除积炭,将环装在各环槽内并转动它们,确认环能顺利转动,无卡滞现象为宜
气缸	内壁拉伤或划伤	镗缸修理或更换气缸
	过度磨损或失圆	镗缸修理或更换气缸

四、活塞环敲击声响

活塞环敲击声响常见有：活塞环折断声响、活塞环与环槽碰撞声、活塞环碰气缸台阶声响。

1. 故障原因

引起活塞环敲击声响的原因有：活塞环折断、活塞环与环槽的间隙过大、气缸上部磨损成台阶状等。

2. 故障诊断

活塞环敲击声响的故障诊断程序如图 3-89 所示。

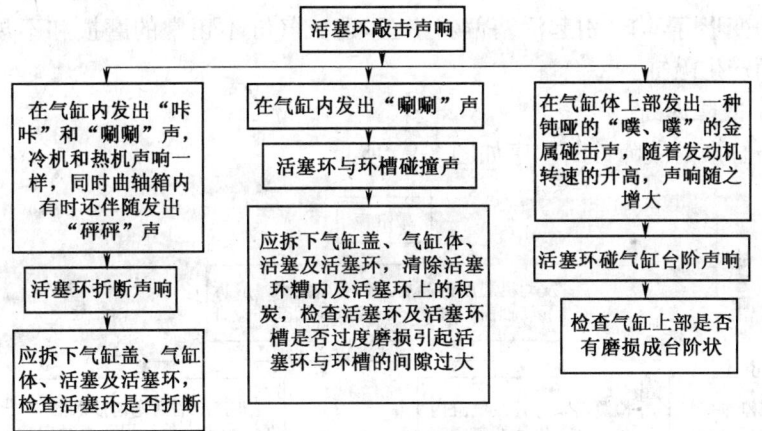

图 3-89　活塞环敲击声的故障诊断程序

3. 故障排除

活塞环敲击声响的故障排除方法见表 3-36。

表 3-36　活塞环敲击声的故障排除方法

检查部位或部件	损坏形式	修理方法
活塞环	折断	更换活塞环
	环上下表面过度磨损	更换活塞环
活塞	环槽过度磨损	更换活塞
气缸体	气缸上部磨损成台阶状	更换气缸体

五、敲缸声

在缸内发出一种比较清脆、尖锐的"当、当"或"嗒、嗒"的声响，其声响在冷车及加速时最为明显，发动机温度升高后，声响会减弱或消失。

1. 故障原因

引起敲缸声的原因有：

(1)冷车起动时,由于活塞冷缩而与气缸的配合间隙过大,润滑条件不佳,气缸内壁上的润滑油膜未完全形成,活塞与气缸内壁直接相碰而出现较明显的敲缸声。这种声响,在发动机温度升高,润滑正常,声响会自行减弱或消失。

(2)活塞方向装反,会使活塞侧面拍打气缸内壁而敲缸。

(3)活塞与气缸的配合间隙过大,在工作行程开始的瞬间,活塞在气缸内摆动,引起活塞裙部碰撞气缸内壁而敲缸。

(4)活塞销与活塞销孔或连杆轴承与曲柄销的配合间隙过大、连杆弯曲或扭曲变形等,均会引起活塞偏斜不正,造成气缸不正常的磨损和不规则的运动而产生敲缸。

2. 故障诊断

敲缸声的故障诊断程序如图 3-90 所示。

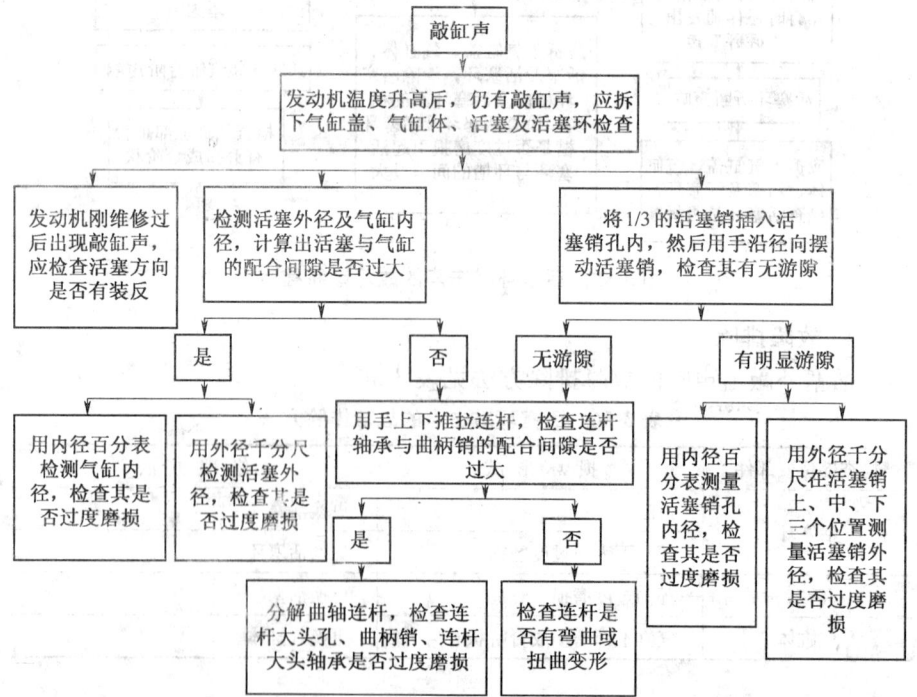

图 3-90 敲缸声的故障诊断程序

3. 故障排除

敲缸声的故障排除方法见表 3-37。

表 3-37 敲缸声的故障排除方法

检查部位或部件	损坏形式	修理方法
气缸	内径过度磨损	镗缸修理或更换气缸体
活塞	活塞方向装反	二冲程发动机活塞顶面标有箭头或"EX"记号应朝向气缸体排气侧,四冲程发动机活塞顶面标有"IN"记号应朝向气缸体进气侧
活塞	外径过度磨损	更换活塞
活塞	活塞销孔内径过度磨损	更换活塞
活塞	活塞销外径过度磨损	更换活塞销
曲轴连杆	连杆大头孔内径过度磨损	更换连杆或曲轴连杆
曲轴连杆	曲柄销外径过度磨损	更换曲柄销或曲轴连杆
曲轴连杆	连杆大头轴承过度磨损	更换轴承或曲轴连杆
曲轴连杆	连杆弯曲或扭曲变形	校正或更换曲轴连杆

六、活塞销敲击声响

发动机工作时,会发出一种非常尖锐、清脆、音调甚高而明显的"嗒、嗒"的金属敲击声响,像用手锤敲打铁钻的声音。其声响在冷机不响,温度升高后则发响,温度越高越响。

1. 故障原因

引起活塞销敲击声响的原因有:活塞销与活塞销孔的配合间隙过大、活塞销与连杆小头孔的配合间隙过大等。

2. 故障诊断

活塞销敲击声响的故障诊断程序如图 3-91 所示。

3. 故障排除

活塞销敲击声的故障排除方法见表 3-38。

表 3-38 活塞销敲击声响的故障排除方法

检查部位或部件	损坏形式	修理方法
活塞	活塞销孔过度磨损	更换活塞
活塞销	活塞销过度磨损	更换活塞销
连杆小头孔	连杆小头孔过度磨损	更换曲轴连杆或连杆
连杆小头孔	连杆小头轴承过度磨损	更换连杆小头轴承

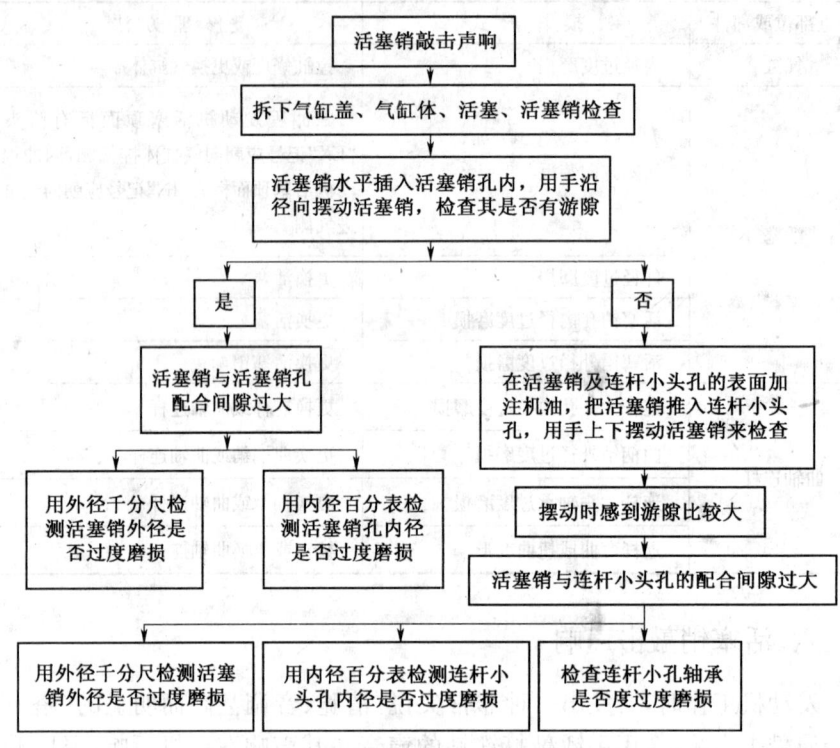

图 3-91 活塞销敲击声响的故障诊断程序

七、连杆头轴承敲击声响

在曲轴箱附近,可听到一种清脆、音量较大的"当、当"响声,严重时为"哗啦、哗啦"声响;离发动机一定距离,则听到短促而坚实的"嗒、嗒"声响。声响能随发动机转速升高而增大,随负荷的增大而增强;猛增转速或负荷时,响声最明显;不随发动机温度而变化。

1. 故障原因

引起连杆大头轴承敲击声响的原因是连杆大头轴承与曲柄销的配合间隙过大。当活塞到达上止点或下止点时,连杆大头轴承与曲柄销相碰撞而发出金属敲击声。

2. 故障诊断

连杆大头轴承敲击声响的故障诊断程序如图 3-92 所示。

3. 故障排除

连杆大头轴承敲击声响的故障排除方法见表 3-39。

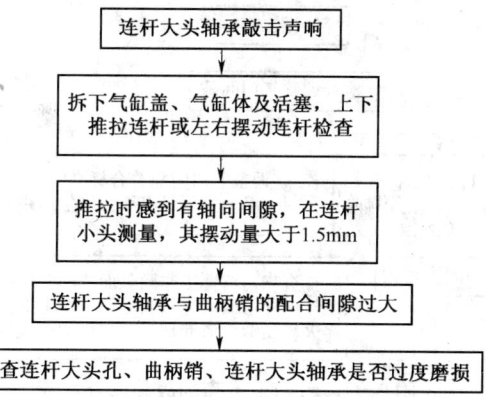

图 3-92 连杆大头轴承敲击声响的故障诊断程序

表 3-39 连杆大头轴承敲击声响的故障维修方法

检查部位或部件	损坏形式	修理方法
曲轴连杆	连杆大头孔过度磨损	更换曲轴连杆或连杆
	曲柄销过度磨损	更换曲轴连杆或曲柄销
	连杆大头轴承过度磨损	更换曲轴连杆或连杆大头轴承

八、曲轴轴承异常响声

在发动机从怠速过渡到中速工况时，曲轴箱处能听到明显的"哗、哗"异声。负荷增大，曲轴箱处发出音调低闷、钝哑而沉重的"镗、镗"或"刚、刚"的响声，发动机负荷越大，响声越大，发动机转速越快，响声也越大。

引起曲轴轴承异常响声主要原因是由于长期使用或润滑不良造成曲轴轴承过度磨损或烧蚀而引起的，应及时更换曲轴轴承。

九、气门敲击声

在怠速运转时，气缸盖处会出现有节奏的"嗒、嗒"或"嗲、嗲"的敲击声响，转速增高，响声随之增大，并变得杂乱。

1. 故障原因

引起气门敲击声的主要原因是气门间隙过大。

2. 故障诊断

气门敲击声的故障诊断程序如图 3-93 所示。

3. 故障排除

气门敲击声的故障排除方法见表 3-40。

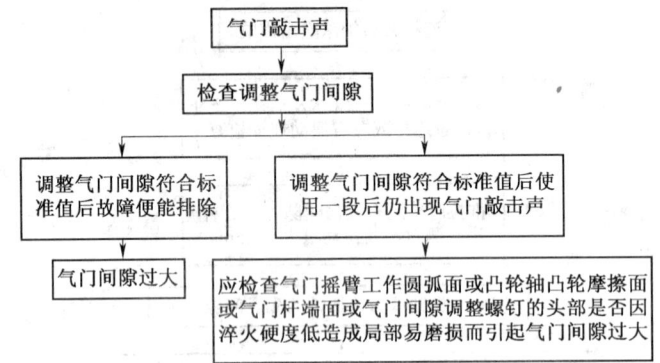

图 3-93 气门敲击声的故障诊断程序

表 3-40 气门敲击声的故障排除方法

检查部位或部件	损坏形式	修理方法
配气机构	气门间隙过大	调整气门间隙至规定值
	气门杆端面磨损成凹陷	更换气门杆
	气门间隙调整螺钉的头部过度磨损	更换气门间隙调整螺钉
	气门摇臂工作圆弧面烧蚀或磨损成凹槽	更换气门摇臂
	凸轮轴凸轮摩擦面过度磨损	更换凸轮轴

十、气门漏气

在发动机运转时,在气缸盖进气管侧听到"嘘嘘"的声响,或在气缸盖排气管侧听到"唏、唏"的声响。

1. 故障原因

造成气门漏气的原因有:

(1)气门关闭不严而漏气,造成此现象的原因有:

①气门间隙过小,气门杆受热膨胀伸长,被自动顶开,使气门不能完全关闭而漏气。

②起动减压机构工作不良或损坏,导致发动机工作时,减压凸轮随着凸轮轴一起旋转,与排气门摇臂接触,使排气门不能正常开启或关闭。

③气门杆弯曲变形、气门头部歪斜,会导致气门关闭不严而漏气。

(2)气门与气门座不能严密配合而漏气,造成此现象的原因有:

①气门工作面或气门座工作面有积炭、磨损、损伤、凹点、烧蚀或麻坑等,会造成气门与气门座不能严密配合而漏气。

②气门弹簧弹力不足或失去弹性,使气门与气门座不能严密配合而

漏气。

2. 故障诊断

气门漏气的故障诊断程序如图 3-94 所示。

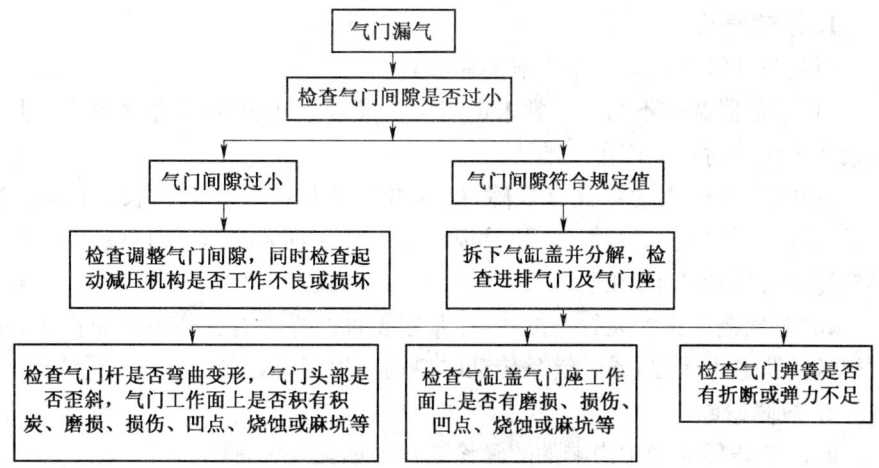

图 3-94 气门漏气的故障诊断程序

3. 故障排除

- 气门漏气的故障排除方法见表 3-41。

表 3-41 气门漏气的故障排除方法

检查部位或部件	损坏形式	修理方法
气门	气门间隙过小	调整气门间隙至规定值
	气门杆弯曲变形	更换气门杆
	气门头部歪斜	更换气门
	气门工作面上有积炭	清除积炭,并用研磨砂对气门与气门座进行研磨修理
	气门工作面上有磨损或有损伤或有凹点或有烧蚀或有麻坑	更换气门或用研磨砂对气门与气门座进行研磨修理
起动减压机构	工作不良或损坏	修理或更换起动减压机构
气门座	气门座工作面上有积炭	清除积炭,并用研磨砂对气门与气门座进行研磨修理
	气门座工作面上有磨损或有损伤或有凹点或有烧蚀或有麻坑	轻微者用研磨砂对气门与气门座进行研磨修理,严重者应用气门座铰刀对气门座进行铣削修理
气门弹簧	折断或弹力不足	更换气门弹簧

十一、时规链条传动异常声响

在发动机运转时,时规链条处产生"咔嗒、咔嗒"比较刺耳的噪声。

1. 故障原因

引起时规链条传动异常声响的原因有:

(1)张紧器调整不当。日常未定期调整张紧器,使时规链条张紧力不足,导致链条传动时抖动产生声响。

(2)配气机构驱动零件有故障,即时规链条过度磨损或拉长,时规链条主、从动链轮轮齿过度磨损伤,使时规链条张紧装置无法压紧时规链条,导致链条传动时抖动产生声响。

(3)时规链条张紧装置有故障,即张紧装置的零件有工作不良或损坏,使时规链条张紧力不足,导致链条传动时抖动产生声响。

2. 故障诊断

时规链条传动异常声响的故障诊断程序如图 3-95 所示。

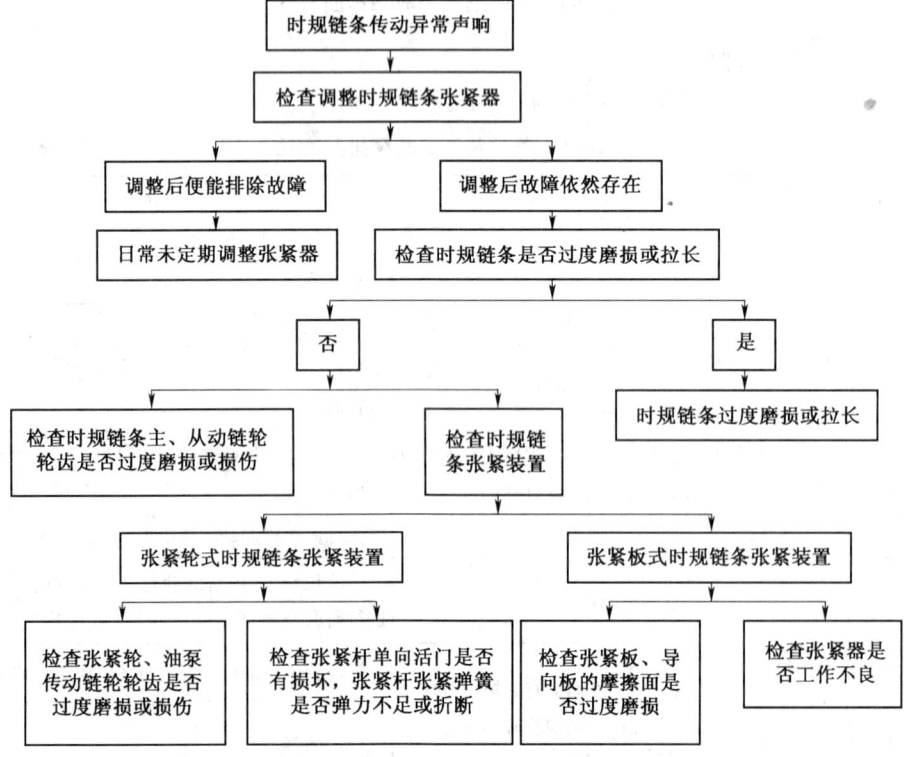

图 3-95 时规链条传动异常声响的故障诊断程序

3. 故障排除

时规链条传动异常声响的故障排除方法见表 3-42。

表 3-42 时规链条传动异常声响的故障排除方法

检查部位或部件	损坏形式	修理方法
张紧器	日常未定期调整	调整张紧器
时规链条	过度磨损或拉长	更换时规链条
时规链条主、从动链轮	轮齿过度磨损或损伤	更换主、从动链轮
张紧轮式时规链条张紧装置	张紧轮、油泵传动链轮轮齿过度磨损或损伤	更换张紧轮及油泵传动动链轮
	张紧杆单向活门损坏	更张紧杆
	张紧杆张紧弹簧弹力不足或折断	更换张紧弹簧
张紧板式时规链条张紧装置	张紧板、导向板的摩擦面过度磨损	更换张紧板及导向板
	张紧器工作不良	更换张紧器

十二、燃油开关无汽油流出

拔下化油器上的输油管,打开燃油开关或按下起动按钮发动机使曲轴转动,输油管无汽油流出。

1. 故障原因

燃油开关无汽油流出多为油箱盖通气孔堵塞、倾倒阀内部或相连的油管堵塞、炭罐内部或进气口堵塞、负压管脱落或堵塞或破裂、燃油开关或汽油泵内部堵塞或损坏等引起的。

2. 故障诊断

燃油开关无汽油流出的故障诊断程序如图 3-96 所示。

3. 故障排除

燃油开关无汽油流出的故障排除方法见表 3-43。

表 3-43 燃油开关无汽油流出的故障排除方法

检查部位或部件	损坏形式	修理方法
燃油箱	油箱盖通气孔堵塞	清洗疏通通气孔
燃油蒸发排放控制系统	倾倒阀内部堵塞	更换倾倒阀
	倾倒阀相连的油管有堵塞	疏通或更换油管
	炭罐内部或进气口堵塞	更换炭罐或疏通进气口
燃油开关	开关内部有堵塞	清洗疏通燃油开关
	开关内部损坏	更换燃油开关

续表 3-43

检查部位或部件	损 坏 形 式	修 理 方 法
燃油开关	开关的滤油管过脏而堵塞	清洗疏通开关的滤油管
	自动燃油开关的负压管脱落	接上负压管
	自动燃油开关的负压管堵塞或破裂	更换负压管
汽油泵	负压管脱落	接上负压管
	负压管破损或堵塞	更换负压管
	内部堵塞或损坏	修理或更换汽油泵

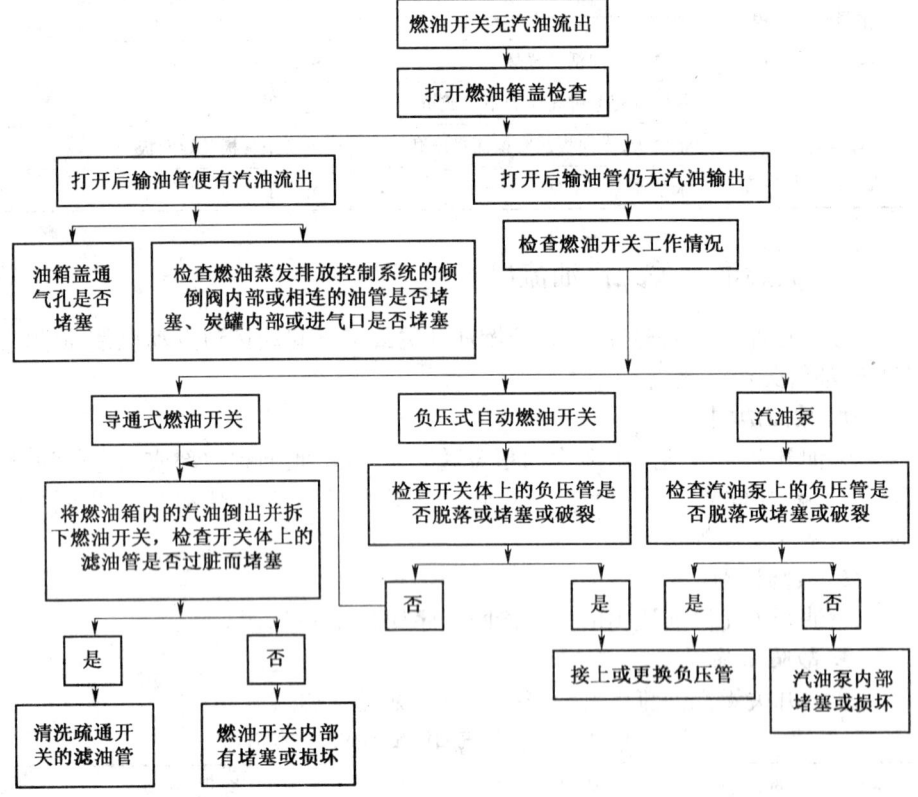

图 3-96　燃油开关无汽油流出的故障诊断程序

十三、化油器不进油

发动机无法起动,拧松化油器的放油螺钉,化油器溢油管无汽油流出。

1. 故障原因

引起化油器不进油的原因有:

(1)燃油箱无汽油、油箱盖通气孔堵塞、倾倒阀内部或相连的油管堵塞、炭罐内部或进气口堵塞、燃油开关或汽油泵工作不良或堵塞等,均会造成燃油开关无汽油流出。

(2)化油器浮子高度过高、化油器进油管堵塞等,均会造成汽油不能流入化油器浮子室内。

2. 故障诊断

化油器不进油的故障诊断程序如图 3-97 所示。

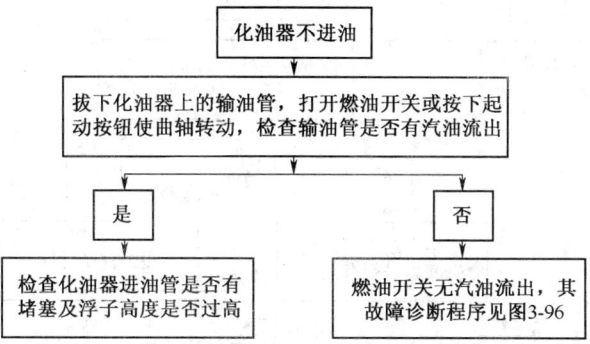

图 3-97　化油器不进油的故障诊断程序

3. 故障排除

化油器不进油的故障排除方法见表 3-44。

表 3-44　化油器不进油的故障排除方法

检查部位或部件	损 坏 形 式	修 理 方 法
燃油开关	无汽油流出	其修理方法见表 3-43
化油器	进油管堵塞	清洗疏通化油器
	浮子高度过高	调整浮子高度或更换浮子

十四、化油器溢油

摩托车停放时,化油器的溢油管会有汽油流出。

1. 故障原因

引起化油器溢油的原因有:

(1)浮子针阀与针阀座之间有异物,浮子针阀的锥面上有台阶状磨损或损伤等,均导致浮子针阀与针阀座关闭不严,失控浮子室油面而溢油。

(2)浮子破裂,导致浮子内进入汽油而变重,使浮子浮力变小,造成浮子针阀与针阀座关闭不严,失控浮子室油面而溢油。

(3)浮子高度过低或其变形,会使浮子室油面过高而溢油。

2. 故障诊断

化油器溢油的故障诊断程序如图 3-98 所示。

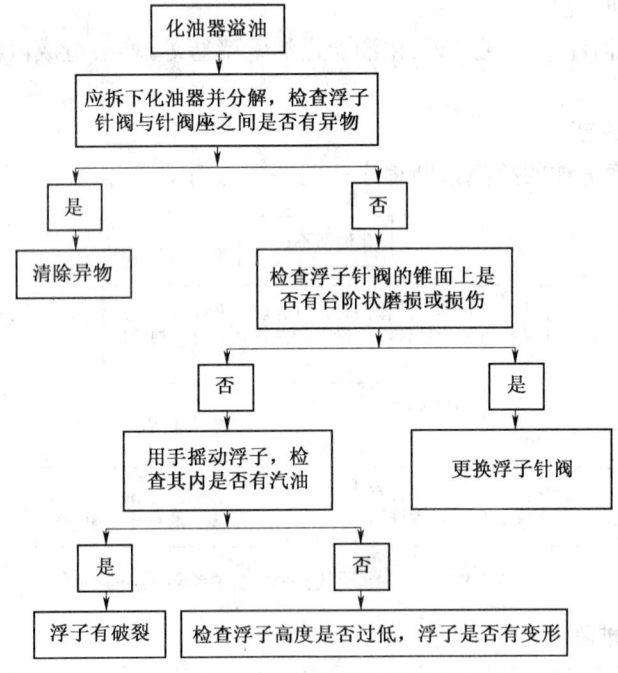

图 3-98 化油器溢油的故障诊断程序

3. 故障排除

化油器溢油的故障排除方法见表 3-45。

表 3-45 化油器溢油的故障排除方法

检查部位或部件	损坏形式	修理方法
浮子针阀	浮子针阀与针阀座之间异物	清除异物
	浮子针阀的锥面上有台阶状磨损或损伤	更换浮子针阀
浮子	浮子破裂	修补或修理浮子
	浮子高度过低	更换或调整浮子高度
	浮子变形	修理或更换浮子

十五、二冲程发动机机油泵不泵油或泵油过少

发动机转速不论高低,排气消声器尾管只有少量或根本无白烟排出;拆下机油泵出油管,稍加油门转把,使发动机转速略有升高,机油泵出油嘴上有极少量或根本无机油涌出。

1. 故障原因

引起二冲程发动机机油泵不泵油或泵油过少的原因有：机油箱内无机油，油泵操纵钢索的钢丝绳折断，箱盖或箱体通气孔堵塞，机油滤清器堵塞，油管破损或堵塞，机油泵内有混入空气或损坏，机油泵驱动机构损坏等。

2. 故障诊断

二冲程发动机机油泵不泵油或泵油过少的故障诊断程序如图 3-99 所示。

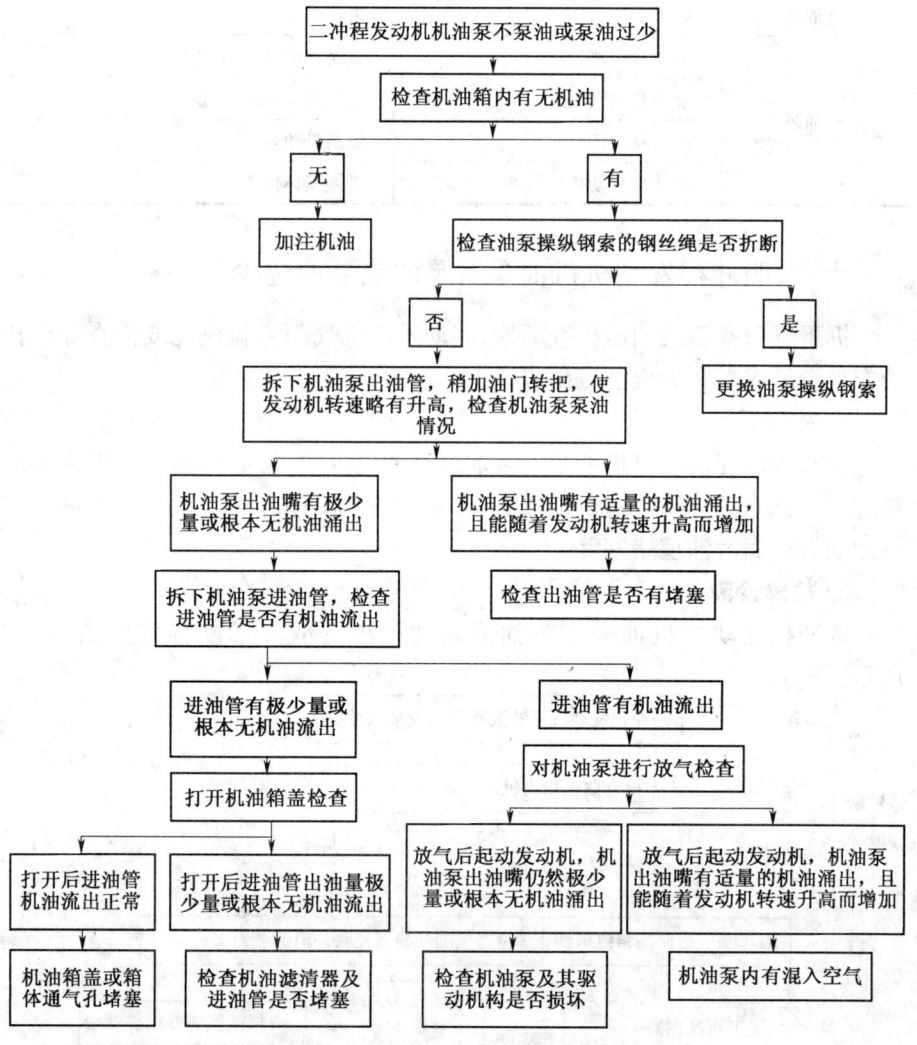

图 3-99　二冲程发动机机油泵不泵油或泵油过少的故障诊断程序

3. 故障排除

二冲程发动机机油泵不泵油或泵油过少的故障排除方法见表 3-46。

表 3-46 二冲程发动机机油泵不泵油或泵油过少的故障排除方法

检查部位或部件	损坏形式	修理方法
机油箱	箱内无机油	补充机油,并对机油泵进行放气
	箱盖或箱体通气孔堵塞	疏通通气孔
油泵操纵钢索	钢丝绳折断	更换油泵操纵钢索
机油滤清器	过脏而堵塞	清洗或更换机油滤清器
进油管	堵塞	更换进油管
机油泵	出油管堵塞	更换出油管
	泵内有空气混入	对机油泵进行放气
	机油泵损坏	更换机油泵
	机油泵驱动机构损坏	更换损坏件

十六、四冲程发动机机油泵不泵油或泵油过少

拆下气门室盖或油压检查螺栓,起动发动机气门室盖座孔或检查螺栓孔处有极少量或根本无机油溅出或涌出。

1. 故障原因

引起四冲程发动机机油泵不泵油或泵油过少的原因有:曲轴箱内机油油量过少,机油滤清器堵塞,机油泵损坏,机油泵驱动机构损坏,机油散热器或机油油管或润滑油道堵塞等。

2. 故障诊断

四冲程发动机机油泵不泵油或泵油过少的故障诊断程序如图 3-100 所示。

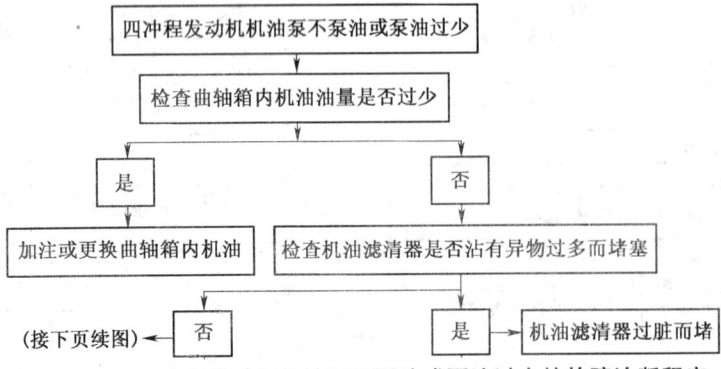

图 3-100 四冲程发动机机油泵不泵油或泵油过少的故障诊断程序

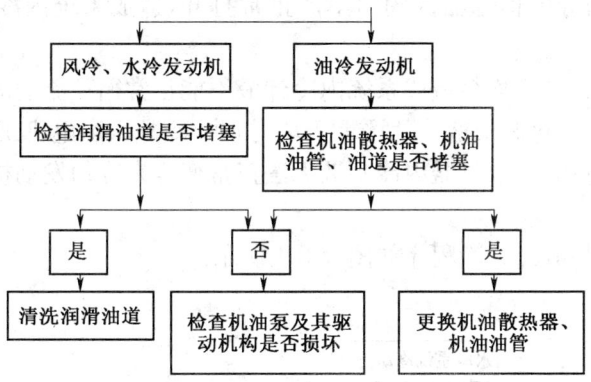

图3-100 四冲程发动机机油泵不泵油或泵油过少的故障诊断程序(续)

3. 故障排除

四冲程发动机机油泵不泵油或泵油过少的故障排除方法见表3-47。

表3-47 四冲程发动机机油泵不泵油或泵油过少的故障排除方法

检查部位或部件	损坏形式	修理方法
曲轴箱	箱内机油油量过少	加注或更换曲轴箱内机油
机油滤清器	滤芯过脏而堵塞	清洗或更换滤芯
机油泵	机油泵损坏	更换机油泵
	机油泵驱动机构损坏	更换损坏件
润滑油道	堵塞	清洗疏通油道
机油油管	堵塞	更换机油油管
机油散热器	堵塞	更换机油散热器

十七、水冷系统冷却性差

摩托车行驶过程中,常闻到发动机发出的烧焦味,水温表指针常处于红色警告区,加速无力,无法正常行驶。

1. 故障原因

引起水冷系统冷却性差的原因有:

(1)系统内冷却液循环不良,导致吸到发动机气缸体、气缸盖热量而升温的冷却液无法输向散热器而散发热量,冷却液无法变冷,也无法冷却发动机。引起系统内冷却液循环不良的原因有:

①储液箱内冷却液水量过少或根本没有,散热器盖工作不良,系统内漏水,均会导致系统内冷却液容量不足,造成系统内冷却液不能正常循环流动。

②恒温器工作不良,导致恒温器内阀门不能正常打开,造成系统内冷却液不能正常循环流动。

③水泵损坏,水管堵塞等,均会造成系统内冷却液不能正常循环流动。

(2)散热器上的散热芯过脏或散热片严重压坏、扭曲,冷却风扇电机工作不良,均导致散热器散热不良,散热器内冷却液无法正常变冷来冷却发动机。

2. 故障诊断

水冷系统冷却性差的故障诊断程序如图 3-101 所示。

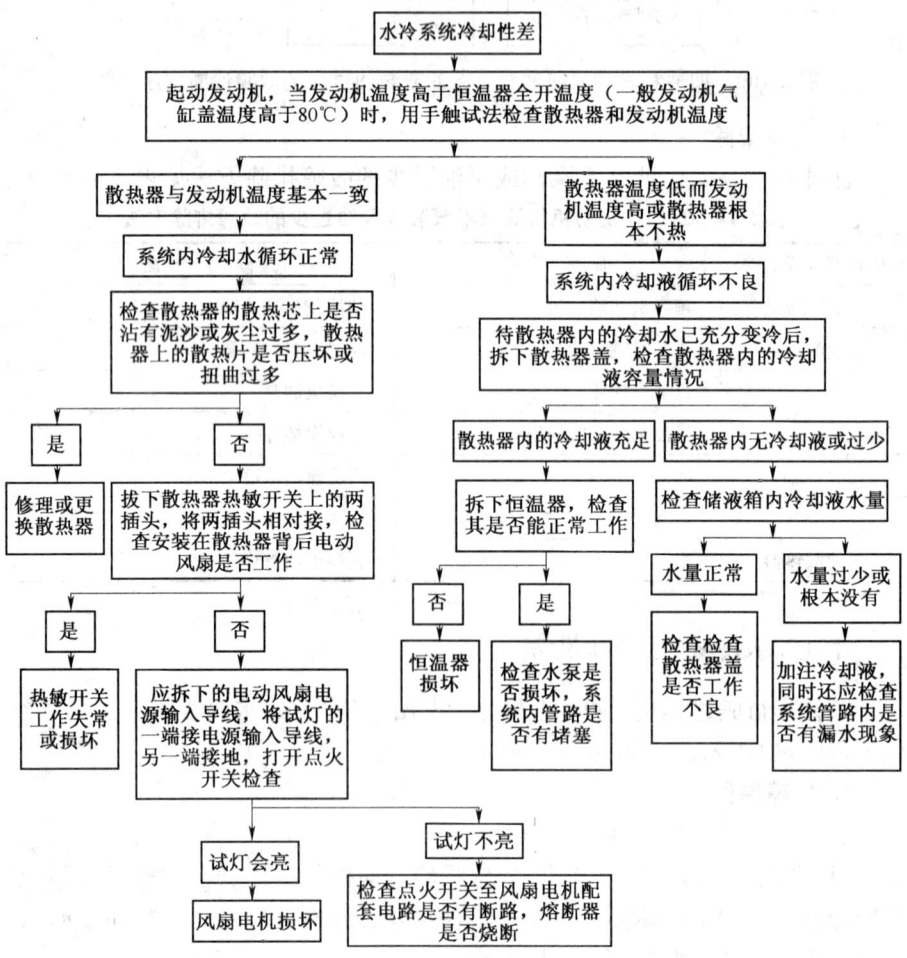

图 3-101　水冷系统冷却性差的故障诊断程序

3. 故障排除

水冷系统冷却性差的故障排除方法见表 3-48。

表 3-48 水冷系统冷却性差的故障排除方法

检查部位或部件	损坏形式	修理方法
储液箱	箱内冷却液液量过少或根本没有	补充冷却液
散热器盖	工作不良	更换散热器盖
系统内管路	漏水	修理或更换损坏件
	堵塞	清洗疏通管路
水泵	损坏	修理或更换水泵
恒温器	损坏	更换恒温器
散热器	散热芯上沾有泥沙或灰尘过多	用清水和压缩空气将散热芯清洗干净
	散热片压坏或扭曲过多	用小棒针等将散热片矫正或更换散热器
热敏开关	工作失常或损坏	更换热敏开关
风扇电机	风扇电机配套电路有断路	接通或更换导线
	熔断器烧断	更换熔断器
	风扇电机损坏	修理或更换风扇电机

十八、火花塞火弱或无火

打开点火开关,脚踩起动蹬杆或按下起动按钮,发动机起动困难或无法起动。当进行火花塞跳火试验时,火花塞电极间跳出火花微弱(即火花分散、发红)或根本无花跳出。

1. 故障原因

引起火花塞火弱或无火的原因有:
(1)火花塞电极间炭连、火花塞积炭或油污严重、火花塞绝缘体损坏等。
(2)火花塞帽损坏。
(3)蓄电池供电不良(无触点式蓄电池点火系统)。
(4)点火电源线圈、触发线圈或线圈输出导线有短路或断路。
(5)点火线圈漏电、断路或短路。
(6)点火装置有损坏。
(7)点火系统内线路断路、短路或接触不良。
(8)点火开关或发动机熄火开关存在故障。

2. 故障诊断

火花塞火弱或无火的故障诊断程序如图 3-102 所示。

3. 故障排除

火花塞火弱或无火的故障排除方法见表 3-49。

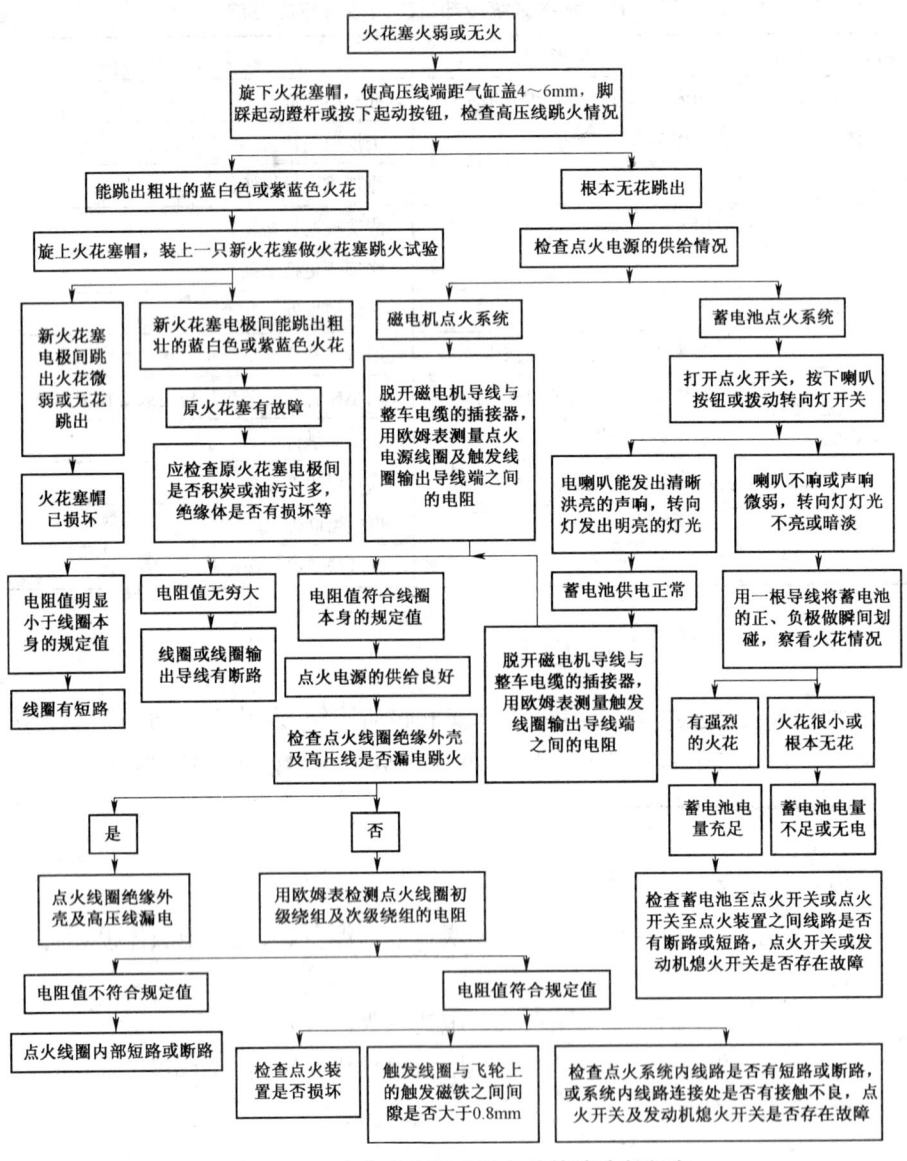

图 3-102　火花塞火弱或无火的故障诊断程序

表 3-49　火花塞火弱或无火的故障排除方法

检查部位或部件	损坏形式	修理方法
火花塞	电极间炭连	清除电极间积炭
	电极间积炭或油污过多	清除积炭或油污
	绝缘体损坏	更换火花塞

续表 3-49

检查部位或部件	损 坏 形 式	修 理 方 法
火花塞帽	火花塞帽损坏	更换火花塞帽
磁电机	点火电源线圈短路或断路	更换点火电源线圈
	触发线圈短路或断路	更换触发线圈
	触发线圈与飞轮上的触发磁铁之间间隙大于0.8m或无间隙	调整触发线圈与飞轮上的触发磁铁之间间隙至0.4~0.8mm
	线圈输出导线断路	重新连接好或更换导线
蓄电池	电量不足或无电	补充充电或更换蓄电池
	蓄电池至点火开关之间线路有断路或短路	接通或更换导线
点火线圈	绝缘外壳及高压线漏电	更换点火线圈
	线圈短路或断路	更换点火线圈
点火装置	点火装置有损坏	更换点火装置
点火系统内线路	线路断路或短路	接通或更换导线
	线路连接处接触不良	连接好线路
点火开关或发动机熄火开关	开关存在故障	修理或更换开关

十九、火花塞断火

发动机起动困难,摩托车行驶发冲,即"一闯、一闯"或"顿、闯",行驶无力。

1. 故障原因

引起火花塞断火的原因有:

(1)点火系统内存在漏电现象。

(2)火花塞或火花塞帽损坏。

(3)点火系统线路有短路或断路,线路连接处接触不良,导致点火电路瞬间断电,使火花塞断火。

(4)点火开关或发动机熄火开关存在故障。

(5)点火线圈、点火装置、点火电源线圈、触发线圈等损坏。

2. 故障诊断

火花塞断火的故障诊断程序如图 3-103 所示。

3. 故障排除

火花塞断火的故障排除方法见表 3-49。

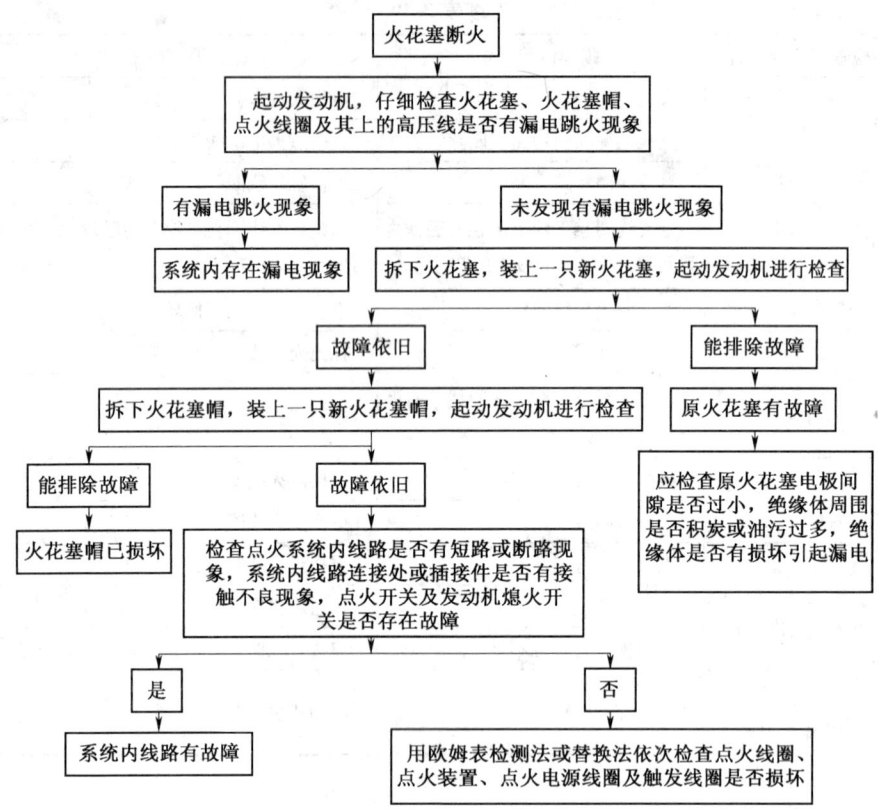

图 3-103 火花塞断火的故障诊断程序

二十、点火不正时

点火过早,脚踏起动蹬杆有反弹现象,化油器回火;点火过迟,排气消声器冒黑烟、放炮,摩托车行驶无力。

1. 故障原因

引起点火不正时的原因有:

(1)磁电机飞轮有松动,使飞轮与曲轴的相对位置发生变化,触发线圈和点火电源线圈输出电压相位过大或过小,导致点火时间不准。引起磁电机飞轮松动的原因有:飞轮压紧螺母或螺栓松动,曲柄轴颈上的半圆键或半圆键槽损坏等。

(2)点火电源线圈或触发线圈或定子底盘有松动等,使线圈输出电压相位发生变化,导致点火时间不准。

(3)点火装置损坏。

2. 故障诊断

点火不正时的故障诊断程序如图3-104所示。

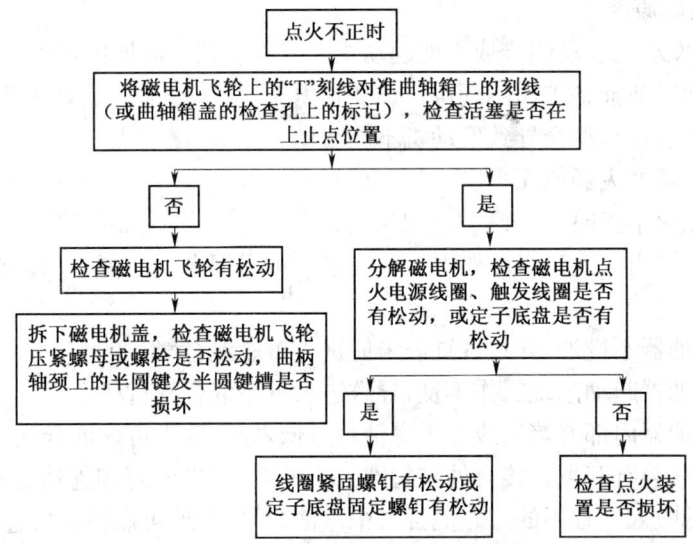

图 3-104 点火不正时的故障诊断程序

3. 故障排除

点火不正时的故障排除方法见表 3-50。

表 3-50 点火不正时的故障排除方法

检查部位或部件	损坏形式	修理方法
磁电机	飞轮压紧螺母或螺栓松动	按规定拧紧压紧螺母或螺栓
	曲柄轴颈上的半圆键损坏	更换半圆键
	曲柄轴颈上的半圆键槽损坏	修理或更换曲轴连杆
	线圈紧固螺钉松动	拧紧线圈紧固螺钉
	定子底盘固定螺钉松动	拧紧固定螺钉
点火装置	内部损坏	更换点火装置

二十一、发动机起动困难或不能起动

摩托车发动机在-10℃以上环境温度下,做好起动前的准备工作后,脚踏起动时间不超过15s,电起动时间不超过5s,连续起动3次,至少有2次成功。若超过上述规定的起动时间和起动次数才能起动,则属于起动困难;若连续脚踏起动10次以上,或电起动时间超过30s仍不能起动,则属于不能起动。

发动机起动困难和不能起动属于同一种故障模式,只是故障的程度有所不同,故障的原因及诊断方法大致相同,因此综合加以论述。

1. 故障原因

引起发动机起动困难或不能起动主要有以下几方面原因:

(1)起动前准备工作不到位。燃油箱内无汽油,燃油开关处于关闭状态,火花塞帽脱落等,均会导致发动机不能起动。

(2)火花塞火弱或无火。

(3)点火不正时。

(4)气缸内未能进入可燃混合气或进入可燃混合气过稀。引起此现象的原因有:

①化油器不进油,导致气缸内未能进入可燃混合气。

②化油器起动系统工作不良,导致进入可燃混合气过稀。

③化油器内部有堵塞或浮子室油位过低,导致进入可燃混合气过稀。

④进气管有开裂或接合处密封圈老化失效,与进气管相连油管脱落或破裂,会降低吸入气缸内的可燃混合气中汽油含量,导致可燃混合气过稀。

(5)进入气缸内的可燃混合气过浓或汽油流入气缸内引起火花塞"淹死"。引起此现象的原因有:

①空气滤清器滤芯过脏,阻碍空气进入化油器,使吸入气缸内可燃混合气过浓。

②浮子高度过低或破裂会导致浮子室内油位过高,使汽油吸入量增加,可燃混合气过浓或汽油流入气缸内引起火花塞"淹死"。

(6)气缸压缩压力过低。

2. 故障诊断

发动机起动困难或不能起动的故障诊断程序如图3-105、图3-106所示。

3. 故障排除

发动机起动困难或不能起动的故障排除方法见表3-51。

二十二、发动机过热

所谓发动机过热,是指发动机工作温度超过正常工作温度(发动机正常工作温度是指气缸盖温度在100℃～200℃,曲轴箱内润滑油在50℃～95℃),关闭点火开关后发动机仍然通过自然继续运转,气缸盖和气缸体表面上的油污被烤焦冒烟。用手检查时,但不能直接气缸盖和气缸体(由于气缸盖和气缸体温度在100℃以上,容易把手烫伤),可以将手放在气缸体与曲轴箱体接合部位附近。若手指感到温热或较烫,但手仍能较久地放在测量部位

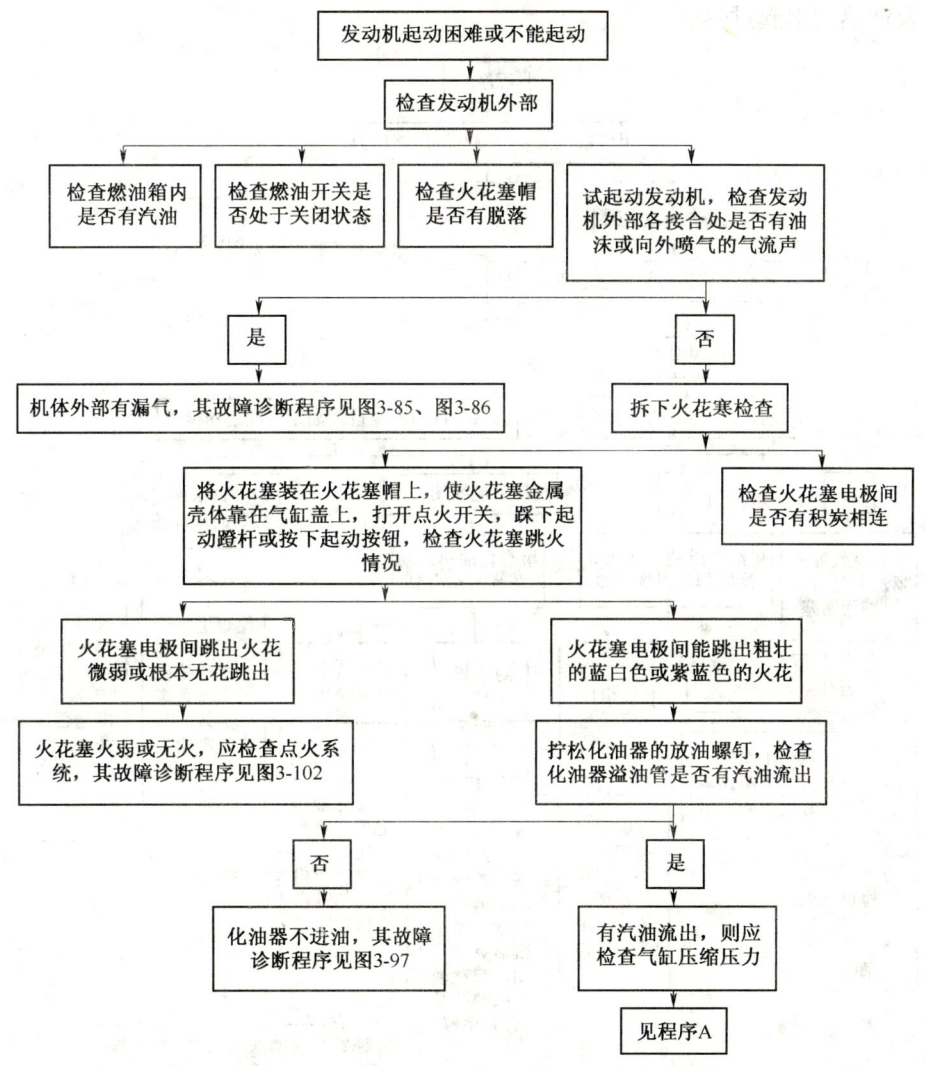

图 3-105 发动机起动困难或不能起动的故障诊断程序(一)

上,则说明发动机负荷和发热正常;若曲轴箱体热得烫手,手不能放在测量部位上,则说明发动机超负荷工作,但还能继续工作,只是应想办法改善工作条件;若用蘸水的手指与曲轴箱体作瞬间接触,水滴立即发出"吱吱"声,则说明发动机过热。发动机过热会导致发动机功率下降,加速性变差,引起发动机胀缸或严重拉缸而自动熄火,加剧发动机内部的磨损,甚至损坏。

1. 故障原因

引起发动机过热主要有以下几方面原因:
(1)发动机长时间在低速挡或不良道路或超负荷行驶,会使发动机来不及散热而引起过热。

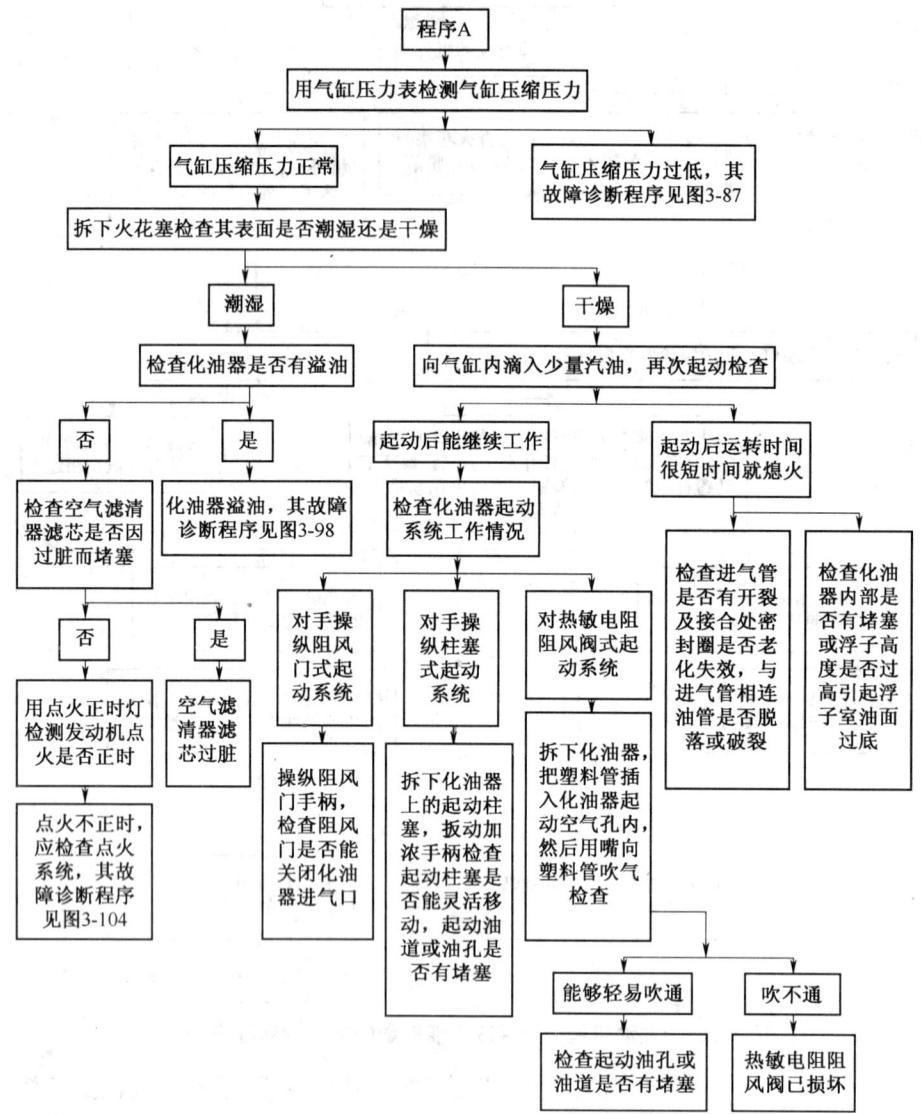

图 3-106　发动机起动困难或不能起动的故障诊断程序（二）

表 3-51　发动机起动困难或不能起动的故障排除方法

检查部位或部件	损 坏 形 式	修 理 方 法
燃油箱	箱内无汽油	加注规定牌号汽油
燃油开关	开关处于关闭状态	将开关处于打状态
火花塞帽	脱落	装上火花塞帽

机体外部漏气,其检查部位或部件、损坏形式、修理方法见表 3-33

续表 3-51

检查部位或部件	损 坏 形 式	修 理 方 法
火花塞	电极间炭连	清除电极间积炭
	火弱或无火	其修理方法见表 3-49
空气滤清器	滤芯因过脏而堵塞	清洗或更换滤芯

点火不正时,其检查部位或部件、损坏形式、修理方法见表3-50

气缸压缩压力过低,其检查部位或部件、损坏形式、修理方法见表3-34

检查部位或部件	损 坏 形 式	修 理 方 法
化油器	化油器不进油	其修理方法见表 3-44
	化油器溢油	其修理方法见表 3-45
	内部堵塞	清洗疏通
	浮子高度过高	调整浮子高度或更换浮子
	手操纵阻风门式起动系统的阻风门开闭不灵活	修理或更换化油器
	手操纵柱塞式起动系统的起动柱塞开闭不灵活	修理或更换化油器
	热敏电阻阻风阀式起动系统的热敏电阻阻风阀损坏	更换热敏电阻阻风阀
	起动油孔或油道堵塞	清洗疏通起动油孔或油道
进气管	进气管有开裂	更换进气管
	密封圈老化失效	更换密封圈
	与进气管相连油管脱落或破裂	相连上或更换油管

(2)对双缸或多缸发动机,当发动机某缸不工作,全部负荷就加到正常工作的缸上,使其负荷增加,从而引起发动机过热。

(3)发动机冷却条件差。对自然风冷发动机,气缸盖和气缸体的散热片上沾有油污或泥沙过多,导致发动机散热不良而过热;对强制风冷发动机,气缸盖和气缸体的散热片上沾有油污或泥沙过多,导风罩、风罩严重破损,冷却风扇叶片损坏等,均会导致发动机散热不良而过热;对水冷发动机,水冷系统冷却性差,导致发动机散热不良而过热。

(4)曲轴箱机油黏度差或变质,其润滑效果差导致发动机过热。

(5)曲轴箱机油加注过多,曲轴箱内空间变小,曲轴运转阻力变大,加重了发动机负荷,导致曲轴箱内的机油温升加快,引起发动机过热。

(6)润滑系统工作不良,会造成发动机润滑不良,使气缸、活塞、连杆轴承、曲轴轴承等活动部位摩擦力增大,产生过量摩擦热,而又不能及时将热量带走,以致引起局部过热。

(7)可燃混合气过稀,使燃烧速度降低,燃烧过程延长,则会使气缸温度升高而引起发动机过热。引起可燃混合气过稀的原因有:

①油箱盖通气孔或油箱通气管堵塞、倾倒阀内部或相连的油管是否有堵塞、炭罐内部或进气口有堵塞、燃油开关或汽油泵工作不良或堵塞等,均会使发动机在工作过程来不及供油造成化油器浮子室油位过低,降低吸入气缸内的可燃混合气中汽油含量,导致可燃混合气过稀。

②化油器内堵塞,化油器浮子室油位过低等,会降低吸入气缸内的可燃混合气中汽油含量,导致可燃混合气过稀。

③等真空柱塞式化油器真空柱塞阀上的真空膜片破裂或龟裂,会引起真空柱塞阀的提升速度滞后于喉口处真空度的变化,降低吸入气缸内的可燃混合气中汽油含量,导致可燃混合气过稀。

④进气管有开裂或接合处密封圈老化失效,与进气管相连油管脱落或破裂,机外部各接合处漏气等,均会降低吸入气缸内的可燃混合气中汽油含量,导致可燃混合气过稀。

(8)可燃混合气过浓,使燃烧不完全而产生积炭,影响散热,也会使气缸温度升高而引起发动机过热。引起可燃混合气过浓的原因有:

①空气滤清器滤芯过脏,阻碍空气进入化油器,使吸入气缸内可燃混合气过浓。

②化油器起动系统工作不良。对手操纵阻风门式起动系统,在发动机正常工作时,若未能完全打开阻风门,则会造成与汽油混合的空气量减小,使吸入气缸内可燃混合气过浓;对手操纵柱塞式起动系统,在发动机正常工作时,若起动柱塞未能完全关闭起动喷管口,仍向气缸供给加浓的可燃混合气,最终使吸入气缸内可燃混合气过浓;对热敏电阻阻风阀式起动系统,在发动机正常工作时,若其工作不良,会造成起动阀未能完全关闭起动喷管,仍向气缸供给加浓的可燃混合气,最终使吸入气缸内可燃混合气过浓。

③浮子高度过低或破裂会导致浮子室内油位过高,使汽油吸入量增加,可燃混合气变浓。

④化油器主量孔过大或松脱、油针调整不当或过度磨损等均会使汽油吸入量增加,可燃混合气变浓。

(9)点火不正时。点火时间过早,燃烧温度降低,会导致燃烧不充分,产生积炭,影响散热,使气缸温度升高引起发动机过热;点火时间过迟,使燃烧时间延长,也会引起发动机过热。

(10)离合器打滑,传递负荷减小,这样需要相应提高发动机转速才能满足要求,而提高转速会引起更严重打滑,以致发动机不得不经常处于高转速运转,最终导致发动机过热。

(11)发动机排气不畅。当积炭将气缸体排气口、排气消声器堵塞时,会使排气阻力增大,发动机负荷随之增加,从而导致发动机过热。

2. 故障诊断

发动机过热的故障诊断程序如图 3-107～图 3-109 所示。

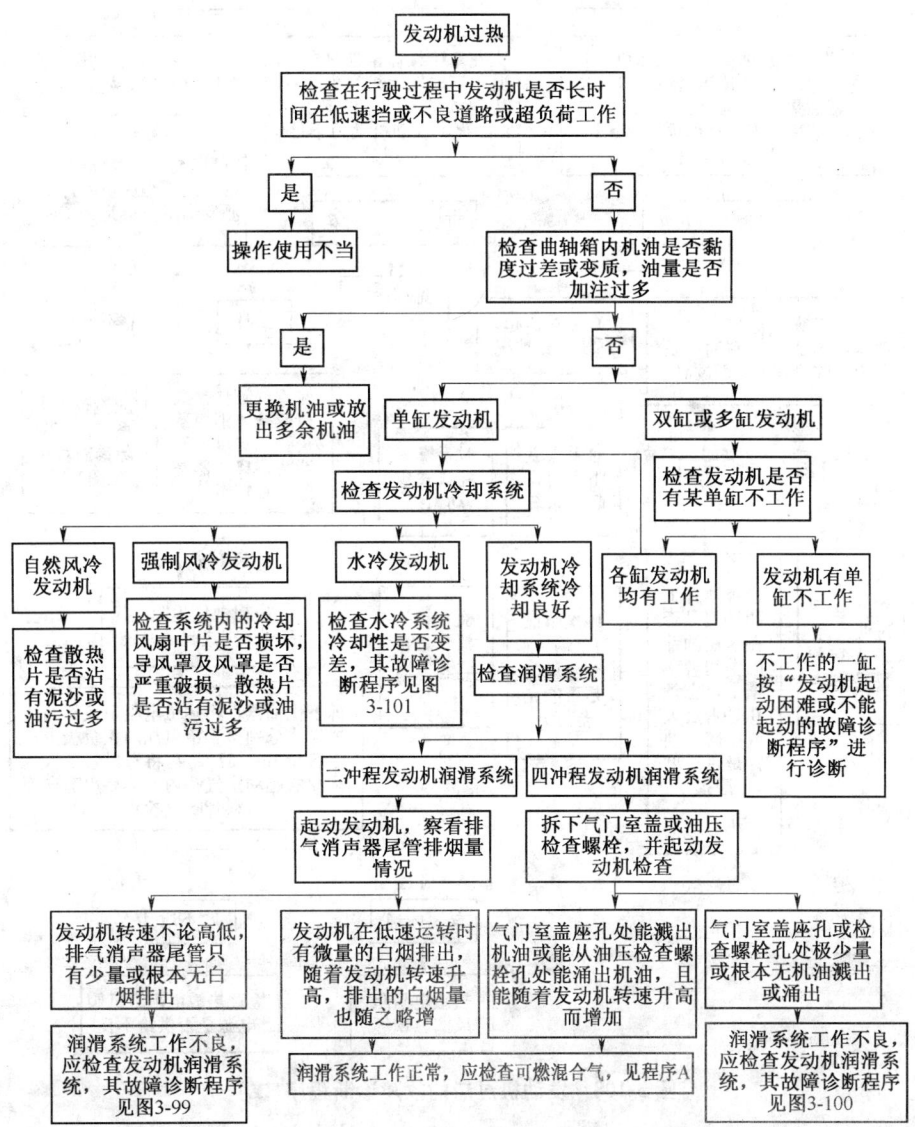

图 3-107 发动机过热的故障诊断程序(一)

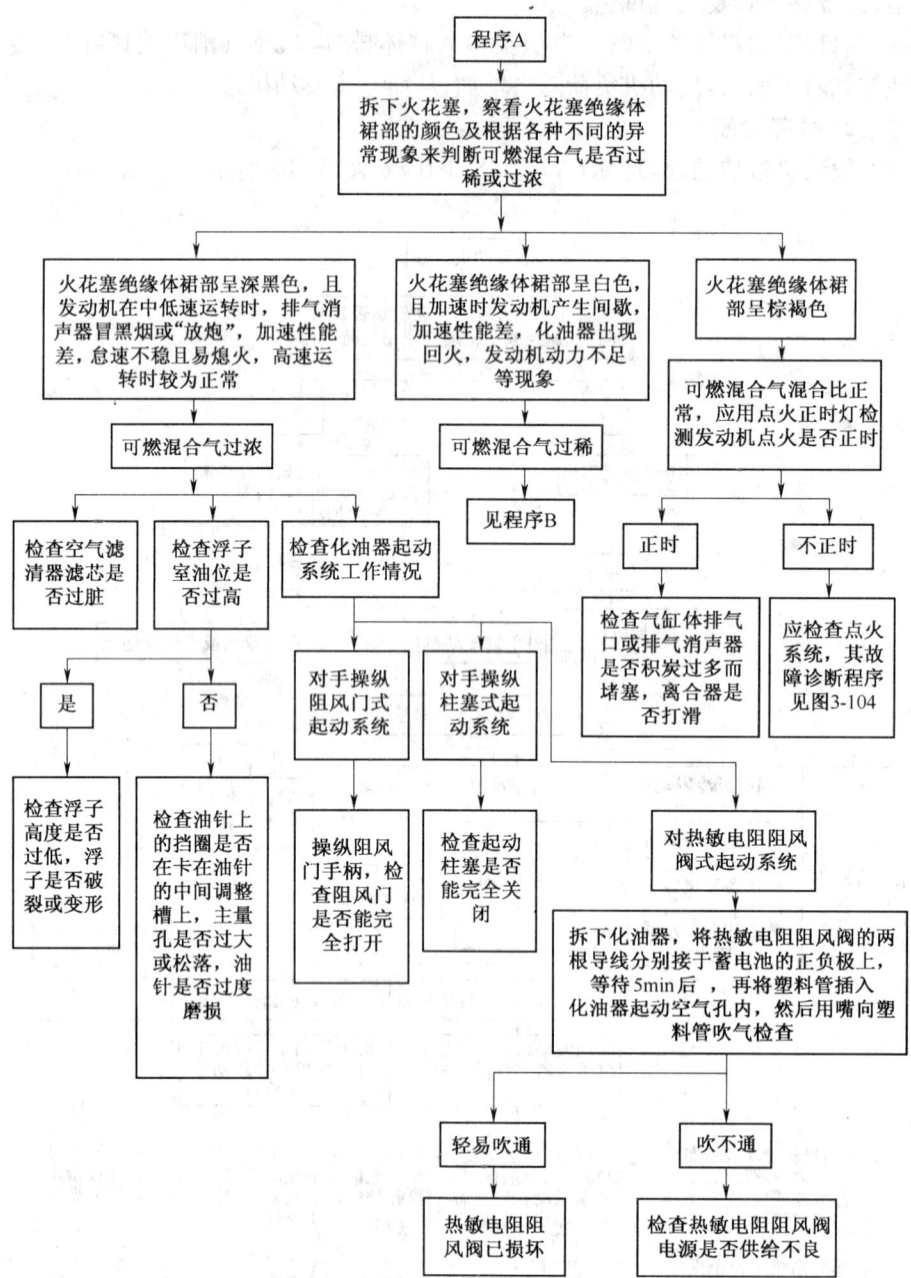

图 3-108　发动机过热的故障诊断程序(二)

3. 故障排除

发动机过热的故障排除方法见表 3-52。

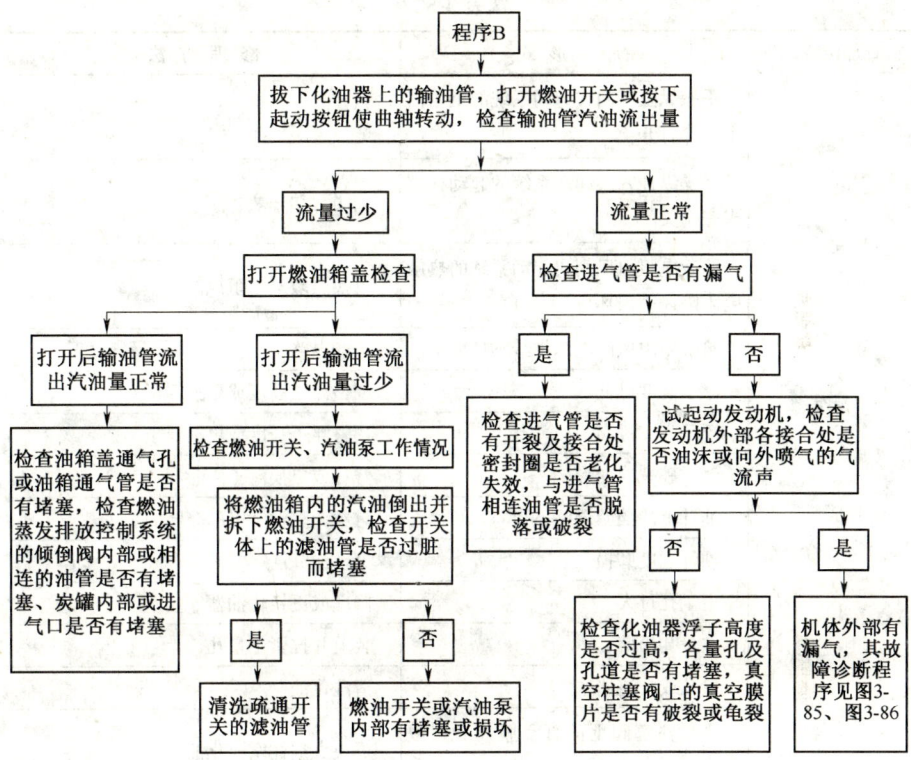

图 3-109　发动机过热的故障诊断程序(三)

表 3-52　发动机过热的故障排除方法

检查部位或部件	损坏形式	修理方法
发动机	长时间在低速挡或不良道路上行驶	停车冷却,变换挡位,控制车速
	超负荷工作行驶	尽量避免超负荷行驶
曲轴箱	箱内机油黏度过差或变质	更换机油
	箱内机油油量加注过多	放出多余机油
发动机	有某单缸不工作	其修理方法见表 3-51
风冷系统	散热片沾有泥沙或油污过多	清洁散热片
	导风罩破损	更换导风罩
	风罩破损	更换风罩
	冷却风扇风叶损坏	更换冷却风扇
水冷系统	冷却性差	其修理方法见表 3-48
润滑系统	工作不良	其修理方法见表 3-46、表 3-47
空气滤清器	滤芯过脏	清洗或更换滤芯

续表 3-52

检查部位或部件	损坏形式	修理方法
化油器	手操纵阻风门式起动系统的阻风门未完全打开	打开阻风门
	手操纵柱塞式起动系统的起动柱塞未完全关闭	关闭起动柱塞
	热敏电阻阻风阀式起动系统的热敏电阻阻风阀损坏	更换热敏电阻阻风阀
	热敏阻风阀电源供给不良	检修电路
	浮子高度过低	调整浮子高度或更换浮子
	浮子高度过高	调整浮子高度或更换浮子
	浮子破裂或变形	修补或更换浮子
	油针上的挡圈调整不当	重新调整油针上的挡圈
	油针过度磨损	更换油针
	主量孔过大	修理或更换化油器
	主量孔松落	装上并拧紧主量孔
	量孔或孔道堵塞	清洗化油器
	真空柱塞阀上的真空膜片破裂或龟裂	更换真空柱塞或化油器
进气管	进气管有开裂	更换进气管
	密封圈老化失效	更换密封圈
	与进气管相连油管脱落或破裂	相连上或更换油管
燃油箱	油箱盖通气孔堵塞	清洗疏通通气孔
	油箱通气管堵塞	疏通通气管
燃油开关	开关内部有堵塞	清洗疏通燃油开关
	开关内部损坏	更换燃油开关
	开关的滤油管过脏而堵塞	清洗疏通开关的滤油管
汽油泵	内部堵塞	清洗疏通汽油泵
	内部损坏	更换汽油泵
燃油蒸发排放控制系统	倾倒阀内部堵塞	更换倾倒阀
	倾倒阀相连的油管有堵塞	疏通或更换油管
	炭罐内部或进气口堵塞	更换炭罐或疏通进气口

机体外部漏气，其检查部位或部件、损坏形式、修理方法见表 3-33
点火不正时，其检查部位或部件、损坏形式、修理方法见表 3-50

续表 3-52

检查部位或部件	损坏形式	修理方法
离合器打滑,其检查部位或部件、损坏形式、修理方法见表 4-16~表 4-18		
气缸体	排气口积炭过多而堵塞	清除排气口积炭
排气消声器	内部积炭过多而堵塞	清除积炭或更换排气消声器

二十三、发动机动力不足

所谓发动机动力不足,是指功率下降、加速性能差、爬坡能力差。即当摩托车在阻力较大的道路上行驶时,明显地感到发动机转速降低,加大油门发动机转速增加也缓慢;在平坦的道路上行驶时,达不到最高车速;摩托车在行驶过程中,虽加大油门,但发动机转速不能随着油门加大而迅速提高,车速升高缓慢;爬坡时,明显感到无力。

1. 故障原因

引起发动机动力不足主要有以下几个的原因:

(1)行车系统阻力过大。引起此现象的原因有:

①轮胎气压过低,导致轮胎与地面的摩擦力增大,使车轮行驶阻力过大。

②车轮转动不灵活。

(2)双缸或多缸发动机单缸不工作。对双缸或多缸发动机,当发动机某缸不工作时,把全部负荷就加到正常工作的缸上,使其负荷增加,从而导致发动机功率下降。

(3)可燃混合气过稀,使燃烧速度降低,燃烧过程延长,在排气冲程终了时燃烧还不能结束,也将使气缸内平均有效压力降低,发动机功率下降。引起可燃混合气过稀的原因有:

①油箱盖通气孔或油箱通气管堵塞、倾倒阀内部或相连的油管是否有堵塞、炭罐内部或进气口有堵塞、燃油开关或汽油泵工作不良或堵塞等,均会使发动机在工作过程来不及供油造成化油器浮子室油位过低,降低吸入气缸内的可燃混合气中汽油含量,导致可燃混合气过稀。

②化油器内堵塞,化油器浮子室油位过低等,会降低吸入气缸内的可燃混合气中汽油含量,导致可燃混合气过稀。

③等真空柱塞式化油器真空柱塞阀上的真空膜片破裂或龟裂,会引起真空柱塞阀的提升速度滞后于喉口处真空度的变化,降低吸入气缸内的可燃混合气中汽油含量,导致可燃混合气过稀。

④进气管有开裂或接合处密封圈老化失效,与进气管相连油管脱落或破

裂,机外部各接合处漏气等,均会降低吸入气缸内的可燃混合气中汽油含量,导致可燃混合气过稀。

(4)可燃混合气过浓,燃油由于在气缸内没有足够的氧气而得不到完全燃烧,导致发动机功率下降。引起可燃混合气过浓的原因有:

①空气滤清器滤芯过脏,阻碍空气进入化油器,使吸入气缸内可燃混合气过浓。

②化油器起动系统工作不良。对手操纵阻风门式起动系统,在发动机正常工作时,若未能完全打开阻风门,则会造成与汽油混合的空气量减小,使吸入气缸内可燃混合气过浓;对手操纵柱塞式起动系统,在发动机正常工作时,若起动柱塞未能完全关闭起动喷管口,仍向气缸供给加浓的可燃混合气,最终使吸入气缸内可燃混合气过浓;对热敏电阻阻风阀式起动系统,在发动机正常工作时,若其工作不良,会造成起动阀未能完全关闭起动喷管,仍向气缸供给加浓的可燃混合气,最终使吸入气缸内可燃混合气过浓。

③浮子高度过低或破裂会导致浮子室内油位过高,使汽油吸入量增加,可燃混合气变浓。

④化油器主量孔过大或松脱、油针调整不当或过度磨损等均会使汽油吸入量增加,可燃混合气变浓。

(5)火花塞断火,使发动机运转间断,可燃混合气燃烧不完全,转速忽快忽慢,摩托车在行驶中会一闯一顿的现象,导致发动机功率下降。

(6)点火不正时。点火时间过早,活塞未到上止点,燃烧室内的可燃混合气就爆炸燃烧,压力达到最大值,对活塞顶部产生一个反推力,导致发动机功率下降,并伴有化油器回火、早燃及爆燃等现象,加快机件磨损;点火时间过迟,可燃混合气的点燃将会延迟到活塞离开上止点往下运动一段后进行,此时燃烧室的容积变大,可燃混合气的爆发力也相应地减小,作用在活塞顶部的压力明显下降,从而降低发动机功率,并伴着排气消声器放炮,发动机过热。

(7)发动机润滑不良,均会使气缸、活塞、连杆轴承、曲轴轴承等机件磨损加快,发动机过热,致使发动机动力不足。

(8)发动机冷却条件差,会引起发动机过热,致使发动机动力不足。

(9)发动机排气不畅。气缸体排气口或排气消声器内因积炭过多而堵塞,使发动机排气阻力增大,造成发动机动力不足。

(10)气缸压缩压力过低。

(11)离合器打滑,使传递负荷减小,会导致发动机输出功率下降。

(12)皮带式无级变速器有故障。皮带式无级变速器的传动皮带过度磨损,主、从皮带轮的工作锥面(即与传动皮带接触面)过度磨损,移动摩擦轮内侧滚道过度磨损或被挤压出现凹坑,离心滚柱过度磨损,从动皮带轮的扭矩凸轮机构过度磨损或损伤,从动轮大弹簧弹力太弱等均会导致发动机输出功率下降。

2. 故障诊断

发动机动力不足的故障诊断程序如图 3-110、图 3-111 所示。

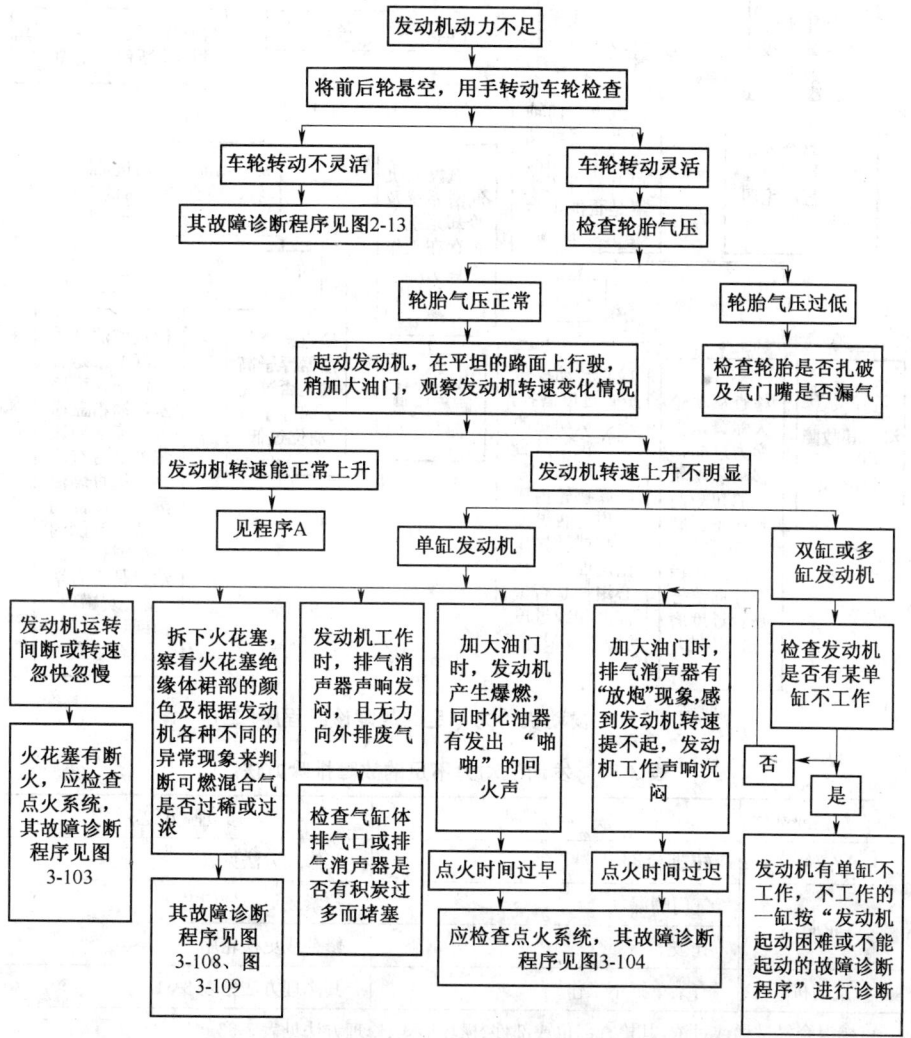

图 3-110　发动机动力不足的故障诊断程序(一)

3. 故障排除

发动机动力不足的故障排除方法见表 3-53。

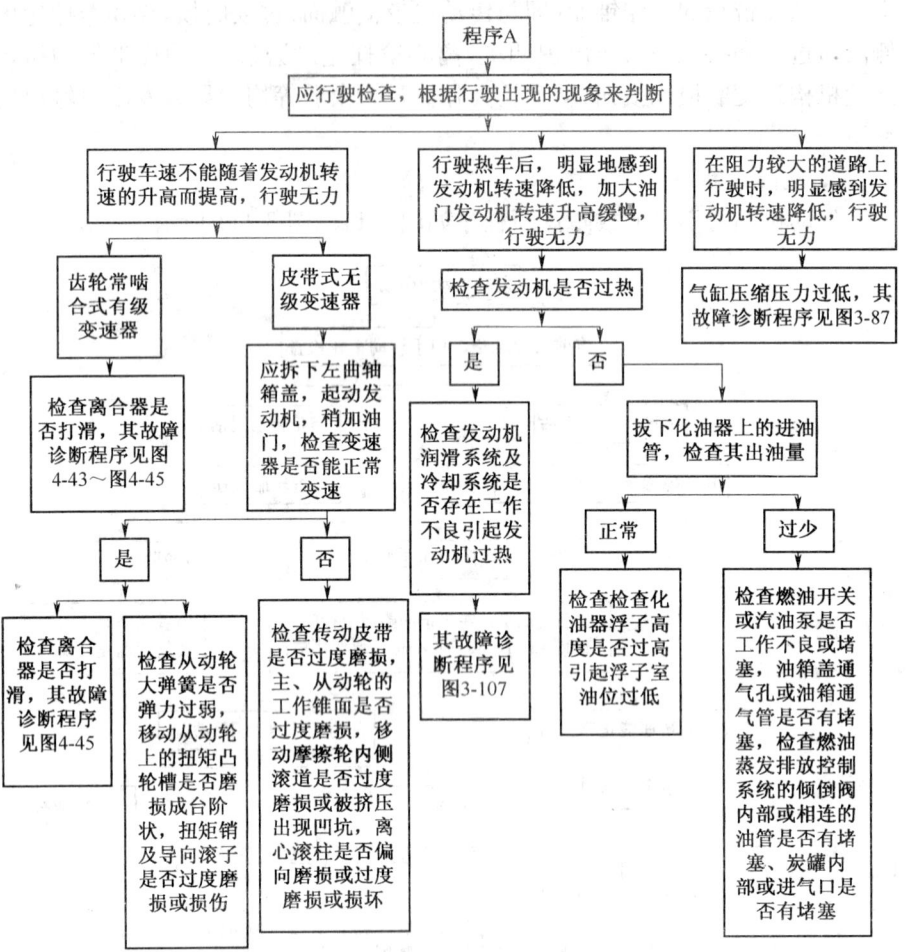

图 3-111 发动机动力不足的故障诊断程序（二）

表 3-53 发动机动力不足的故障排除方法

检查部位或部件	损坏形式	修理方法
车轮	转动不灵活	其修理方法见表 2-7
轮胎	气门嘴漏气	拧紧或更换气门芯
	扎破	修补或更换轮胎
发动机	有某单缸不工作	其修理方法见表 3-51
可燃混合气过稀或过浓,其检查部位或部件、损坏形式、修理方法见表 3-52		
火花塞断火,其检查部位或部件、损坏形式、修理方法见表 3-49		
点火不正时,其检查部位或部件、损坏形式、修理方法见表 3-50		
气缸体	排气口积炭过多而堵塞	清除气缸体排气口积炭

续表 3-53

检查部位或部件	损坏形式	修理方法
排气消声器	内部积炭过多而堵塞	清除积炭或更换排气消声器
发动机润滑不良,其检查部位或部件、损坏形式、修理方法见表 3-46、表 3-47		
发动机冷却性条件差,其检查部位或部件、损坏形式、修理方法见表 3-52		
气缸压缩压力过低,其检查部位或部件、损坏形式、修理方法见表 3-34		
离合器打滑,其检查部位或部件、损坏形式、修理方法见表 4-16~表 4-18		
传动皮带	过度磨损	更换传动皮带
主动皮带轮	工作锥面过度磨损	更换主动皮带轮
	移动摩擦轮内侧滚道过度磨损或被挤压出现凹坑	更换主动皮带轮
	离心滚柱有偏向磨损或过度磨损或损坏	更换离心滚柱
从动皮带轮	工作锥面过度磨损	更换从动皮带轮
	移动从动轮上的扭矩凸轮槽已磨损成台阶状	更换从动皮带轮
	移动从动轮上的扭矩销或导向滚子过度磨损或损伤	更换扭矩销及导向滚子
	从动轮大弹簧弹力过弱	更换从动轮大弹簧
化油器	浮子高度过高	调整浮子高度或更换浮子
燃油箱	油箱盖通气孔堵塞	清洗疏通通气孔
	油箱通气管堵塞	疏通通气管
燃油开关	开关内部有堵塞	清洗疏通燃油开关
	开关内部损坏	更换燃油开关
	开关的滤油管过脏而堵塞	清洗疏通开关的滤油管
汽油泵	内部堵塞	清洗疏通汽油泵
	内部损坏	更换汽油泵
燃油蒸发排放控制系统	倾倒阀内部堵塞	更换倾倒阀
	倾倒阀相连的油管有堵塞	疏通或更换油管
	炭罐内部或进气口堵塞	更换炭罐或疏通进气口

二十四、发动机怠速不良

发动机怠速不良,会导致发动机油耗增加,换挡困难,换挡或离合器分离时产生冲击,发动机过热,加快机件磨损等不良后果。它主要表现为发动机无怠速、怠速过高、怠速不稳等三种情况。

1. 故障原因

发动机怠速不良主要表现为：

（1）发动机无怠速。即发动机起动后，油门转把不能完全放松，否则就会熄火。引起发动机无怠速的原因有：

①化油器怠速调整不当。

②怠速量孔及怠速油道、气道堵塞。

③化油器浮子室油位过低。

④进气管或簧片阀有漏气。

⑤气缸压缩压力过低。

（2）发动机怠速过高。即发动机怠速转速高于规定要求而无法调低，或调低后发动机就熄火。引起发动机怠速过高的原因有：

①油门操纵钢索的钢丝绳在外套中拉动不灵活或化油器节气门弹簧弹力太小，使节气门不能完全关闭。

②化油器怠速量孔过大。

（3）发动机怠速不稳。即发动机怠速运转时，转速忽高忽低，严重的还会出现发动机抖动现象。引起发动机怠速不稳的原因有：

①点火不正时。

②火花塞电极间隙过小。

③可燃混合气过稀或过浓。

2. 故障诊断

发动机怠速不良的故障诊断程序如图 3-112 所示。

3. 故障排除

发动机怠速不良的故障排除方法见表 3-54。

表 3-54　发动机怠速不良的故障排除方法

故障现象	检查部位或部件	损坏形式	修理方法
发动机无怠速	气缸压缩压力过低，其检查部位或部件、损坏形式、修理方法见表 3-34		
	化油器	怠速调整不当	重新调整化油器怠速
		怠速量孔、油道或气道堵塞	清洗化油器
		浮子室油位过低	调整浮子高度或更换浮子
	进气管	进气管有开裂	更换进气管
		密封圈老化失效	更换密封圈
		与进气管相连油管脱落或破裂	相连上或更换油管
	簧片阀	漏气	修理或更换簧片阀

续表 3-54

故障现象	检查部位或部件	损坏形式	修理方法
发动机怠速过高	油门操纵钢索	钢丝绳在外套中拉动不灵活	清洗润滑或更换油门操纵钢索
	化油器	节气门弹簧过弱	更换节气门弹簧
	化油器	怠速量孔过大	更换怠速量孔
发动机怠速不稳	点火不正时,其检查部位或部件、损坏形式、修理方法见表 3-50		
	火花塞	电极间隙过小	调整火花塞间隙至 0.6～0.8mm
	可燃混合气过稀或过浓,其检查部位或部件、损坏形式、修理方法见表 3-52		

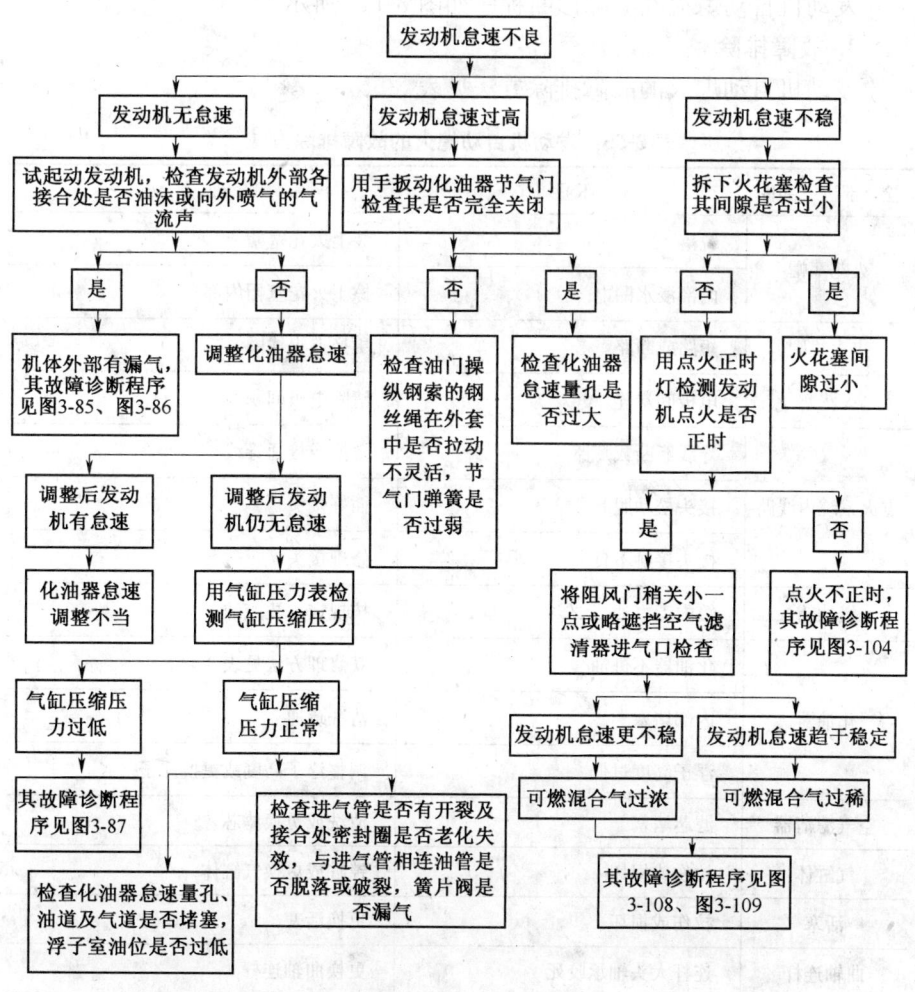

图 3-112　发动机怠速不良的故障诊断程序

二十五、发动机自动熄火

摩托车在行驶过程中发动机自动熄火停车。

1. 故障原因

造成发动机自动熄火的原因有：火花塞帽与火花塞脱落或受潮漏电、火花塞炭连、点火线圈短路或断路、点火系统内线路断路或短路、燃油耗尽或燃油供给不上、空气滤清器滤芯严重堵塞、化油器浮子室油位过高、发动机胀缸或连杆大头轴承咬死、变速器齿轮损伤等。

2. 故障诊断

发动机自动熄火的故障诊断程序如图3-113所示。

3. 故障排除

发动机自动熄火的故障排除方法见表3-55。

表3-55 发动机自动熄火的故障排除方法

检查部位或部件	损坏形式	修理方法
火花塞帽	脱落	装上火花塞帽
	内部浸水漏电	擦干火花塞帽内部
点火线圈	短路或断路	更换点火线圈
火花塞	电极间炭连	清除电极间积炭
点火系统内线路	导线磨断或短路	更换或接通导线
	接头松动脱开	插好接头
	接头接触不良	修理接头
燃油箱	箱内无汽油	按规定加注汽油
化油器	化油器不进油	其修理方法见表3-44
	内部堵塞	清洗疏通
	浮子高度过低	调整浮子高度或更换浮子
空气滤清器	滤芯堵塞	清洗或更换滤芯
气缸体	拉伤或损坏	镗缸或更换气缸体
活塞	拉伤或损坏	更换活塞
曲轴连杆	连杆大头轴承咬死	更换曲轴连杆
变速器	齿轮损坏	更换齿轮

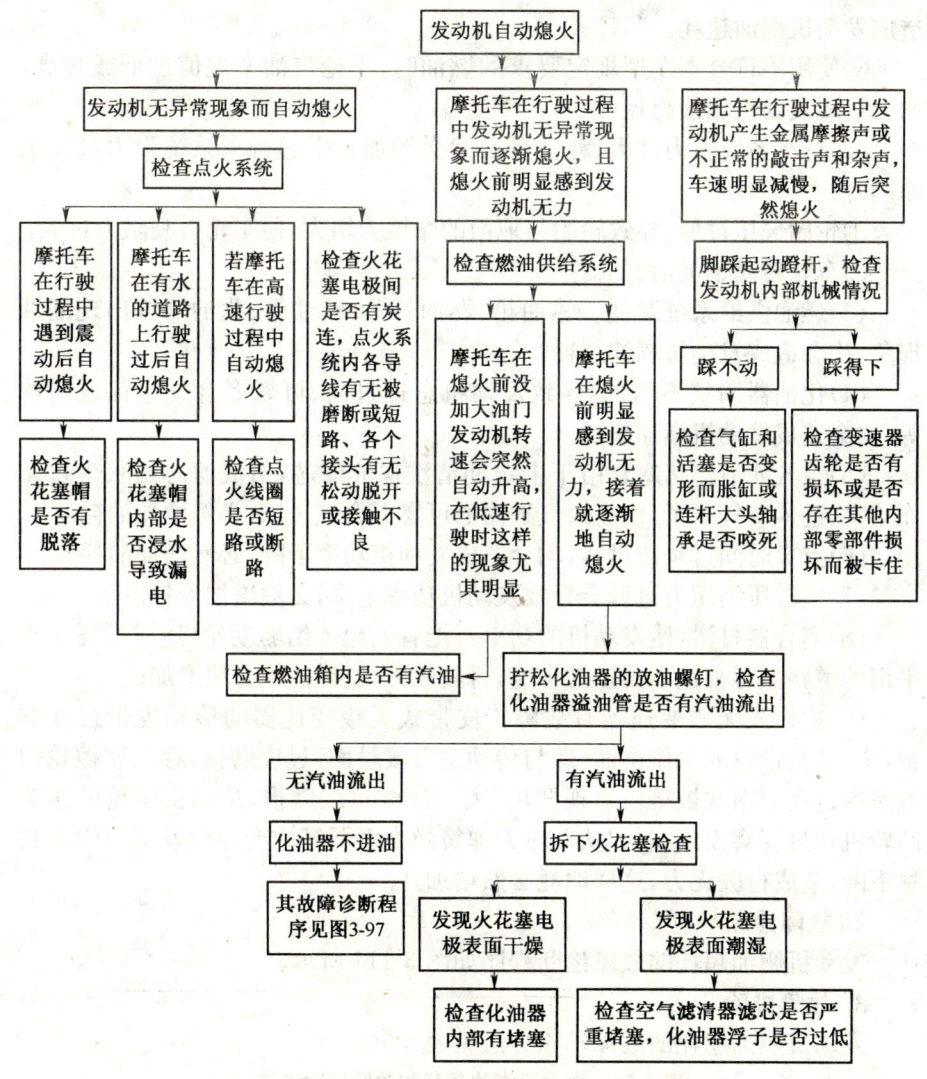

图 3-113　发动机自动熄火的故障诊断程序

二十六、发动机燃油超耗

摩托车在平坦的道路上以经济车速行驶,其燃油消耗量应不大于标准耗油量的 15%。若大于标准耗油的 15% 以上,则属于燃油超耗。

1. 故障原因

引起发动机燃油超耗的原因有:

(1)操作使用不当。其表现为:

①摩托车超载运行,或不按经济车速行驶,或经常在低速挡位行驶,均会

造成发动机燃油超耗。

②使用不符合本车型规定要求的燃油时,不论汽油辛烷值过低或过高,均会造成发动机燃油超耗。

(2)行车系统阻力过大,耗油量必然会增加。引起行车系统阻力过大的原因有:

①轮胎气压过低,导致轮胎与地面的摩擦力增大,使车轮行驶阻力过大。

②车轮转动不灵活。

(3)燃油供给系统漏油。燃油箱、燃油开关、输油管、化油器等出现漏油现象,均会造成发动机燃油超耗。

(4)化油器调整不当,会导致发动机怠速过高、可燃混合气过稀或过浓等,均会造成发动机燃油超耗。

(5)空气滤清器堵塞。由于未定期清洗保养滤芯,造成滤芯因灰尘过多而堵塞,进入空气少了,使吸入气缸内的可燃混合气过浓,必然增加油耗。

(6)点火时间过早或过迟,均会造成发动机功率下降,必然增加油耗。

(7)气缸压缩压力过低会导致发动机功率下降,必然增加油耗。

(8)离合器打滑,使发动机的功率不能有效地传给驱动轮,造成摩托车在平坦的道路上行驶达不到正常车速,行驶无力,这样油耗必然增加。

(9)皮带式无级变速器有故障。皮带式无级变速器的传动皮带过度磨损,主、从皮带轮的工作锥面(即与传动皮带接触面)过度磨损,移动摩擦轮内侧滚道过度磨损或被挤压出现凹坑,离心滚柱过度磨损,从动皮带轮的扭矩凸轮机构过度磨损或损伤,从动轮大弹簧弹力太弱等均会导致发动机输出功率下降,造成行驶无力,这样油耗必然增加。

2. 故障诊断

发动机燃油超耗的故障诊断程序如图 3-114 所示。

3. 故障排除

发动机燃油超耗的故障排除方法见表 3-56。

表 3-56 发动机燃油超耗的故障排除方法

检查部位或部件	损坏现象	修理方法
操作使用方法	不按经济车速行驶	改进操作使用方法
	超载行驶	
	低速挡位行驶	
	不按规定牌号加注汽油	
车轮	转动不灵活	其修理方法见表 2-7
轮胎	气门嘴漏气	拧紧或更换气门芯
	扎破	修补或更换轮胎
燃油箱	箱体锈穿漏油	修补或更换燃油箱

续表 3-56

检查部位或部件	损坏现象	修理方法
燃油开关	漏油	更换燃油开关
	输油管破损而漏油	更换输油管
化油器	溢油管溢油	其修理方法见表 3-45
	浮子室破裂导致漏油	更换浮子室

化油器怠速过高，其检查部位或部件、损坏形式、修理方法见表 3-54

可燃混合气过稀或过浓，其检查部位或部件、损坏形式、修理方法见表 3-52

点火不正时，其检查部位或部件、损坏形式、修理方法见表 3-50

气缸压缩压力过低，其检查部位或部件、损坏形式、修理方法见表 3-34

离合器打滑，其检查部位或部件、损坏形式、修理方法见表 4-16～表 4-18

皮带式无级变速器有故障，其检查部位或部件、损坏形式、修理方法见表 3-53

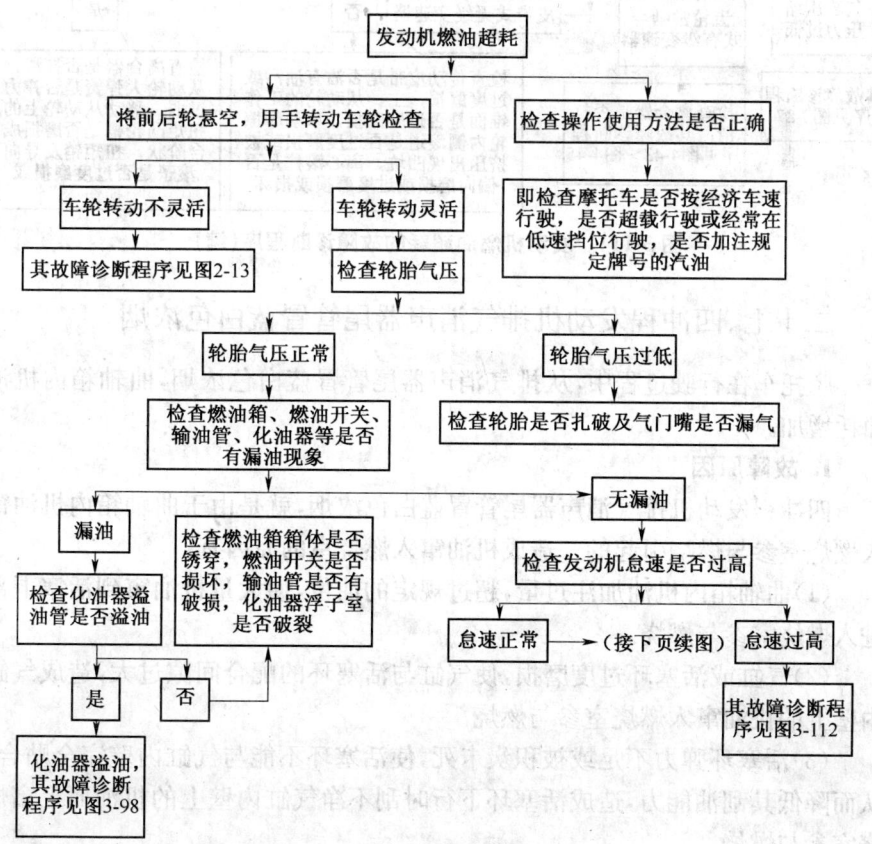

图 3-114　发动机燃油超耗的故障诊断程序

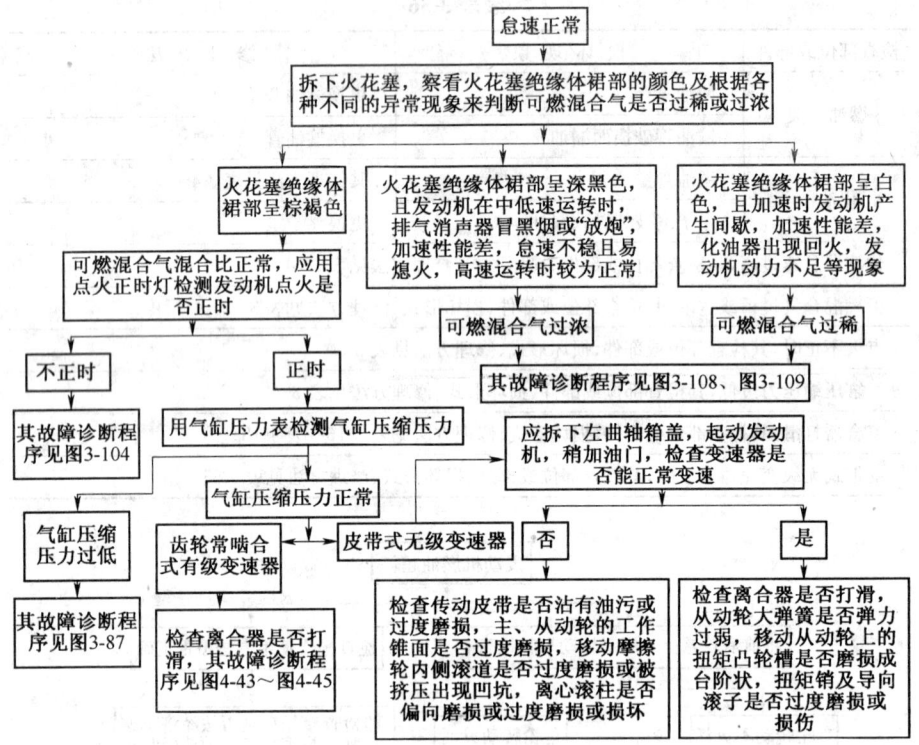

图 3-114 发动机燃油超耗的故障诊断程序(续)

二十七、四冲程发动机排气消声器尾管冒蓝白色浓烟

摩托车在行驶过程中,从排气消声器尾管冒蓝白色浓烟,曲轴箱内机油油耗增加。

1. 故障原因

四冲程发动机排气消声器尾管冒蓝白色浓烟,就是由于曲轴箱内机油窜入燃烧室参与燃烧引起的。造成机油窜入燃烧室的原因有:

(1)曲轴箱内机油加注过量,超过规定的油位,使大量机油窜到活塞上部进入燃烧室参与燃烧。

(2)气缸或活塞环过度磨损,使气缸与活塞环的配合间隙过大,造成气缸内壁上的机油窜入燃烧室参与燃烧。

(3)活塞环弹力不足或被积炭卡死,使活塞环不能与气缸内壁完全贴合,从而降低其刮油能力,造成活塞环下行时刮不净气缸内壁上的机油而上窜燃烧室参与燃烧。

(4)活塞环开口未相互错开,使曲轴箱内的机油油雾从活塞环开口间隙窜入燃烧室参与燃烧。

(5)气门油封过度磨损或损坏,使气门油封失去封油作用,造成在发动机的进气行程中,飞溅到气门室内的机油从气门杆与气门导管之间被吸入燃烧室参与燃烧。

(6)气门杆或气门导管过度磨损,使气门杆与气门导管的配合间隙增大,造成气门油封失去封油作用,在发动机的进气行程中,飞溅到气门室内的机油从气门杆与气门导管之间被吸入燃烧室参与燃烧。

2. 故障诊断

四冲程发动机排气消声器尾管冒蓝白色浓烟的故障诊断程序如图 3-115 所示。

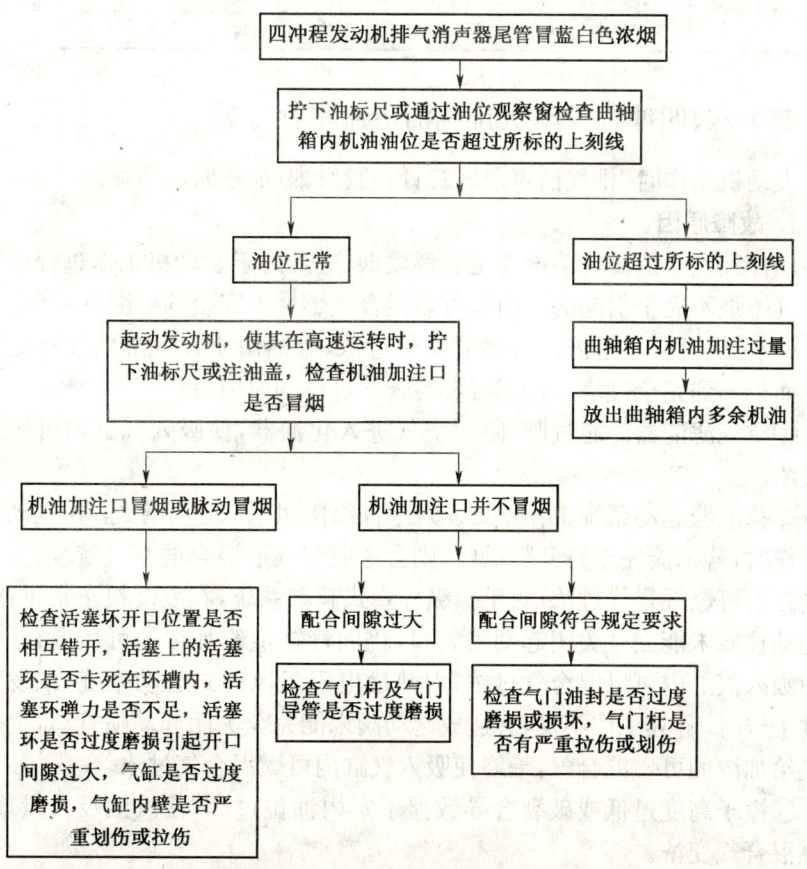

图 3-115 四冲程发动机排气消声器尾管冒蓝白色浓烟的故障诊断程序

3. 故障排除

四冲程发动机排气消声器尾管冒蓝白色浓烟的故障排除方法见表 3-57。

表 3-57　四冲程发动机排气消声器尾管冒蓝白色浓烟的故障排除方法

检查部位或部件	损坏形式	修理方法
曲轴箱	箱内机油加注过量	放出多余机油,使机油油位不超过上刻线
活塞环	开口位置未错开	按规定安装活塞环
	卡死在环槽内	清除积炭
	弹力不足	更换活塞环
	过度磨损	更换活塞环
气缸体	气缸过度磨损	镗缸或更换气缸
	气缸内壁严重划伤、拉伤	镗缸或更换气缸
气门	气门杆过度磨损	更换气门
	气门杆严重拉伤或划伤	更换气门
	气门导管内径严重磨损	更换气门导管
	气门油封过度磨损或损坏	更换气门油封

二十八、四冲程发动机排气消声器尾管冒黑烟

发动机工作时,排气消声器尾管冒一股黑烟,加速时较明显。

1. 故障原因

四冲程发动机排气消声器尾管冒黑烟,这是由于发动机工作过程中可燃混合气燃烧不完全引起的。引起可燃混合气燃烧不完全的原因有:

(1)可燃混合气过浓。可燃混合气过浓,燃油由于在气缸内没有足够的氧气而得不到完全燃烧。造成可燃混合气过浓的原因有:

①空气滤清器滤芯过脏,阻碍空气进入化油器,使吸入气缸内可燃混合气过浓。

②化油器起动系统工作不良。对手操纵阻风门式起动系统,在发动机正常工作时,若未能完全打开阻风门,则会造成与汽油混合的空气量减小,使吸入气缸内可燃混合气过浓;对手操纵柱塞式起动系统,在发动机正常工作时,若起动柱塞未能完全关闭起动喷管口,仍向气缸供给加浓的可燃混合气,最终使吸入气缸内可燃混合气过浓;对热敏电阻阻风阀式起动系统,在发动机正常工作时,若其工作不良,会造成起动阀未能完全关闭起动喷管口,仍向气缸供给加浓的可燃混合气,最终使吸入气缸内可燃混合气过浓。

③浮子高度过低或破裂会导致浮子室内油位过高,使汽油吸入量增加,可燃混合气变浓。

④化油器主量孔过大或松脱、油针调整不当或过度磨损等均会使汽油吸入量增加,可燃混合气变浓。

(2)火花塞断火。火花塞断火,使发动机运转间断,可燃混合气燃烧不

完全。

2. 故障诊断

四冲程发动机排气消声器尾管冒黑烟的故障诊断程序如图 3-116 所示。

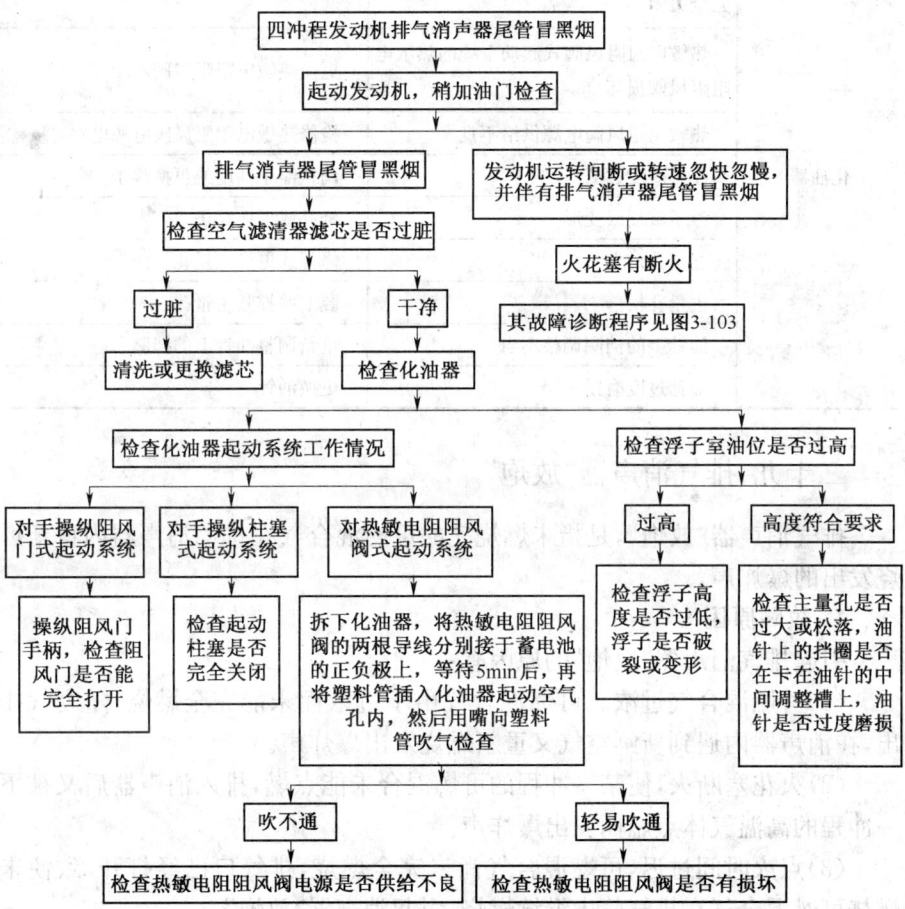

图 3-116 四冲程发动机排气消声器尾管冒黑烟的故障诊断程序

3. 故障排除

四冲程发动机排气消声器尾管冒黑烟的故障排除方法见表 3-58。

表 3-58 四冲程发动机排气消声器尾管冒黑烟的故障排除方法

检查部位或部件	损坏形式	修理方法
火花塞断火，其检查部位或部件、损坏形式、修理方法见表 3-49		
空气滤清器	滤芯过脏	清洗或更换滤芯
化油器	手操纵阻风门式起动系统的阻风门未完全打开	打开阻风门

续表 3-58

检查部位或部件	损坏形式	修理方法
化油器	手操纵柱塞式起动系统的起动柱塞未完全关闭	关闭起动柱塞
	热敏电阻阻风阀式起动系统的热敏电阻阻风阀损坏	更换热敏电阻阻风阀
	热敏阻阻风阀电源供给不良	检修热敏电阻阻风阀电源电路
	浮子高度过低	调整浮子高度或更换浮子
	浮子破裂或变形	修补或更换浮子
	主量孔过大	修理或更换主量孔
	主量孔松落	装上并拧紧主量孔
	油针上的挡圈调整不当	重新调整油针上的挡圈
	油针过度磨损	更换油针

二十九、排气消声器"放炮"

排气消声器"放炮",是指未燃烧完的可燃混合气在排气消声器内重新燃烧发出的爆炸声。

1. 故障原因

引起排气消声器"放炮"的原因有:

(1)可燃混合气过浓。可燃混合气由于过浓而未能完全燃烧,随废气排出,在消声器内遇到新鲜空气又重新燃烧发出爆炸声。

(2)火花塞断火,使某一冲程的可燃混合未能点燃,排入消声器后又被下一冲程的高温气体点燃而发出爆炸声。

(3)点火时间过迟,可燃混合气尚未完全燃烧,排气口已经打开,致使未燃烧可燃混合气在排气管中继续燃烧,引起消声器"放炮"。

(4)汽油中混有水分,使可燃混合气浓稀不均,造成消声器"放炮"。

(5)四冲程发动机配气机构配气不正时,会导致排气门过早打开,致使可燃混合气在排气管中燃烧,引起消声器"放炮"。

(6)二次补气装置的空气控制阀工作不良或油管破损,在高速行驶而突然减油时仍向排气管补充空气而发出"啪啪"的"放炮"声。

2. 故障诊断

排气消声器"放炮"的故障诊断程序如图 3-117 所示。

3. 故障排除

排气消声器"放炮"的故障排除方法见表 3-59。

第三章 摩托车发动机的快查快修

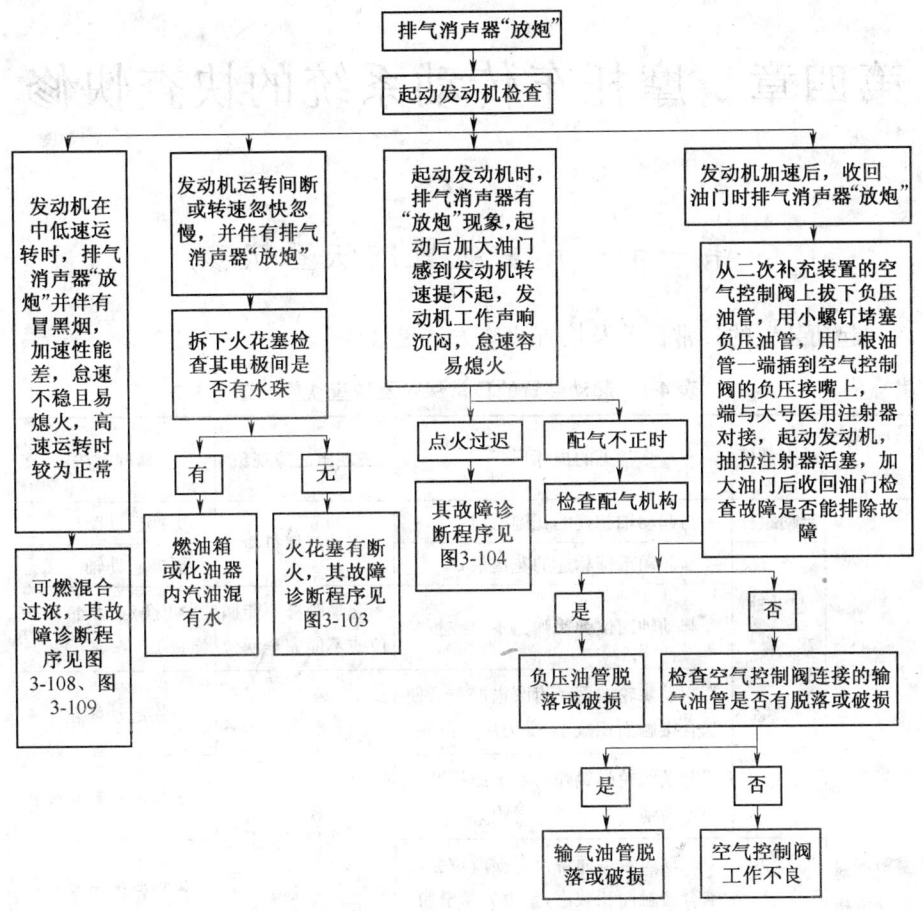

图 3-117 排气消声器"放炮"的故障诊断程序

表 3-59 排气消声器"放炮"的故障排除方法

检查部位或部件	损坏形式	修理方法
可燃混合气过浓,其检查部位或部件、损坏形式、修理方法见表 3-52		
火花塞断火,其检查部位或部件、损坏形式、修理方法见表 3-49		
点火不正时,其检查部位或部件、损坏形式、修理方法见表 3-50		
燃油箱	汽油中混有水	清洗燃油箱
化油器	汽油中混有水	清洗化油器
配气机构	配气不正时	重新安装配气正时
二次补充装置	油管脱落或破损	接上或更换油管
	空气控制阀工作不良	更换空气控制阀

第四章　摩托车传动系统的快查快修

第一节　起动装置的快查快修

起动装置的日常保养及快查快修方法见表4-1。

表4-1　起动装置的日常保养及快查快修方法

日常保养项目	检查部件	常见的损坏形式	表现出故障现象	修理方法
定期对起动电机轴承进行润滑，清洗换向器表面	起动蹬杆	与起动轴相连的花键滑口	起动蹬杆打滑	更换起动蹬杆
	起动轴	与起动蹬杆相连的花键滑口		更换起动轴
		起动轴回位弹簧弹力不足或折断	起动蹬杆不能回位或不能完全回位	更换起动轴回位弹簧
	起动棘轮	起动棘轮端面棘齿磨损严重会使啮合接触面积减小，受力后易滑脱	起动蹬杆打滑	更换起动棘轮
		起动棘轮弹簧弹力不足或折断会使棘齿啮合不牢或易滑脱		更换起动棘轮弹簧
	起动齿轮	起动齿轮端面棘齿磨损严重会使啮合接触面积减小，受力后易滑脱		更换起动齿轮
		起动齿轮上的卡簧夹紧力过小或折断		更换卡簧
		起动齿轮轮齿损伤或过度磨损	起动蹬杆打滑或起动费力	更换起动齿轮
		生锈严重	起动费力	清洗润滑起动齿轮
		润滑不良		润滑传动齿轮
	齿轮减速机构	减速齿轮轮齿损伤或过度磨损	起动电机转动无力或异响	更换减速齿轮
		减速齿轮轴弯曲变形或过度磨损		更换减速齿轮轴
	链轮减速机构	起动电机链轮轮齿损伤或过度磨损		更换起动电机链轮
		起动链过度磨损或拉长	起动电机转动异响	更换起动链

续表 4-1

日常保养项目	检查部件	常见的损坏形式	表现出故障现象	修理方法
定期对起动电机轴承进行润滑，清洗换向器表面	链轮减速机构	起动链轮齿损伤或过度磨损	起动电机转动无力或异响	更换起动链轮
	滚柱式起动离合器	离合器内座圈与滚柱接触面过度磨损或损伤	起动离合器打滑或转动异响	更换起动离合器齿轮（或起动链轮）
		离合器外座圈楔形槽的滚道损伤或磨损成凹槽		更换离合器外座圈
		滚柱过度磨损或损伤		成套地更换滚柱
		滚柱弹簧变形、损伤或折断	起动离合器打滑	更换滚柱弹簧
		离合器外座圈紧固螺栓	起动离合器转动异响	拧紧螺栓
	凸轮滚子式起动离合器	凸轮滚子组合各凸轮滚子过度磨损或损伤	起动离合器打滑或转动异响	更换凸轮滚子组合
		离合器内座圈与凸轮滚子接触面过度磨损或损伤		更换起动离合器齿轮（或起动链轮）
		离合器外座圈与凸轮滚子接触滚道损伤或磨损成凹槽		更换离合器外座圈
		离合器外座圈紧固螺栓	起动离合器转动异响	拧紧螺栓
	惯性齿轮式起动离合器	起动离合器上的小齿轮沿轴向伸缩不灵活	起动离合器打滑或异响	更换起动离合器
		起动离合器上的小齿轮过度磨损或损伤	起动离合器打滑	更换起动离合器
		主动轮（即起动惰轮）与曲轴轴颈相连的花键齿有滑口		更换主动轮
		曲轴轴颈与主动轮（即起动惰轮）相连的花键齿有滑口		更换曲轴连杆
	起动电机	电枢换向器表面脏污	起动电机转动无力	用汽油或酒精将换向器表面清洗干净
		电枢换向器表面有斑点、烧蚀、烧伤、损伤		修整换向器表面
		电枢换向器表面过度磨损	起动电机转动无力或不工作	更换电枢
		电枢绕组断路或短路		修理或更换电枢
		电枢绕组搭铁	起动电机不工作	修理或更换电枢
		电枢上轴承润滑不良或损坏	起动电机转动异响	更换轴承

续表 4-1

日常保养项目	检查部件	常见的损坏形式	表现出故障现象	修理方法
定期对起动电机轴承进行润滑,清洗换向器表面	起动电机	电刷在电刷架内移动不灵活	起动电机转动无力	修理或更换电刷
		电刷与换向器之间的接触面积小于80%		更换电刷
		电刷过度磨损	起动电机转动无力或不工作	更换电刷
		电刷弹簧折断或弹力不足		更换电刷弹簧

1. 起动齿轮卡簧的检修

如图 4-1 所示,用弹簧秤测量起动齿轮上的卡簧夹紧力是否符合规定值 8~12N。若小于规定值,则说明卡簧夹紧力过小,应更换卡簧。

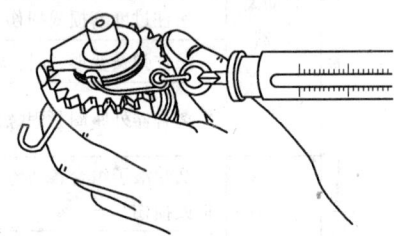

图 4-1 测量起动齿轮上的卡簧夹紧力

2. 电枢的检修

检查电枢换向器表面,若换向器表面有脏污,可用汽油或酒精将其表面清洗干净;若换向器表面有斑点、烧蚀、烧伤、损伤,可用细砂纸逆着换向器旋转方向将其表面抛光,然后用折断的钢锯片将各换向片之间云母片切口切割至低于换向器表面 0.5~0.8mm(图 4-2),并清理各换向片之间的碎屑及毛刺。用游标卡尺测量电枢换向器外径(图 4-3),若测量值小于表 4-2 中的使用极限值,则说明换向器表面过度磨损,应更换电枢。

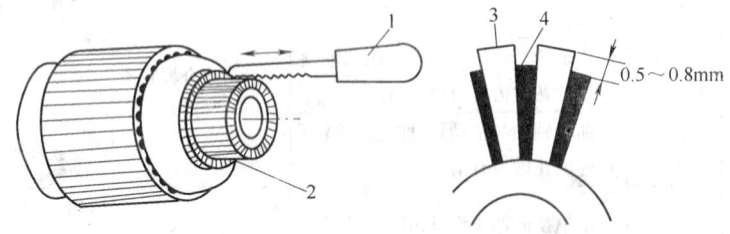

图 4-2 修理云母片切口
1. 钢锯片 2. 换向器 3. 换向片 4. 云母

如图 4-4 所示,将欧姆表调到 R×1Ω 挡位,将一只表笔先接触到换向器某一个换向片上,另一只表笔依次接触到每个换向片上,测量它们之间的电阻。它们的电阻都应为 0.01Ω 左右为正常;若测量到某一个换向片的电阻值为无穷大,则说明电枢绕组有断路,断路多数是绕组与换向片连接处脱焊或绕组内部断路。脱焊应重新焊接好;绕组内部断路,重新绕制或更换绕组。

再将欧姆表调到 R×1Ω 挡位测量换向器各换向片与电枢铁心或电枢轴之间是否能导通。若不导通为正常;若导通,则说明电枢绕组有搭铁,应更换电枢。检测电枢绕组是否短路最好使用电枢检验仪进行检查。若无电枢检验

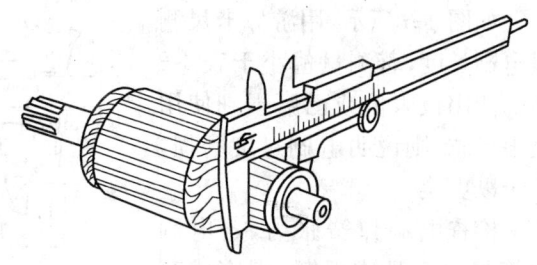

图 4-3 测量电枢换向器外径

仪,也可采用如下方法进行检查:如图 4-5 所示,用 6V 蓄电池给电枢两电刷通电(注意电流不能过大)时,用直流电压表测量每相邻两换向片间的电压。若相邻换向片间的电压都相等,则说明电枢绕组良好;若相邻换向片间的电压明显降低,则说明与这两个换向片直接相接的绕组有短路。短路多数是绕组中线圈与线圈间的绝缘不良引起的,应重新绕制或更换绕组。

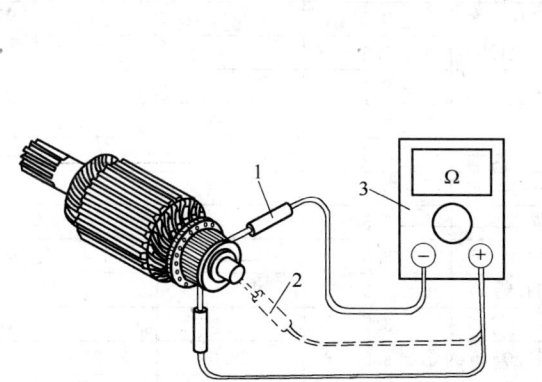

图 4-4 电枢绕组断路和搭铁的检测
1. 检测各换向片之间电阻 2. 检测各换向片与铁心之间电阻 3. 欧姆表

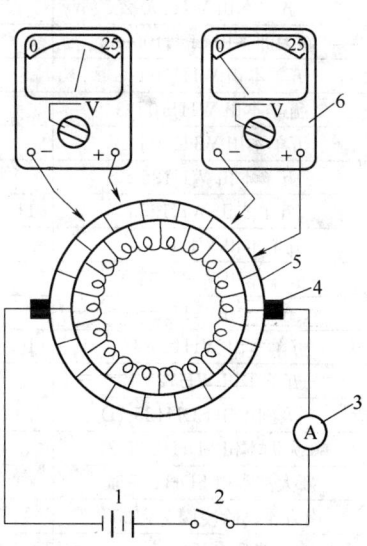

图 4-5 电枢绕组短路的检测
1. 蓄电池 2. 开关 3. 电流表
4. 电刷 5. 换向器 6. 直流电压表

3. 电刷的检修

检查电刷在电刷架内的上下移动情况,若移动不灵活,则应修理或更换电刷。

检查电刷与换向器之间的接触面积,若其接触面积小于 80%,则应更换电刷。

如图 4-6 所示,用游标卡尺测量电刷长度,若测量值小于表 4-2 中的使用极限值或已磨损到使用极限标志,则说明电刷过度磨损,应予以更换。

检查电刷弹簧张力,若电刷弹簧张力不足或折断,则应成套地更换电刷弹簧。

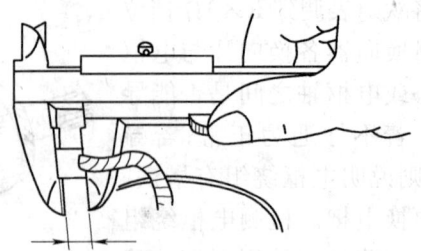

图 4-6 测量电刷长度

表 4-2 起动电机检查数据　　　　　　　　(mm)

车　型	电刷长度		电枢换向器外径	
	标准值	极限值	标准值	极限值
建设雅马哈风帆 JYM90T	7.0	3.5	17.6	16.6
大阳 DY100		4.0		
五羊本田 WH100-2	12.0	4.0		
新大洲本田 SDH100-43	12.0	4.0		
五羊本田 WH100T-G	9.0	4.0		
五羊本田 WH110T-3	7.0	3.5		
五羊本田 WH110T-A	7.0	3.5		
五羊本田 WH125-S		3.5		
五羊本田 WH125T	11.0~11.05	6.5		
五羊本田 WH125T-2	11.9	9.4		
五羊本田 WH125T-6	11.9	5.9		
五羊本田 WH125-3		8.5		
五羊本田 WH125-7/8	10.0~10.05	3.5		
五羊本田 WH125-12	7.5	3.5		
新大洲本田 SDH125-7D	10.0~10.05	3.5		
新大洲本田 SDH125T-27	11.9	5.9		
新大洲本田 SDH125-51	10.0~10.05	3.5		
南方雅马哈凌鹰 ZY125T	10.0	8.5	22.0	21.0
光阳豪迈 125	12.5	8.5		
三阳迪爵 DUKE125	12.5	8.5		
本田 CB125T	12.5~13.0	8.5		
本田 CH125		6.5		
本田 CHA125	11.0~11.05	6.5		
建设雅马哈天剑 JYM125		3.5		21.0
五羊本田 WH150-2	10.0~10.05	3.5		
新大洲本田 SDH150-15	10.0~10.05	3.5		
建设雅马哈 SR150	10.0	3.5	22.0	21.0
建设雅马哈劲豹 SRZ150	10.0	3.5	22.0	21.0
建设雅马哈劲龙 JYM250	10.0	3.5	22.0	21.0

第二节 离合器的快查快修

离合器的快查快修方法见表 4-3。

表 4-3 离合器的快查快修方法

类型	检查部件	常见的损坏形式	表现出故障现象	修理方法
手操纵湿式多片离合器	离合器摇臂	回位弹簧折断或弹力不足,导致离合器摇臂回位不良	离合器握把回位不良,离合器打滑	更换回位弹簧
		其上的凸轮过度磨损	离合器分离不彻底	更换凸轮
	离合器分离推杆	分离推杆间隙调整螺柱调整间隙过大或过小	离合器打滑或分离不彻底	按规定调整离合器分离推杆间隙调整螺柱
		弯曲变形或过度磨损	离合器打滑	更换分离推杆
	离合器主动毂	齿槽磨损成锯齿形凹槽	离合器打滑或分离不彻底	修锉或更换离合器主动毂
		其上的从动齿轮与毂之间的周向游隙过大	离合器传动异响	修理或更换离合器主动毂
	离合器从动毂	齿槽磨损成锯齿形凹槽	离合器打滑或分离不彻底	修锉或更换离合器从动毂
		其与离合器摩擦片接触端面过度磨损	离合器打滑	更换离合器从动毂
	离合器压盘	其与离合器摩擦片接触端面过度磨损	离合器打滑	更换离合器压盘
	离合器摩擦片	摩擦片烧蚀、老化变硬或过度磨损	离合器打滑	成套地更换离合器摩擦片
	离合器从动片	从动片变形过大	离合器分离不彻底	成套地更换离合器从动片
	离合器弹簧	弹力不足或折断	离合器打滑	成套地更换离合器弹簧
平衡块式自动离心湿式多片离合器	离合器间隙调整螺钉	调整不当,使自由行程过大	离合器分离不彻底	按规定重新调整离合器间隙调整螺钉
		调整不当,使自由行程过小	离合器打滑	按规定重新调整离合器间隙调整螺钉
	离合器外罩	齿槽磨损成锯齿形凹槽	离合器打滑或分离不彻底	修理或更换离合器外罩

续表 4-3

类型	检查部件	常见的损坏形式	表现出故障现象	修理方法
平衡块式自动离心湿式多片离合器	离合器外罩	离合器主动盘的缓冲弹簧折断	离合器传动异响	更换缓冲弹簧
	离合器从动毂	齿槽磨损成锯齿形凹槽	离合器打滑或分离不彻底	修理或更换离合器从动毂
	离合器分离弹簧	弹力不足或折断	离合器分离不彻底	成套地更换离合器分离弹簧
	离合器弹簧	弹力不足或折断	离合器打滑	成套地更换离合器弹簧
	离合器摩擦片	离合器摩擦片表面烧蚀、老化变硬或过度磨损		成套地更换离合器摩擦片
	离合器从动片	从动片变形过大	离合器分离不彻底	成套地更换离合器从动片
	离合器平衡块	与从动片接触部位过度磨损或损坏	离合器打滑	更换离合器平衡块
自动离心式蹄块离合器	离合器摩擦盘	与离合器蹄块摩擦片接触面过度磨损	离合器打滑	更换离合器摩擦盘
	蹄块摩擦片	蹄块摩擦片过度磨损或脱落		成套地更换离合器蹄块
		蹄块摩擦片的摩擦面积过小		成套地更换离合器蹄块,或用锉刀修锉蹄块摩擦片上的接触高点,直至摩擦面积达到70%以上
		销孔过度磨损		成套地更换离合器蹄块
	离合器驱动板	其上的销轴松动或过度磨损		更换离合器驱动板
	离合器弹簧	离合器弹簧折断或拉力不足	离合器分离不彻底	成套地更换离合器弹簧

1. 离合器分离间隙的调整

对嘉陵 JL90、大阳 DY90、DY100、宗申 ZS100-9、新大洲本田 SDH100-41/43、隆鑫 LX110-3 弯梁摩托车的离合器间隙调整螺钉的调整方法:如图

4-7所示,先拧松右曲轴箱盖上的锁紧螺母,用旋具按顺时针方向拧转离合器间隙调整螺钉约一圈,再按逆时针方向拧转调整螺钉,直至感到有轻微的阻力为止,就不要用劲拧转了。然后由此位置按顺时针方向拧转调整螺钉 1/8～1/2 圈,拧紧锁紧螺母,并注意拧紧锁紧螺母时不要让调整螺钉一起转动。最后试骑摩托车,确认离合器不打滑,且能正常分离即可。

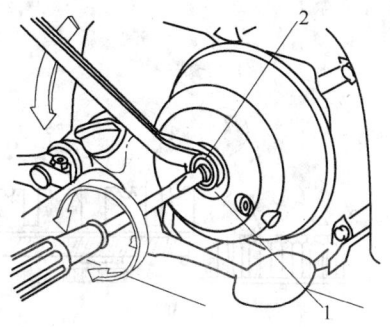

图 4-7 调整离合器间隙调整螺钉
1. 锁紧螺母　2. 调整螺钉

对轻骑铃木 GS125、豪爵铃木 GN125、建设雅马哈 JYM125、JYM250、铃木 GN250 等摩托车的离合器分离推杆间隙的调整方法:如图 4-8 所示,拧松离合器压盘上的锁紧螺母,边用手压着离合器摇臂,边用旋具朝顺时针或逆时针方向拧转离合器压盘上的分离推杆间隙调整螺柱,直至离合器摇臂上的标记与曲轴箱体上的标记对准为止;对离合器摇臂上无标记的,用旋具朝逆时针方向拧转分离推杆间隙调整螺柱约 1～2 圈,再按顺时针方向拧转分离推杆间隙调整螺柱,直至感到有轻微阻力为止,由此位置将分离推杆间隙调整螺柱朝逆时针方向拧转 1/4～1/2 圈。然后保持分离推杆间隙调整螺柱位置不变,拧紧锁紧螺母即可。

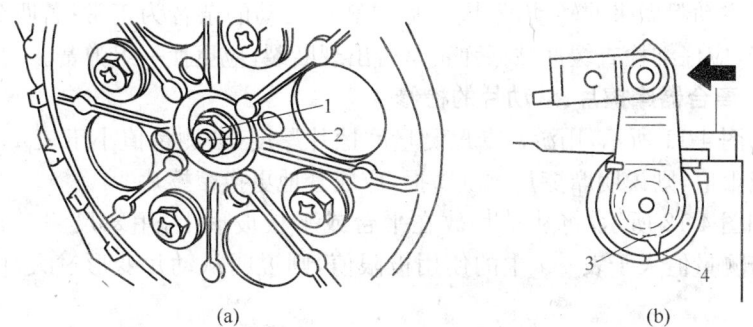

图 4-8 调整离合器分离推杆间隙
1. 锁紧螺母　2. 分离推杆间隙调整螺柱　3. 离合器摇臂上的标记　4. 曲轴箱体上的标记

2. 离合器主、从动毂的检修

检查离合器主、从动毂齿槽有无磨损成锯齿形凹槽(图 4-9a)。若有,应根据实际情况予以修理或更换。其修理方法:用锉刀将齿槽侧面锉平,且尽量少锉(图 4-9b),同时应注意锉修时要保证槽口上下尺寸一致,各槽口宽度一致。锉削完毕后用油石打磨平滑为止。

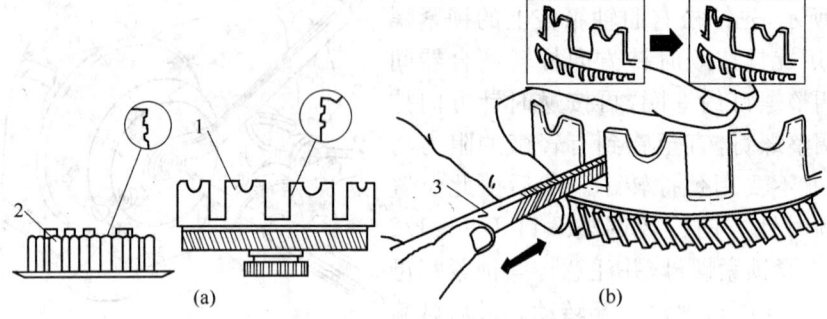

图 4-9 离合器主、从动毂齿槽磨损后的形状与修理
1. 离合器主动毂 2. 离合器从动毂 3. 锉刀

检查离合器主动毂的缓冲减振机构,采用缓冲橡胶块做缓冲减振机构,检查时一只手紧紧抓住离合器从动齿轮,另一只手抓住毂用力转动,检查它们之间的周向游隙(图 4-10)。若手上感觉有很微量的间隙为正常;若感到移动量大于 2mm 时,应拆解更换缓冲橡胶块或更换离合器主动毂。采用缓冲弹簧做缓冲减振机构,用双手抱住

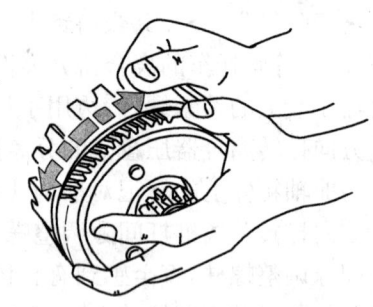

图 4-10 检查离合器主动毂周向游隙

离合器主动毂做来回转动,不应听见弹簧有松动的杂音为正常;若听到有明显杂音,应仔细检查缓冲减振弹簧是否出现断裂,应更换一组弹簧。

3. 离合器摩擦片、从动片的检修

如图 4-11 所示,用游标卡尺测量摩擦片厚度,若测量值小于表 4-4 中的使用极限值,则说明摩擦片过度磨损,应成套地更换摩擦片。

如图 4-12 所示,将从动片放在平台或平板玻璃上,用塞尺测量其变形值。若测量值大于表 4-4 中的使用极限值,则说明从动片变形过大,应更换从动片。

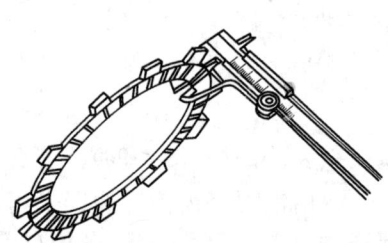

图 4-11 测量摩擦片厚度

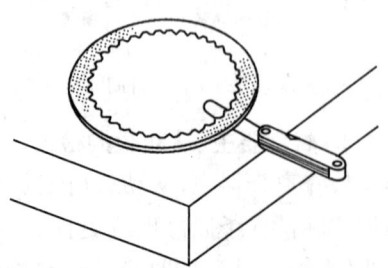

图 4-12 测量从动片变形值

表 4-4 湿式多片离合器的检查数据 (mm)

车型	摩擦片厚度 标准值	摩擦片厚度 极限值	从动片变形极限值	离合器弹簧自由长度 标准值	离合器弹簧自由长度 极限值
嘉陵 JH90	3.45~3.55	3.0	0.20	19.1	17.5
大阳 DY100		2.6	0.20		25.5
宗申 ZS100	3.45~3.55	3.0	0.20	20.0	19.0
五羊本田 WH100-2	2.8~2.9	2.6	0.2	25.7	25.2
新大洲本田 SDH100-41	2.92~3.08	2.6	0.20	25.7	25.2
新大洲本田 SDH100-43	2.8~2.9	2.6	0.2	25.7	25.2
建设 JS110-3	2.7~2.9	2.6		27.8	26.7
金城铃木 SJ110	2.12~2.28	1.82	0.10		
嘉陵 JH125	2.9~3.0	2.6	0.20	35.5	34.2
嘉陵本田 JH125F	3.0	2.6	0.2	35.5	34.0
幸福 XF125A6	2.9~3.0	2.6	0.20	35.5	34.2
金城铃木 GX125	2.9~3.1	2.6	0.1		29.5
豪爵铃木 GN125	2.9~3.1	2.6	0.1		29.5
轻骑铃木 GS125	2.9~3.1	2.6	0.1		29.5
五羊本田 WY125-S	2.5~2.7	2.2	0.2	27.4	26.8
五羊本田 WY125A/C	2.8~2.9	2.5	0.2	35.5	34.2
五羊本田 WH125-3	2.8~3.0	2.6	0.2	35.5	34.2
五羊本田 WH125-7/8	2.92~3.08	2.6	0.2	40.5	39.6
五羊本田 WH125-12	2.0~2.2	1.68	0.2	33.7	32.8
新大洲本田 SDH125	2.92~3.08	2.5	0.2	35.5	34.2
新大洲本田 SDH125-7D	2.8~2.9	2.6	0.2	40.5	39.6
新大洲本田 SDH125-51	2.8~2.9	2.6	0.2	40.5	39.6
建设雅马哈天剑 JYM125	2.9~3.0	2.8	0.05	29.2	31.0
长春铃木 GS125R	2.9~3.1	2.6	0.1		29.5
本田 CG125M	2.9~3.0	2.6	0.2	35.5	34.2
本田 CB125T	A 3.62~3.70 B 2.8~2.9	3.0 2.6	0.1	35.5	34.2
铃木 GS125E/ES/R	2.9~3.1	2.6	0.1		29.5
铃木 GF125	2.9~3.1	2.6	0.1	31.0	29.5
雅马哈 SRZ125	2.92~3.08	2.7	0.05	34.5	32.0
五羊本田 WH150-2	2.92~3.08	2.6	0.2	40.5	39.6
新大洲本田 SDH150-15	2.92~3.08	2.6	0.2	40.5	39.6
建设雅马哈 SR150	2.92~3.08	2.7	0.05	34.5	32.0
建设雅马哈豹 SRZ150	2.92~3.08	2.7	0.05	34.5	32.0
建设雅马哈劲飚 SRV200	2.92~3.08	2.7	0.05	34.5	32.0
建设雅马哈劲龙 JYM250	2.92~3.08	2.7	0.05	34.5	32.0

4. 离合器弹簧的检修

参见图 3-42 所示,用游标卡尺测量离合器弹簧自由长度,若测量值小于表 4-4 中的使用极限值,则说明离合器弹簧弹力不足,应成套地更换离合器弹簧。

5. 离合器摩擦盘的检修

如图 4-13 所示,用游标卡尺测量离合器摩擦盘与蹄块摩擦片接触部位的内径,若测量值大于表 4-5 中的使用极限值,则说明离合器摩擦盘与蹄块摩擦片接触部位过度磨损,应更换离合器摩擦盘。

6. 离合器蹄块的检修

如图 4-14 所示,用游标卡尺测量离合器蹄块上的摩擦片厚度,若测量值小于表 4-5 中的使用极限值,则说明蹄块摩擦片过度磨损,应成套地更换离合器蹄块。

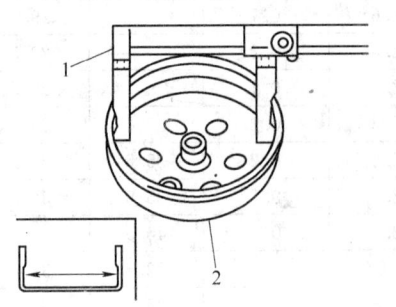

图 4-13 测量离合器摩擦盘内径
1. 游标卡尺 2. 离合器摩擦盘

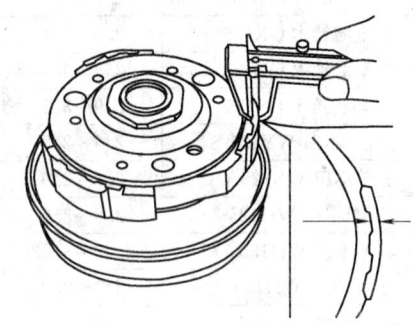

图 4-14 测量离合器蹄块上的摩擦片厚度

表 4-5 自动离心式蹄块离合器的检查数据 (mm)

车型	蹄块摩擦片厚度		离合器摩擦盘内径	
	标准值	极限值	标准值	极限值
建设雅马哈风帆 JYM90T	2.0	1.5	112.0	112.5
五羊本田 WH100-2	1.5	1.0	104.0～104.2	104.3
五羊本田 WH100T-G	4.5	2.0	112.0～112.2	112.5
新大洲本田 SDH100-43	1.5	1.0	104.0～104.2	104.3
五羊本田 WH110T-3		2.0	125.0～125.2	125.5
五羊本田 WH110T-A		2.0	125.0～125.2	125.5
五羊本田 WH125-S	1.5	1.0	104.0～104.2	104.3
五羊本田 WH125T		2.0	125.0～125.2	125.5
五羊本田 WH125T-2		2.0	125.0～125.2	125.5

续表 4-5

车型	蹄块摩擦片厚度		离合器摩擦盘内径	
	标准值	极限值	标准值	极限值
五羊本田 WH125T-5		2.0	125.0～125.2	125.5
五羊本田 WH125T-6		2.0	125.0～125.2	125.5
新大洲本田 SDH125T-27		2.0	125.0～125.2	125.5
南方雅马哈凌鹰 ZY125T	3.5	2.0	120.0	120.3
豪爵铃木 HJ125T	3.0	2.0	125.0～125.2	125.5
轻骑铃木 QS125T	3.0	2.0	125.0～125.2	125.5
光阳豪迈 125		1.5	125.0～125.2	125.5
三阳风速 125		2.0	130.0～130.2	130.5
本田 CH125		2.0	130.0～130.2	130.5
本田 CHA125		2.0	125.0～125.2	125.5
铃木 UC125		2.0		125.5
轻骑铃木 QS150T	3.0	2.0	125.0～125.2	125.5

第三节 变速器的快查快修

变速器的快查快修方法见表 4-6。

表 4-6 变速器的快查快修方法

类型	日常保养项目	检查部件	常见的损坏形式	表现出故障现象	修理方法
齿轮常啮合式有级变速器	定期更换倒挡器内齿轮油	变挡轴	变挡踏板与变挡轴相连的花键齿滑口	变速器换挡困难或挂不上挡	更换变挡踏板
			变挡轴与变挡踏板相连的花键齿滑口		更换变挡轴
			变挡轴变形	变挡踏板不能回位或变速器换挡困难	更换变挡轴
			变挡轴回位弹簧弹力不足或折断	变速器换挡困难，变挡踏板不能完全回位或不能回位	更换变挡轴回位弹簧
			变挡轴上的各个回位弹簧弹力不足或变形	变速器换挡困难	更换回位弹簧
			变挡轴上的换挡臂变形或过度磨损	变速器换挡困难或挂不上挡	更换变挡轴

续表 4-6

类型	日常保养项目	检查部件	常见的损坏形式	表现出故障现象	修理方法
齿轮常啮合式有级变速器	定期更换倒挡器内齿轮油	变挡凸轮轴	变挡凸轮轴上的沟槽有毛刺或过度磨损或损伤	变速器换挡困难	更换变挡凸轮轴
		变挡凸轮轴定位板	变挡凸轮轴定位板过度磨损或损坏	变速器换挡困难或自动脱挡	更换变挡凸轮轴定位板
			变挡凸轮轴定位板弹簧弹力不足或折断	变速器自动脱挡	更换变挡凸轮轴定位板弹簧
		拨叉	拨叉爪部变形或过度磨损	变速器换挡困难或自动脱挡、变速器运转有异响	更换拨叉
			拨叉轴孔过度磨损	变速器换挡困难或自动脱挡	更换拨叉
			拨叉导向销过度磨损或损坏		更换拨叉
			拨叉轴弯曲变形或过度磨损	变速器换挡困难	更换拨叉轴
		主轴	主轴的花键齿过度磨损、变形、损坏	变速器自动脱挡或运转有异响	更换主轴
			主轴上的轴承过度磨损或损坏	变速器运转有异响	更换轴承
		副轴	副轴的花键齿过度磨损、变形、损坏	变速器自动脱挡或运转有异响	更换副轴
			副轴上的轴承过度磨损或损坏	变速器运转有异响	更换轴承
		变速齿轮	变速齿轮齿面和轮齿过度磨损或损伤		更换变速齿轮
			变速齿轮端面啮合凸爪边缘磨损成较大的圆弧或端面啮合孔磨损成喇叭口	变速器自动脱挡	更换变速齿轮
			滑动齿轮槽过度磨损		更换滑动齿轮

续表 4-6

类型	日常保养项目	检查部件	常见的损坏形式	表现出故障现象	修理方法
齿轮常啮合式有级变速器	定期更换倒挡器内齿轮油	变速齿轮	滑动齿轮内花键槽过度磨损	变速器自动脱挡	更换滑动齿轮
			变速齿轮咬死或卡住	变速器换挡困难或运转有异响	清除异物或更换变速齿轮
			空套齿轮的衬套或滚针轴承过度磨损或损坏	变速器运转有异响	更换衬套或滚针轴承
		倒挡器	倒挡器箱体衬垫冲破或破损	倒挡器箱体漏油	更换衬垫
			倒挡器箱体有裂纹		修补或更换箱体
			箱内齿轮油变质或过脏	倒挡器运转有异响	更换齿轮油
			齿轮油油量过少		补充或更换齿轮油
			箱体上的油封刃口过度磨损或破损或老化	油封处漏油	更换油封
			轴承过度磨损或损坏	倒挡器运转有异响	更换轴承
			锥齿轮齿面过度磨损或损伤		更换锥齿轮
			锥齿轮齿间夹有碎金属		清除或更换锥齿轮
			锥齿轮端面啮合孔磨损成喇叭口	倒挡器自动脱挡	更换锥齿轮
			滑动齿轮端面啮合凸爪边缘磨损成较大的圆弧		更换滑动齿轮
			主动轴上的花键齿过度磨损,导致主动轴与万向节的凸缘叉(或凸缘盘)配合间隙过大	传动轴传动异响	更换主动轴

续表 4-6

类型	日常保养项目	检查部件	常见的损坏形式	表现出故障现象	修理方法
皮带式无级变速器		传动皮带	沾有油污	传动皮带传动打滑,加速性差,行驶无力	清除油污,并找出排除沾有油污的根源
			过度磨损		更换传动皮带
			龟裂或其内圈齿形损坏	传动皮带损坏	更换传动皮带
		主动皮带轮	主动皮带轮工作锥面(即与传动皮带接触面)过度磨损	传动皮带传动打滑,加速性差,行驶无力	更换主动皮带轮
			移动摩擦轮内侧滚道过度磨损或被挤压出现凹坑	起步或加速发冲,加速性差,行驶无力	更换移动摩擦轮
			移动摩擦轮轴套孔过度磨损	加速性差,行驶无力	更换移动摩擦轮
			移动摩擦轮轴套外表面过度磨损		更换轴套
			离心滚柱有偏向磨损或过度磨损或损坏	起步或加速发冲,加速性差,行驶无力	更换离心滚柱
		从动皮带轮	从动轮工作锥面(即与传动皮带接触面)过度磨损	传动皮带传动打滑,加速性差,行驶无力	更换从动轮
			从动轮大弹簧弹力过弱或折断	加速性差,行驶无力	更换从动轮大弹簧
			移动从动轮扭矩凸轮槽已磨损成台阶状导致移动从动轮与从动轮相对轴向移动不灵活		更换移动从动轮
			移动从动轮扭矩销或导向滚子过度磨损或损伤导致移动从动轮与从动轮相对轴向移动不灵活		更换扭矩销及导向滚子

续表 4-6

类型	日常保养项目	检查部件	常见的损坏形式	表现出故障现象	修理方法
皮带式无级变速器		从动皮带轮	从动轮轴轴套外表面过度磨损	加速性差，行驶无力	更换从动轮
			移动从动轮轴套孔过度磨损		更换移动从动轮
			从动轮内的轴承过度磨损或损坏或转动有异常噪声	变速器运转有异响	更换轴承
			移动从动轮内的轴承过度磨损或损坏或转动有异常噪声		更换轴承

1. 齿轮常啮合式有级变速器的检修

如图 4-15 所示，检查齿轮端面啮合凸爪边缘是否磨损成较大的圆弧以及端面啮合孔是否磨损成喇叭口，若是，应更换齿轮。

如图 4-16 所示，用千分尺测量拨叉爪部厚度，若测量值小于表 4-7 中的使用极限值，则说明拨叉爪部过度磨损，应更换拨叉。

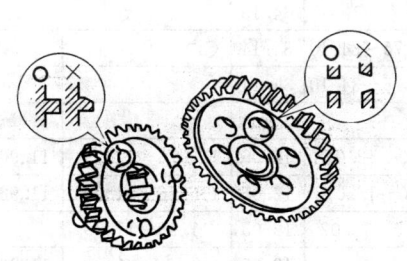

图 4-15　检查齿轮端面啮合凸爪及啮合孔的磨损情况

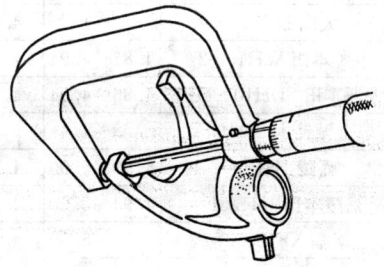

图 4-16　测量拨叉爪部厚度

如图 4-17 所示，用内径百分表测量拨叉轴孔内径，若测量值小于表 4-7 中的使用极限值，则说明拨叉轴孔过度磨损，应更换拨叉。

如图 4-18 所示，用外径千分尺测量拨叉轴与拨叉滑动接触部位的外径，若测量值小于表 4-7 中的使用极限值，则说明拨叉轴过度磨损，应更换拨叉轴。

用两块等高的 V 形铁支承拨叉轴，调整百分表支架使表头对准拨叉轴中部，转表盘校对表针为零，转动拨叉轴一圈，百分表指针摆动的最大幅度即为拨叉轴的弯曲度。若拨叉轴弯曲度大于 0.45~0.50mm，则应更换拨叉轴。

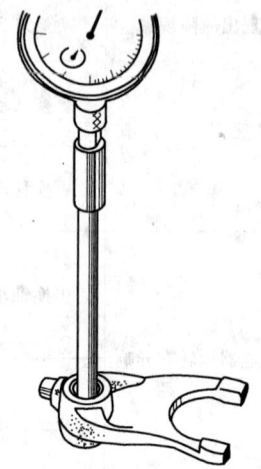

图 4-17　测量拨叉轴孔内径

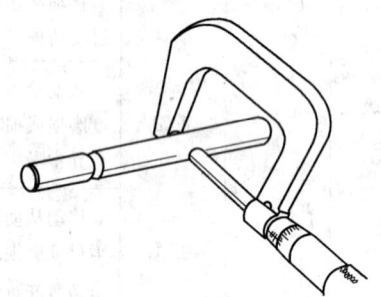

图 4-18　测量拨叉轴外径

表 4-7　齿轮常啮合式有级变速器检查数据　　　　　　（mm）

车型	拨叉爪部厚度		拨叉轴孔内径		拨叉轴外径	
	标准值	极限值	标准值	极限值	标准值	极限值
嘉陵 JH70	4.86~4.94	4.6	34.00~34.025	34.14		
嘉陵 JH90	4.86~4.94	4.6	34.00~34.025	34.14		
大阳 DY100		4.6		34.15		
五羊本田 WH100-2	4.86~4.94	4.6	34.075~34.10	34.14		
新大洲本田 SDH100-41/43	4.86~4.94	4.6	34.075~34.10	34.14		
金城铃木 SJ110	4.3~4.4					
嘉陵 JH125	4.93~5.00	4.5	12.0~12.018	12.05	11.976~11.994	11.96
嘉陵本田 JH125F	4.93~5.00	4.7	12.0~12.018	12.05	11.976~11.994	11.96
幸福 XF125A6	4.93~5.00	4.7	12.0~12.02	12.05	11.98~11.99	
五羊本田 WY125C	5.00	4.5	12.0	12.05	11.99	11.96
五羊本田 WY125-S	4.93~5.00	4.5	10.0~10.018	10.07	9.986~9.995	9.93
五羊本田 WH125-3	4.93~5.00	4.5	12.0~12.018	12.05	11.976~11.994	11.96
五羊本田 WH125-7/8	4.93~5.00	4.5	10.0~10.018	10.05	9.986~9.995	9.93
五羊本田 WH125-12	4.93~5.00	4.5	10.0~10.018	10.05	9.986~9.995	9.93
新大洲本田 SDH125-7D	4.93~5.00	4.5	10.0~10.018	10.05	9.986~9.995	9.93
新大洲本田 SDH125-51	4.93~5.00	4.5	10.0~10.018	10.05	9.986~9.995	9.93
本田 CG125M	4.93~5.00	4.5	12.0~12.018	12.05	11.976~11.994	11.96
本田 CB125T	5.0~5.07	4.7	12.0~12.018	12.06	11.976~11.994	11.93
五羊本田 WH150-2	4.93~5.00	4.5	10.0~10.018	10.05	9.986~9.995	9.93
新大洲本田 SDH150-15	4.93~5.00	4.5	10.0~10.018	10.05	9.986~9.995	9.93

2. 皮带式无级变速器的检修

如图 4-19 所示,用游标卡尺测量传动皮带宽度,若测量值小于表 4-8 中的使用极限值,则说明传动皮带过度磨损,应更换传动皮带。

检查主动轮、移动摩擦轮的工作锥面(即与传动皮带接触面)的磨损情况,若锥面磨损已形成明显的凹槽,其凹槽深度大于 0.40mm 以上时,则说明主动轮或移动摩擦轮工作锥面过度磨损,应予以更换。

如图 4-20 所示,用内径百分表测量移动摩擦轮轴套孔内径,若测量值大于表 4-9 中的使用极限值,则说明移动摩擦轴孔过度磨损,应更换移动摩擦轮。

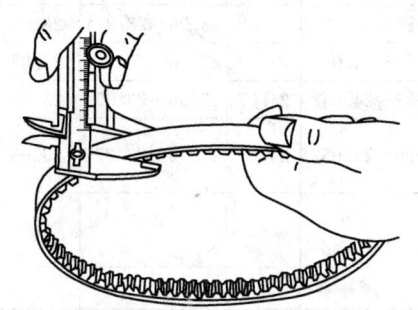

图 4-19 测量传动皮带宽度

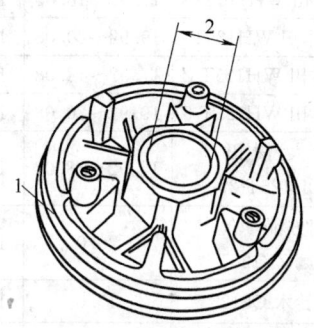

图 4-20 测量移动摩擦轮内径
1. 移动摩擦轮 2. 内径

表 4-8 传动皮带宽度　　　　　　　　　　　(mm)

车 型	传动皮带宽度		车 型	传动皮带宽度	
	标准值	极限值		标准值	极限值
光阳豪迈 50	15.5	14.5	轻骑铃木 QS125T	18.9	17.9
建设雅马哈风帆 JYM90T	16.6	15.2	南方雅马哈凌鹰 ZY125T	21.9	20.0
五羊本田 WH100T-G	18.5	17.5	光阳豪迈 125	20.0~21.0	
五羊本田 WH110T-3	18.5	17.5	三阳风速 125	19.0	17.5
五羊本田 WH110T-A	18.5	17.5	新大洲本田 SDH125T-27	20.0	19.0
五羊本田 WH125T	20.0	19.0	本田 CH125	19.0	17.5
五羊本田 WH125T-2	20.0	19.0	本田 CHA125	20.0	19.0
五羊本田 WH125T-5	20.0	19.0	铃木 UC125		21.1
豪爵铃木 HJ125T	17.0	16.4	轻骑铃木 QS150T	19.2	18.2

用游标卡尺测量移动摩擦轮轴套的外径,若测量值小于表 4-9 中的使用极限值,则说明轴套外表面过度磨损,应更换轴套。

表 4-9 主动皮带轮的检查数据　　　　　　　　　　　　（mm）

车型	离心滚柱外径		移动摩擦轮内径		移动摩擦轮轴套外径	
	标准值	极限值	标准值	极限值	标准值	极限值
光阳豪迈 50	15.92～16.08	15.4	20.035～20.095	20.13	20.005～20.025	19.97
建设雅马哈风帆 JYM90T	15.0	14.5				
五羊本田 WH100T-G	15.92～16.08	15.4	20.035～20.085	20.6	20.01～20.025	19.98
五羊本田 WH110T-3		17.5	22.035～22.085	22.11	22.01～22.025	21.98
五羊本田 WH110T-A	17.92～18.08	17.5	22.035～22.085	22.11	22.01～22.025	21.98
五羊本田 WH125T	19.92～20.08	19.5	23.989～24.052	24.09	23.96～23.974	23.93
五羊本田 WH125T-2	17.92～18.08	17.5	23.989～24.042	24.07	23.96～23.974	23.93
五羊本田 WH125T-5	19.92～20.08	19.5	23.989～24.042	24.07	23.96～23.974	23.93
新大洲本田 SDH125T-27	17.92～18.08	17.5	23.989～24.052	24.07	23.96～23.974	23.93
南方雅马哈凌鹰 ZY125T	20.0	19.5				
轻骑铃木 QS125T	17.0	16.4				
光阳豪迈 125	17.92～18.08	17.04	24.011～24.052	24.06	23.96～23.974	23.94
三阳风速 125	19.95～20.1	19.5	27.00～27.021	27.06	26.97～26.99	26.94
本田 CH125	19.95～20.1	19.5	27.00～27.021	27.06	26.97～26.99	26.94
本田 CHA125	19.92～20.08	19.5	23.989～24.052	24.09	23.96～23.974	23.93
轻骑铃木 QS150T	17.0	16.4				

如图 4-21 所示，用游标卡尺测量离心滚柱外径，若测量值小于表 4-9 中的使用极限值，则说明离心滚柱过度磨损，应成套地更换离心滚柱。

如图 4-22 所示，用游标卡尺测量从动轮轴套外径，若测量值小于表 4-10 中的使用极限值，则说明从动轮轴套外表面过度磨损，应更换从动轮。

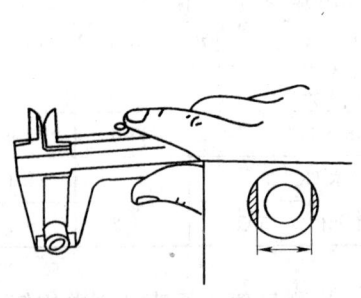

图 4-21 测量离心滚柱外径

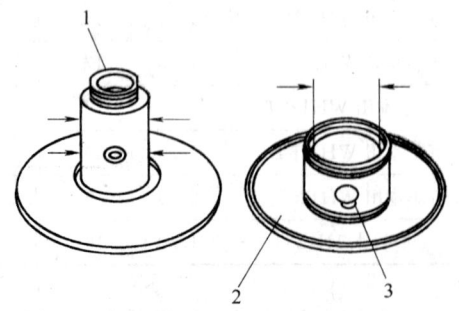

图 4-22 检查从动皮带轮
1. 从动轮　2. 移动从动轮　3. 扭矩凸轮槽

第四章 摩托车传动系统的快查快修

表 4-10 从动皮带轮的检查数据 (mm)

车型	从动轮轴套外径		移动从动轮内径		从动轮大弹簧自由长度	
	标准值	极限值	标准值	极限值	标准值	极限值
光阳豪迈 50	33.965~33.985	33.94	34.00~34.025	34.06	98.1	92.8
建设雅马哈风帆 JYM90T					92.5	88.0
五羊本田 WH100T-G	33.965~33.985	33.94	34.00~34.025	34.06	124.2	105.0
五羊本田 WH110T-3	33.965~33.985	33.94	34.00~34.025	34.06	127.5	120.0
五羊本田 WH110T-A	33.965~33.985	33.94	34.00~34.025	34.06	111.4	108.0
五羊本田 WH125T	33.965~33.985	33.94	34.00~34.025	34.06	154.6	135.0
五羊本田 WH125T-2	33.965~33.985	33.94	34.00~34.025	34.06	154.6	135.0
五羊本田 WH125T-5	33.965~33.985	33.94	34.00~34.025	34.06	121.1	113
五羊本田 WH125T-6	33.965~33.985	33.94	34.00~34.025	34.06	121.1	113
新大洲本田 SDH125T-27	33.965~33.985	33.94	34.00~34.025	34.06	121.1	113
光阳豪迈 125	33.965~33.985	33.94	34.00~34.025	34.06		163.7
三阳风速 125	33.965~33.985	33.94	34.00~34.025	34.06	88.3	83.2
本田 CH125	33.965~33.985	33.94	34.00~34.025	34.06	88.3	83.2
本田 CHA125	33.965~33.985	33.94	34.00~34.025	34.06	154.6	135.0
铃木 UC125						142.5

如图 4-22 所示，用内径百分表测量移动从动轮轴套孔内径，若测量值大于表 4-10 中的使用极限值，则说明移动从动轮轴套孔过度磨损，应更换移动从动轮。

检查从动轮、移动从动轮的工作锥面（即与传动皮带接触面）的磨损情况，若锥面磨损已形成明显的凹槽，其凹槽深度大于 0.40mm 以上时，则说明从动轮或移动从动轮工作锥面过度磨损，应予以更换。

检查从动轮大弹簧的弹力以及用游标卡尺测量其自由长度，若弹簧的弹力不足或其自由长度小于表 4-10 中的使用极限值或折断，应更换大弹簧。

第四节 后传动装置的快查快修

后传动装置的日常保养及快查快修方法见表 4-11。

表 4-11 后传动装置的日常保养及常见的形式与维修方法

类型	日常保养项目	检查部件	常见的损坏形式	表现出故障现象	修理方法
链传动装置	定期清洗润滑传动链条及按规定要求检查调整传动链条松紧度	传动链条	链条润滑不良	传动链条传动异响	清洗润滑传动链条
			传动链条粘卡		清洗润滑或更换传动链条
			传动链条过度磨损或损坏		更换传动链条及主、从动链轮
		主、从动链轮	主、从动链轮轮齿过度磨损	传动链条自动脱落或传动异响	更换主、从动链轮及传动链条
			从动链轮固定螺母或螺栓有松动		拧紧螺栓或螺母
			链轮与传动链条不在同一平面上	传动链条自动脱落或传动异响	拧松后轮轴螺母,拧转后轮轴左右侧链调整器上的调整螺母(或调整螺栓),直至传动链条松紧度与规定值范围内相符,同时也使链调整器上的标记与后摇臂上的调整刻线左右保持一致
		链轮毂	链轮毂破损或有裂纹	传动链传动异响	更换链轮毂
			链轮毂轴承过度磨损或损坏		更换轴承
			链轮毂缓冲橡胶块或缓冲橡胶衬套过度磨损或损坏	起步或换挡加速时摩托车会发冲	更换缓冲橡胶块或缓冲橡胶衬套
齿轮箱传动装置	定期更换齿轮箱内齿轮油	齿轮箱	箱内齿轮油变质或过脏	齿轮箱内齿轮传动异响	更换齿轮油
			箱内齿轮油油量过少		补充或更换齿轮油
			箱内有杂物		清除干净

续表 4-11

类型	日常保养项目	检查部件	常见的损坏形式	表现出故障现象	修理方法
齿轮箱传动装置	定期更换齿轮箱内齿轮油	齿轮箱	箱体、箱盖裂纹或破损	齿轮箱漏油	修理或更换箱体、箱盖
			箱盖衬垫冲破或破损		更换衬垫
			箱体上的油封刃口过度磨损或破损或老化		更换油封
			箱内轴承过度磨损或损坏	齿轮箱内齿轮传动异响	更换轴承
		变速齿轮	齿轮轮齿过度磨损或崩齿		更换齿轮
			齿轮齿间夹有碎金属		清除或更换变速齿轮
轴传动装置	定期更换后桥齿轮油	传动轴	传动轴轴管弯曲	传动轴传动异响	校正或更换传动轴
			传动轴轴管表面凹陷变形		更换传动轴
			传动轴花键齿过度磨损,导致传动轴与万向节的滑动叉配合间隙过大		更换传动轴
			万向节的滑动叉花键槽过度磨损,导致传动轴与滑动叉配合间隙过大		更换滑动叉
			万向节叉(或凸缘盘)花键槽过度磨损,导致主动轴或主动锥齿轮轴与万向节叉(或凸缘盘)配合间隙过大		更换万向节叉或凸缘盘
			万向节叉或滑动叉轴承座孔过度磨损		更换万向节叉或滑动叉
			万向节叉或滑动叉叉头变形		更换万向节叉或滑动叉

续表 4-11

类型	日常保养项目	检查部件	常见的损坏形式	表现出故障现象	修理方法
轴传动装置	定期更换后桥齿轮油	传动轴	十字轴轴颈过度磨损,导致十字轴与滚子轴承配合间隙过大	传动轴传动异响	更换十字轴轴承
			十字轴滚子轴承过度磨损或损坏,导致十字轴与滚子轴承配合间隙过大		更换十字轴轴承
			十字轴轴颈表面有损伤、金属剥落或裂纹	传动轴传动异响	更换十字轴轴承
			万向节叉与凸缘盘连接螺栓松动		拧紧螺栓
		后桥	桥壳内齿轮油油量不足或过稀或变质	后桥发热或发响	更换齿轮油
			桥壳内齿轮油加注过多	后桥发热或漏油	放出多余的齿轮油
			桥壳体有裂纹或破损		更换桥壳体
			桥壳体衬垫冲破或破损		更换衬垫
			桥壳体接合面压紧螺栓松动或滑牙	后桥漏油	按规定扭矩拧紧螺栓或更换螺栓
			通气塞堵塞		清洗或更换通气塞
			主动锥齿轮轴上的油封刃口过度磨损或破损或老化		更换油封
			主动锥齿轮轴与油封的接触处过度磨损或损伤		更换主动锥齿轮
			主动锥齿轮轴承过度磨损或损坏	后桥发响或漏油	更换轴承

续表 4-11

类型	日常保养项目	检查部件	常见的损坏形式	表现出故障现象	修理方法
轴传动装置	定期更换后桥齿轮油	后桥	主动锥齿轮轴承调整预紧度过大	后桥发热	重新调整主动锥齿轮轴承预紧度
			主动锥齿轮轴承调整预紧度过小	后桥发响	重新调整主动锥齿轮轴承预紧度
			差速器轴承调整预紧度过大	后桥发热	重新调整预紧度
			差速器轴承调整预紧度过小	后桥发响	重新调整预紧度
			主、从动锥齿轮齿面过度磨损或损伤		更换主、从动锥齿轮
			主、从动锥齿轮啮合间隙过大或过小	后桥发响或过热	重新调整主、从动锥齿轮啮合间隙
			主、从动锥齿轮不正确的啮合印痕	后桥发响	重新调整主、从动锥齿轮啮合印痕
			主动锥齿轮轴上的花键齿过度磨损，导致主动锥齿轮轴与凸缘盘配合间隙过大	传动轴传动异响	更换主动锥齿轮轴
			从动锥齿轮端面变形	后桥发响	更换从动锥齿轮
			从动锥齿轮与差速器壳体的固定螺栓松动		拧紧固定螺栓
			行星齿轮齿面过度磨损或损伤		更换行星齿轮
			行星齿轮轴过度磨损		更换行星齿轮轴
			行星齿轮与行星齿轮轴咬死		更换损坏件
			行星齿轮与半轴齿轮啮合间隙过大		更换损坏件
			半轴齿轮键槽与半轴花键齿之间的啮合间隙过大		更换损坏件

续表 4-11

类型	日常保养项目	检查部件	常见的损坏形式	表现出故障现象	修理方法
轴传动装置	定期更换后桥齿轮油	后桥	半轴齿轮齿面过度磨损或损伤	后桥发响	更换半轴齿轮
		半轴	折断	半轴折断	更换半轴
			弯曲或扭曲变形	后桥发响	校正或更换半轴
			半轴上的油封刃口过度磨损或破损或老化	后桥漏油	更换油封
			半轴上的轴承过度磨损或损坏	后车轮转动不灵活,后车轮左右摆动,后桥漏油	更换轴承

1. 传动链条的清洗润滑

传动链条的清洗润滑方法有两种：一是将摩托车主停车架支起，熄火发动机，将变速器置于空挡位置；然后边用手转动后轮，边用机油枪将润滑油滴注在链条上，使每一节链条都能得到润滑；最后用布擦去链条上的多余润滑油，以免产生飞溅。二是将传动链条拆下，将其浸在洗涤剂或煤油中，洗掉链条上的污物，清洗干净后用布擦干，再将其放在润滑油中浸泡 20min 或在整个链条上滴注润滑油；最好能将其放到加热融化的石墨润滑脂中浸泡 5～10min，使润滑脂渗入链条各环节内部；然后用布擦去链条上的多余润滑油，再将链条装回车上。安装链条接头时要注意链条锁片的开口应背向链条的行进方向（图 4-23）。

2. 传动链条松紧度的调整

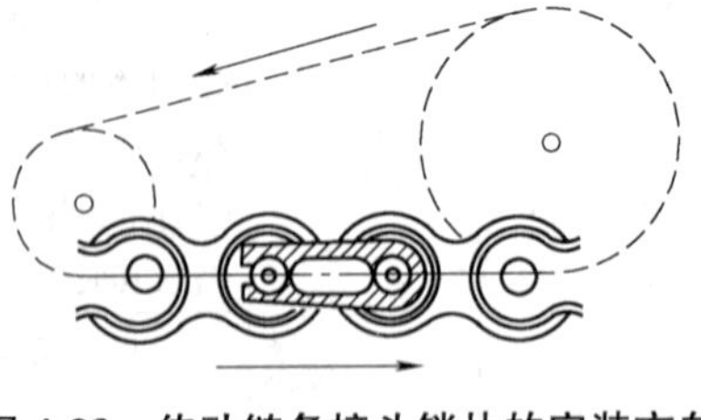

熄火发动机，将变速器置于空挡位置，并支起主停车架，在链条下侧的两链轮中间位置上，用手指上下拨动链条，检查链条松紧度。若松紧度与表 4-12 中的规定值不符，应拧松

图 4-23 传动链条接头锁片的安装方向

后轮轴螺母，拧转后轮轴左右侧链条调整器上的调整螺母（或调整螺栓），直至传动链条松紧度与规定值范围内相符，同时也使链条调整器上的标记与后摇臂上的调整刻线左右保持一致（图 4-24）。调整完毕后，用手指抬起链条，边加负荷边按规定扭矩拧紧后轮轴螺母（图 4-25），以减小链条调整器的移动，避免拧紧后轮轴螺母时链条松紧变小。最后检查调整后制动踏板的自由行程至 20～30mm。

第四章　摩托车传动系统的快查快修　　　219

表 4-12　传动链条松紧度　　　（mm）

车　型	链条松紧度	车　型	链条松紧度
嘉陵 JH70	10～20	新大洲本田 SDH125-51	15～25
大阳 DY100	10～20	金城铃木 GX125	20～30
五羊本田 WH100-2	30～40	长春铃木 GS125R	20～30
新大洲本田 SDH100-41	25～35	建设雅马哈天剑 JYM125	20～30
新大洲本田 SDH100-43	30～40	本田 CG125M	15～25
金城铃木 SJ110	15～25	本田 CB125T	15～25
嘉陵 JH125	10～20	铃木 GS125E/ES	25～35
嘉陵本田 JH125F	15～25	铃木 GS125R	20～30
豪爵木 GN125	25～35	铃木 GF125	20～30
幸福 XF125A6	10～15	雅马哈 SRZ125	20～30
轻骑铃木 GS125	25～35	五羊本田 WH150-2	20～30
五羊本田 WY125-S	25～35	新大洲本田 SDH150-15	20～30
五羊本田 WH125-3	10～20	建设雅马哈 SR150	20～30
五羊本田 WH125-7/8	20～30	建设雅马哈劲豹 SRZ150	20～30
五羊本田 WH125-12	25～35	建设雅马哈劲龙 JYM250	35～50
新大洲本田 SDH125-7D	15～25		

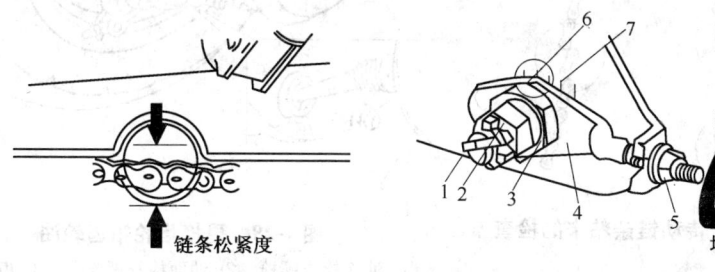

图 4-24　调整传动链条松紧度

1. 后轮轴　2、3. 螺母　4. 链条调整器　5. 调整螺母　6. 标记　7. 调整刻线

3. 传动链条的检修

如图 4-26 所示，按图中箭头方向拉传动链条，若链条可拉出链轮齿高的

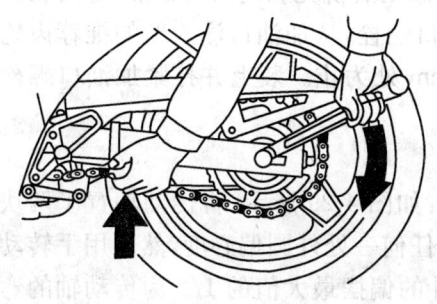

图 4-25　拧紧后轮轴螺母

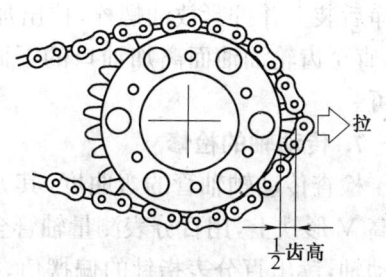

图 4-26　检查传动链条磨损情况

1/2,则说明链条过度磨损,应更换传动链条;如图4-27所示,检查传动链条有无粘卡现象,若有,则应清洗润滑或更换传动链条。

4. 链轮的检修

检查链轮轮齿,若发现链轮轮齿齿形磨损后尺寸大于1/2齿时,则说明链轮过度磨损,应更换链轮。

5. 更换齿轮箱内齿轮油

首先将摩托车停在平坦的地面上,支起主停车架,起动发动机,让后轮空转3~5min;然后拧下油面检查螺栓和放油螺栓,放出齿轮箱内齿轮油,待齿轮油放净后装上放油螺栓及其密封垫圈并拧紧;最后从油面检查螺栓孔注入推荐齿轮油(图4-28),直至齿轮油从油面检查螺栓孔流出为止,装上并拧紧油面检查螺栓即可。

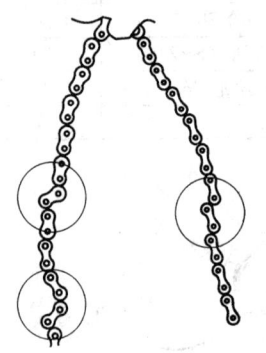

图4-27 传动链条粘卡的检查

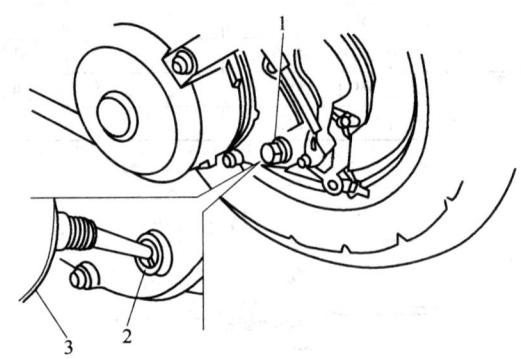

图4-28 更换齿轮箱齿轮油
1. 油面检查螺栓 2. 油面检查螺栓孔 3. 齿轮油

6. 后桥齿轮油更换

在车子后面看后桥壳上、中、下的三个孔,上面的是通气帽,必须保证后桥壳腔内与外面的空气相通;中间的是加油口螺栓,下面的是放油螺栓;当车辆行驶一段后,趁油热时拧出放油螺栓,放出后桥壳腔内的齿轮油,等齿轮油放净后装上并拧紧放油螺栓,拧出加油口螺栓,从加油口注入新的推荐齿轮油,直至齿轮油油面离加油口的下面1cm处为止。装上并拧紧加油口螺栓即可。

7. 传动轴的检修

检查传动轴轴管的弯曲度,其方法:如图4-29所示,将传动轴置于两块等高V形铁上,用百分表测量轴管全长任何一处外圆偏心度,然后用手转动传动轴,读出百分表指针的偏摆值,指针的偏摆最大值的1/2为传动轴的弯曲度。若弯曲度大于使用极限值,应用压力机校正或更换传动轴。

第四章 摩托车传动系统的快查快修

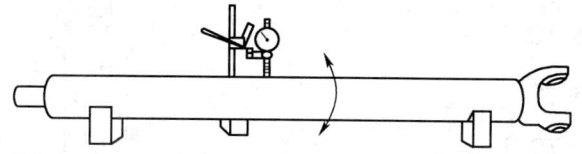

图 4-29　检查传动轴的弯曲度

检查花键副的扭转间隙,其方法为:如图 4-30 所示,把传动轴滑动叉夹持在台钳上,花键轴按装配的标记插入滑动叉,并使部分花键露在外面,按 10N 的力在正方向加载转动花键轴,用百分表测出花键侧面的读数差值。若测出的间隙大于规定值,说明传动轴与滑动叉配合间隙过大,应检查传动轴上的花键齿及万向节的滑动叉花键槽是否过度磨损,对磨损件应予以更换。

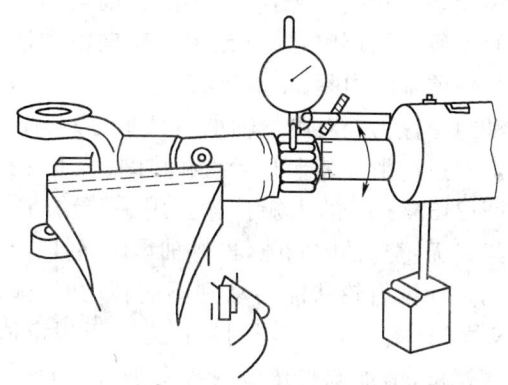

图 4-30　检查花键副的扭转间隙

检查万向节十字轴轴承的径向间隙,其方法为:如图 4-31 所示,把十字轴夹在台钳上,将滚子轴承套在十字轴轴颈上,上下推动滚子轴承,用百分表测出轴承外表面最高点读数的变化值。若测出的径向间隙大于 0.25mm,说明十字轴与滚子轴承配合间隙过大,应检查十字轴轴颈或滚子轴承是否过度磨损,对磨损件应予以更换。

8. 主动锥齿轮的安装与轴承预紧度的调整

(1)将主动锥齿轮等待装的零件清洗、擦拭干净,并在其摩擦表面上涂抹一层齿轮油。用压力机和专用工具把新的前后轴承外圈压入减速器壳轴承座中(图 4-32)。若原轴承没有损伤,可以重新装用,但原轴承的内外圈应保持原配对,不可混装。

(2)用压力机和专用工具将后轴承和原有止推垫圈一同压入主动锥齿轮(图 4-33),使其紧靠齿轮端部。压入轴承时,应边压边用手转动轴承,使轴承滚子处于正确位置。

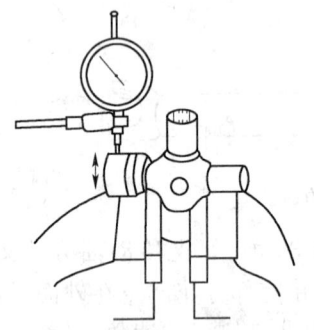

图 4-31　检查万向节十字轴轴承的径向间隙

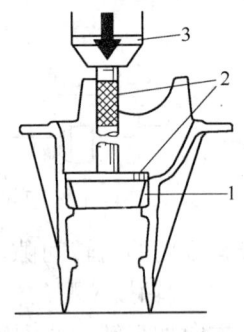

图 4-32　压入轴承外圈
1. 轴承外圈　2. 专用工具　3. 压力机

(3) 将主动锥齿轮装入减速器壳,将隔套从轴前端套入主动锥齿轮前轴承内圈上,再依次套上原有的调整垫圈(或根据轴向窜动情况选择适当厚度的垫圈)、轴承座、另一前轴承内圈、止推垫圈。

(4) 为了排除油封摩擦力矩对测量轴承预紧度的影响,油封、油封座及衬垫暂时不装,轴承应经过润滑。装上凸缘盘和垫圈,装上并拧紧开槽螺母,并用扭力扳手以 196~245N·m 的力矩拧紧。用手转动凸缘盘时,能转动灵活,沿轴向推拉凸缘盘无感到轴向间隙,再将轴承座夹挂在台钳上,用弹簧秤钩拉凸缘盘的螺孔,主动锥齿轮从能转动到不能转动时,弹簧秤上的拉力应在规定值 16~25N 之间(图 4-34)。若测量拉力大于规定值,说明轴承预紧度过大,应拆下开槽螺母,增加调整垫圈或隔套加长,轴承预紧度变小;若测量拉力小于规定值,说明轴承预紧度过小,减小调整垫圈或隔套减短,轴承预紧度变大。经反复调整,直至轴承预紧度符合技术要求。

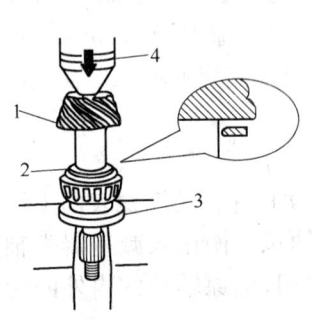

图 4-33　压入后轴承内圈
1. 主动锥齿轮　2. 止推垫圈
3. 专用工具　4. 压力机

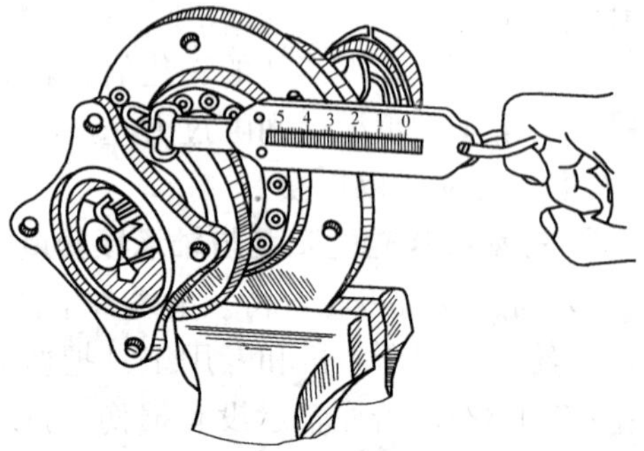

图 4-34　主动锥齿轮轴承预紧度的检测

(5) 轴承预紧度调整后,拆下开槽螺母、垫圈和凸缘盘,在油封上涂少许齿轮油,用专用工具将油封装入主动锥齿轮前轴承座的油封位中,重新装上凸缘盘和垫圈,按规定196～245N·m的力矩拧紧开槽螺母,插上开口销锁住螺母即可。

9. 差速器轴承预紧度的调整

(1)把从动锥齿轮连差速器一起装入减速器壳中,使从动锥齿轮与主动锥齿轮啮合。将两个轴承外圈合到差速器两端的滚子轴承内圈(注意两侧轴承外圈不能互换),在减速器壳的半螺纹部分旋入调整大螺母,按拆卸时的记号装上轴承盖,注意要对好调整大螺母的螺纹,装上并拧紧轴承盖螺栓。

(2)用专用工具拧动一侧的调整大螺母,直到主、从动锥齿轮的齿隙大约为0.2mm为止,再将另一侧的调整大螺母完全拧紧后再退回半圈(图4-35)。这样使差速器轴承无轴向间隙且转动灵活。用手反复转动从动锥齿轮,使轴承就位后用弹簧秤钩拉从动锥齿轮螺栓,从动锥齿轮从能转动到不能转动时,弹簧秤上的拉力应在规定值16～25N之间。若拉力过大或过小,应重新同时旋进或旋出左右调整大螺母,反复调整差速器轴承预紧度,直至符合技术要求为止。调整完毕后,在差速器轴承盖上装上调整大螺母的止动锁片,用螺栓紧固即可。

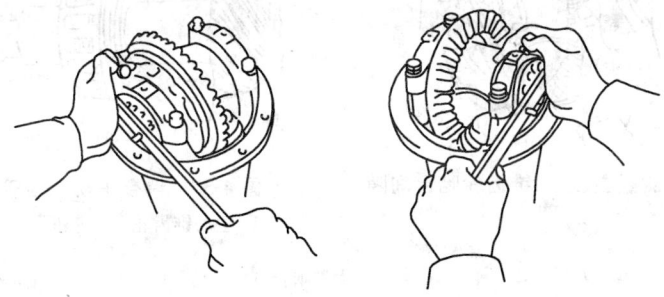

图4-35 调整差速器两端的调整大螺母

10. 主、从动齿轮啮合间隙的测量与调整

将磁性百分表座吸在减速器壳体的适当部位,用百分表测量触头与从动锥齿轮的齿缘接触,用木块当楔子插入从动锥齿轮与减速器壳体之间,锁定主动锥齿轮,用手轻轻地在齿隙范围内来回摆动从动锥齿轮,百分表指针的摆动量即为主、从动锥齿轮的啮合间隙(图4-36)。一般情况下测得摆动值为实际间隙的2.5倍,标准的啮合间隙为0.20～0.60mm,极限的啮合间隙为0.8mm。若测量间隙不符合标准的啮合间隙,可等量转动差速器左右两侧轴承调整大螺母来调整啮合间隙。由于差速器轴承的预紧度已预先调好,因此调整啮合间隙时,一侧的调整大螺母松(或紧)多少,另一侧的调整大螺母则要相应紧(或松)多少,使差速器轴承预紧度保持不变。调整完毕后,在差速器轴承盖上装上调整大螺母的止动锁片,用螺栓紧固即可。

11. 检查调整主、从动锥齿轮啮合印痕

在从动锥齿轮的 3 个不同位置上的 3～4 个齿面上涂少许红丹油,正反两个方向转动从动锥齿轮数圈,观察轮齿上啮合印痕的部位、形状。正确的啮合印痕位置在齿长方向应略偏向小端,在齿高方向上应略偏向齿顶。对于不正确的啮合印痕,应通过轴向移动主动锥齿轮,也就是通过在主动锥齿轮与后轴承之间换用不同厚度的垫圈来进行调整(图 4-37),同时还应配合轴向移动从动锥齿轮使主、从动锥齿轮啮合间隙保持不变,具体调整方法:如图 4-38 所示,若大端啮合或齿顶啮合,应在主动锥齿轮与后轴承之间换用较厚的垫圈,使主动锥齿轮靠进从动锥齿轮,若此时主、从动锥齿轮啮合间隙变小,应把从动锥齿轮向外侧移动;若小端啮合或齿根啮合,应在主动齿轮与后轴承之间换用较薄的垫圈,使主动锥齿轮离开从动锥齿轮,若此时主、从动锥

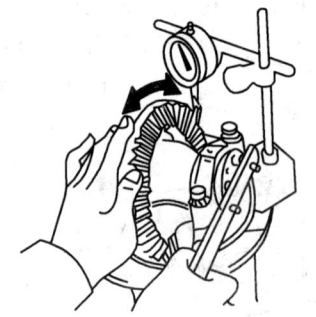

图 4-36 测量主、从动锥齿轮啮合间隙

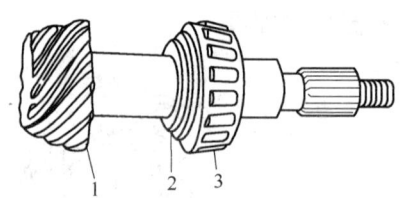

图 4-37 调整主动锥齿轮的垫圈
1. 主动锥齿轮 2. 垫圈 3. 后轴承

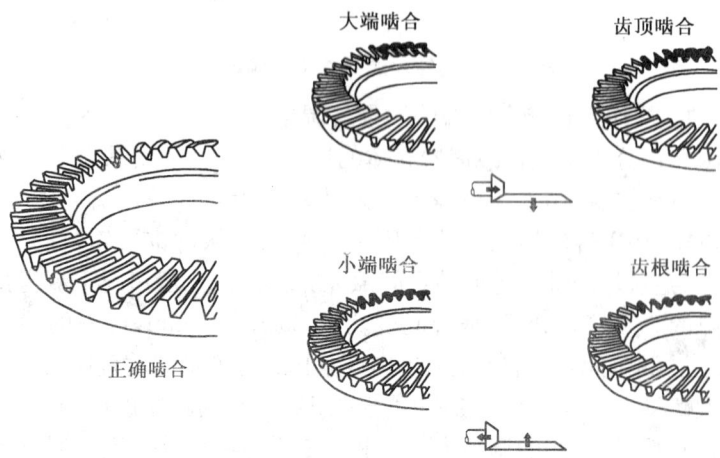

图 4-38 检查调整从动锥齿轮啮合印痕

齿轮啮合间隙变大,应把从动锥齿轮向内侧移动。主、从动锥齿轮的啮合印痕和啮合间隙对保证齿轮的正常工作是至关重要的,必须仔细认真地按照规定的要求进行调整。调整中若出现啮合印痕与啮合间隙产生矛盾,应以调整啮合印痕为主。

第五节　摩托车传动系统故障快速检修

一、起动蹬杆打滑

起动时,用脚踏起动蹬杆,感觉起动蹬杆轻快地被踏下,却不能带动发动机起动。

1. 故障原因

(1)起动蹬杆或起动轴的花键齿滑口,造成起动蹬杆绕着起动轴滑转。

(2)棘齿过度磨损。对棘轮式脚踏反冲起动装置,起动棘轮和起动齿轮的端面棘齿,约有 $3°\sim 5°$ 的轴向斜角。磨损后,斜角变大,齿高变小,啮合时的接触面积减小,便产生啮合不牢而出现打滑现象。

(3)起动棘轮弹簧弹力不足或折断。对棘轮式脚踏反冲起动装置,起动棘轮弹簧弹力不足或折断,会导致起动棘轮端面的棘齿与起动齿轮端面的棘齿啮合不牢而出现打滑现象。

(4)起动齿轮上的卡簧夹紧力过小或折断。对插入式脚踏反冲起动装置,起动齿轮上的卡簧夹紧力过小或折断,起动时,克服不了起动齿轮内螺旋花键与起动轴外螺旋花键之间的摩擦阻力,从而使起动齿轮不能随着起动轴的转动而做轴向移动,与副轴上的中间齿轮啮合不上而出现打滑现象。

(5)起动齿轮或中间齿轮的轮齿过度磨损(插入式脚踏反冲起动装置)。

2. 故障诊断

起动蹬杆打滑的故障诊断程序如图 4-39 所示。

3. 故障排除

起动蹬杆打滑的故障排除方法见表 4-13。

二、起动蹬杆不能回位

起动发动机,放松起动蹬杆,起动蹬杆不能自动回到原来正常位置。

1. 故障原因

(1)起动轴回位弹簧弹力不足或折断。

(2)起动轴回位弹簧从固定弹簧的销钉脱出或固定弹簧的销钉折断。

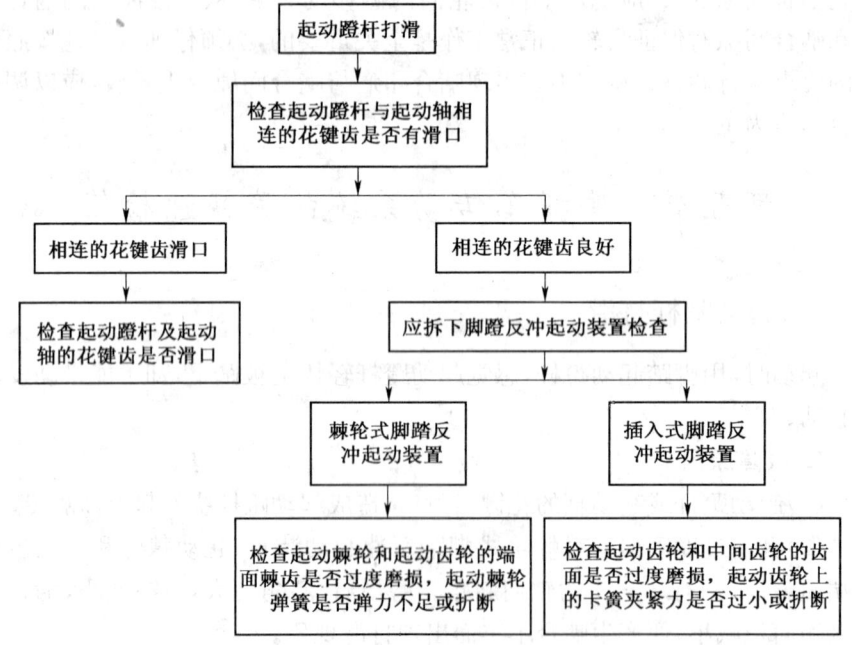

图 4-39　起动蹬杆打滑的故障诊断程序

表 4-13　起动蹬杆打滑的故障排除方法

检查部位或部件	损坏形式	修理方法
起动蹬杆	与起动轴相连的花键齿滑口	更换起动蹬杆
起动轴	与起动蹬杆相连的花键齿滑口	更换起动轴
起动棘轮	端面棘齿过度磨损	更换起动棘轮
	起动棘轮弹簧弹力不足或折断	更换起动棘轮弹簧
起动齿轮	端面棘齿过度磨损	更换起动齿轮
	卡簧夹紧力过小或折断	更换卡簧
	轮齿过度磨损	更换起动齿轮
中间齿轮	轮齿过度磨损	更换中间齿轮

(3) 起动装置传动齿轮生锈严重或润滑不良或损坏,导致传动不灵活。

(4) 起动轴回位弹簧安装不当,使回转角度不足,预紧力过小,导致起动蹬杆回位无力或无法回位。

2. 故障诊断

起动蹬杆不能回位的故障诊断程序如图 4-40 所示。

3. 故障排除

起动蹬杆不能回位的故障排除方法见表 4-14。

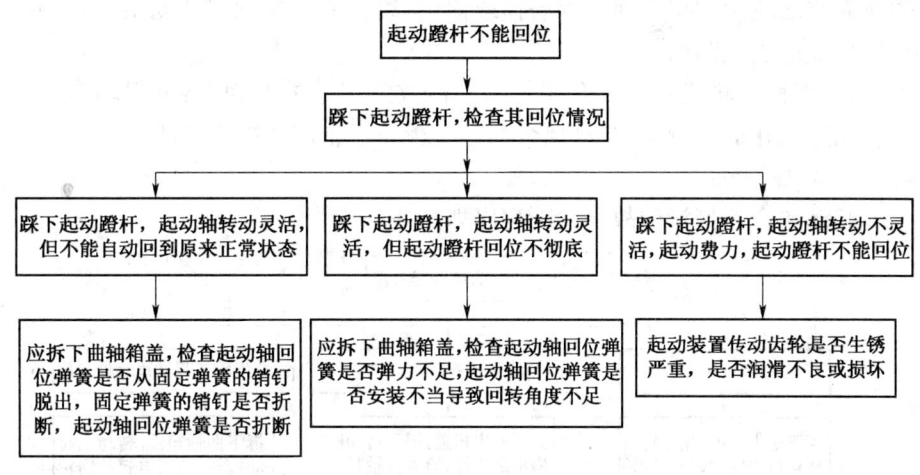

图 4-40 起动蹬杆不能回位的故障诊断程序

表 4-14 起动蹬杆不能回位的故障排除方法

检查部位或部件	损坏形式	修理方法
起动轴回位弹簧	弹力不足或折断	更换起动轴回位弹簧
	从固定弹簧的销钉脱出	重新安装起动轴回位弹簧
	安装不当	重新安装起动轴回位弹簧
固定弹簧的销钉	折断	更换固定弹簧的销钉
传动齿轮	生锈严重	清洗润滑传动齿轮
	润滑不良	润滑传动齿轮
	损坏	更换传动齿轮

三、起动离合器打滑

打开点火开关,按下起动按钮,起动电机能正常转动,却不能带动发动机曲轴转动。

1. 故障原因

起动离合器打滑常见的有：

(1) 滚柱式起动离合器打滑。造成此现象的原因有：曲轴轴颈上的半圆键槽及半圆键损坏,滚柱过度磨损或损伤,离合器内座圈与滚柱接触面过度磨损或损伤,离合器外座圈楔形槽的滚道上损伤或磨损成凹槽,滚柱弹簧变形、损伤或折断等。

(2) 凸轮滚子式起动离合器打滑。造成此现象的原因有：曲轴轴颈上的半圆键槽及半圆键损坏、凸轮滚子组合各凸轮滚子过度磨损或损伤,离合器内座圈与凸轮滚子接触面过度磨损或损伤,离合器外座圈与凸轮滚子接触滚道损伤或磨损成凹槽等。

(3)惯性齿轮式起动离合器打滑。造成此现象的原因有:电起动惰轮与曲轴相连的花键齿滑口,起动离合器起动齿轮沿轴向伸缩不灵活。

2. 故障诊断

起动离合器打滑的故障诊断程序如图 4-41 所示。

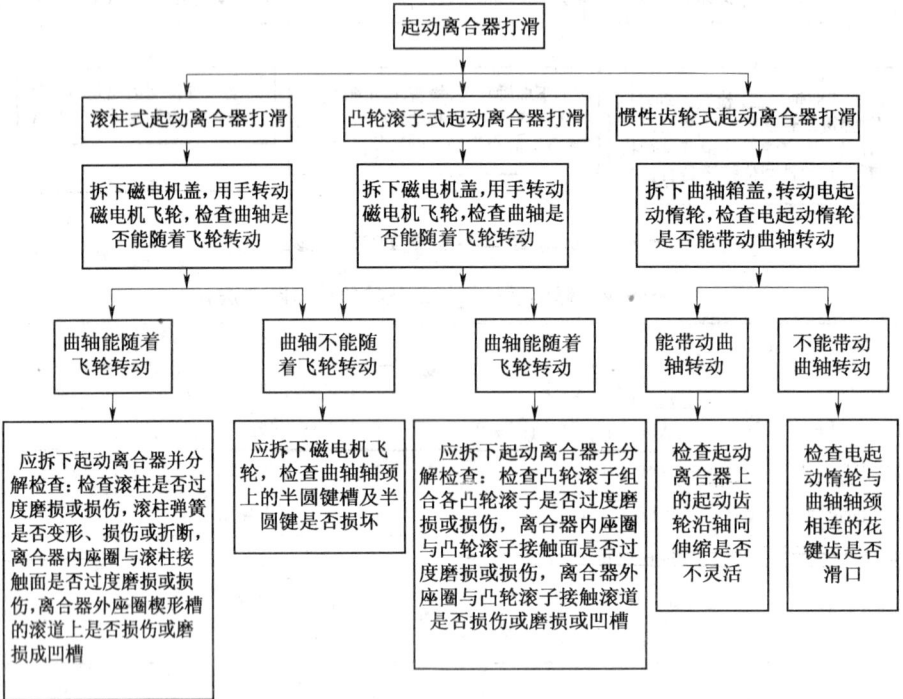

图 4-41 起动离合器打滑的故障诊断程序

3. 故障排除

起动离合器打滑的故障排除方法见表 4-15。

表 4-15 起动离合器打滑的故障排除方法

故障现象	检查部位或部件	损坏形式	修理方法
滚柱式起动离合器打滑	曲轴连杆	曲轴轴颈上的半圆键槽损坏	更换曲轴连杆
		半圆键损坏	更换半圆键
	起动离合器	滚柱过度磨损或损伤	成套的更换滚柱
		滚柱弹簧变形、损伤或折断	更换滚柱弹簧
		离合器内座圈与滚柱接触面过度磨损或损伤	更换起动离合器齿轮(或起动链轮)

续表 4-15

故障现象	检查部位或部件	损坏形式	修理方法
滚柱式起动离合器打滑	起动离合器	离合器外座圈楔形槽的滚道损伤或磨损成凹槽	更换离合器外座圈
凸轮滚子式起动离合器打滑	曲轴连杆	曲轴轴颈上的半圆键槽损坏	更换曲轴连杆
		半圆键损坏	更换半圆键
	起动离合器	凸轮滚子组合各凸轮滚子过度磨损或损伤	更换凸轮滚子组合
		离合器内座圈与凸轮滚子接触面过度磨损或损伤	更换起动离合器齿轮（或起动链轮）
		离合器外座圈与凸轮滚子接触滚道损伤或磨损成凹槽	更换离合器外座圈
惯性齿轮式起动离合器打滑	电起动惰轮	电起动惰轮与曲轴轴颈相连的花键齿有滑口	更换电起动惰轮
	曲轴连杆	曲轴轴颈与电起动惰轮相连的花键齿有滑口	更换曲轴连杆
	起动离合器	起动离合器上的起动齿轮沿轴向伸缩不灵活	更换起动离合器

四、起动离合器起动异响

打开点火开关，按下起动按钮，起动电机能正常转动，起动离合器座圈处会产生"咔啦、咔啦"的异响。

1. 故障原因

起动离合器起动异响多为起动离合器的起动齿轮不能很好通过滚柱或凸轮滚子咬住起动离合器座圈，使起动离合器时合时离，就会产生"咔啦、咔啦"的异响。引起起动离合器起动异响的原因有：滚柱或凸轮滚子组合各凸轮滚子过度磨损或损伤，离合器座圈与滚柱或凸轮滚子接触面过度磨损或损伤，离合器外座圈楔形槽的滚道上损伤或磨损成凹槽，滚柱弹簧变形、损伤或折断等。

2. 故障诊断

起动离合器起动异响的故障诊断程序如图 4-42 所示。

3. 故障维修

起动离合器起动异响的故障排除方法见表 4-15。

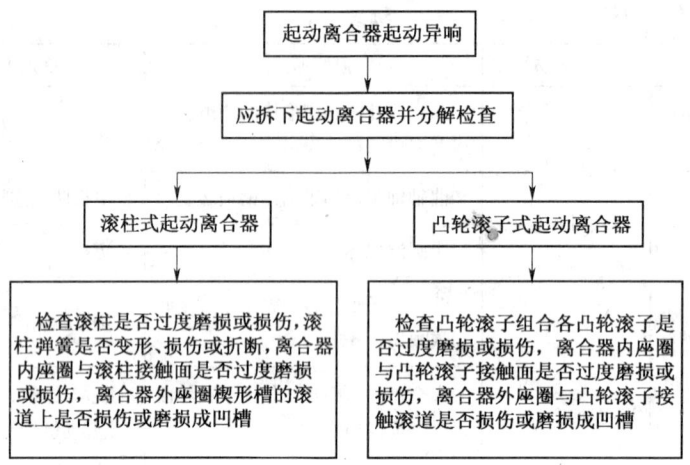

图 4-42 起动离合器起动异响的故障诊断程序

五、手操纵湿式多片离合器打滑

摩托车在起步时,完全松开离合器握把,加大油门,但摩托车仍不能正常向前行驶;行驶中车速不能随着发动机转速的升高而提高;爬坡时,加大油门,车子行驶无力;换挡加速时,车速变化不大,加速性差。

1. 故障原因

(1)离合器操纵机构有故障。其表现为:

①离合器操纵钢索的钢丝绳在钢索外套中拉动不灵活,使钢丝绳不能灵活自由地回位,造成离合器摩擦片与从动片不能恢复原来紧密贴合状态而引起离合器打滑。

②离合器摇臂回位弹簧折断,使离合器摇臂回位不良,造成离合器摩擦片与从动片不能恢复原来紧密贴合状态而引起离合器打滑。

③离合器握把自由行程调整不当,使自由行程过小甚至没有,导致离合器摩擦片与从动片贴合不牢固而引起离合器打滑。

④离合器分离杆调整螺柱调整不当,使之与分离杆的间隙过小甚至顶住了推杆,导致离合器摩擦片与从动片贴合不牢固而引起离合器打滑。

⑤离合器分离杆弯曲变形会出现卡住现象,无法正常回位,因而始终对离合器压盘产生一定的压力,导致离合器弹簧施加给离合器片的压力减小,从而减小了摩擦力而引起离合器打滑。

(2)离合器有故障。其表现为:

①离合器摩擦片过度磨损,使摩擦片的厚度减薄,减小了离合器片总厚度,从而减小了离合器摩擦片与从动片的压力,使摩擦力减小而引起离合器

打滑。

②离合器弹簧弹力不足或折断,会造成离合器弹簧施加给离合器片的压力减小,从而减小了摩擦力而引起离合器打滑。

③离合器从动毂或离合器压盘与离合器摩擦片接触端面过度磨损,离合器片总厚度减小,从而减小了离合器摩擦片与从动片的压力,使摩擦力减小而引起离合器打滑。

④离合器主、从动毂齿槽磨损成锯齿形凹槽,阻滞离合器摩擦片与从动片贴合而引起离合器打滑。

2. 故障诊断

手操纵湿式多片离合器打滑的故障诊断程序如图 4-43 所示。

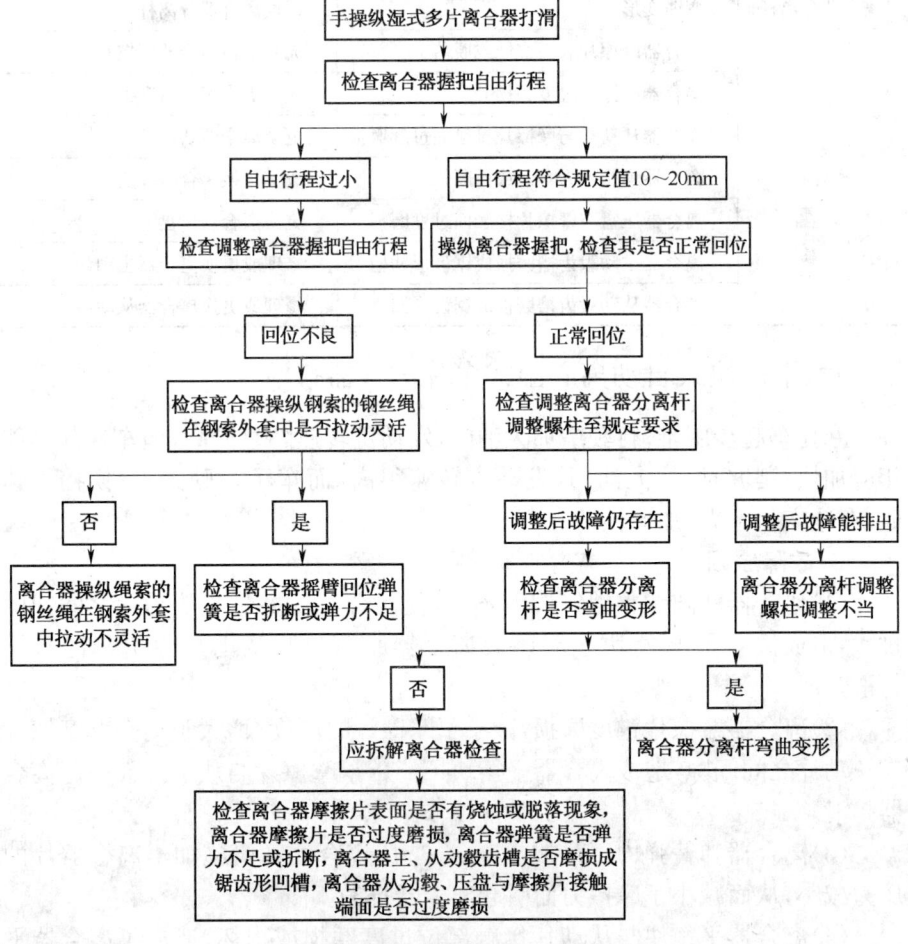

图 4-43　手操纵湿式多片离合器打滑的故障诊断程序

3. 故障排除

手操纵湿式多片离合器打滑的故障排除方法见表 4-16。

表 4-16 手操纵湿式多片离合器打滑的故障排除方法

检查部位或部件	损坏形式	修理方法
离合器握把	自由行程过小	按规定重新调整离合器握把自由行程至规定值 10～20mm
离合器操纵钢索	钢丝绳在钢索外套中拉动不灵活	清洗润滑或更换离合器操纵钢索
离合器摇臂	回位弹簧折断或弹力不足	更换回位弹簧
离合器分离杆调整螺钉	调整不当	按规定重新调整离合器分离杆调整螺钉间隙
离合器分离杆	弯曲变形	更换离合器分离杆
离合器	离合器摩擦片表面烧蚀或脱落	成套更换离合器摩擦片
离合器	离合器摩擦片过度磨损	成套更换离合器摩擦片
离合器	离合器从动毂与摩擦片接触面过度磨损	更换离合器从动毂
离合器	离合器弹簧弹力不足或折断	成套更换离合器弹簧
离合器	离合器压盘与摩擦片接触面过度磨损	更换离合器压盘
离合器	离合器主动毂齿槽磨损成锯齿形凹槽	修理或更换离合器主动毂
离合器	离合器从动毂齿槽磨损成锯齿形凹槽	修理或更换离合器从动毂

六、平衡块式自动离心湿式多片离合器打滑

摩托车起步困难；行驶中加大油门，发动机转速随之升高，但车速却不能相应加快；爬坡时，加大油门，发动机转速很高，而车子行驶无力；换挡加速时，车速变化不大，加速性差。

1. 故障原因

(1)离合器间隙调整螺钉调整不当，使离合器摩擦片与从动片之间间隙过大，造成离合器平衡块不能压紧离合器摩擦片与从动片而引起离合器打滑。

(2)离合器摩擦片过度磨损，减小了摩擦片的厚度，增大了离合器摩擦片与从动片之间间隙，造成离合器平衡块不能压紧摩擦片与从动片而引起离合器打滑。

(3)离合器弹簧弹力不足或折断，会造成离合器弹簧施加给离合器片的压力减小，从而减小了摩擦力而引起离合器打滑。

(4)离合器平衡块与从动片接触部位过度磨损或损坏，造成了离合器平衡块不能压紧离合器摩擦片与从动片而引起离合器打滑。

(5) 离合器外罩、从动毂齿槽磨损成锯齿形凹槽,阻滞离合器摩擦片与从动片贴合而引起离合器打滑。

2. 故障诊断

平衡块式自动离心湿式多片离合器打滑的故障诊断程序如图 4-44 所示。

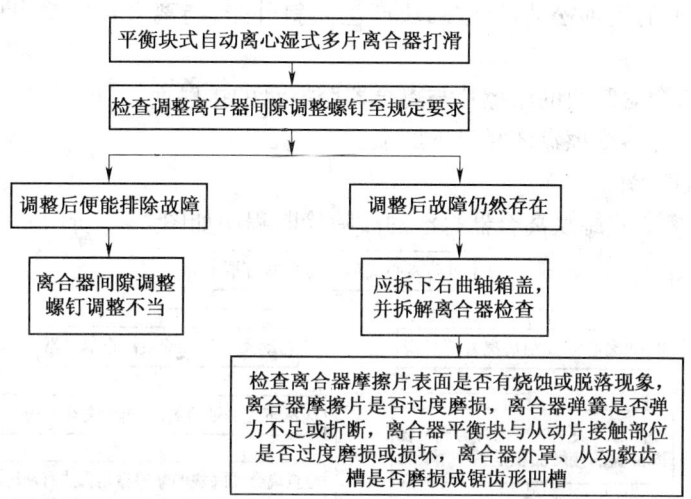

图 4-44　平衡块式自动离心湿式多片离合器打滑的故障诊断程序

3. 故障排除

平衡块式自动离心湿式多片离合器打滑的故障排除见表 4-17。

表 4-17　平衡块式自动离心湿式多片离合器打滑的故障排除方法

检查部位或部件	损坏形式	修理方法
离合器间隙调整螺钉	调整不当	按规定重新调整离合器间隙调整螺钉
离合器	离合器摩擦片表面烧蚀或脱落	成套更换离合器摩擦片
	离合器摩擦片过度磨损	成套更换离合器摩擦片
	离合器弹簧弹力不足或折断	成套更换离合器弹簧
	离合器平衡块与从动片接触部位过度磨损或损坏	更换离合器平衡块
	离合器外罩齿槽磨损成锯齿形凹槽	修理或更换离合器外罩
	离合器从动毂齿槽磨损成锯齿形凹槽	修理或更换离合器从动毂

七、自动离心式蹄块离合器打滑

摩托车起步困难;行驶车速不能随着发动机转速的增高而提高,跑不了高速；爬坡时,加大油门,车子行驶无力,甚至离合器发出"吱、吱"的声响。

1. 故障原因

(1)离合器蹄块的摩擦片沾有油污(自动离心干式蹄块离合器)或过度磨损。

(2)离合器驱动板上的销轴或离合器蹄块与销轴连接的销孔过度磨损,或驱动板上的销轴松动,导致蹄块产生倾斜外张,与离合器摩擦盘的接触面积减小。

(3)离合器蹄块的摩擦片与离合器摩擦盘的接触面积过小。

(4)离合器摩擦盘内径过度磨损。

2. 故障诊断

自动离心式蹄块离合器打滑的故障诊断程序如图 4-45 所示。

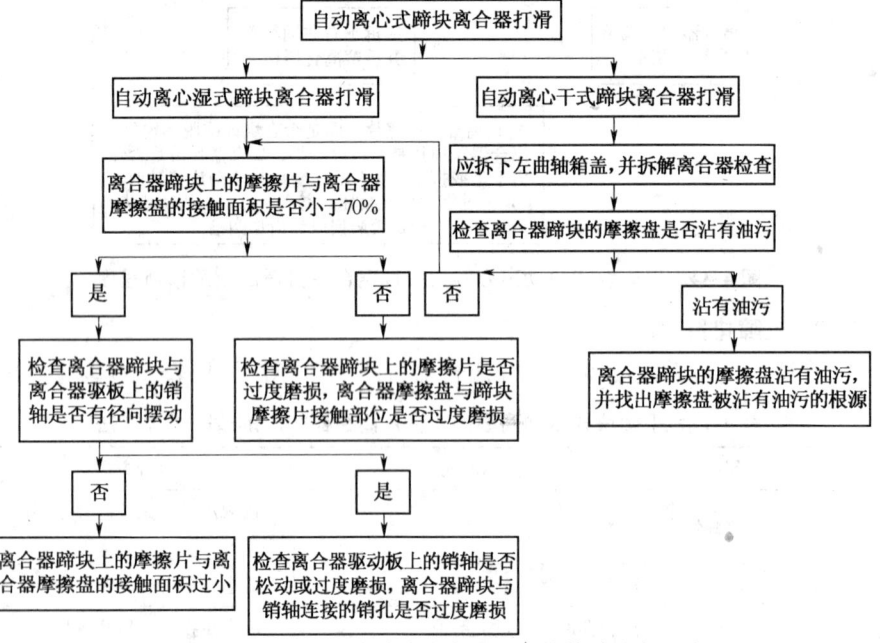

图 4-45 自动离心式蹄块离合器打滑的故障诊断程序

3. 故障排除

自动离心式蹄块离合器打滑的故障排除见表 4-18。

八、手操纵湿式多片离合器分离不彻底

摩托车挂挡起步时,离合器握把还没有松开,车辆就向前行驶；换挡时,虽然握紧离合器握把,但变速器换挡困难,且有齿轮撞击声；制动时,发动机容易熄火。

表 4-18　自动离心式蹄块离合器打滑的故障排除方法

检查部位或部件	损坏形式	修理方法
离合器蹄块	摩擦片沾有油污	用干净棉布蘸点汽油或酒精将摩擦片上的油污擦洗干净,并找出排除摩擦片被沾有油污的根源
	销孔过度磨损	成套更换离合器蹄块
	离合器蹄块上的摩擦片与离合器摩擦盘的接触面积小于70%	成套更换离合器蹄块或用锉刀修锉摩擦片上的接触高点,并反复试运转检查及修锉,直至其接触面积达到70%以上为止
	摩擦片过度磨损	成套更换离合器蹄块
离合器驱动板	其销轴松动或过度磨损	更换离合器驱动板
离合器摩擦盘	与蹄块摩擦片接触部位过度磨损	更换离合器摩擦盘

1. 故障原因

(1)离合器握把自由行程调整不当,使自由行程过大;或离合器握把的螺栓孔或固定螺栓过度磨损,操纵离合器握把会有径向移动,使离合器握把自由行程过大。离合器握把自由行程过大,即使握紧离合器握把,但离合器分离杆推开离合器压盘的距离过小,造成离合器仍处于接合或半接合状态,发动机功率仍然被离合器全部地或部分地传递给变速器。

(2)曲轴箱内机油黏度过大,会妨碍离合器摩擦片与从动片的正常工作,导致离合器分离不彻底。

(3)离合器分离杆间隙调整螺柱调整不当,使之与分离杆的间隙过大;离合器凸轮轴的凸轮、分离杆等离合器操纵机构的零件过度磨损,均会造成离合器分离行程过大,即使握紧离合器握把,但离合器分离杆推开离合器压盘的距离过小,造成离合器仍处于接合或半接合状态,发动机功率仍然被离合器全部地或部分地传递给变速器。

(4)离合器弹簧弹力不均匀,使得离合器摩擦片受力不均匀,当握紧离合器握把时,会出现离合器欲离不离的拖滞现象。

(5)离合器从动片变形过大。

(6)离合器主、从动毂齿槽磨损成锯齿形凹槽,使离合器片不能在齿槽内自如地活动。当握紧离合器握把时,离合器分离杆虽能推开离合器压盘,但离合器片仍被卡在离合器主、从动毂齿槽的锯齿形凹槽内,使摩擦片与从动片仍然保持接触状态,引起离合器分离不彻底。

2. 故障诊断

手操纵湿式多片离合器分离不彻底的故障诊断程序如图 4-46 所示。

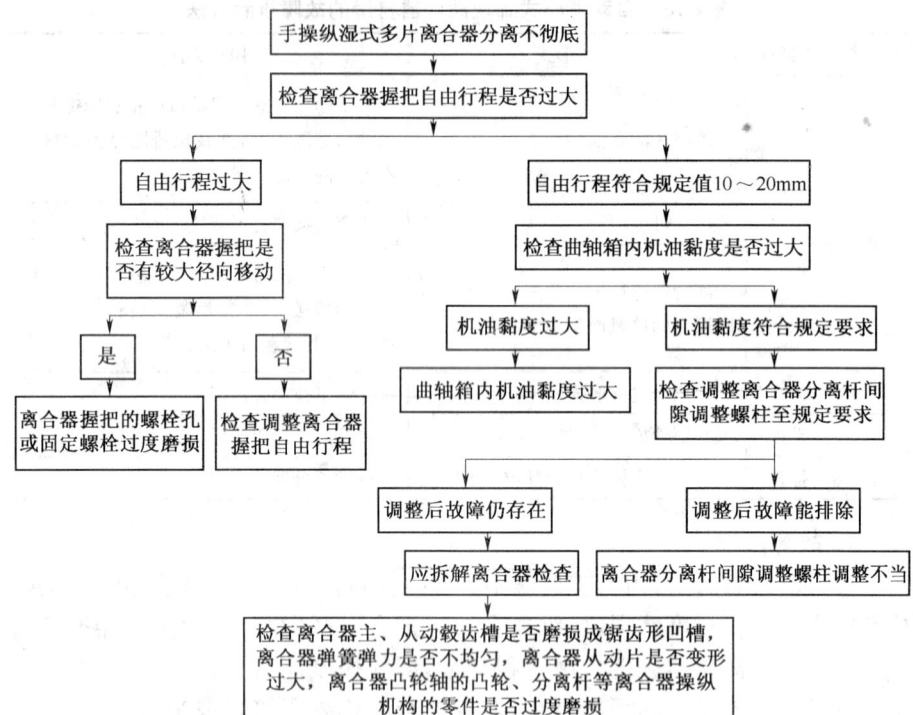

图 4-46 手操纵湿式多片离合器分离不彻底的故障诊断程序

3. 故障排除

手操纵湿式多片离合器分离不彻底的故障排除方法见表 4-19。

表 4-19 手操纵湿式多片离合器分离不彻底的故障排除方法

检查部位或部件	损坏形式	修理方法
离合器握把	自由行程过大	按规定调整离合器握把自由行程至规定值 10~20mm
	螺栓孔过度磨损	更换离合器握把
	固定螺栓过度磨损	更换固定螺栓
曲轴箱内机油	机油黏度过大	按规定更换曲轴箱内机油
离合器分离杆间隙调整螺柱	调整不当	按规定调整离合器分离柱间隙调整螺柱
离合器	离合器主动毂齿槽磨损成锯齿形凹槽	修理或更换离合器主动毂
	离合器从动毂齿槽磨损成锯齿形凹槽	修理或更换离合器从动毂
	离合器弹簧弹力不均匀	更换离合器弹簧
	从动片变形过大	成套更换离合器从动片
	离合器凸轮轴的凸轮过度磨损	更换离合器凸轮轴
	离合器分离杆过度磨损	更换离合器分离杆

九、自动离心式离合器分离不彻底

摩托车的油门转把完全放松,发动机已处于怠速运转,车子仍在行驶,停不下来;变速器换挡困难,且有齿轮撞击声;制动时,发动机容易熄火。

1. 故障原因

(1)离合器间隙调整螺钉调整不当(平衡块式自动离心湿式多片离合器)。

(2)曲轴箱内机油黏度过大(自动离心湿式多片离合器)。

(3)离合器分离弹簧弹力过弱或折断(自动离心湿式多片离合器)。

(4)离合器弹簧弹力过软或折断(自动离心式蹄块离合器)。

(5)离合器从动片变形过大(自动离心湿式多片离合器)。

(6)离合器主、从动毂齿槽磨损成锯齿形凹槽(自动离心湿式多片离合器)。

2. 故障诊断

自动离心式离合器分离不彻底的故障诊断程序如图 4-47 所示。

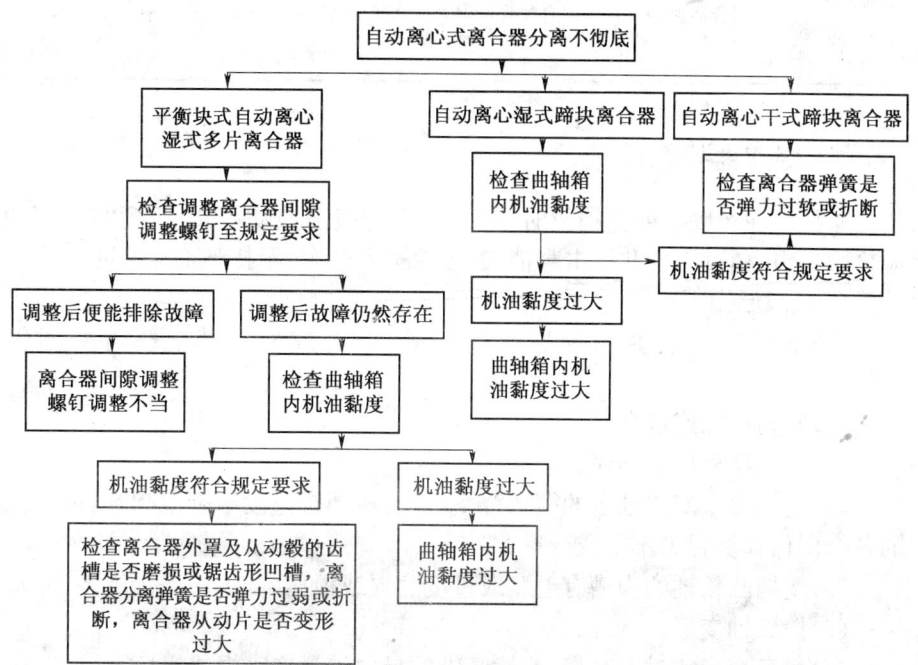

图 4-47 自动离心式离合器分离不彻底的故障诊断程序

3. 故障排除

自动离心式离合器分离不彻底的故障排除方法见表 4-20。

表 4-20　自动离心式离合器分离不彻底的故障排除方法

故障现象	检查部位或部件	损坏形式	修理方法
平衡块式自动离心湿式多片离合器分离不彻底	离合器间隙调整螺钉	调整不当	按规定重新调整离合器间隙调整螺钉
	曲轴箱内机油	机油黏度过大	按规定更换曲轴箱内机油
	离合器	离合器外罩齿槽磨损成锯齿形凹槽	修理或更换离合器外罩
		离合器从动毂齿槽磨损成锯齿形凹槽	修理或更换离合器从动毂
		离合器分离弹簧弹力过弱或折断	成套更换离合器分离弹簧
		离合器从动片变形过大	成套更换离合器从动片
自动离心湿式蹄块离合器分离不彻底	曲轴箱内机油	机油黏度过大	按规定更换曲轴箱内机油
自动离心干式蹄块离合器分离不彻底	离合器弹簧	离合器弹簧弹力过软或折断	成套更换离合器弹簧

十、变速器换挡困难

摩托车在行驶中变换挡位时,感觉有齿轮撞击振动,同时听到"咔咔"的齿轮撞击声,稍过一会儿撞击声消失,齿轮进入啮合,摩托车正常前进。

1. 故障原因

(1)变挡踏板或变挡轴的花键齿滑口,造成变挡踏板绕着变挡轴滑转。

(2)发动机怠速过高。

(3)离合器分离不彻底。

(4)变挡轴或变挡轴上的换挡臂变形,或换挡钩过度磨损或损坏,或其上的各个回位弹簧弹力不足或变形。

(5)变挡凸轮轴的沟槽有毛刺或过度磨损或损伤。

(6)拨叉轴变形。

(7)拨叉变形或过度磨损,或拨叉上的导向销过度磨损或损坏。

(8)变速齿轮咬死或卡住。

2. 故障诊断

变速器换挡困难的故障诊断程序如图 4-48 所示。

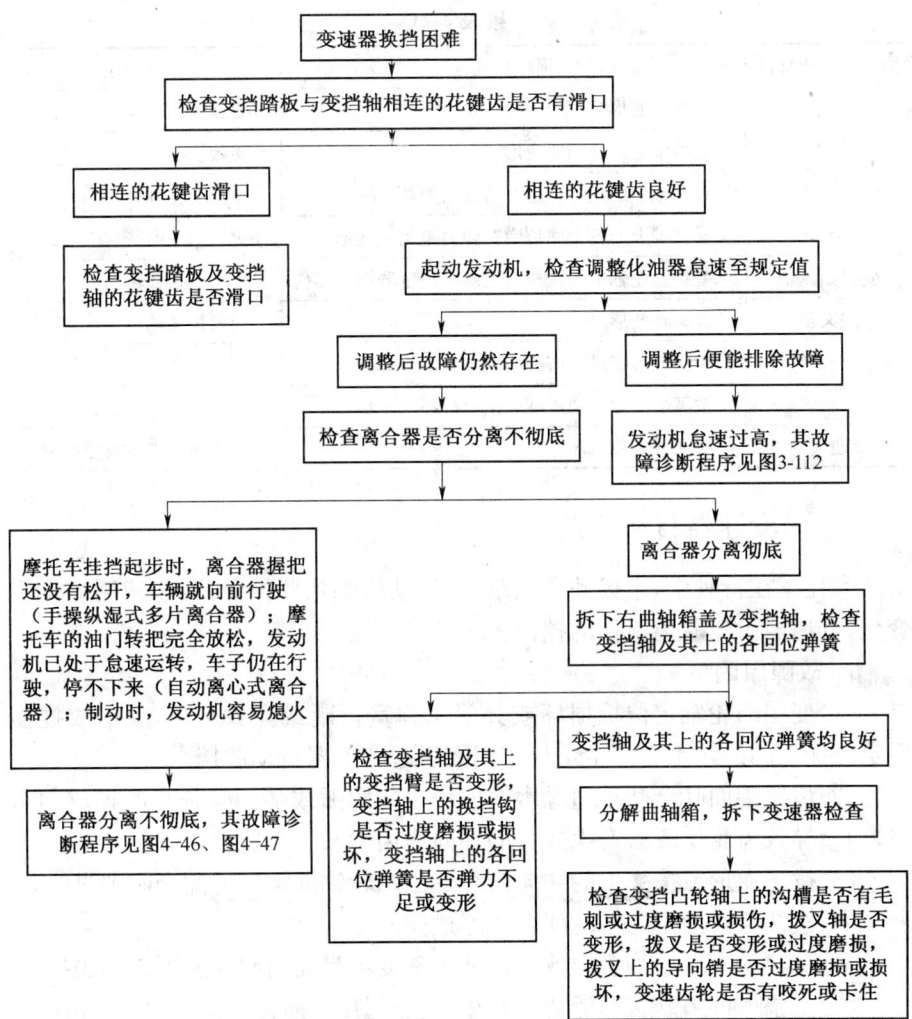

图 4-48 变速器换挡困难的故障诊断程序

3. 故障排除

变速器换挡困难的故障排除方法见表 4-21。

表 4-21 变速器换挡困难的故障排除方法

检查部位或部件	损坏形式	修理方法
变挡踏板	与变挡轴相连的花键齿滑口	更换变挡踏板
变挡轴	与变挡踏板相连的花键齿滑口	更换变挡轴

化油器怠速过高,其检查部位或部件、损坏形式及修理方法见表 3-54

离合器分离不彻底,其检查部位或部件、损坏形式及修理方法见表 4-19、表 4-20

续表 4-21

检查部位或部件	损坏形式	修理方法
变挡轴	变挡轴变形	更换变挡轴
	变挡轴上的变挡臂变形	更换变挡轴
	变挡轴上的换挡钩过度磨损或损坏	更换变挡轴
	变挡轴上的各个回位弹簧弹力不足或变形	更换回位弹簧
变挡凸轮轴	变挡凸轮轴上的沟槽有毛刺或过度磨损或损伤	更换变挡凸轮轴
拨叉轴	拨叉轴变形	更换拨叉轴
拨叉	拨叉变形或过度磨损	更换拨叉
	拨叉上的导向销过度磨损或损坏	更换拨叉
变速齿轮	咬死或卡住	清除异物或更换变速齿轮

十一、变速器自动脱挡

摩托车在行驶中,未拨动变挡踏板,发动机突然脱掉负荷,车速明显发生变化,变速器齿轮脱离工作的挡位。

1. 故障原因

(1)变挡凸轮轴定位板损坏或其回位弹簧折断或弹力不足,会造成挂挡后定位板上的滚轮不会产生定位作用而引起变速器自动脱挡。

(2)齿轮端面啮合凸爪边缘磨损成较大的圆弧或端面啮合孔磨损成喇叭口,均会导致齿轮受载后产生较大的轴向力而引起自动脱挡。

(3)拨叉变形或拨叉上的导向销与变挡凸轮轴的沟槽的配合间隙过大。

(4)拨叉与滑动齿轮槽的配合间隙过大。

上述(3)、(4)两项均会导致齿轮啮入深度不足而引起变速器自动脱挡。

(5)主、副轴的花键齿与滑动齿轮内花键槽过度磨损会引起主、副轴与滑动齿轮的配合间隙松旷,导致齿轮工作时产生较大的轴向力而引变速器自动脱挡。

(6)变速器装配不正确。

2. 故障诊断

变速器自动脱挡的故障诊断程序如图 4-49 所示。

3. 故障排除

变速器自动脱挡的故障排除方法见表 4-22。

十二、变速器运转有异响

摩托车在行驶中,在曲轴箱部位能听到"咯、咯"的齿轮撞击声,发动机转速越快,响声越混杂、越大。

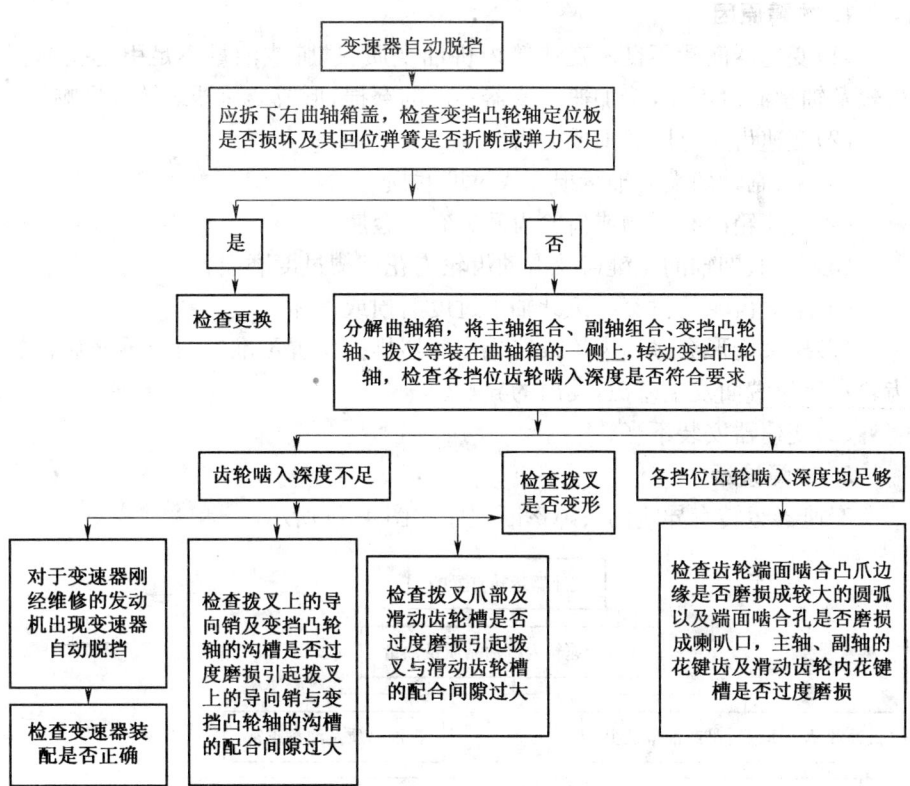

图 4-49 变速器自动脱挡的故障诊断程序

表 4-22 变速器自动脱挡的故障排除方法

检查部位或部件	损坏形式	修理方法
变挡凸轮轴定位板	凸轮轴定位板损坏	更换变挡凸轮定位板
	变挡凸轮轴定位板回位弹簧折断或弹力不足	更换回位弹簧
变速齿轮	齿轮端面啮合凸爪边缘磨损成较大的圆弧或端面啮合孔磨损成喇叭口	更换变速齿轮
	滑动齿轮槽过度磨损	更换变速齿轮
	滑动齿轮内花键槽过度磨损	更换变速齿轮
拨叉	变形	更换拨叉
	拨叉上的导向销过度磨损	更换拨叉
	爪部过度磨损	更换拨叉
变挡凸轮轴	变挡凸轮轴的沟槽过度磨损	更换变挡凸轮轴
主轴	轴上的花键齿过度磨损	更换主轴
副轴	轴上的花键齿过度磨损	更换副轴
变速器	装配不正确	按规定要求安装变速器

1. 故障原因

(1) 变速器润滑不良。变速箱内机油变质、过脏或油量不足引起变速器齿轮及轴承润滑不良，会加速变速器零件的磨损，形成变速器运转有异响。

(2) 变速齿轮过度磨损或崩齿。

(3) 主、副轴两端的轴承损坏或过度磨损。

(4) 变速箱内有杂物或齿轮齿间夹有碎金属。

(5) 主轴、副轴的花键齿及滑动齿轮内花键槽过度磨损。

(6) 空套齿轮的衬套或滚针轴承过度磨损或损坏。

(7) 拨叉变形会碰到齿轮或造成变速器排挡位置不准使两个不该啮合的齿轮在齿轮端面发生摩擦，发出的异响。

(8) 变速器安装不当。

2. 故障诊断

变速器运转有异响的故障诊断程序如图 4-50 所示。

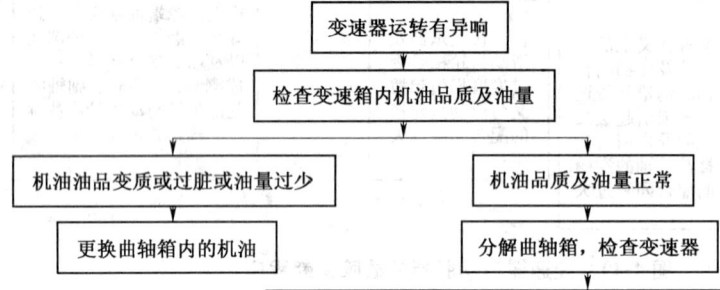

图 4-50　变速器运转有异响的故障诊断程序

3. 故障排除

变速器运转有异响的故障排除方法见表 4-23。

十三、传动链条自动脱落

摩托车在行驶过程中，链条自行从传动链轮上脱落。

1. 故障原因

传动链条或链轮轮齿磨损严重、链轮与传动链条不在同一平面上、传动链条松紧度过松、从动链轮固定螺栓或螺母松动、后轮轴螺母松动、链轮毂上的轴承过度磨损或损坏等。

表 4-23 变速器运转有异响的故障排除方法

检查部位或部件	损 坏 形 式	修理方法
变速箱	机油变质或过脏	更换机油
	机油油量过少	补充或更换机油
	箱内有杂物	清除干净
变速齿轮	过度磨损或崩齿	更换变速齿轮
	齿间夹有碎金属	清除或更换变速齿轮
	滑动齿轮内花键槽过度磨损	更换变速齿轮
拨叉	变形	更换拨叉
空套齿轮	空套齿轮的衬套或滚针轴承过度磨损或损坏	更换衬套或滚针轴承
主、副轴	轴两端的轴承过度磨损或损坏	更换轴承
	轴上的花键齿过度磨损	更换主轴或副轴
变速器	安装不当	按规定要求安装变速器

2. 故障诊断

传动链条自动脱落的故障诊断程序如图 4-51 所示。

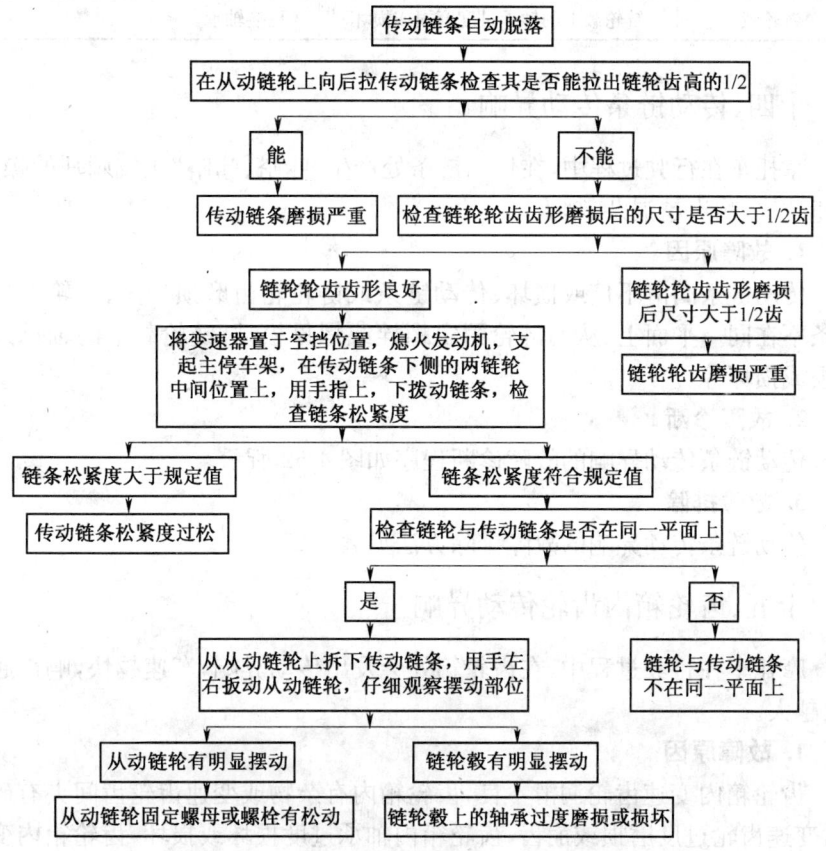

图 4-51 传动链条自动脱落的故障诊断程序

3. 故障排除

传动链条自动脱落的故障排除方法见表 4-24。

表 4-24 传动链条自动脱落的故障排除方法

检查部位或部件	损坏形式	修理方法
传动链条	链条磨损严重	更换传动链条及主、从动链轮
	链条松紧度过松	调整链条松紧度至规定值
主、从动链轮	链轮轮齿磨损严重	更换主、从动链轮及传动链条
	链轮与传动链条不在同一平面上	拧松后轮轴螺母,拧转后轮轴左右侧链条调整器上的调整螺母(或调整螺栓),直至传动链条松紧度与规定值范围内相符,同时也使链条调节器上的标记与后摇臂上的调整刻线左右保持一致
	从动链轮固定螺母或螺栓有松动	拧紧螺栓或螺母
链轮毂	链轮毂上的轴承过度磨损或损坏	更换轴承

十四、传动链条传动异响

摩托车在行驶过程中,在传动链条处产生"咔嗒、咔嗒"比较刺耳的噪声,车速越快,响声越混杂、越大。

1. 故障原因

传动链条润滑不良或损坏、传动链条或链轮轮齿磨损严重、链轮与传动链条不在同一平面上、从动链轮固定螺栓或螺母松动、链轮毂上的轴承过度磨损或损坏等。

2. 故障诊断

传动链条传动异响的故障诊断程序如图 4-52 所示。

3. 故障排除

传动链条传动异响的故障排除方法见表 4-25。

十五、齿轮箱内齿轮传动异响

摩托车在行驶过程中,在齿轮箱处会发出传动异响,车速越快,响声越混杂、越大。

1. 故障原因

齿轮箱内变速齿轮润滑不良、齿轮箱内有杂物或变速齿轮齿间夹有碎金属、变速齿轮过度磨损或崩齿、齿轮箱内轴承过度损坏或损坏、齿轮箱内变速齿轮安装不当。

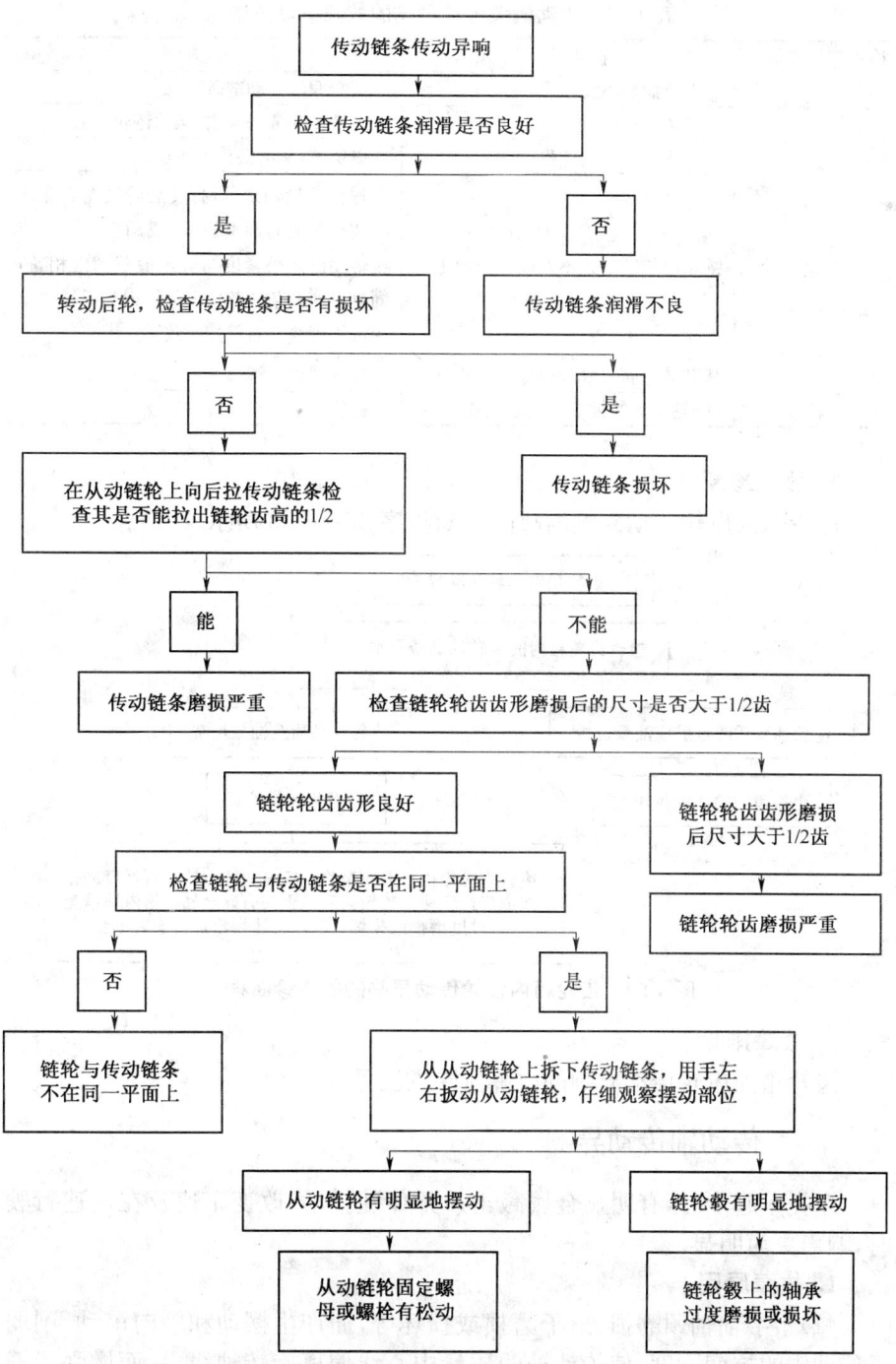

图 4-52 传动链条传动异响的故障诊断程序

表 4-25 传动链条传动异响的故障排除方法

检查部位或部件	损坏形式	修理方法
传动链条	链条润滑不良	清洗润滑传动链条
	链条磨损严重	更换传动链条及主、从动链轮
主、从动链轮	链轮轮齿磨损严重	更换主、从动链轮及传动链条
	链轮与传动链条不在同一平面上	拧松后轮轴螺母,拧转后轮轴左右侧链条调整器上的调整螺母(或调整螺栓),直至传动链条松紧度与规定值范围内相符,同时也使链条调整器上的标记与后摇臂上的调整刻线左右保持一致
	从动链轮固定螺母或螺栓有松动	拧紧螺栓或螺母
链轮毂	链轮毂上的轴承过度磨损或损坏	更换轴承

2. 故障诊断

齿轮箱内齿轮传动异响的故障诊断程序如图 4-53 所示。

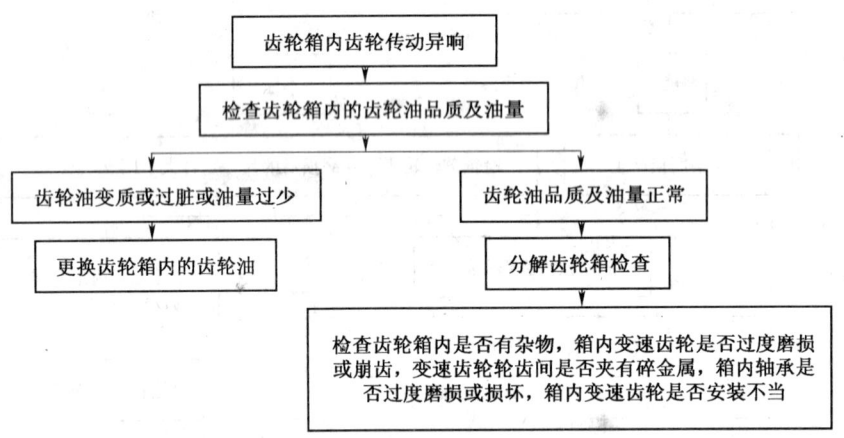

图 4-53 齿轮箱内齿轮传动异响的故障诊断程序

3. 故障排除

齿轮箱内齿轮传动异响的故障排除方法见表 4-26。

十六、传动轴传动异响

摩托车起步时,有明显金属敲击声并伴随抖动,改变车速及在慢速行驶时,响声更为明显。

1. 故障原因

(1)十字轴轴颈磨损、滚子磨损或损坏等,而产生摆动和轴向窜动,削弱了传动轴的抗变刚度,使传动轴的质量中心线偏离旋转轴线,从而增强了振动和异响。

表 4-26 齿轮箱内齿轮传动异响的故障排除方法

检查部位或部件	损坏形式	修理方法
齿轮箱	齿轮油变质或过脏	更换齿轮油
	齿轮油油量过少	补充或更换齿轮油
	箱内有杂物	清除平净
	箱内轴承过度磨损或损坏	更换轴承
变速齿轮	过度磨损或崩齿	更换变速齿轮
	齿间夹有碎金属	清除或更换变速齿轮
	装配不正确	按规定要求安装变速器

(2) 十字轴轴承润滑不良引起轴承转动异响。

(3) 十字轴轴承与轴承座孔配合过紧,十字轴轴颈与滚子轴承配合间隙过小,万向节叉或滑动叉叉头变形,均会导致十字轴轴承压力过大而转动不灵活而异响。

(4) 万向节叉或滑动叉轴承座孔磨损,使其与十字轴轴承配合松旷,在运转中撞击声异响增强。

(5) 传动轴花键齿与滑动叉花键槽磨损松旷,削弱了传动轴的抗变刚度,使传动轴振动和异响增强。

(6) 万向节叉(或凸缘盘)花键槽过度磨损,导致主动轴或主动锥齿轮轴与万向节叉(或凸缘盘)配合间隙过大。

(7) 万向节叉与凸缘盘连接螺栓松动,使传动轴在运转中易产生共振,传动轴共振时振幅增大。

(8) 传动轴轴管弯曲,既增大传动轴弯曲振动的振幅,又增大传动轴质量中心线偏离轴心线的距离,离心力大大增加,运转中失去平衡而发生振动和异响。

(9) 传动轴轴管表面凹陷变形,会使传动轴沿长度方向的质量分面不均匀,造成传动轴不平衡而发生振动和异响。

2. 故障诊断

传动轴传动异响的故障诊断程序如图 4-54 所示。

3. 故障排除

传动轴传动异响的故障排除方法见表 4-27。

十七、后桥漏油

后桥漏油多为桥壳体的接合处、油封处漏油。

1. 故障原因

后桥漏油多为桥壳体衬垫冲破或破损、桥壳体裂纹或破损、接合面压紧

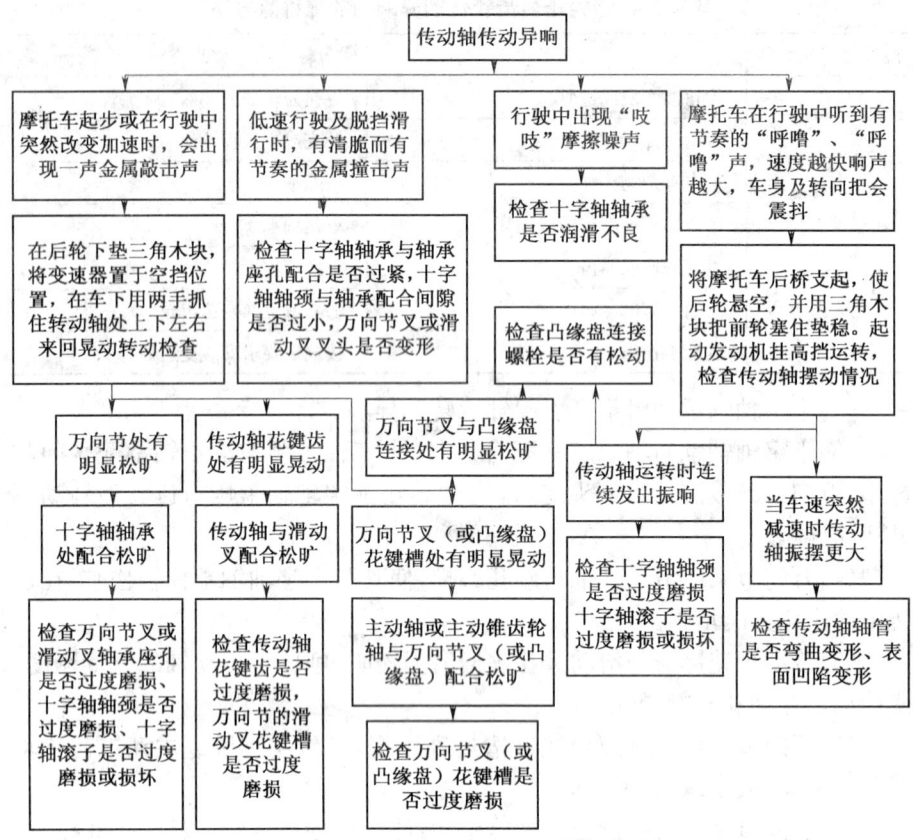

图 4-54　传动轴传动异响的故障诊断程序

表 4-27　传动轴传动异响的故障排除方法

检查部位或部件	损坏形式	修理方法
后桥	万向节叉或滑动叉轴承座孔过度磨损	更换万向节叉或滑动叉
	十字轴轴颈过度磨损	更换十字轴轴承
	十字轴滚子轴承过度磨损或损坏	更换十字轴轴承
	传动轴花键齿过度磨损	更换传动轴
	十字轴轴承与轴承座孔配合过紧	更换十字轴轴承或万向节叉或滑动叉
	十字轴轴颈与轴承配合间隙过小	更换十字轴轴承
	万向节叉或滑动叉叉头变形	更换万向节叉或滑动叉
	万向节的滑动叉花键槽过度磨损	更换滑动叉
	万向节叉（或凸缘盘）花键槽过度磨损	更换万向节叉或凸缘盘
	万向节叉与凸缘盘连接螺栓松动	拧紧螺栓
	十字轴轴承润滑不良	加注润滑脂
	传动轴轴管弯曲	校正或更换传动轴
	传动轴轴管表面凹陷变形	更换传动轴

螺栓松动或滑牙、通气塞堵塞、主动锥齿轮轴上或半轴上的油封刃口过度磨损或破损或老化、与油封配合的轴颈磨损或损伤引起的。

2. 故障诊断

后桥漏油的故障诊断程序如图 4-55 所示。

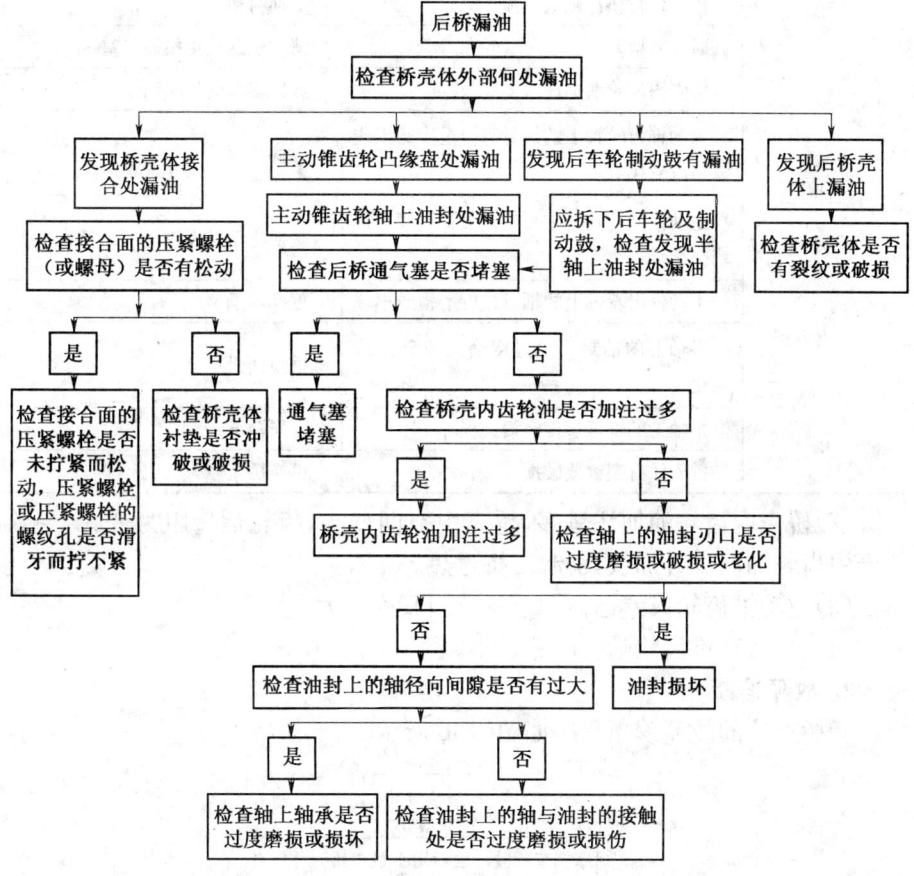

图 4-55　后桥漏油的故障诊断程序

3. 故障排除

后桥漏油的故障排除方法见表 4-28。

十八、后桥过热

摩托车行驶一段路程后,用手触摸桥壳体,有烫手感觉。

1. 故障原因

(1)桥壳内齿轮油变质或过稀或油量不足引起桥壳内齿轮及轴承润滑不良,引起后桥过热。

表 4-28 后桥漏油的故障排除方法

检查部位或部件	损坏形式	修理方法
后桥	桥壳体接合面压紧螺栓松动或滑牙	按规定扭矩拧紧螺栓或更换螺栓
	压紧螺栓的螺纹孔	更换桥壳体
	桥壳体衬垫冲破或破损	更换衬垫
	通气塞堵塞	清洗疏通或更换通气塞
	桥壳内齿轮油加注过多	放出多余的齿轮油
	主动锥齿轮轴上的油封刃口过度磨损或破损或老化	更换油封
	主动锥齿轮轴与油封的接触处过度磨损或损伤	更换主动锥齿轮
	主动锥齿轮轴上的轴承过度磨损或损坏	更换轴承
	半轴上的油封刃口过度磨损或破损或老化	更换油封
	半轴上的轴承过度磨损或损坏	更换轴承
	桥壳体有裂纹或破损	更换桥壳体

（2）桥壳内齿轮油加注过多，桥壳内空间变小，齿轮运转阻力变大，导致桥壳内齿轮油温度升加快，引起后桥过热。

（3）主动锥齿轮或差速器轴承调整预紧度过大。

（4）主、从动锥齿轮啮合间隙过小。

2. 故障诊断

后桥过热的故障诊断程序如图 4-56 所示。

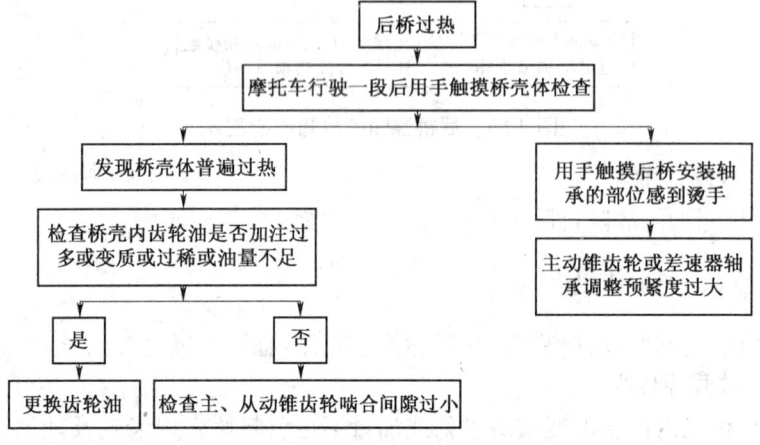

图 4-56 后桥过热的故障诊断程序

3. 故障排除

后桥过热的故障排除方法见表 4-29。

表 4-29 后桥过热的故障排除方法

检查部位或部件	损 坏 形 式	修 理 方 法
后桥	桥壳内齿轮油油量不足或过稀或变质	更换齿轮油
	桥壳内齿轮油加注过多	放出多余的齿轮油
	主动锥齿轮轴承调整预紧度过大	重新调整主动锥齿轮轴承预紧度
	差速器轴承调整预紧度过大	重新调整差速器轴承预紧度
	主、从动锥齿轮啮合间隙过小	重新调整主、从动锥齿轮啮合间隙

十九、后桥异响

后桥的异响比较复杂,有的在挂挡行驶或空挡滑行时后桥异响、有的在变换车速时后桥异响、有的在转弯时后桥异响。

1. 故障原因

桥壳内齿轮油油量过少,主、从动锥齿轮啮合间隙过大或过小,主动锥齿轮或差速器齿轮齿面过度磨损或断齿,主动锥齿轮或差速器的轴承过度磨损或损坏,半轴与半轴齿轮花键啮合松旷,半轴或半轴套管弯曲变形。

2. 故障诊断

后桥异响的故障诊断程序如图 4-57 所示。

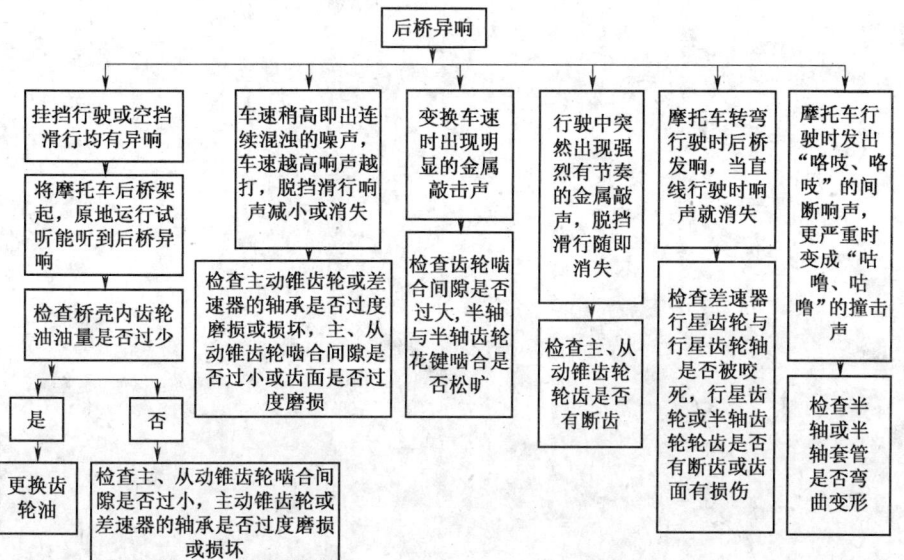

图 4-57 后桥异响的故障诊断程序

3. 故障排除

后桥异响的故障排除方法见表 4-30。

表 4-30 后桥异响的故障排除方法

检查部位或部件	损坏形式	修理方法
后桥	桥壳内齿轮油过少	更换齿轮油
	主、从动锥齿轮啮合间隙过小或过大	重新调整主、从动锥齿轮啮合间隙
	主动锥齿轮或差速器齿轮齿面过度磨损或断齿	更换齿轮
	主动锥齿轮或差速器的轴承过度磨损或损坏	更换轴承
	半轴与半轴齿轮花键啮合松旷	更换损坏件
	行星齿轮与行星齿轮轴被咬死	更换损坏件
	行星齿轮或半轴齿轮轮齿有断齿或齿面有损伤	更换损坏件
	半轴弯曲变形	校正或更换半轴
	半轴套管弯曲变形	校正或更换半轴套管

第五章 摩托车电气系统及仪表的快查快修

第一节 电源系统的快查快修

电源系统的日常保养及快查快修方法见表5-1。

表 5-1 电源系统的日常保养及快查快修方法

日常保养项目	检查部件	常见的损坏形式	表现出故障现象	修理方法
定期清除磁电机内部的灰尘、检查蓄电池各单体内的电解液液面以及补充充电	磁电机	飞轮上的永久磁铁失磁或磁力减弱	磁电机不发电或输出电压过低,电源系统不充电或充电不足,火花塞火弱或无火	更换飞轮
		飞轮上的永久磁铁有松动	磁电机飞轮敲击声	修理或更换飞轮
		飞轮压紧螺母或螺栓松动,导致飞轮体松动		拧紧压紧螺母或螺栓
		半圆键损坏	磁电机飞轮敲击声,点火不正时	更换半圆键
		飞轮轴套上的半圆键键槽损坏		更换飞轮
		曲轴轴颈上的半圆键键槽损坏		更换曲轴连杆
		线圈断路或短路	磁电机不发电或输出电压过低,电源系统充电不足或不充电、火花塞火弱或无火	更换线圈
		线圈输出导线断路		重新连接或焊接好导线
		线圈输出导线短路或接触不良	磁电机输出电压过低,电源系统充电不足,火花塞火弱或无火	重新连接或焊接好导线
	整流调节器	输出电压过高	蓄电池易过热,蓄电池电解液消耗过快,照明灯或信号灯易烧坏	更换整流调节器

续表 5-1

日常保养项目	检查部件	常见的损坏形式	表现出故障现象	修理方法
定期清除磁电机内部的灰尘、检查蓄电池各单体内的电解液液面以及补充充电	整流调节器	输出电压过低	电源系统充电不足，蓄电池易亏电	更换整流调节器
		无电压输出	电源系统不充电，蓄电池易亏电	更换整流调节器
		内部短路而漏电	电源系统充电不足，蓄电池易亏电	更换整流调节器
		整流调节器连接导线有断路或接触不良	电源系统不充电或充电不足，蓄电池易亏电	重新连接或焊接好导线
	蓄电池	电解液密度不当	蓄电池充不进电	补充充电或补充蒸馏水或更换电解液
		极板硫化		修理或更换蓄电池
		极板活性物质严重脱落	蓄电池充不进电或自行放电	倒出电解液用蒸馏水冲洗极板多次后注入电解液，或更换电解液并或更换蓄电池
		极板短路	蓄电池充不进电或自行放电，蓄电池电解液消耗过快	更换蓄电池
		隔板击穿	蓄电池充不进电或自行放电，蓄电池电解液消耗过快	更换蓄电池
		壳体破裂，导致壳体漏液	蓄电池电解液消耗过快	修补或更换蓄电池

1. 强制风冷发动机磁电机的清洁

强制风冷发动机磁电机，风扇旋转时容易将灰尘带进磁电机致使灰尘包围线圈，对此应定期拆解磁电机，清除磁电机飞轮、定子及线圈上的灰尘及油污，有利于磁电机线圈的散热。若发现磁电机侧的曲轴油封有漏油现象，应更换油封。

2. 开放式或干荷式铅酸蓄电池电解液液面的检查

检查蓄电池各单体内的电解液液面是否在蓄电池壳体上所标的下限线（LOWER LEVEL）和上限线（UPPER LEVEL）之间（图5-1）。若液面接近或低于下限线时，则应取下注液孔盖，补充蒸馏水或纯净水。加注后液面不得超过上限线，否则会使电解液从蓄电池内溢出腐蚀车架。

3. 密封式铅酸蓄电池的补液

密封式铅酸蓄电池在正常寿命期间无需补加电解液或蒸馏水。但由于使用环境条件和充电的影响可能会有一些蓄电池失水量较大，甚至发生干涸现象，导致蓄电池电量不足。对此应对其补加电解液或蒸馏水修复，其补液方法：

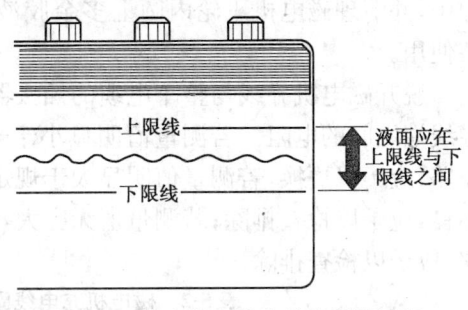

图5-1　检查蓄电池内的电解液液面

(1) 从排气孔方向撬开蓄电池上方的盖板(盖板有的是AB胶或502胶水粘接，有的是扣接的)，撬开时不要损坏盖板。撬开盖板后可见到排气孔的橡胶帽(有的蓄电池橡胶帽周围有些填充物，应将其取下)，取下橡胶帽，露出排气孔，通过排气孔可以看到蓄电池各单体内的缺液情况。也可以用小木棒插入蓄电池各单体内的极板间检查蓄电池各单体内的缺液情况，小木棒检查端为干，且将蓄电池倒置一会儿再将小木棒插入蓄电池极板间检查，小木棒检查端仍为干，则说明蓄电池内部已干涸，应补加电解液；小木棒检查端有点湿，则说明蓄电池内部缺液，应补充蒸馏水。

(2) 补液时应从排气孔注入，液面应高于极板1mm为适，将蓄电池静置一会儿再检查，液面过低再补液，液面过高应吸出多余液体。将充电机的电压调至与蓄电池电压一致，打开电源，调节充电机的充电电流：应采用蓄电池额定容量1/10的充电电流进行充电。当6V蓄电池端电压升高到6.9~7.2V，12V蓄电池端电压升高到13.8~14.5V时，转入第二阶段进行充电，同时检查蓄电池内液面，液面过低应及时补液。第二阶段的充电电流为第一阶段的充电电流的1/2。当6V蓄电池端电压升高到7.8~8.1V，12V蓄电池端电压升高到14.5~14.8V时，并且在2~3h内不再升高，切断电源，充电完毕。

(3) 充电完毕后，吸出蓄电池极板上方多余的电解液，装上橡胶帽(对橡胶帽损坏及弹性差的应及时更换)。盖板是胶接的，应涂上胶粘接。静置24h，等胶完全凝固即可装车使用。

(4) 充电过程中应经常测量蓄电池电解液的温度，当温度超过45℃时，应适当减小充电电流进行充电，以降低温度；充电过程应尽可能保证连续进行，不要长时间中断。

4. 磁电机的检修

磁电机飞轮上的永久磁铁松动应用汽油将飞轮磁铁缝隙中的油污清除干净，用环氧树脂胶按比例调匀后灌入飞轮磁铁缝隙中，让胶液尽量渗入缝隙中,并清理磁电机飞轮内圆上多余胶液,待环氧树脂胶充分凝固后即可安装使用。

脱开磁电机导线与整车电缆的插接器,用欧姆表检测磁电机各线圈输出导线端之间的电阻。若测量值明显小于规定值(表 5-2),则说明被测线圈有短路,应予以更换;若测量值明显大于规定值,则说明被测线圈输出导线接触不良,应予以检查排除;若测量值无穷大,则说明被测线圈或其输出导线有断路,应予以检查排除。

表 5-2 磁电机充电线圈及照明线圈阻值 （Ω）

车型	充电线圈		照明线圈	
	测试点	阻值	测试点	阻值
光阳豪迈 50	白-绿	0.2～1.0	黄-绿	0.1～0.8
嘉陵 JH70	白-绿	0.8～1.4	黄-绿	0.6～1.2
建设雅马哈凤帆 JYM90T	黑-白	0.5～0.7	黄/红-黑	0.4～0.6
嘉陵 JH100	白-绿	0.2～1.0		
五羊本田 WH100T	白-绿	0.2～1.0	黄-绿	0.1～0.8
新大洲本田 SDH100-41	白-绿	0.2～1.0	黄-绿	0.1～0.8
金城铃木 SJ110	白/红-黑/白	0.6～1.2	黄/白-黑/白	0.5～1.0
嘉陵 JH125	白-绿	0.3～1.2	黄-绿	0.3～1.0
嘉陵本田 JH125F	黄-黄	0.2～1.2		
嘉陵本田 JH125-10H	黄-黄	0.1～1.0		
幸福 XF125	白-绿	0.38～0.58	黄-绿	0.35～0.53
金城铃木 GX125	白/红-黑/白	0.6～2.5	黄/白-黑/白	0.5～2.0
五羊本田 WH125	黄-地	0.3～1.1		
五羊本田 WH125-3	黄-粉红	0.3～1.1		
五羊本田 WH125-7/8	黄-黄	0.2～1.0		
五羊本田 WH125T	白-绿	0.2～1.0	黄-绿	0.1～0.8
豪爵铃木 GN125	黄-黄	0.5～2.0		
南方雅马哈凌鹰 ZY125T	白-白	0.48～0.72		
长春铃木 GS125R	黄-黄	0.5～1.0		
光阳豪迈 125	白-绿	0.2～1.2	黄-绿	0.1～1.0
三阳风速 125	黄-黄	0.4～0.8		
本田 CG125M	白-地	0.3～1.1	黄-地	0.2～1.0
本田 CB125T	黄-黄	0.2～0.6		
本田 CH125	黄-黄	0.1～1.0		
本田 CHA125	白-绿	0.2～1.0	黄-绿	0.1～0.8
铃木 GS125E/ES	黄-黄	0.5～2.0		
铃木 GS125R	黄-黄	0.5～1.0		
铃木 UC125	黄-黄	0.5～0.62		
建设雅马哈 SR150	白-白	0.6～0.9		
建设雅马哈劲豹 SRZ150	白-白	0.6～0.9		

5. 整流调节器的检修

检查时，先拆下整流调节器，用欧姆表测量整流调节器插头上各导电片间的电阻（图5-2、图5-3）。若测量值不符合规定值（表5-3～表5-12），则说明整流调节器已损坏，应予以更换。

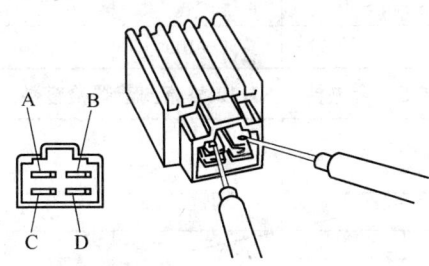

图 5-2　嘉陵 JH90、大阳 DY100、金城铃木 SJ110、幸福 XF125、
五羊本田 WH125T、光阳豪迈 125、本田 CG125M、
本田 CHA125 整流调节器插头上导电片的位置及编号

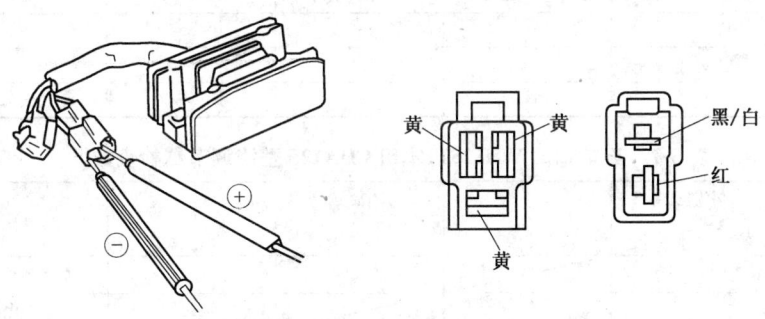

图 5-3　轻骑铃木 QS150T 整流调节器插接件上导电片的位置

表 5-3　嘉陵 JH90 整流调节器检查数据　　　　　　　　（kΩ）

欧姆表+ 欧姆表−	A	B	C	D
A		∞	∞	∞
B	0.5～10		∞	∞
C	∞	∞		10～500
D	∞	∞	10～500	

表 5-4　大阳 DY100 整流调节器检查数据　　　　　　　　　　（kΩ）

欧姆表+ \ 欧姆表−	A	B	C	D
A		∞	∞	∞
B	∞		∞	5~100
C	3~50	∞		∞
D	∞	5~100	∞	

表 5-5　金城铃木 SJ110 整流调节器检查数据　　　　　　　　（kΩ）

欧姆表+ \ 欧姆表−	A	B	C	D
A		∞	50~∞	∞
B	∞		∞	4~40
C	∞	∞		∞
D	∞	∞	∞	

表 5-6　幸福 XF125 整流调节器检查数据　　　　　　　　　　（kΩ）

欧姆表+ \ 欧姆表−	A	B	C	D
A		0.5~10	∞	∞
B	∞		∞	∞
C	∞	∞		10~500
D	∞	∞	10~500	

表 5-7　五羊本田 WH125T、本田 CHA125 整流调节器检查数据　（kΩ）

欧姆表+ \ 欧姆表−	A	B	C	D
A		∞	∞	∞
B	∞		∞	5~100
C	3~50	∞		∞
D	∞	5~100	∞	

表 5-8　光阳豪迈 125 整流调节器检查数据　　　　　　　　　（kΩ）

欧姆表+ \ 欧姆表−	A	B	C	D
A		∞	∞	∞
B	∞		∞	5~100
C	3~100	∞		∞
D	∞	5~100	∞	

表 5-9 本田 CG125M 整流调节器检查数据　　　　　　　　　　(kΩ)

欧姆表+ 欧姆表-	A	B	C	D
A		∞	∞	∞
B	∞		∞	5～100
C	3～50	∞		∞
D	∞	5～100	∞	

表 5-10 豪爵铃木 GN125、铃木 GS125 整流调节器检查数据　　(Ω)

欧姆表+ 欧姆表-	红	白/蓝	白/红	黄	黑/白
红		断开	断开	断开	断开
白/蓝	7～8		断开	断开	断开
白/红	7～8	断开		断开	断开
黄	7～8	断开	断开		断开
黑/白	35～55	7～8	7～8	7～8	

表 5-11 本田 CB125T 整流调节器检查数据　　　　　　　　　(kΩ)

欧姆表+ 欧姆表-	红	黑	黄	黄	黄	绿
红		∞	∞	∞	∞	∞
黑	20～100		15～80	15～80	15～80	10～50
黄	0.5～10	∞		∞	∞	∞
黄	0.5～10	∞	∞		∞	∞
黄	0.5～10	∞	∞	∞		∞
绿	1～20	1～20	0.5～10	0.5～10	0.5～10	

表 5-12 轻骑铃木 QS150T 整流调节器检查数据　　　　　　　(Ω)

欧姆表+ 欧姆表-	红	黄	黄	黄	黑/白	地
红		∞	∞	∞	∞	∞
黄	7		∞	∞	∞	∞
黄	7	∞		∞	∞	∞
黄	7	∞	∞		∞	∞
黑/白	30	7	7	7		∞
地	∞	∞	∞	∞	∞	

6. 电解液密度的检测

取下蓄电池注液孔盖,用比重计检测蓄电池各单体电池内电解液密度(图5-4a)。电解液正常密度应为 $1.27\sim1.29g/cm^3$(液温为20℃),若电解液温度不是20℃,可按图5-4b所示进行修正。若密度小于 $1.26g/cm^3$,则说明蓄电池充电不足,应补充充电或更换电解液;若密度大于 $1.29g/cm^3$,应补充蒸馏水或纯净水,直至电解液密度达到规定值。

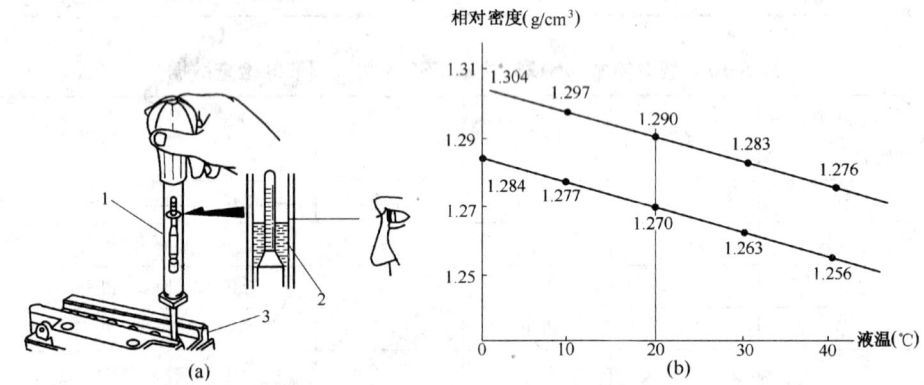

图5-4 检测蓄电池内的电解液密度
1.密度计 2.电解液 3.蓄电池

7. 蓄电池极板硫化的检修

若检查发现蓄电池极板上出现粗大而坚硬的白色硫酸铅晶体,则说明极板硫化,对此应更换蓄电池或采用以下方法予以修复:

(1)对极板硫化轻微的,可将蓄电池中的电解液全部倒出,注入密度为 $1.15g/cm^3$ 的电解液,然后采用充电电流为蓄电池额定容量的 $1/15\sim1/20$ 进行充电,直至电解液中冒出气泡为止,再将充电电流减小。待电解液中气泡剧烈上升时,将蓄电池内的电解液全部倒出,注入密度为 $1.27\sim1.29g/cm^3$(液温为20℃)电解液,再用小电流充电。充足电后,再放电。如此反复充放电数次后,蓄电池便可恢复正常。

(2)对极板硫化严重的,可采用水疗予以修复。即先将蓄电池以20小时放电率的电流放电,直至蓄电池的各单体电池电压降到1.75V时,倒出电解液,用蒸馏水冲洗极板二次,然后注入蒸馏水;接着以蓄电池额定容量的1/20为充电电流进行充电,直至电解液密度不再升高且冒出大量气泡时为止,再进行20小时放电率的电流放电,放电约2h。如此充放电多次,直至蓄电池容量恢复到额定容量的80%以上为止。再将电解液密度和电解液液面调整到规定值和规定高度,即可安装使用。

8. 蓄电池壳体破裂的检修

检查蓄电池壳体是否破裂,若是,原则应更换蓄电池;但有轻微裂缝的可进行修补,其方法:将蓄电池内的电解液全部倒出,并将蓄电池壳体清洗干净。将裂缝部位的一面朝上平放,用气焊或其他加热器将裂缝处局部加热,使之变软,并用刻刀在裂缝处割成 V 形槽,以便填入胶粘剂。然后用酒精或丙酮将 V 形槽表面清洗干净,按重量比来配制胶粘剂,即将 56 份的环氧树脂加热变稀,加入 37 份的胶木粉、2 份的炭黑、5 份的乙二胺搅拌均匀,冷却。最后用刀片或竹片将搅拌均匀的胶粘剂填入 V 形槽中,并涂平,用纸覆盖。在室温下自然凝固后,除去贴纸,用锉刀锉平裂缝处表面,按规定加注电解液即可。

第二节 电起动控制系统的快查快修

电起动控制系统的快查快修方法见表 5-13。

表 5-13 电起动控制系统的快查快修方法

检查部位	常见的损坏形式	表现出故障现象	修理方法
起动按钮	内部损坏或触点接触不良	起动电机不工作	修理或更换起动按钮
发动机熄火开关	内部损坏或触点接触不良		修理或更换发动机熄火开关
制动灯开关	内部触点接触不良或损坏	制动灯不亮,起动电机不能工作	更换制动灯开关
离合器开关	内部触点接触不良或损坏	变速器有挡位时起动电机不工作	更换离合器开关
硅整流器	硅整流器内部断路	变速器在空挡时起动电机不工作	更换硅整流器
起动继电器	内部线圈短路或断路	起动电机不工作	更换起动继电器
	内部触点烧蚀	起动电机转动无力	更换起动继电器

1. 起动按钮、发动机熄火开关的检修

经检查确认起动按钮或发动机熄火开关内部触点有接触不良现象,则应更换新件或拆开用细砂布打磨开关触点,以清除触点氧化物,使触点接触良好。

2. 制动灯开关的检修

从整车电缆中拆下制动灯开关的插接器,然后用欧姆表测量制动灯开关两引线间的导通性。当握紧制动握把时,应呈现导通性;当放开制动握把时,应呈现非导通性。否则应更换制动灯开关。

3. 离合器开关的检修

从整车电缆中拆下离合器开关的插接器,然后用欧姆表测量离合器开关两引线或两导电片间的导通性。当握紧离合器握把时,应呈现导通性;当放开离合器握把时,应呈现非导通性。否则应更换离合器开关。

4. 硅整流器的检修

检查时先拆下硅整流器(即二极管),用欧姆表测量硅整流器两导电片间的电阻,然后将表笔对调一下,再测量一次,所得两次测量电阻值可能出现以下几种。

(1)一次测量电阻值无穷大(大于 $10k\Omega$),另一次测量值较小(小于 10Ω),则说明硅整流器良好。

(2)两次测量电阻值均很小(即表针指示接近 0Ω),则说明硅整流器已短路。

(3)两次测量电阻值均无穷大(即表针不动),则说明硅整流器已断路。

(4)两次测量电阻值相等,则说明硅整流器无整流作用。

(5)两次测量电阻值相差不大,即为反向漏电,则说明硅整流器整流作用性能差。

(6)测量时电阻值不稳定,则说明硅整流器内部接触不良。

上述除了(1)外,其他均更换硅整流器。

5. 起动继电器的检修

首先拆下起动继电器,将欧姆表调到 $R\times 1\Omega$ 挡位,测量起动继电器线圈上的两导电片的电阻(图 5-5a),其电阻值一般在 $0.4\sim 1\Omega$ 为正常。若电阻值为无穷大,则说明起动继电器线圈断路,应更换起动继电器;若电阻值为 0Ω,则说明起动继电器线圈短路,应更换起动继电器。然后用两根导线将蓄电池的正负极与起动继电器线圈上的两导电片连接(图 5-5b),将欧姆表调到 $R\times 1\Omega$ 挡位测量起动继电器上的蓄电池导电片与起动电机导电片之间的电阻,应呈现导通性(电阻值小于 0.3Ω);否则说明起动继电器内部触点烧蚀,应更

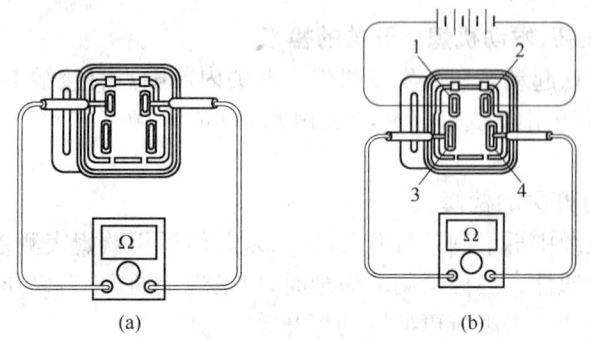

图 5-5 检查起动继电器

1. 继电器线圈导电片1　2. 继电器线圈导电片2　3. 蓄电池导电片　4. 起动电机导电片

换起动继电器。在检测过程中应注意蓄电池连接在起动继电器上的通电时间不要过长(约 1min),否则会引起起动继电器线圈过热而损坏。

第三节 照明系统的快查快修

照明系统的日常保养及快查快修方法见表 5-14。

表 5-14 照明系统的日常保养及快查快修方法

日常保养项目	检查部位	常见的损坏形式	表现出故障现象	修理方法
调整前照灯光束	磁电机照明线圈	线圈断路或短路	照明灯灯光暗淡或不亮	更换线圈
		线圈输出导线断路	照明灯不亮	重新连接或焊接好导线
		线圈输出导线短路或接触不良	照明灯灯光暗淡	重新连接或焊接好导线
	蓄电池	电量不足	照明灯灯光暗淡	补充充电或更换蓄电池
		无电	照明灯不亮	补充充电或更换蓄电池
	前照灯	前照灯灯泡灯丝烧断	前照灯不亮	更换前照灯灯泡
	前小灯	前小灯灯泡灯丝烧断	前小灯不亮	更换前小灯灯泡
	尾灯	尾灯/制动灯灯泡的尾灯灯丝烧断	尾灯不亮	更换尾灯/制动灯灯泡
	牌照灯	牌照灯灯泡灯丝烧断	牌照灯不亮	更换牌照灯灯泡
	各照明灯灯座	灯泡与灯座接触不良	照明灯不亮或灯光暗淡	修理或更换灯座
	照明开关	照明开关内部触点接触不良或损坏	照明灯灯光暗淡或不亮	修理或更换照明开关
	变光开关	变光开关内部触点接触不良或损坏		修理或更换变光开关
	照明系统内线路	线路断路或短路		更换或接通导线

1. 前照灯光束的调整

下面介绍大阳 DY100-5、五羊本田统御 WH125-7/8、五羊本田 WH125T-3A 前照灯光束的调整方法。

(1)大阳DY100-5前照灯光束的调整方法:若需前照灯光束向上移,则应朝顺时针方向拧转前照灯灯框上的光束调节螺钉;若需前照灯光束向下移,则应朝逆时针方向拧转前照灯灯框上的光束调节螺钉。

(2)五羊本田统御WH125-7/8前照灯光束的调整方法:在水平地面上将主停车架支起,如图5-6所示,拧松前照灯安装支架上的前照灯固定螺栓,通过上下摆动前照灯来垂直调整前照灯光束的高度,调整好后拧紧前照灯固定螺栓即可。

(3)五羊本田WH125T-3A前照灯光束的调整方法:打开前储物箱盖,如图5-7所示,若需前照灯光束向上移,则应朝逆时针方向拧转前照灯灯座上的垂直调整螺钉;若需前照灯光束向下移,则应朝顺时针方向拧转前照灯灯座上的垂直调整螺钉。

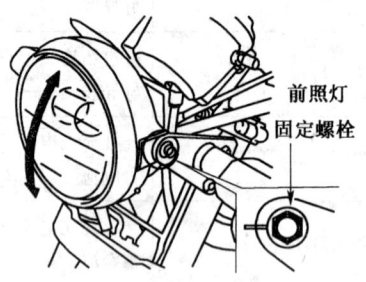

图5-6 五羊本田统御WH125-7/8前照灯光束的调整

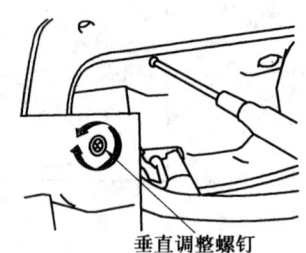

图5-7 五羊本田WH125T-3A前照灯光束的调整

2. 照明灯泡与灯座的检修

首先将检查的照明灯泡拆下,用欧姆表检查灯泡灯丝的电阻。若表针不摆动,则说明灯丝已烧断,应更换照明灯泡。然后检查照明灯泡与灯座是否接触情况,若触点下方弹簧的弹力较弱,则应更换新件;若触点烧蚀,则用细砂布打磨光滑;若灯座锈蚀,则用细砂布将灯座打磨光滑。

3. 照明开关、变光开关的检修

经检查确认照明开关、变光开关内部触点有接触不良现象,则应更换开关或拆开用细砂布打磨开关触点,以清除触点氧化物,使触点接触良好。

第四节 信号系统的快查快修

信号系统的日常保养及快查快修方法见表5-15。

1. 后制动灯开关的调整

如图5-8所示,朝顺时针方向拧转后制动灯开关上的调节螺母,后制动

表 5-15　信号系统的日常保养及快查快修方法

日常保养项目	检查部位	常见的损坏形式	表现出故障现象	修理方法
调整后制动灯开关和电喇叭	转向灯灯泡	灯泡灯丝烧断	转向灯不亮	更换转向灯灯泡
		灯泡与灯座接触不良	转向灯不亮或不闪烁或闪烁频率不正常	修理灯座
	转向灯开关	内部触点接触不良或损坏	转向灯不亮	修理或更换转向灯开关
	闪烁器	内部烧坏	转向灯不亮或不闪烁或闪烁频率不正常	更换闪烁器
	制动灯开关	内部触点接触不良或损坏	制动灯长亮或不亮	更换制动灯开关
		后制动灯开关调整不当		调整后制动灯开关
	尾灯/制动灯灯泡	制动灯灯丝烧断	制动灯不亮	更换尾灯/制动灯灯泡
		灯泡与灯座接触不良		修理灯座
	喇叭按钮	内部触点接触不良或损坏	电喇叭不响或声响不正常	修理或更换喇叭按钮
	电喇叭	调整不当		进行重新调整
		内部烧坏或损坏		更换电喇叭
	转向指示灯	转向指示灯灯泡灯丝烧断	转向指示灯不亮	更换转向指示灯灯泡
	空挡指示灯	空挡指示灯灯泡灯丝烧断	空挡指示灯不亮	更换空挡指示灯灯泡
		空挡开关内部开关接触不良或损坏		更换空挡开关
	挡位指示灯	挡位指示灯灯泡灯丝烧断	挡位指示灯不亮	更换挡位指示灯灯泡
		数码管烧坏		更换数码管
		挡位开关内部开关接触不良或损坏		修理或更换挡位开关
		二极管矩阵译码电路损坏		更换二极管矩阵译码电路

灯开关提前接通；朝逆时针方向拧转后制动灯开关上的调节螺母，后制动灯开关会延迟接通。调整后，踩下制动踏板约 10mm 时，制动灯会发亮即可。

2. 电喇叭的音量和音调的调整

如图 5-9 所示，以旋转调节螺钉为主，必要时，可旋转调节螺柱配合调整。朝逆时针方向拧转调节螺钉，电喇叭的音量增大；反之，电喇叭的音量减小。拧松调节螺柱上的锁紧螺母，朝逆时针方向拧紧调节螺柱，电喇叭的音调变粗；反之，电喇叭的音调变细。

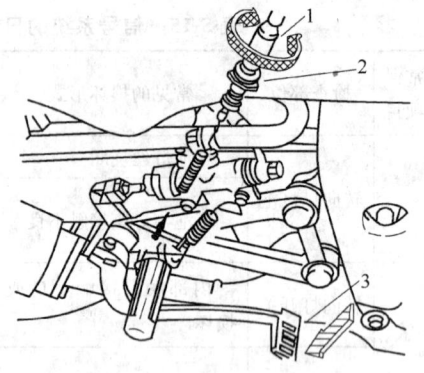

图 5-8 调整后制动灯开关
1. 后制动灯开关　2. 调节螺母　3. 后制动踏板

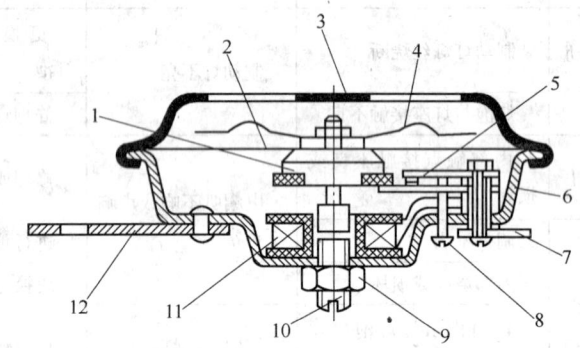

图 5-9 电喇叭的结构
1. 衔铁　2. 振动片　3. 外盖　4. 发音片　5. 触点　6. 外壳
7. 接线片　8. 调节螺钉　9. 锁紧螺母　10. 调节螺柱　11. 线圈　12. 固定板

3. 转向灯开关、喇叭按钮的检修

经检查确认转向灯开关、喇叭按钮内部触点有接触不良现象，则应更换开关或拆开用细砂布打磨开关触点，以清除触点氧化物，使触点接触良好。

4. 闪烁器的检修

首先脱开闪烁器至转向灯开关的插接器，将试灯（可用本车转向灯灯泡制作）的一端与之相连，另一端搭铁。然后接通点火开关并察看试灯发光情况，若试灯发出闪烁的灯光，则说明闪烁器工作良好；若试灯不亮或长亮不闪烁，则说明闪烁器已损坏，应更换闪烁器。

5. 灯泡、灯座的检修

首先将检查的灯泡拆下，用欧姆表检查灯泡灯丝的电阻。若表针不摆动,则说明灯丝已烧断,应更换灯泡。然后检查灯泡与灯座是否接触情况,若触点下方弹簧的弹力较弱导致灯泡与灯座接触不良,则应更换灯座;若触点烧蚀,则用细砂布打磨光滑;若灯泡与灯座接触处锈蚀导致灯泡与灯座接触不良,则用细砂布将灯座、灯泡的接触处打磨光滑。

6. 制动灯开关的检修

首先从整车电缆中拆下制动灯开关的插接器,然后用欧姆表测量制动灯开关两引线间的导通性(图 5-10),当握紧制动握把或压下制动踏板,应呈现导通性;当放开制动握把或制动踏板,应呈现非导通性。否则说明制动灯开关内部触点接触不良或损坏,应更换制动灯开关。

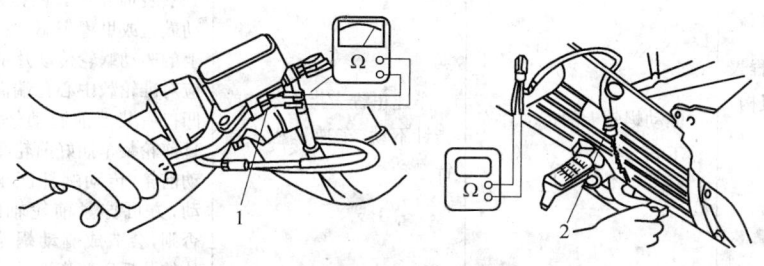

图 5-10 制动灯开关的检测
1. 前制动灯开关　2. 后制动灯开关

第五节　仪表的快查快修

仪表的快查快修方法见表 5-16。

表 5-16　仪表的快查快修方法

检查部位	常见的损坏形式	表现出故障现象	修理方法
车速里程表	表内齿轮过度磨损或损坏	车速里程表指示不准或指针不动	更换车速里程表
	表内齿轮有个别齿轮损坏	车速里程表指针摆动	更换车速里程表
	表内传动部分有损坏		更换车速里程表
	表内永久磁铁上有异物	车速里程表指示不准	清除异物
	表内永久磁铁与铝罩配合间隙过小		调整永久磁铁与铝罩配合间隙
	游丝折断或混乱或变软	车速里程表指示不准或指针摆动	更换游丝或车速里程表

续表 5-16

检查部位	常见的损坏形式	表现出故障现象	修理方法
车速里程表驱动机构	驱动蜗轮过度磨损	车速里程表指针不动	更换驱动蜗轮
	驱动蜗轮轮齿损坏		更换驱动蜗轮
	驱动蜗轮有个别齿轮损坏	车速里程表指针摆动	更换驱动蜗轮
	驱动蜗轮上的传动片变形损坏	车速里程表指示不准或指针不动,车速里程表指针摆动	矫正或更换传动片
	驱动蜗轮上的传动片安装不当	车速里程表指示不准或指针不动,车速里程表指针摆动	安装前轮时,应注意前制动鼓盖或里程表驱动齿轮盒上的驱动蜗轮传动片的凸爪应对准轮毂中心孔端面上的凹口后装上前制动鼓盖,并且前轮装车插好前轮轴后转动前轮,传动蜗杆能正常转动,方可拧紧前轮轴螺母。否则,会造成驱动蜗轮传动片的凸爪压弯变形
	传动蜗杆过度磨损	车速里程表指示不准	更换传动蜗杆
	传动蜗杆有个别齿轮损坏	车速里程表指针摆动	更换传动蜗杆
	传动蜗杆轮齿损坏	车速里程表指针不动	更换传动蜗杆
车速里程表软轴	软轴的外套有压扁或折伤	车速里程表指针摆动	更换车速里程表软轴
	软轴损伤		更换车速里程表软轴
	软轴润滑不良		加注润滑
	软轴端的方榫头磨损成圆形或扭断	车速里程表指针不动	更换软轴
发动机转速表	表内损坏	发动机转速表指针不动或指针摆动	更换发动机转速表
发动机转速表驱动机构	驱动蜗轮轮齿过度磨损	发动机转速表指针不动	更换驱动蜗轮
	驱动蜗轮轮齿损坏		更换驱动蜗轮
	驱动蜗轮有个别齿轮损坏	发动机转速表指针摆动	更换驱动蜗轮
	传动蜗杆轮齿过度磨损或损坏	发动机转速表指针不动	更换传动蜗杆
	传动蜗杆有个别齿轮损坏	发动机转速表指针摆动	更换传动蜗杆

续表 5-16

检查部位	常见的损坏形式	表现出故障现象	修理方法
发动机转速表软轴	软轴的外套有压扁或折伤	发动机转速表指针摆动	更换发动机转速表软轴
	软轴损伤		更换发动机转速表软轴
	软轴润滑不良		加注润滑
	软轴端的方榫头磨损成圆形或扭断	发动机转速表指针不动	更换软轴
发动机转速表线路	电源供电导线有断路	发动机转速表指针不动	接通或更换导线
	转速信号导线有断路		接通或更换导线
燃油表	内部烧坏或损坏	燃油表指示不准或指针不动	更换燃油表
燃油油位传感器	浮子破裂或变形		修补浮子或更换燃油油位传感器
	浮子臂弯曲变形	燃油表指示不准	矫正浮子臂
	浮子臂移动不灵活		修理或更换燃油油位传感器
	浮子臂移动受阻或卡死	燃油表指针不动	修理或更换燃油油位传感器
	滑片与电阻器间接触不良	燃油表指示不准	将滑片向电阻器靠拢,使其保持一定的接触压力
	内部电阻器有烧坏或损坏	燃油表指示不准或指针不动	更换燃油油位传感器
燃油表配套线路	燃油油位传感器至燃油表之间的线路连接不良	燃油表指示不准	更换或接通导线
	燃油表至燃油油位传感器之间的线路有断路	燃油表指针不动	更换或接通导线
	点火开关至燃油表之间的线路有断路		更换或接通导线
水温表	内部烧坏或损坏	水温表指示不准或指针不动	更换水温表
热传感器	工作失常	水温表指示不准	更换热传感器
	损坏	水温表指针不动	更换热传感器
水温表配套线路	热传感器至水温表之间的线路有连接不良	水温表指示不准	更换或接通导线

续表 5-16

检查部位	常见的损坏形式	表现出故障现象	修理方法
水温表配套线路	水温表至热传感器之间的线路有断路	水温表指针不动	更换或接通导线
	点火开关至水温表之间的线路有断路		更换或接通导线

1. 燃油油位传感器的检修

拆下燃油油位传感器,检查燃油油位传感器浮子有无破裂或变形,若有,应更换燃油油位传感器。然后用手上下移动浮子,用欧姆表测量浮子在上限位(即油满的位置)和下限位(即油用空的位置)时插接器各导电片间的电阻(图5-11)。若测得电阻值与表5-17中的规定值明显不符,则应说明燃油油位传感器内部电阻器烧坏,应予以更换。

2. 热传感器的检修

将热传感器拆下,放入检测容器的冷却水中,且不要将热传感器直接接触检测容器,然后逐渐加热,升高水温,接通欧姆表来检测热传感器在不同水温条件下的电阻值变化是否符合表5-18中的规定值(图5-12)。若测量值与规定值有明显差异,则说明热传感器工作失常,应更换热传感器。

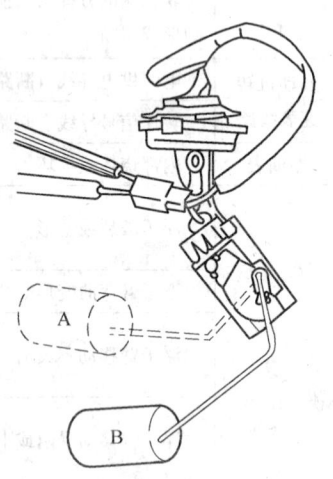

图 5-11 检测燃油油位传感器
A:上限位 B:下限位

表 5-17 燃油油位传感器检查数据 (Ω)

车型	测试点	浮子位置	
		上限位(满)	下限位(空)
五羊本田 WH100-2	黄/白-绿	4~10	97.5~107.5
五羊本田 WH100T-G	蓝/白-绿	400~700	25~45
	黄/白-绿	25~45	400~700
	蓝/白-黄/白	450~750	450~750
新大洲本田 SDH100-43	黄/白-绿	4~10	97.5~107.5
金城铃木 SJ110	黑/白-黄/黑	4~10	90~110
五羊本田 WH125-S	蓝/白-绿	400~700	25~45
	黄/白-绿	25~45	400~700
	蓝/白-黄/白	450~750	450~750

续表 5-17

车型	测试点	浮子位置	
		上限位(满)	下限位(空)
五羊本田 WH125T	蓝/白-绿 黄/白-绿 蓝/白-黄/白	400～700 25～41 450～750	100～200 500～850 450～750
五羊本田 WH125T-2	黄/白-绿 蓝/白-绿 蓝/白-黄/白	25～45 400～700 450～750	400～700 23～45 450～750
五羊本田 WH125T-5	黄/白-绿 蓝/白-绿 蓝/白-黄/白	25～45 400～700 450～750	400～700 23～45 450～750
五羊本田 WH125T-6	黄/白-绿 蓝/白-绿 蓝/白-黄/白	25～45 400～700 450～750	400～700 23～45 450～750
五羊本田 WH125-7/8	黄/白-绿	4～10	97～108
五羊本田 WH125-11	黄/白-绿	4～10	97～100
五羊本田 WH125-12	黄/白-绿	4～10	97～100
新大洲本田 SDH125T-27	黄/白-绿 蓝/白-绿 蓝/白-黄/白	25～45 400～700 450～750	400～700 23～45 450～750
新大洲本田 SDH125-51	黄/白-绿	4～10	97～100
南方雅马哈凌鹰 ZY125T	黑-绿	4～10	90～100
建设雅马哈天剑 JYM125	黑-绿	4～10	90～100
三阳风速 125	黄/白-绿	4～10	97.5～107.5
本田 CH125	蓝/白-绿 黄/白-绿 蓝/白-黄/白	566 33 600	33 566 500
本田 CHA125	蓝/白-绿 黄/白-绿 蓝/白-黄/白	400～700 25～41 450～750	100～200 500～850 450～750
雅马哈 SRZ125	黑-绿	1～5	103～117
五羊本田 WH150-2	黄/白-绿	6～9	90～96
新大洲本田 SDH150-15	黄/白-绿	4～10	97～100
轻骑铃木 QS150T	黄/黑-黑/白	4～10	90～100
建设雅马哈 SR150	黑-绿	4～10	90～100

表 5-18 热传感器检查数据

车型	水温(℃)	50	80	100	120
三阳风速 125	阻值(Ω)	134～149	47.5～57	26～29	14.8～17.2
本田 CH125	阻值(Ω)	154	52	27	16

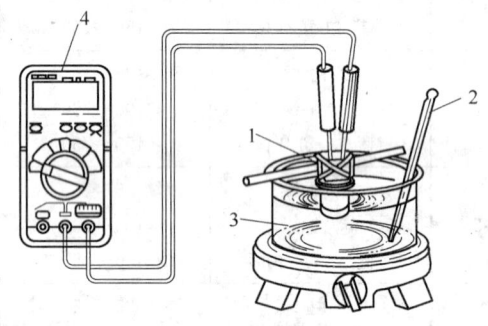

图 5-12 检测热传感器
1. 热传感器 2. 水温计 3. 冷却水 4. 欧姆表

3. 机油油位传感器的检修

从机油箱上拆下机油油位传感器,用欧姆表测量机油油位传感器引出导线之间的电阻。当浮子因自重下落到底时,应呈现导通性;当浮子上浮时,应呈现非导通性。否则说明机油油位传感器工作不良,应予以更换。

第六节 摩托车电气系统及仪表故障快速检修

一、磁电机不发电

用万用表检测磁电机各线圈输出导线端与地之间电压,无电压输出。

1. 故障原因

磁电机的线圈或其输出导线有断路或短路,磁电机飞轮磁铁失磁或磁力减弱。

2. 故障诊断

磁电机不发电的故障诊断程序如图 5-13 所示。

3. 故障排除

磁电机不发电的故障排除方法见表 5-19。

二、磁电机输出电压过低

用万用表检测磁电机各线圈输出导线端与地之间电压,输出电压过低。

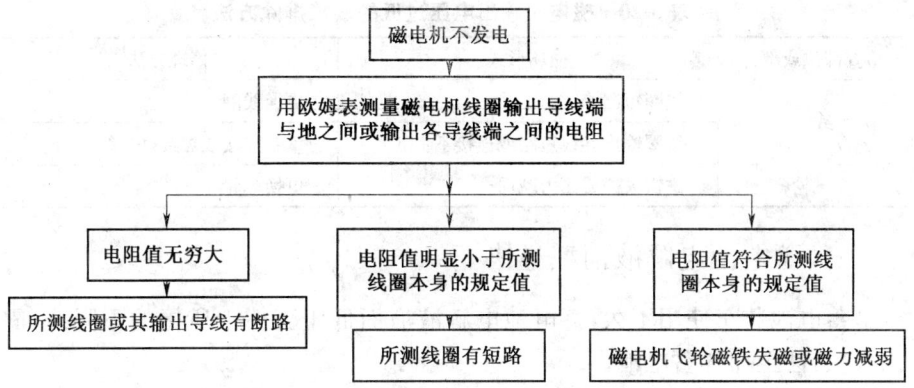

图 5-13 磁电机不发电的故障诊断程序

表 5-19 磁电机不发电的故障排除方法

检查部位或部件	损 坏 形 式	修 理 方 法
线圈	线圈断路或短路	更换线圈
	线圈输出导线断路	重新连接或焊接好导线
飞轮	磁铁失磁或磁力减弱	更换飞轮

1. 故障原因

磁电机的线圈短路、磁电机的线圈输出导线短路或连接不良、磁电机飞轮磁铁失磁或磁力减弱。

2. 故障诊断

磁电机输出电压过低的故障诊断程序如图 5-14 所示。

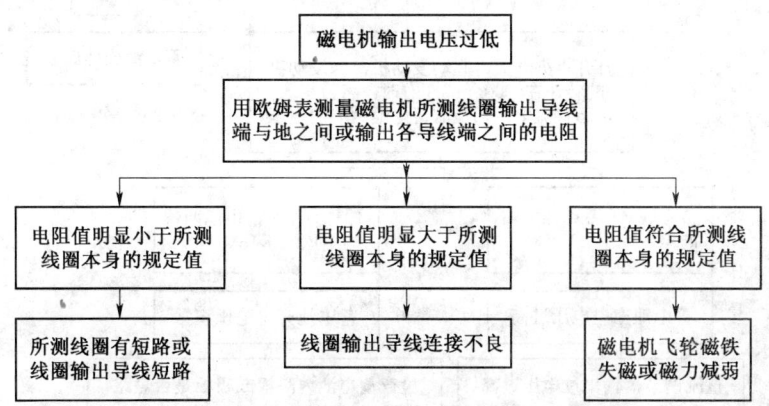

图 5-14 磁电机输出电压过低的故障诊断程序

3. 故障排除

磁电机输出电压过低的故障排除方法见表 5-20。

表 5-20 磁电机输出电压过低的故障排除方法

检查部位或部件	损坏形式	修理方法
线圈	线圈短路	更换线圈
	线圈输出导线短路或连接不良	重新连接或焊接好导线
飞轮	磁铁失磁或磁力减弱	更换飞轮

三、蓄电池电解液消耗过快

蓄电池装车使用不久,蓄电池电解液液面低于壳体上所标的下限线,露出极板,甚至损坏蓄电池。

1. 故障原因

(1)整流调节器输出电压过高导致蓄电池过充电及过热,加快电解液的蒸馏水蒸发。

(2)蓄电池壳体破裂,导致壳体漏液。

(3)蓄电池极板短路或隔板击穿。

2. 故障诊断

蓄电池电解液消耗过快的故障诊断程序如图 5-15 所示。

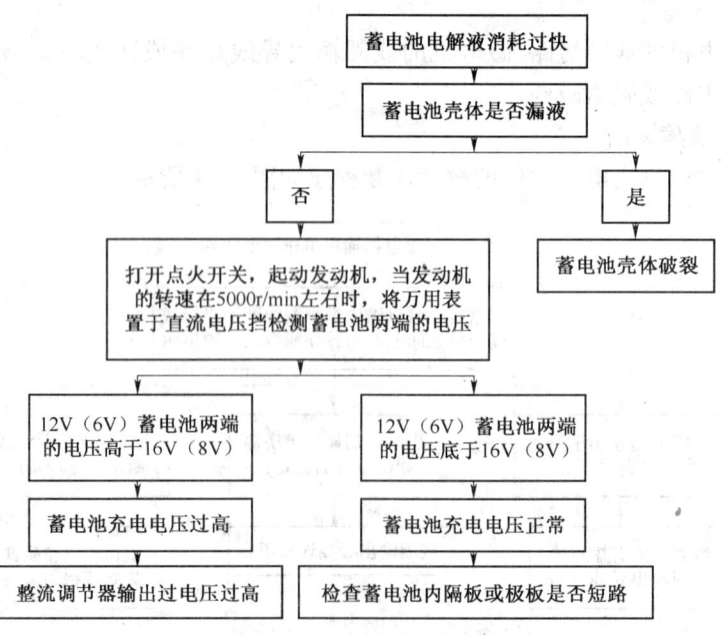

图 5-15 蓄电池电解液消耗过快的故障诊断程序

3. 故障排除

蓄电池电解液消耗过快的故障排除方法见表 5-21。

第五章 摩托车电气系统及仪表的快查快修

表 5-21 蓄电池电解液消耗过快的故障排除方法

检查部位或部件	损坏形式	修理方法
整流调节器	整流调节器输出电压过高	更换整流调节器
蓄电池	蓄电池极板短路	更换蓄电池
	蓄电池隔板击穿	更换蓄电池
	蓄电池壳体破裂	修补或更换蓄电池

四、电源系统不充电

充足电的蓄电池装车后使用不久，电能就用尽，此后无论发动机工作还是不工作，信号系统均不工作。

1. 故障原因

磁电机的充电线圈或其输出导线有断路或短路、磁电机飞轮磁铁失磁或磁力减弱、电源系统线路断路或短路、整流调节器无电压输出。

2. 故障诊断

电源系统不充电的故障诊断程序如图 5-16 所示。

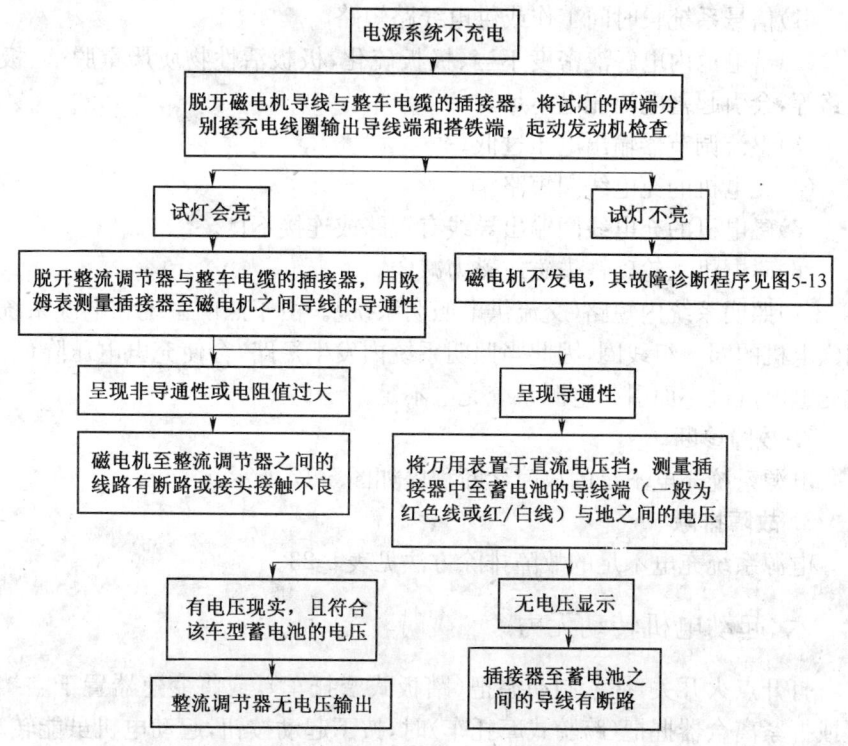

图 5-16 电源系统不充电的故障诊断程序

3. 故障排除

电源系统不充电的故障排除方法见表 5-22。

表 5-22　电源系统不充电的故障排除方法

检查部位或部件	损坏形式	修理方法
磁电机	充电线圈断路或短路	更换充电线圈
磁电机	充电线圈输出导线断路	重新连接或焊接好导线
磁电机	飞轮磁铁失磁或磁力减弱	更换飞轮
电源系统线路	磁电机至整流调节器之间的线路有断路或接头接触不良	更换或接通导线
电源系统线路	整流调节器的插接器至蓄电池之间的导线断路	重新连接或焊接好导线
整流调节器	无电压输出	更换整流调节器

五、电源系统充电不足

蓄电池经常处于亏电状态下工作，信号系统不能正常工作。

1. 故障原因

(1) 信号系统长时间工作或供电线路短路。

(2) 蓄电池内电解液密度不当、极板硫化、极板活性物质严重脱落、极板短路等，会引起蓄电池充电不足。

(3) 整流调节器输出电压过低。

(4) 磁电机的充电线圈短路。

(5) 磁电机的充电线圈输出导线有短路或连接不良。

(6) 磁电机飞轮磁铁失磁或磁力减弱。

(7) 照明系统内短路(交流供电照明系统)。由于照明系统和电源系统共用磁电机的同一组线圈，因此当照明系统内发生短路，会使充电电压降低，导致充电电流过小而引起电源系统充电不足。

2. 故障诊断

电源系统充电不足的故障诊断程序如图 5-17 所示。

3. 故障排除

电源系统充电不足的故障排除方法见表 5-23。

六、起动电机转动无力

打开点火开关，握紧制动握把(踏板式摩托车)，或将变速器置于空挡位置或握紧离合器握把(跨骑式摩托车)时，按下起动按钮，起动电机虽能转动，但转速很慢且不均匀，不能起动发动机。

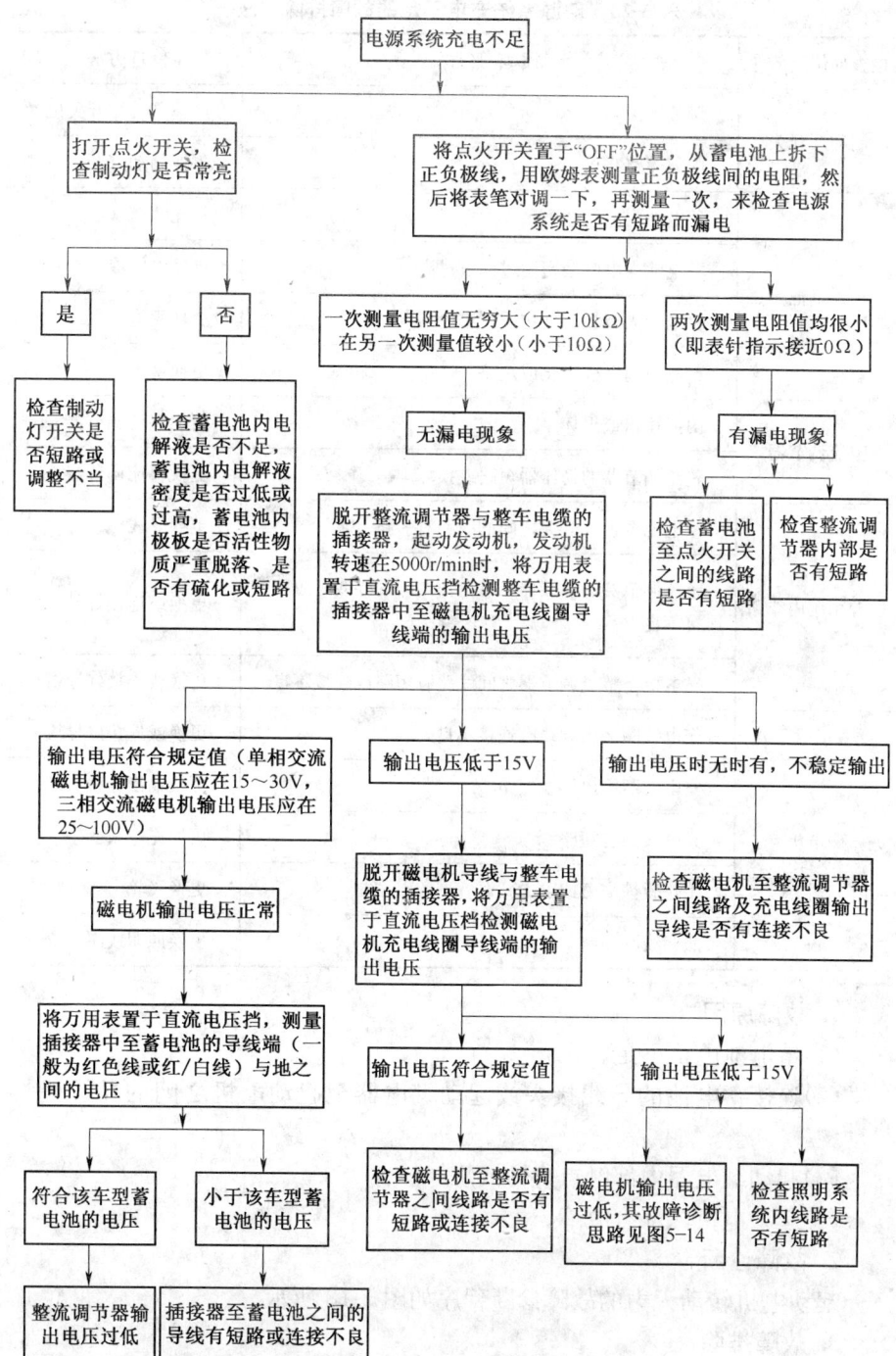

图 5-17　电源系统充电不足的故障诊断程序

表 5-23　电源系统充电不足的故障排除方法

检查部位或部件	损坏形式	修理方法
制动灯开关	调整不当	调整制动灯开关位置
	内部短路	更换制动灯开关
蓄电池	蓄电池内电解液不足	补充蒸馏水
	蓄电池内电解液密度过低或过高	更换电解液
	蓄电池内极板活性物质严重脱落	更换蓄电池
	蓄电池内极板硫化或短路	更换蓄电池
整流调节器	内部短路或损坏	更换整流调节器
	整流调节器的稳压器短路或损坏	更换整流调节器
电源系统内线路	蓄电池至点火开关之间的线路有短路	更换导线
	整流调节器的插接器至蓄电池之间的导线有短路或连接不良	更换或连接好导线
	磁电机至整流调节器之间线路有短路或连接不良	更换或连接好导线
磁电机	充电线圈输出导线有连接不良	更换或连接好导线
	充电线圈输出导线短路	更换输出导线
	充电线圈有短路	更换充电线圈
	飞轮磁铁失磁或磁力减弱	更换飞轮
	照明线圈短路	更换照明线圈

1. 故障原因

(1) 蓄电池电量不足。

(2) 连接蓄电池的导线接头或起动继电器至起动电机之间的导线接头松动。

(3) 起动继电器内部触点烧蚀或烧坏。

(4) 起动电机内部有故障。

2. 故障诊断

起动电机转动无力的故障诊断程序如图 5-18 所示。

3. 故障排除

起动电机转动无力的故障排除方法见表 5-24。

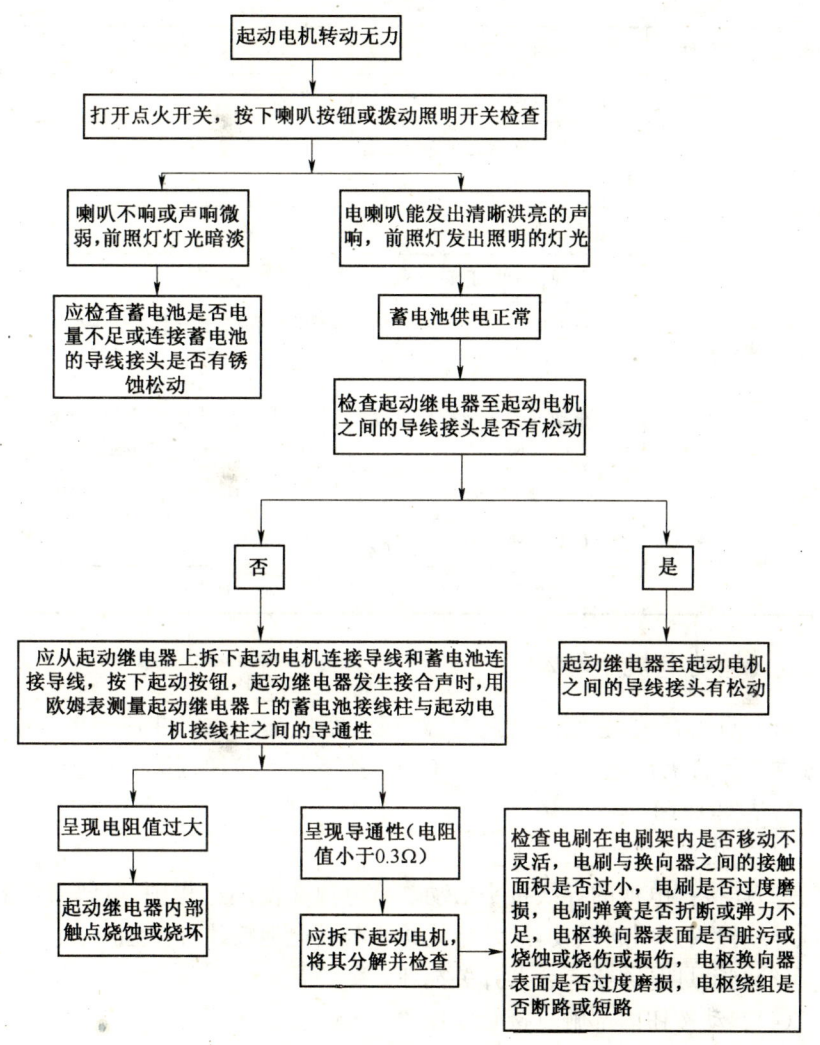

图 5-18 起动电机转动无力的故障诊断程序

表 5-24 起动电机转动无力的故障排除方法

检查部位或部件	损坏形式	修理方法
蓄电池	电量不足	补充充电或更换蓄电池
	连接蓄电池的导线接头松动	接好导线接头
起动继电器至起动电机之间的导线接头	松动	接好导线接头
起动继电器	触点烧蚀或烧坏	更换起动继电器

续表 5-24

检查部位或部件	损坏形式	修理方法
起动电机	电刷在电刷架内移动不灵活	修理或更换电刷
	电刷与换向器之间的接触面积过小	更换电刷
	电刷过度磨损	更换电刷
	电刷弹簧折断或弹力不足	更换电刷弹簧
	电枢换向器表面脏污	用汽油或酒精将换向器表面清洗干净
	电枢换向器表面有斑点、烧蚀、烧伤、损伤	用细砂纸逆着换向器旋转方向将其表面抛光，然后用折断的钢锯片将各换向片之间云母片切口切割至低于换向器表面 0.5～0.8mm，并清理各换向片之间的碎屑及毛刺
	电枢换向器表面过度磨损	更换电枢
	电枢绕组断路、短路	修理或更换电枢

七、起动电机不转动

打开点火开关，握紧制动握把（踏板式摩托车），或将变速器置于空挡位置或握紧离合器握把（跨骑式摩托车）时，按下起动按钮，起动电机不转动。

1. 故障原因

（1）蓄电池电量不足。

（2）连接蓄电池的导线接头松动。蓄电池在使用过程中，电解液会溢出，腐蚀导线接头而引起松动，导致导线接头与蓄电池接线柱接触不良。

（3）制动灯开关或离合器开关损坏。

（4）起动按钮内部触点接触不良。

（5）硅整流器内部断路。

（6）电起动控制系统内线路断路。

（7）起动继电器线圈断路或短路，继电器触点烧蚀或烧坏等均会导致起动继电器工作不良。

（8）起动电机内部有故障。

2. 故障诊断

起动电机不转动的故障诊断程序如图 5-19 所示。

3. 故障排除

起动电机不转动的故障排除方法见表 5-25。

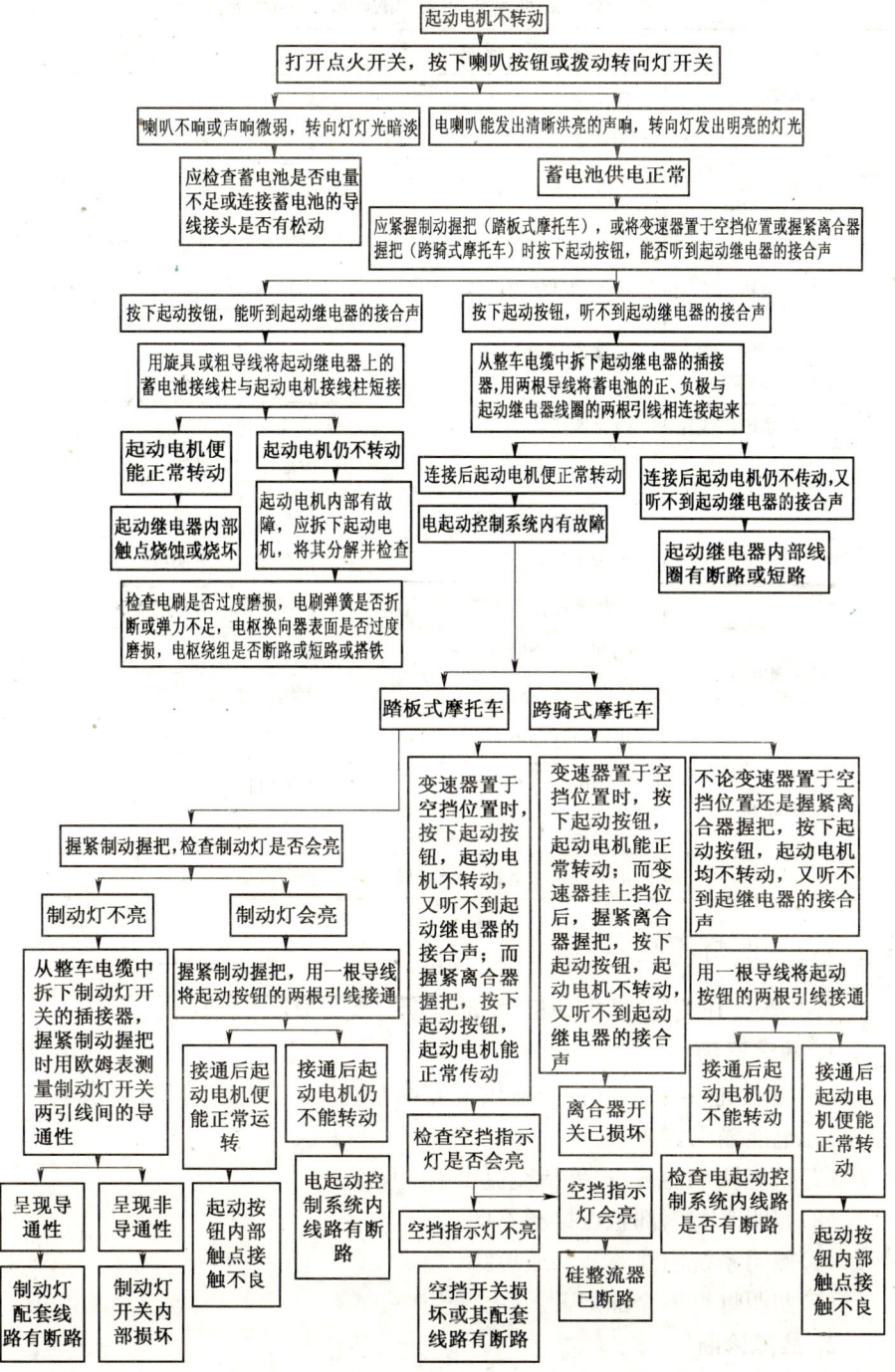

图 5-19 起动电机不转动的故障诊断程序

表 5-25 起动电机不转动的故障排除方法

检查部位或部件	损坏形式	修理方法
制动灯开关	内部损坏	更换制动灯开关
离合器开关	内部损坏	更换离合器开关
硅整流器	内部断路	更换硅整流器
起动按钮	内部触点接触不良	更换起动按钮或拆开用细砂布打磨开关触点,以清除触点氧化物,使触点接触良好
制动灯配套线路	线路断路	接通或更换导线
电起动控制系统内线路	线路断路	接通或更换导线
空挡开关	损坏	更换空挡开关
空挡开关	其配套线路断路	接通或更换导线
蓄电池	电量不足	补充充电或更换蓄电池
蓄电池	连接蓄电池的导线接头松动	接好导线接头
起动继电器	内部触点烧蚀或烧坏	更换起动继电器
起动继电器	内部线圈有断路或短路	更换起动继电器
起动电机	电刷过度磨损	更换电刷
起动电机	电刷弹簧折断或弹力不足	更换电刷弹簧
起动电机	电枢换向器表面过度磨损	更换电枢
起动电机	电枢绕组断路、短路或搭铁	修理或更换电枢

八、照明灯不亮

打开点火开关,起动发动机,拨动照明开关,照明灯全不亮。

1. 故障原因

(1)磁电机照明线圈(指交流供电照明系统)或蓄电池(指直流供电照明系统)无电能输出。

(2)整流调节器被击穿(指交流供电照明系统)。

(3)照明开关内部触点接触不良。

(4)照明系统内线路断路或短路。

(5)照明灯灯泡全部烧毁。

2. 故障诊断

照明灯不亮的故障诊断程序如图 5-20 所示。

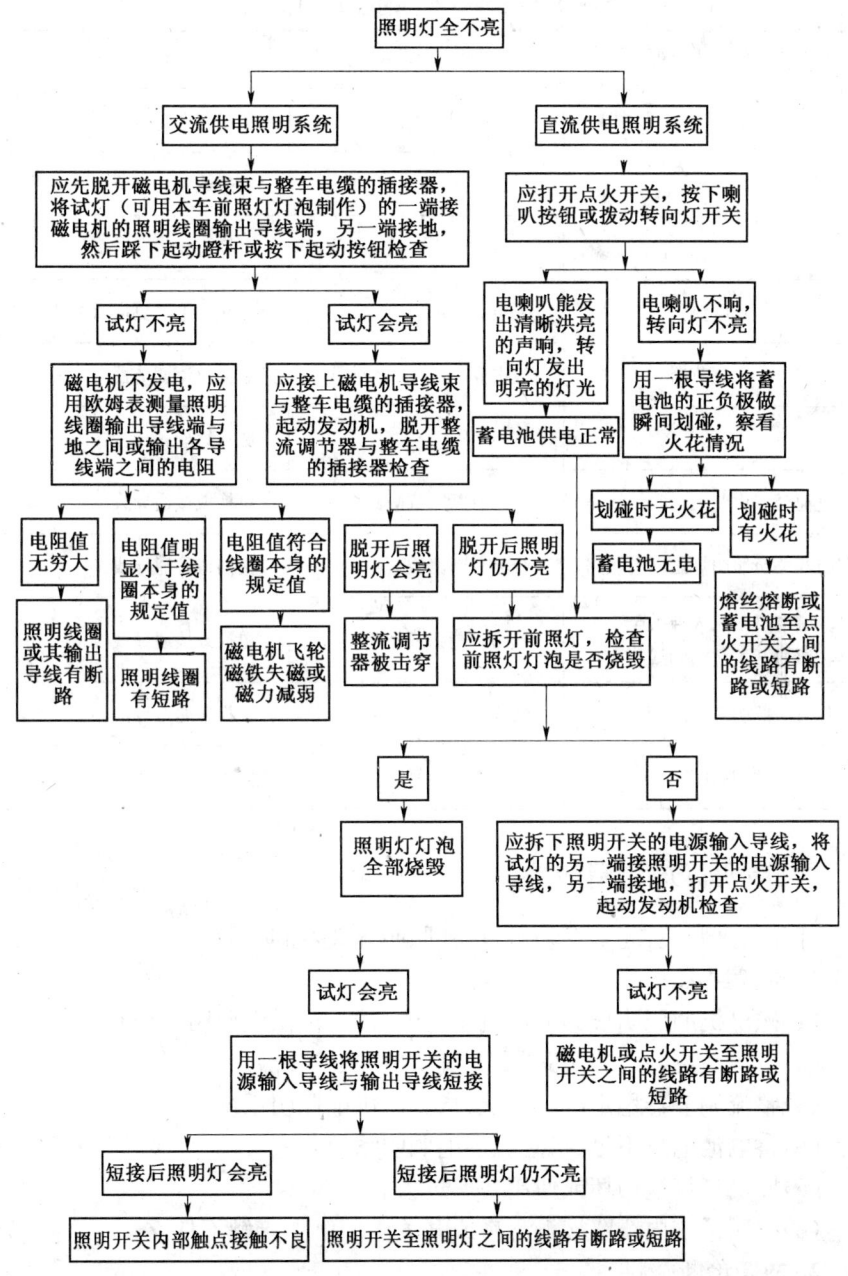

图 5-20 照明灯全不亮的故障诊断程序

3. 故障排除

照明灯不亮的故障排除方法见表 5-26。

表 5-26　照明灯不亮的故障排除方法

检查部位或部件	损坏形式	修理方法
磁电机	照明线圈短路或断路	更换照明线圈
	照明线圈输出导线断路	更换或接通照明线圈输出导线
	飞轮磁铁失磁或磁力减弱	更换飞轮
蓄电池	无电	补充充电或更换蓄电池
整流调节器	被击穿	更换整流调节器
熔丝	熔断	更换熔丝
蓄电池至点火开关之间的线路	线路有断路或短路	更换或接通导线
照明开关至照明灯之间的线路	线路有断路或短路	更换或接通导线
磁电机或点火开关至照明开关之间的线路	线路有断路或短路	更换或接通导线
照明灯泡	烧毁	更换照明灯泡
照明开关	内部触点接触不良	修理或更换照明开关

九、照明灯灯光暗淡

打开点火开关，起动发动机，打开照明开关，照明系统灯光暗淡。

1. 故障原因

(1) 磁电机的照明线圈输出电压过低（指交流供电照明系统）。
(2) 电源系统内线路短路（指交流供电照明系统）。
(3) 整流调节器稳定电压过低（指交流供电照明系统）。
(4) 蓄电池电量不足（指直流供电照明系统）。
(5) 照明灯灯泡损坏或使用功率过大。
(6) 照明系统内线路接触不良或开关内部触点接触不良。

2. 故障诊断

照明灯灯光暗淡的故障诊断程序如图 5-21 所示。

3. 故障排除

照明灯灯光暗淡的故障排除方法见表 5-27。

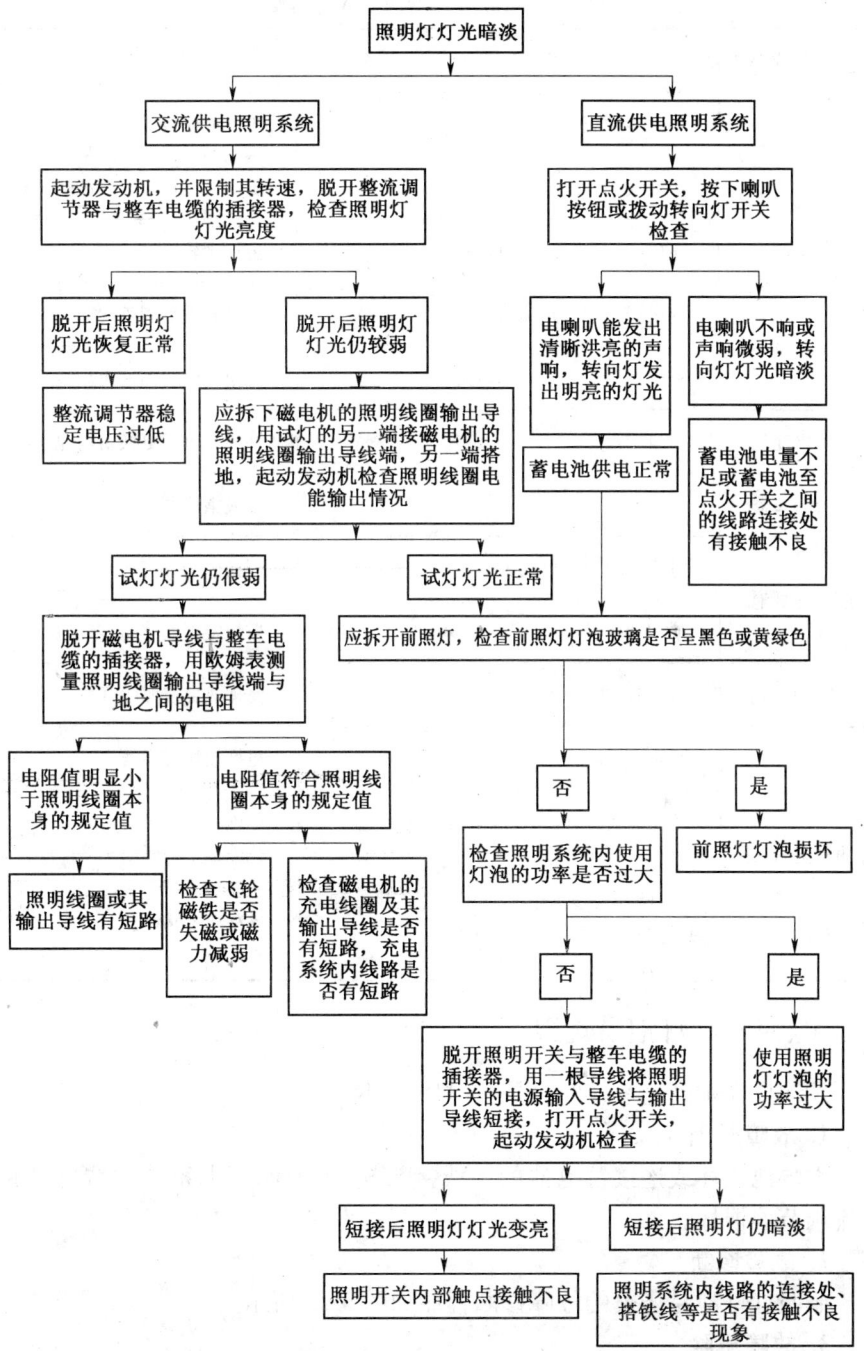

图 5-21 照明灯灯光暗淡的故障诊断程序

表 5-27　照明灯灯光暗淡的故障排除方法

检查部位或部件	损坏形式	修理方法
磁电机	照明线圈短路	更换照明线圈
	照明线圈输出导线有短路	更换或接通照明线圈输出导线
	飞轮磁铁失磁或磁力减弱	更换飞轮
	充电线圈有短路	更换充电线圈
	充电线圈输出导线有短路	更换充电线圈输出导线
蓄电池	电量不足	补充充电或更换蓄电池
整流调节器	稳定电压过低	更换整流调节器
照明灯灯泡	灯泡玻璃呈黑色或黄绿色	更换照明灯灯泡
	使用功率过大	按规定更换照明灯灯泡
照明开关	内部触点接触不良	修理或更换照明开关
照明系统内线路	线路有短路	更换或接通导线
	线路的连接处、搭铁线接触不良	修理或更换导线
	蓄电池至点火开关之间的线路连接处有接触不良	接好连接处

十、照明灯灯泡易烧毁

发动机在中高速运转时,照明灯灯泡易烧毁。

1. 故障原因

蓄电池损坏或连接蓄电池的导线接头松动、照明充电系统内线路断路、整流调节器损坏。

2. 故障诊断

照明灯灯泡易烧毁的故障诊断程序如图 5-22 所示。

3. 故障排除

照明灯灯泡易烧毁的故障排除方法见表 5-28。

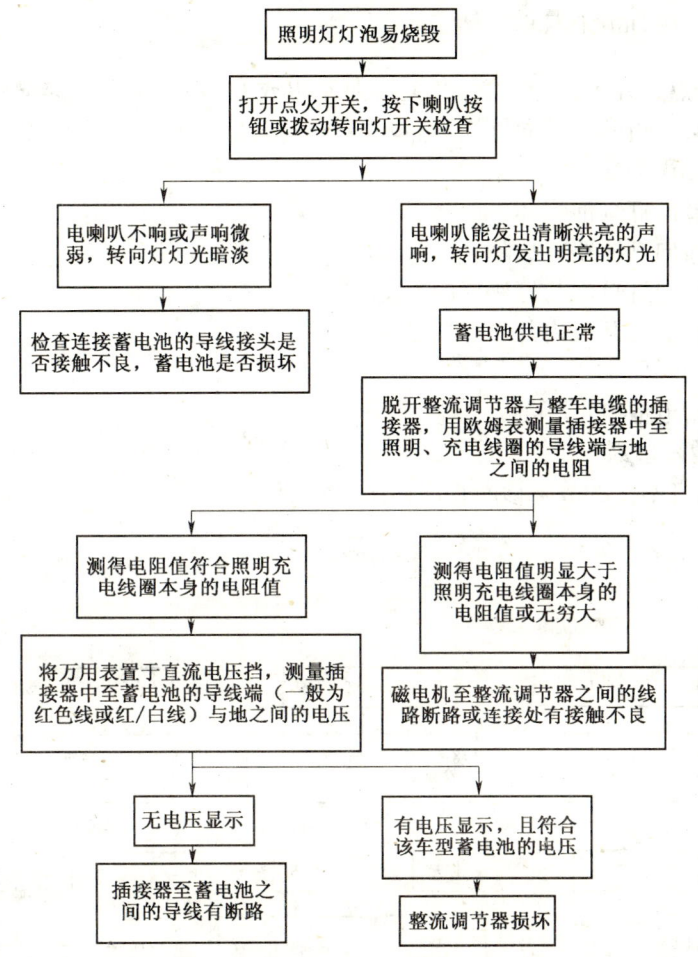

图 5-22 照明灯灯泡易烧毁的故障诊断程序

表 5-28 照明灯灯泡易烧毁的故障排除方法

检查部位或部件	损坏形式	修理方法
蓄电池	损坏	更换蓄电池
整流调节器	损坏	更换整流调节器
照明系统内线路	连接蓄电池的导线接头松动	紧固好导线接头
	磁电机至整流调节器之间的线路断路	更换或接通导线
	整流调节器插接器至蓄电池之间的导线连接处有接触不良	连接好连接处
	整流调节器插接器至蓄电池之间的导线断路	更换或接通导线

十一、转向灯不亮

打开点火开关,将转向灯开关拨向左边或右边时,某一边转向灯仅一个不亮,或某一边两个转向灯均不亮,或所有转向灯均不亮。

1. 故障原因

(1)转向灯灯泡烧坏。
(2)转向灯线路有故障。
(3)转向灯灯泡与灯座接触不良。
(4)转向灯开关内部触点接触不良。
(5)闪烁器烧坏。
(6)蓄电池电量不足。

2. 故障诊断

转向灯不亮的故障诊断程序如图 5-23 所示。

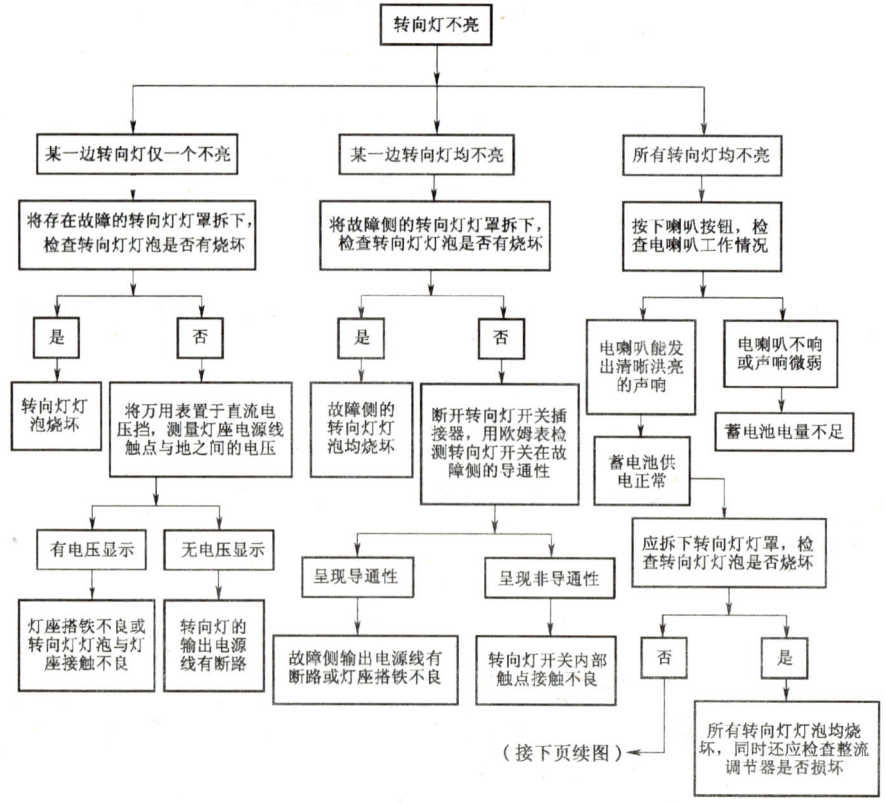

图 5-23 转向灯不亮的故障诊断程序

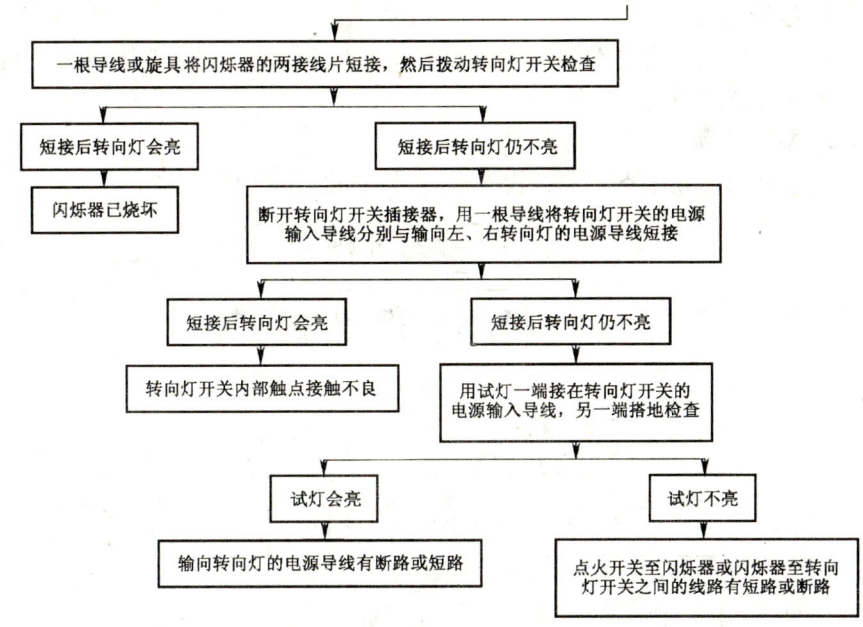

图 5-23 转向灯不亮的故障诊断程序(续)

3. 故障排除

转向灯不亮的故障排除方法见表 5-29。

表 5-29 转向灯不亮的故障排除方法

检查部位或部件	损坏形式	修理方法
转向灯灯泡	烧坏	更换转向灯灯泡
灯座	搭铁不良	修理或更换灯座
	灯座电源线有断路	接通或更换导线
	转向灯灯泡与灯座接触不良	修理或更换灯座
输向转向灯的电源导线	导线有短路或断路	接通或更换导线
点火开关至闪烁器或闪烁器至转向灯开关之间的线路	线路有短路或断路	接通或更换导线
转向灯开关	内部触点接触不良	修理或更换转向灯开关
闪烁器	内部烧坏	更换闪烁器
蓄电池	电量不足	补充充电或更换蓄电池

十二、转向灯闪烁频率不正常

打开点火开关,拨动转向灯开关,转向灯闪烁频率太快或太慢,或左右转向灯闪烁频率不一致。

1. 故障原因

转向灯灯泡的功率不符合规定要求、转向灯电源线或接地线接触不良、闪烁器内部有故障。

2. 故障诊断

转向灯闪烁频率不正常的故障诊断程序如图 5-24 所示。

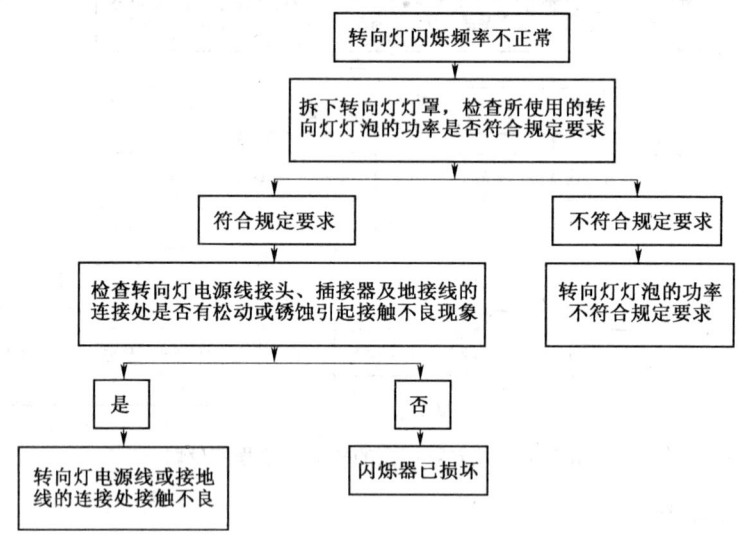

图 5-24 转向灯闪烁频率不正常的故障诊断程序

3. 故障排除

转向灯闪烁频率不正常的故障排除方法见表 5-30。

表 5-30 转向灯闪烁频率不正常的故障排除方法

检查部位或部件	损坏形式	修理方法
转向灯灯泡	功率不符合规定要求	更换转向灯灯泡
转向灯电源线接头、插接器及接地线的连接处	有松动或锈蚀	修理或更换
闪烁器	内部损坏	更换闪烁器

十三、转向灯亮而不闪烁

打开点火开关，将拨动转向灯开关，转向灯会亮而不闪烁。

1. 故障原因

某个转向灯不亮、蓄电池电量不足、转向灯灯泡的功率不符合规定要求、闪烁器接反或内部有故障。

2. 故障诊断

转向灯亮而不闪烁的故障诊断程序如图 5-25 所示。

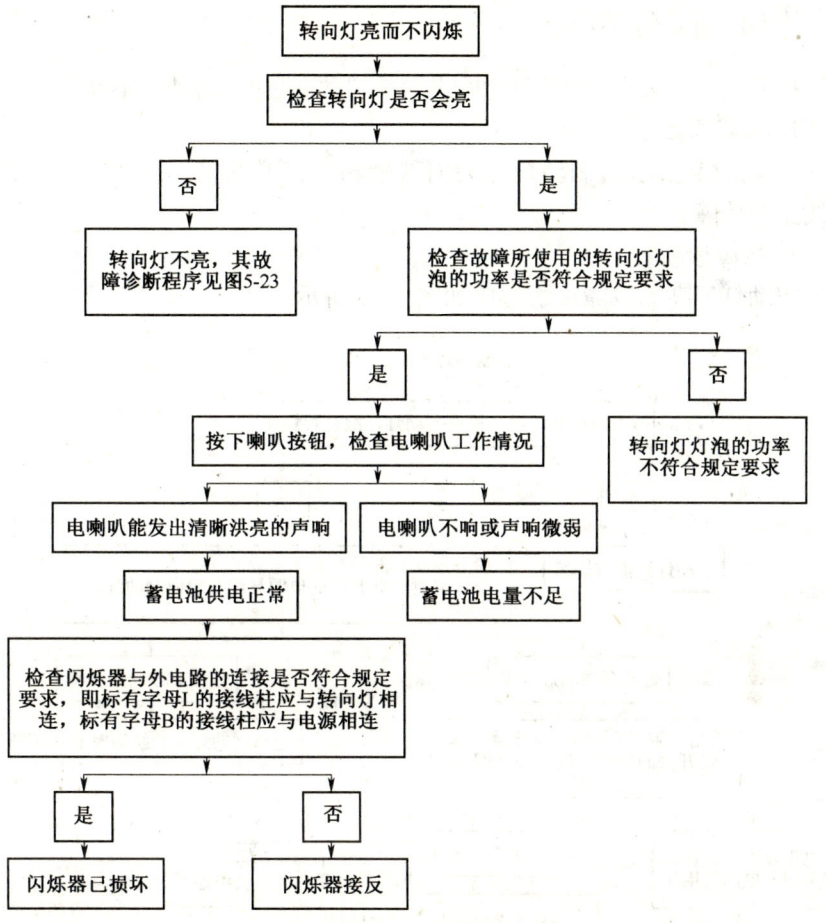

图 5-25 转向灯亮而不闪烁的故障诊断程序

3. 故障排除

转向灯亮而不闪烁的故障排除方法见表 5-31。

表 5-31 转向灯亮而不闪烁的故障排除方法

检查部位或部件	损坏形式	修理方法
转向灯	某个转向灯不亮	其修理方法见表 5-29
蓄电池	电量不足	补充充电或更换蓄电池
转向灯灯泡	功率不符合规定要求	换上符合规定功率的转向灯灯泡
闪烁器	闪烁器与外电路的接反	应标有字母 L 的接线柱应与转向灯相连,标有字母 B 的接线柱应与电源相连
	内部损坏	更换闪烁器

十四、制动灯不亮

打开点火开关,踩下制动踏板或握紧制动握把时,制动灯不亮。

1. 故障原因

制动灯灯泡烧坏、制动灯开关内部接触不良或调整不当或拉簧折断、配套线路有故障。

2. 故障诊断

制动灯不亮的故障诊断程序如图 5-26 所示。

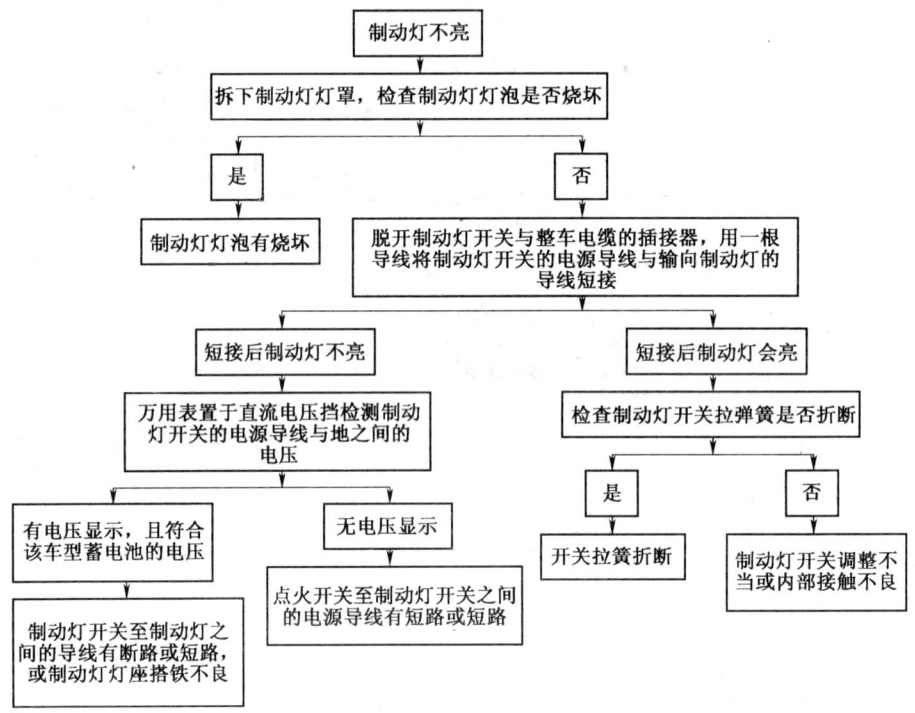

图 5-26 制动灯不亮的故障诊断程序

3. 故障排除

制动灯不亮的故障排除方法见表 5-32。

十五、制动灯常亮

打开点火开关,未踩下制动踏板或未握紧制动握把时,制动灯会亮。

1. 故障原因

制动灯开关调整不当或内部短路、制动握把回位不良使制动开关无法正常关闭、配套线路有故障。

表 5-32 制动灯不亮的故障排除方法

检查部位或部件	损坏形式	修理方法
制动灯灯泡	灯泡烧坏	更换制动灯灯泡
制动灯开关	开关拉簧折断	更换开关拉簧
制动灯开关	调整不当	调整制动灯开关位置
制动灯开关	内部接触不良	更换制动灯开关
制动灯配套线路	点火开关至制动灯开关之间的电源导线有断路或短路	接通或更换导线
制动灯配套线路	制动灯开关至制动灯之间的导线有断路或短路	接通或更换导线
制动灯灯座	搭铁不良	修理或更换

2. 故障诊断

制动灯常亮的故障诊断程序如图 5-27 所示。

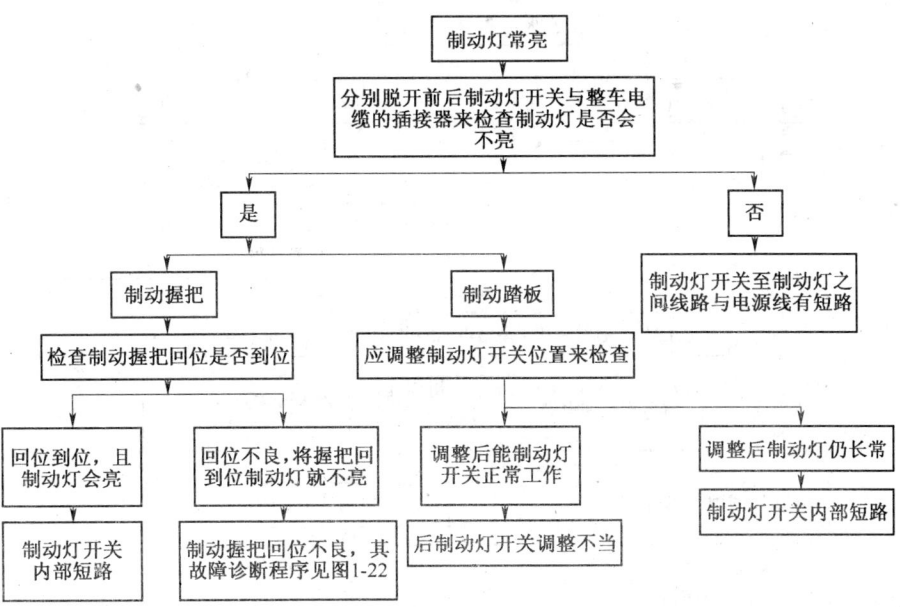

图 5-27 制动灯常亮的故障诊断程序

3. 故障排除

制动灯常亮的故障排除方法见表 5-33。

十六、电喇叭不响

打开点火开关,按下喇叭按钮,电喇叭不响。

表 5-33 制动灯常亮的故障排除方法

检查部位或部件	损坏形式	修理方法
制动灯开关	调整不当	调整制动灯开关位置
	内部短路	更换制动灯开关
制动灯开关至制动灯之间的线路	与电源线有短路	更换导线

制动握把回位不良，其检查部位或部件、损坏形式及修理方法见表 1-6。

1. 故障原因

蓄电池电量不足或供电线路有故障、喇叭按钮内部触点接触不良、电喇叭调整不当或损坏。

2. 故障诊断

电喇叭不响的故障诊断程序如图 5-28 所示。

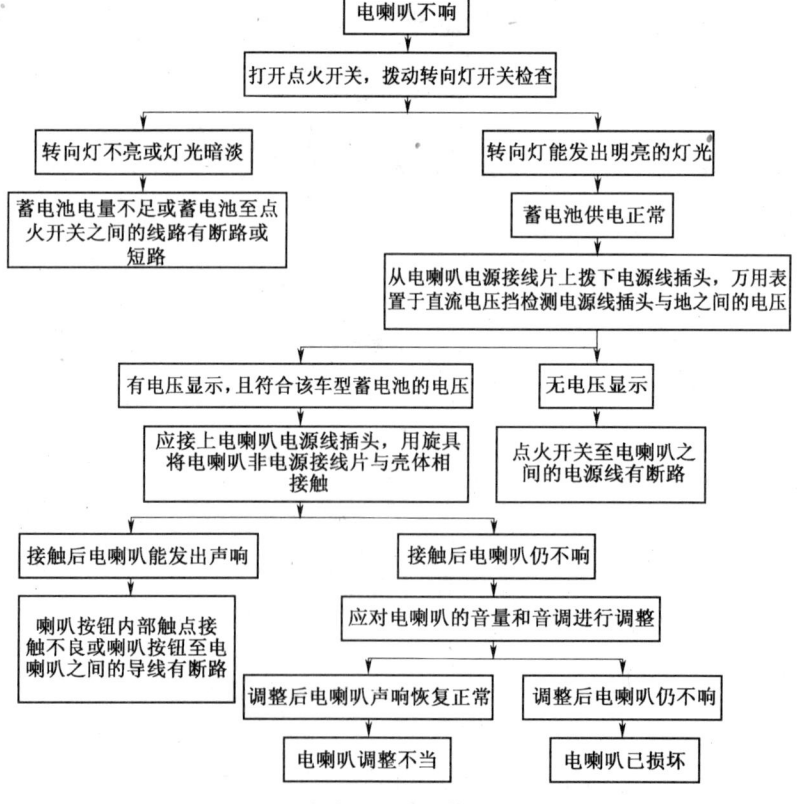

图 5-28 电喇叭不响的故障诊断程序

3. 故障排除

电喇叭不响的故障排除方法见表 5-34。

表 5-34 电喇叭不响的故障排除方法

检查部位或部件	损坏形式	修理方法
蓄电池	电量不足	补充充电或更换蓄电池
蓄电池至点火开关之间的线路	线路有断路或短路	接通或更换导线
点火开关至电喇叭之间的电源线	导线有断路	接通或更换导线
喇叭按钮至电喇叭之间的导线	导线有断路	接通或更换导线
喇叭按钮	内部触点接触不良	更换喇叭按钮,或拆开用细砂布打磨开关触点,以清除触点氧化物,使触点接触良好
电喇叭	调整不当	进行重新调整
	损坏	更换电喇叭

十七、空挡指示灯不亮

打开点火开关,将变速器置于空挡位置,空挡指示灯不亮。

1. 故障原因

空挡指示灯灯泡烧坏、空挡指示灯配套线路断路或短路、空挡开关内部接触不良或损坏。

2. 故障诊断

空挡指示灯不亮的故障诊断程序如图 5-29 所示。

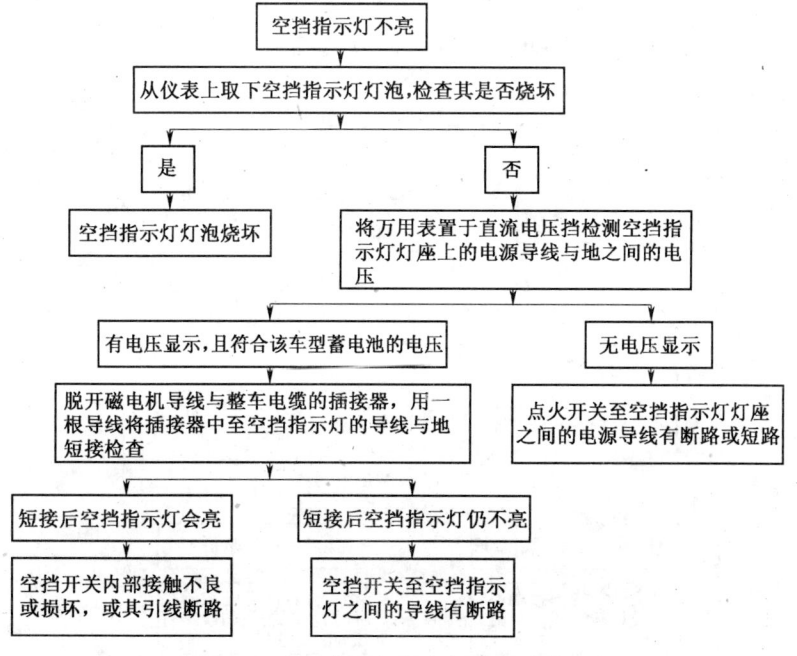

图 5-29 空挡指示灯不亮的故障诊断程序

3. 故障排除

空挡指示灯不亮的故障排除方法见表 5-35。

表 5-35 空挡指示灯不亮的故障排除方法

检查部位或部件	损 坏 形 式	修 理 方 法
空挡指示灯灯泡	烧坏	更换空挡指示灯灯泡
点火开关至空挡指示灯灯座之间的电源导线	有断路或短路	接通或更换导线
空挡开关至空挡指示灯之间的导线	断路	接通或更换导线
空挡开关	内部接触不良或损坏	更换空挡开关
空挡开关引线	断路	接通或更换导线

十八、挡位指示灯个别不亮

打开点火开关,变换变速器挡位,挡位指示灯个别不亮。

1. 故障原因

引起挡位指示灯个别不亮的原因有:挡位指示灯灯泡烧坏、挡位指示灯配套线路断路或短路、挡位开关内部接触不良或损坏。

2. 故障诊断

挡位指示灯个别不亮的故障诊断程序如图 5-30 所示。

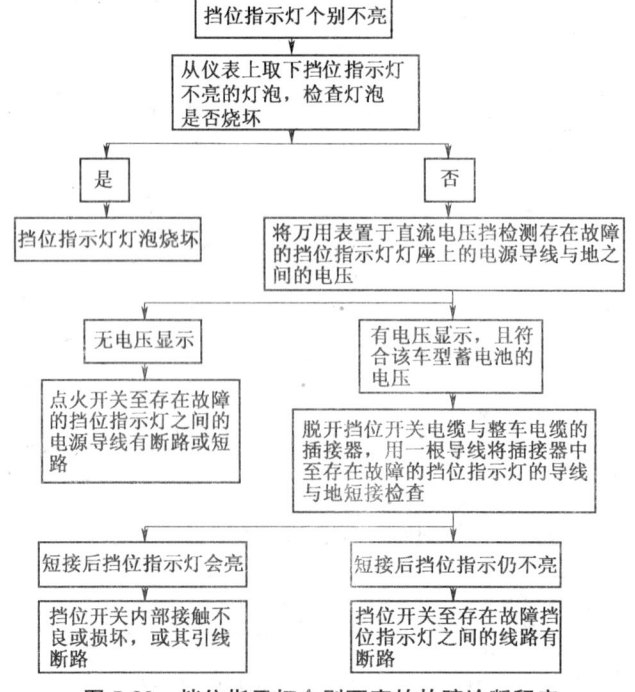

图 5-30 挡位指示灯个别不亮的故障诊断程序

3. 故障排除

挡位指示灯个别不亮的故障排除方法见表 5-36。

表 5-36 挡位指示灯个别不亮的故障排除方法

检查部位或部件	损坏形式	修理方法
挡位指示灯灯泡	烧坏	更换挡位指示灯灯泡
点火开关至存在故障的挡位指示灯之间的电源导线	有断路或短路	接通或更换导线
挡位开关	内部接触不良或损坏	更换挡位开关
	挡位开关引线断路	接通或更换导线
	挡位开关至存在故障挡位指示灯之间的线路有断路或短路	接通或更换导线

十九、挡位指示灯全不亮

打开点火开关，变换变速器挡位，挡位指示灯全不亮。

1. 故障原因

挡位指示灯灯泡烧坏、挡位指示灯配套线路断路或短路、挡位开关内部接触不良或损坏。

2. 故障诊断

挡位指示灯全不亮的故障诊断程序如图 5-31 所示。

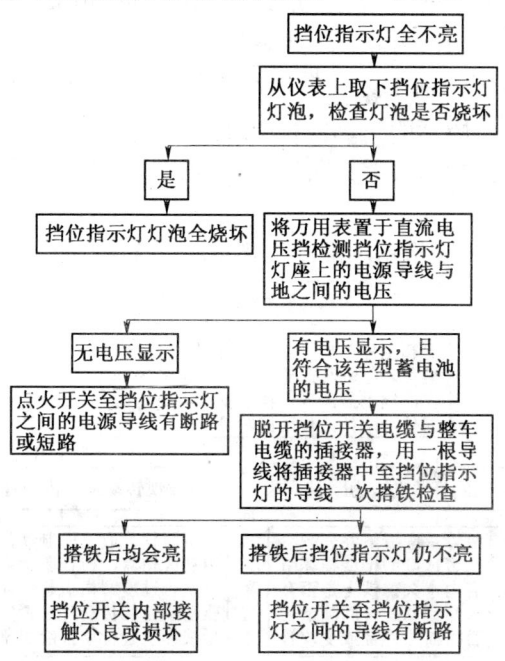

图 5-31 挡位指示灯全不亮的故障诊断程序

3. 故障排除

挡位指示灯全不亮的故障排除方法见表 5-37。

表 5-37 挡位指示灯全不亮的故障排除方法

检查部位或部件	损坏形式	修理方法
挡位指示灯灯泡	全部烧坏	更换挡位指示灯灯泡
点火开关至挡位指示灯灯座之间的电源导线	有断路或短路	接通或更换导线
挡位开关	挡位开关至挡位指示灯之间的导线断路	接通或更换导线
	内部接触不良或损坏	更换挡位开关

二十、机械式车速里程表指示不准

摩托车在行驶时,车速里程表指针指示偏多(例如摩托车行驶车速达到 30km/h,车速里程表指针会指向 50km/h 左右)或偏少(例如摩托车行驶车速达到 60km/h,车速里程表表针只指向 45km/h 左右)。

1. 故障原因

(1)驱动蜗轮或传动蜗杆的轮齿过度磨损,驱动蜗轮上的传动片安装不当或变形损坏,导致传动打滑而无法正常传递。

(2)车速里程表表内齿轮过度磨损,引起传动打滑而无法正常传递。

(3)车速里程表表内齿轮润滑不良或损坏。

(4)车速里程表表内永久磁铁上有异物或与铝罩配合间隙过小引起碰撞,以致铝罩因永久磁铁的摩擦而转动过快。

(5)车速里程表表内游丝折断、混乱或变软。

2. 故障诊断

机械式车速里程表指示不准的故障诊断程序如图 5-32 所示。

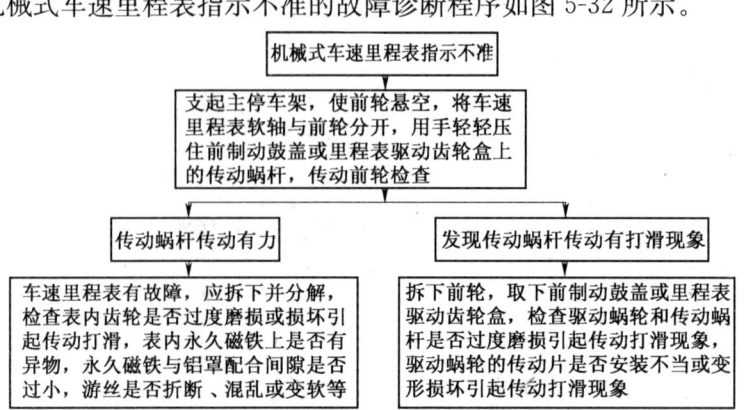

图 5-32 机械式车速里程表指示不准的故障诊断程序

3. 故障排除

机械式车速里程表指示不准的故障排除方法见表5-38。

表5-38 机械式车速里程表指示不准的故障排除方法

检查部位或部件	损 坏 形 式	修 理 方 法
驱动蜗轮	过度磨损	更换驱动蜗轮
	其上的传动片安装不当	按规定要求进行安装
	其上的传动片变形损坏	矫正或更换传动片
传动蜗杆	过度磨损	更换传动蜗杆
车速里程表	表内齿轮过度磨损或损坏	更换车速里程表
	表内永久磁铁上有异物	清除异物
	表内永久磁铁与铝罩配合间隙过小	调整永久磁铁与铝罩配合间隙
	游丝折断、混乱或变软	更换游丝或车速里程表

二十一、机械式车速里程表指针摆动

摩托车在行驶时,车速里程表指针会左右摆动。

1. 故障原因

(1)车速里程表软轴外套损伤或软轴损伤或软轴与外套润滑不良。
(2)驱动蜗轮或传动蜗杆有个别齿轮损坏,导致传递时断时续的。
(3)驱动蜗轮的传动片安装不当或变形损坏,导到前轮无法正常传递。
(4)车速里程表表内齿轮有个别齿轮损坏,导致传递时断时续的。
(5)车速里程表表内传动部分损坏。
(6)车速里程表表内游丝折断。

2. 故障诊断

机械式车速里程表指针摆动的故障诊断程序如图5-33所示。

3. 故障排除

机械式车速里程表指针摆动的故障排除方法见表5-39。

二十二、机械式车速里程表指针不动

在行驶时,车速里程表指针不动。

1. 故障原因

(1)车速里程表软轴扭断或软轴端方榫头磨损成圆形,导致前轮转动动力无法传递给车速里程表表内的齿轮而使指针不动。
(2)驱动蜗轮或传动蜗杆的轮齿过度磨损或损坏,无法带动软轴转动,导致前轮转动动力无法传递给车速里程表表内的齿轮而使指针不动。

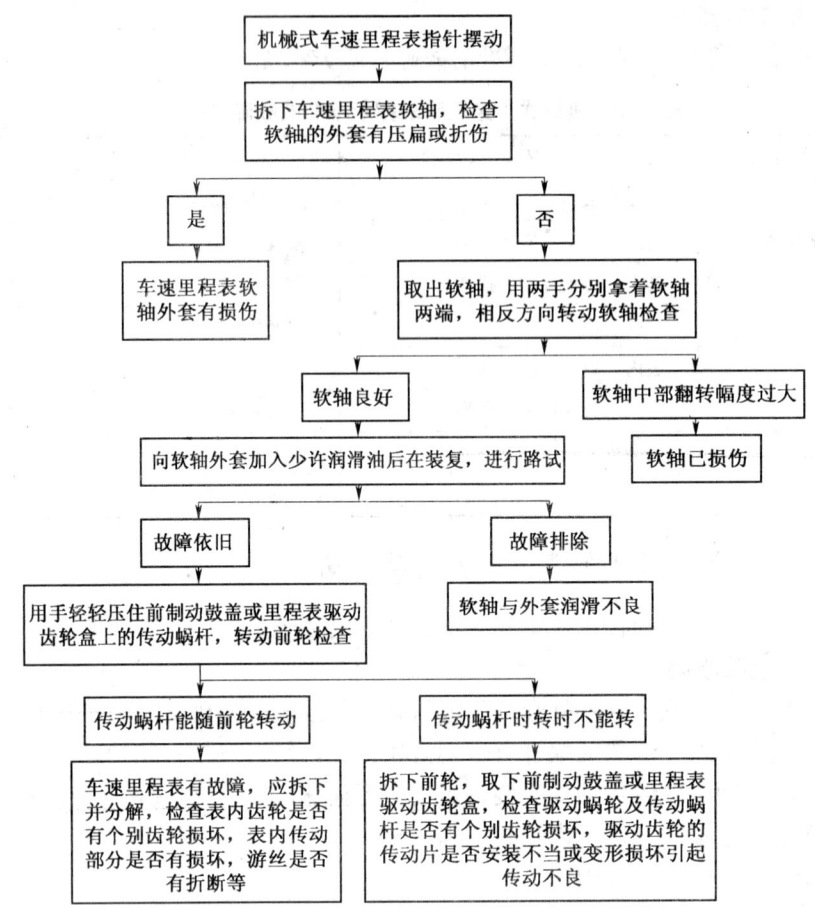

图 5-33 机械式车速里程表指针摆动的故障诊断程序

表 5-39 机械式车速里程表指针摆动的故障排除方法

检查部位或部件	损坏形式	修理方法
车速里程表软轴	软轴的外套有压扁或折伤	更换车速里程表软轴
	软轴损伤	更换车速里程表软轴
	软轴润滑不良	加注润滑
驱动蜗轮	有个别齿轮损坏	更换驱动蜗轮
传动蜗杆	其上的传动片安装不当	按规定要求进行安装
	其上的传动片变形损坏	矫正或更换传动片
	有个别齿轮损坏	更换传动蜗杆
车速里程表	表内齿轮有个别齿轮损坏	更换齿轮
	表内传动部分有损坏	更换车速里程表
	游丝折断	更换游丝或车速里程表

第五章 摩托车电气系统及仪表的快查快修

(3) 驱动蜗轮上的传动片安装不当或变形损坏,前轮无法带动传动片转动,导致前轮转动动力无法传递给车速里程表表内的齿轮而使指针不动。

(4) 车速里程表内部损坏。

2. 故障诊断

机械式车速里程表指针不动的故障诊断程序如图 5-34 所示。

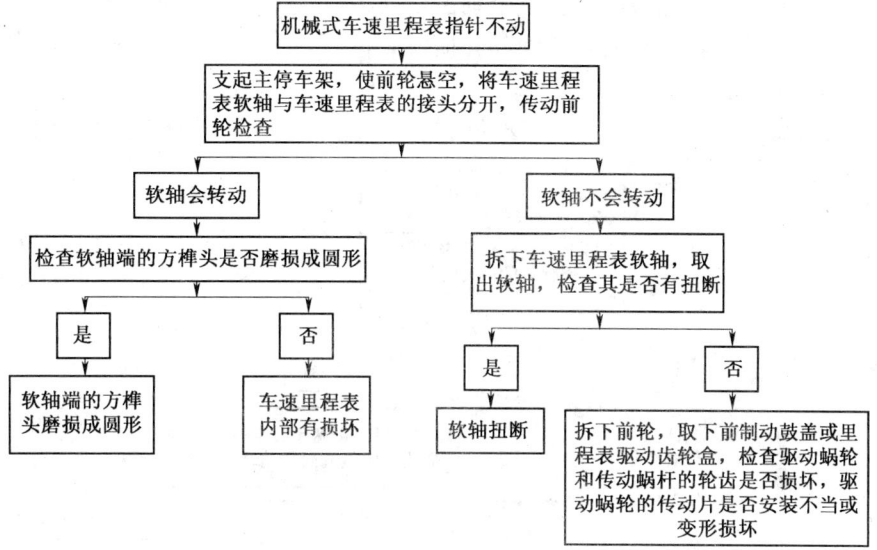

图 5-34　机械式车速里程表指针不动的故障诊断程序

3. 故障排除

机械式车速里程表指针不动的故障排除方法见表 5-40。

表 5-40　机械式车速里程表指针不动的故障排除方法

检查部位或部件	损坏形式	修理方法
车速里程表软轴	软轴扭断	更换软轴
	软轴端的方榫头磨损成圆形	更换软轴
驱动蜗轮	轮齿损坏	更换驱动蜗轮
	其上的传动片安装不当	按规定要求进行安装
	其上的传动片变形损坏	矫正或更换传动片
传动蜗杆	轮齿损坏	更换传动蜗杆
车速里程表	车速里程表内部损坏	更换车速里程表

二十三、机械式发动机转速表指针摆动

摩托车在行驶时,发动机转速表指针会左右摆动。

1. 故障原因

(1)发动机转速表软轴外套损伤或软轴损伤或软轴与外套润滑不良。

(2)发动机上的驱动蜗轮或传动蜗杆有个别齿轮损坏,导致传递时断时续的。

(3)发动机转速表表内游丝折断。

(4)发动机转速表内齿轮有个别齿轮损坏,导致传递时断时续的。

(5)发动机转速表表内传动部分损坏。

2. 故障诊断

机械式发动机转速表指针摆动的故障诊断程序如图 5-35 所示。

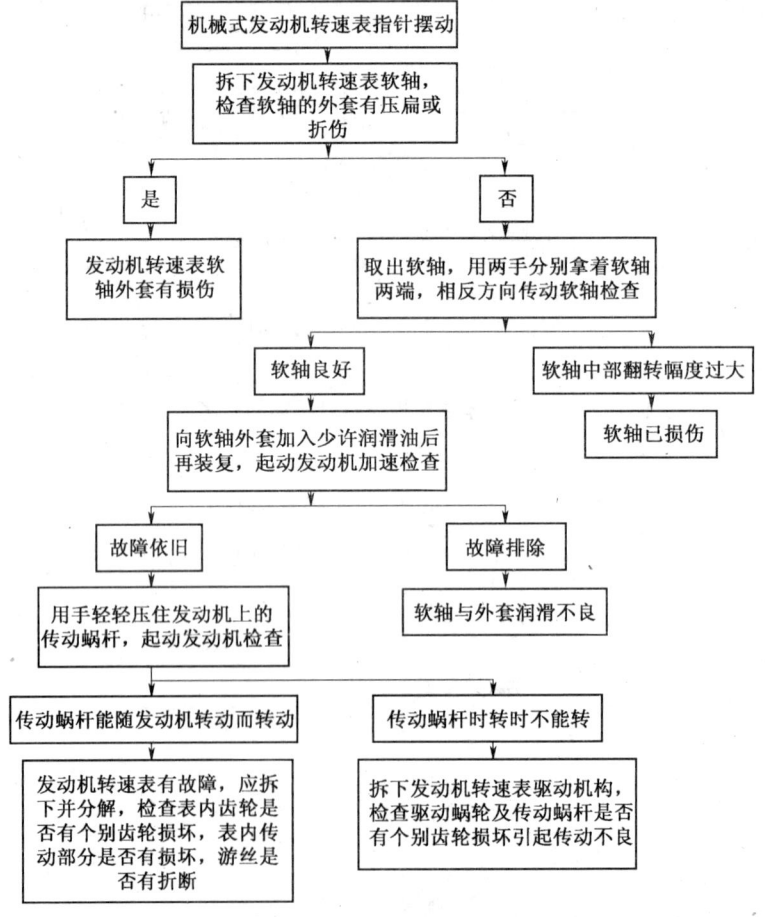

图 5-35　机械式发动机转速表指针摆动的故障诊断程序

3. 故障排除

机械式发动机转速表指针摆动的故障排除方法见表 5-41。

表 5-41 机械式发动机转速表指针摆动的故障排除方法

检查部位或部件	损坏形式	修理方法
发动机转速表软轴	软轴的外套有压扁或折伤	更换发动机转速表软轴
	软轴损伤	更换发动机转速表软轴
	软轴润滑不良	加注润滑
驱动蜗轮	有个别齿轮损坏	更换驱动蜗轮
传动蜗杆	有个别齿轮损坏	更换传动蜗杆
发动机转速表	表内齿轮有个别齿轮损坏	更换齿轮
	表内传动部分有损坏	更换发动机转速表
	游丝折断	更换游丝或发动机转速表

二十四、机械式发动机转速表指针不动

起动发动机,无论发动机转速高低,发动机转速表指针总不动。

1. 故障原因

(1)发动机转速表软轴扭断或软轴端的方榫头磨损成圆形,导致发动机转动动力无法传递给发动机转速表表内的齿轮而使指针不动。

(2)发动机转速表驱动蜗轮和传动蜗杆的轮齿过度磨损或损坏,导致发动机转动动力无法传递给发动机转速表表内的齿轮而使指针不动。

(3)发动机转速表内部有损坏。

2. 故障诊断

机械式发动机转速表指针不动的故障诊断程序如图 5-36 所示。

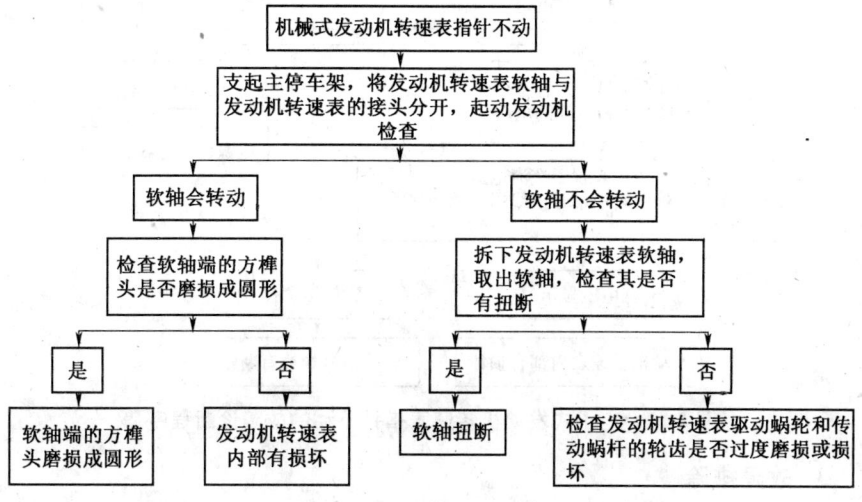

图 5-36 机械式发动机转速表指针不动的故障诊断程序

3. 故障排除

机械式发动机转速表指针不动的故障排除方法见表 5-42。

表 5-42　机械式发动机转速表指针不动的故障排除方法

检查部位或部件	损坏形式	修理方法
发动机转速表软轴	软轴扭断	更换软轴
	软轴端的方榫头磨损成圆形	更换软轴
驱动蜗轮	轮齿过度磨损或损坏	更换驱动蜗轮
传动蜗杆	轮齿过度磨损或损坏	更换传动蜗杆
发动机转速表	表内部损坏	更换发动机转速表

二十五、电子式发动机转速表指针不动

起动发动机，无论发动机转速高低，发动机转速表指针总不动。

1. 故障原因

(1)发动机转速表电源供电导线或转速信号导线有断路。

(2)发动机转速表内部有损坏。

2. 故障诊断

电子式发动机转速表指针不动的故障诊断程序如图 5-37 所示。

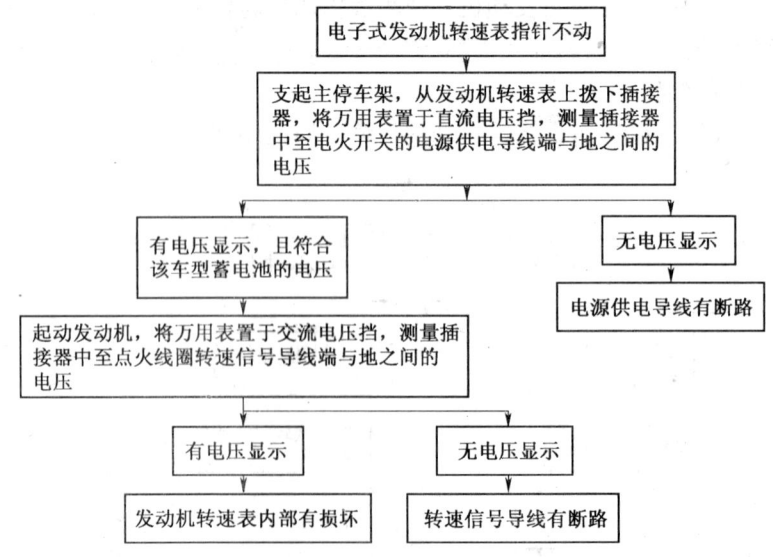

图 5-37　电子式发动机转速表指针不动的故障诊断程序

3. 故障排除

电子式发动机转速表指针不动的故障排除方法见表 5-43。

表 5-43 电子式发动机转速表指针不动的故障排除方法

检查部位或部件	损坏形式	修理方法
转速表线路	电源供电导线有断路	接通或更换导线
	转速信号导线有断路	接通或更换导线
发动机转速表	内部损坏	更换发动机转速表

二十六、燃油表指示不准

无论燃油箱内储存汽油多少,燃油表指针指示总是偏多或偏少,不能反映出燃油箱实际汽油储存量。

1. 故障原因

(1)燃油油位传感器的浮子破裂进油或变形,导致浮子的浮力要增大。
(2)燃油油位传感器的浮子臂弯曲变形或移动不灵活。
(3)燃油油位传感器的滑片与电阻器间接触不良。
(4)燃油油位传感器内部电阻器烧坏或损坏。
(5)燃油表配套线路有连接不良。
(6)燃油表内部烧坏或损坏。

2. 故障诊断

燃油表指示不准的故障诊断程序如图 5-38 所示。

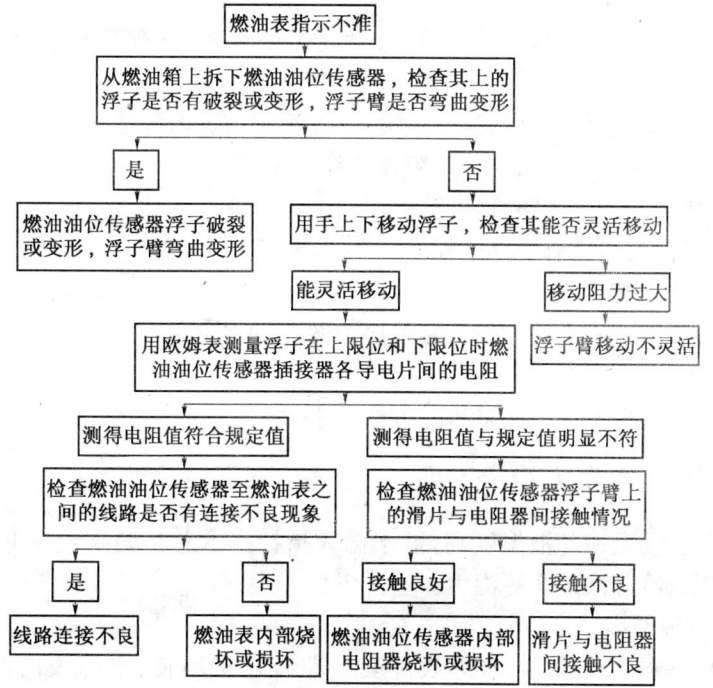

图 5-38 燃油表指示不准的故障诊断程序

3. 故障排除

燃油表指示不准的故障排除方法见表 5-44。

表 5-44 燃油表指示不准的故障排除方法

检查部位或部件	损坏形式	修理方法
燃油油位传感器	浮子破裂或变形	修补浮子或更换燃油油位传感器
	浮子臂弯曲变形	矫正浮子臂
	浮子臂移动不灵活	修理或更换燃油油位传感器
	滑片与电阻器间接触不良	将滑片向电阻器靠拢,使其保持一定的接触压力
	内部电阻器有烧坏或损坏	更换燃油油位传感器
燃油表配套线路	燃油油位传感器至燃油表之间的线路连接不良	更换或接通导线
燃油表	内部烧坏或损坏	更换燃油表

二十七、燃油表指针不动

无论燃油箱内储存汽油多少,燃油表指针总不动。

1. 故障原因

(1)燃油油位传感器的浮子臂移动受阻或卡死,导致浮子不能随着汽油油面起落。

(2)燃油油位传感器的浮子破裂,导致浮子内进油加重而不能上浮。

(3)燃油油位传感器内部电阻器烧坏或损坏。

(4)燃油表配套线路有断路。

(5)燃油表内部有烧坏或损坏。

2. 故障诊断

燃油表指示不准的故障诊断程序如图 5-39 所示。

3. 故障排除

燃油表指示不准的故障排除方法见表 5-45。

二十八、水温表指示不准

不管发动机冷却液温度高低,水温表指针指示总是偏高或偏低,不能反映出发动机冷却液的实际温度。

1. 故障原因

热传感器工作失常、水温表配套线路有连接不良、水温表内部烧坏或损坏。

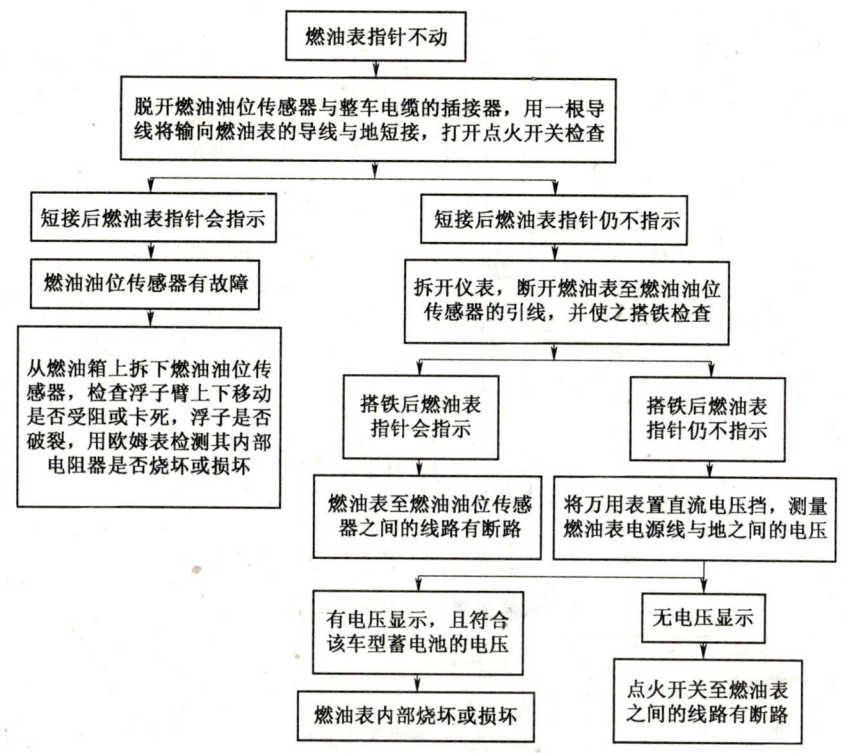

图 5-39　燃油表指针不动的故障诊断程序

表 5-45　燃油表指针不动的故障排除方法

检查部位或部件	损坏形式	修理方法
燃油油位传感器	浮子臂移动受阻或卡死	修理或更换燃油油位传感器
	浮子破裂	修补浮子或更换燃油油位传感器
	内部电阻器烧坏或损坏	更换燃油油位传感器
燃油表配套线路	燃油表至燃油油位传感器之间的线路有断路	更换或接通导线
	点火开关至燃油表之间的线路有断路	更换或接通导线
燃油表	内部烧坏或损坏	更换燃油表

2. 故障诊断

水温表指示不准的故障诊断程序如图 5-40 所示。

3. 故障排除

水温表指示不准的故障排除方法见表 5-46。

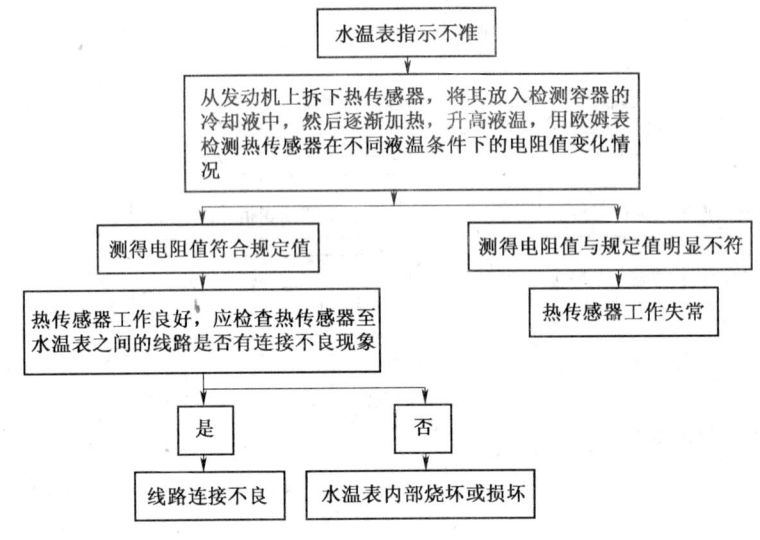

图 5-40 水温表指示不准的故障诊断程序

表 5-46 水温表指示不准的故障排除方法

检查部位或部件	损坏形式	修理方法
热传感器	工作失常	更换热传感器
	热传感器至水温表之间的线路有连接不良	更换或接通导线
水温表	内部烧坏或损坏	更换燃油表

二十九、水温表指针不动

无论发动机冷却水温度高低,水温表指针总不动。

1. 故障原因

热传感器损坏、水温表配套线路有断路、水温表内部烧坏或损坏。

2. 故障诊断

水温表指针不动的故障诊断程序如图 5-41 所示。

3. 故障排除

水温表指针不动的故障排除方法见表 5-47。

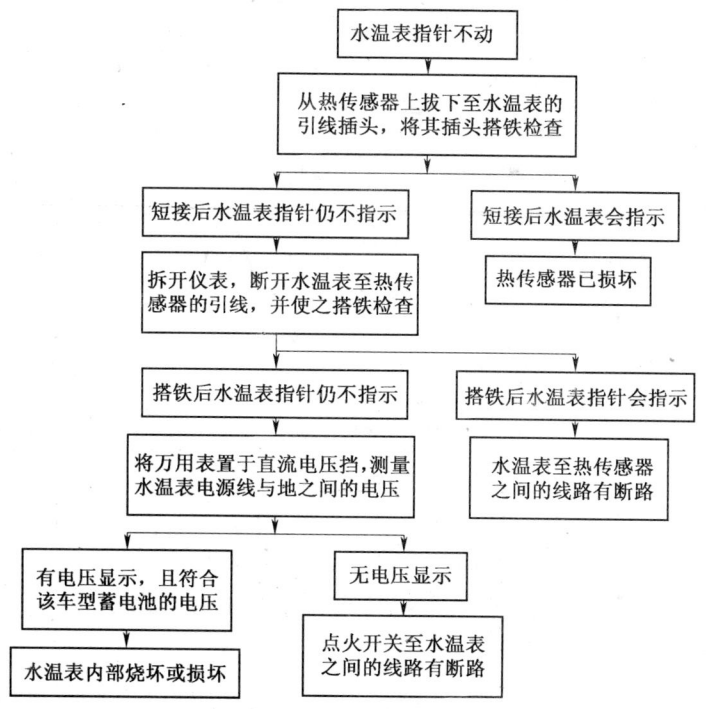

图 5-41 水温表指针不动的故障诊断程序

表 5-47 水温表指针不动的故障排除方法

检查部位或部件	损坏形式	修理方法
热传感器	损坏	更换热传感器
水温表配套线路	水温表至热传感器之间的线路有断路	更换或接通导线
	点火开关至水温表之间的线路有断路	更换或接通导线
水温表	内部烧坏或损坏	更换水温表